폭력을
관통하는
열 가지
시선

엮은이

한국하인리히뵐학회 1972년 노벨문학상을 받고 독일의 동시대 작가 중에서 최고의 반열에 오른 하인리히 뵐(1917~1985)은 평생 독일사회와 반목한 작가다. 그 이유는 전후 독일사회가 과거에 대한 반성과 성찰 없이 오로지 경쟁과 이윤을 추구하면서, 그 사회에 신속히 적응하지 못하고 인간성을 지키려고 하는 사람들을 억압하고 밀어냈기 때문이었다. 하인리히 뵐은 문학작품을 통해 성과지향주의의 폭력적 사회에서 밀려난, 가난하고 힘없는 사람들을 보호하고자 했으며 인간성이 살아있는 사회를 구축하는 데 기여하는 것을 작가의 사명으로 여겼다. 하지만 그는 단순히 작품으로만 말하는 것이 아니라 자유를 구속당하고 탄압받은 사람들을 구해내기 위해서 늘 현장으로 직접 달려갔던 행동하는 지성인이었다. (예컨대 국제 펜클럽 회장으로서 솔제니친을 소련정부의 탄압에서 구출해냈고, 박정희 대통령에게는 김지하 시인을 석방하라는 편지를 여러 차례 보냈다.)

하인리히 뵐의 작가정신을 기리고 사회에서 문학의 역할을 회복시키기 위해서 2001년 4월 한국의 독문학자들이 '한국하인리히뵐학회'를 창립했다. 그해 '우진물산주식회사'의 후원으로 심포지엄을 개최하고 학술지 『하인리히 뵐』을 창간했다. 올해 제13회 학술대회와 『하인리히 뵐』 13집 출간을 예정하고 있으며 2017년 하인리히 뵐 탄생 100주년을 기념하여 국제심포지엄을 계획하고 있다.

글쓴이

곽정연郭禎姸 Goak, Jeang-Yean 덕성여자대학교 독어독문학과 교수
김이섭金利燮 Kim, Lee-Seob 명지대학교 방목기초교육대학 객원교수
김인수金寅洙 Kim, Inn Su 강원대학교 독어독문학과 교수
문광훈文光勳 Moon, Gwang Hun 충북대학교 독문학과 교수
변광배邊光培 Byun, Kwang-Bai 한국외국어대학교 외래교수
사지원史智媛 Sa, Ji Won 건국대학교 문과대 몸문화연구소 교수
이은희李銀姬 Lee, Eun-Hee 고려대학교 및 강원대학교 독어독문학과 외래교수
정인모鄭仁模 Jeong, In Mo 부산대학교 독어교육과 교수
조경욱趙卿旭 Cho, Kyung Uk 서울어린이대공원 수의사, 건국대학교 수의과대학 외래교수
조연숙趙蓮淑 Cho, Yun Sook 스누피 동물병원 원장, 건국대학교 수의과대학 겸임교수

폭력을 관통하는 열 가지 시선

초판 인쇄 2013년 12월 20일 초판 발행 2013년 12월 30일
엮은이 한국하인리히뵐학회 펴낸이 박성모 펴낸곳 소명출판 출판등록 제13-522호
주소 서울시 서초구 서초동 1621-18 란빌딩 1층
전화 02-585-7840 팩스 02-585-7848 전자우편 somyong@korea.com 홈페이지 www.somyong.co.kr

값 25,000원

ISBN 978-89-5626-962-7 93300

폭력을 관통하는 열 가지 시선

Ten Stories about Violence

곽정연
김이섭
김인수
문광훈
변광배
사지원
이은희
정인모
조경욱
조연숙

소명출판

시작하며

학회는 전공자의 토론장이다. 한국하인리히뵐학회는 토론의 열기가 이 자리에 머무르지 않고 밖으로 퍼져나가야 된다는 의견에 서로 공감하고, "우리는 무엇을 말할 것인가?" — 이런 질문을 하면서 책상에 마주 앉은 지 벌써 일 년을 훌쩍 넘겼다. 1972년 노벨문학상을 수상한 하인리히 뵐은 라인 강의 기적에 도취한 독일인을 신랄하게 비판하면서 양심을 촉구했다. 그는 진정 독일을 대표하는 세계의 양심이다. 그 정신이 바로 이 책을 만든 힘이었다.

한국은 라인 강의 기적을 모방하여 한강의 기적을 자랑한다. 세계가 그 기적을 인정한다. 그러나 갑의 횡포를 호소하는 을을 보면, 경제발전과 행복지수는 비례하지 않는다. 한강의 기적은 행복을 잃은 나라를 만들었다는 오해를 받기에 충분하다. 행복을 파괴한 것은 무엇인가? 우리는 그것을 '폭력'으로 보았다. 현재 우리 사회는 성폭력, 가정폭력, 학교폭력, 불량식품 폭력으로 얼룩져 있고, 이 4대 폭력은 정부가 시급히 해결해야 할 국정과제이기도 하다. 한국하인리히뵐학회는 그 폭력의 심각성을 일찍 깨달았고, 뵐의 비판 정신으로 토론하여 그 결과를 이 책으로 묶어냈다.

우리는 동물의 폭력에서부터 국가정치폭력에까지 자연 · 철학 · 소설·영화·드라마 등 다양한 장르로 세분하여 토론했다. 이 내용을 간단하게 요약하면, 조경욱은 동물의 세계에서 일어나는 일반 폭력을, 조연숙은 구체적으로 동물의 성폭력을 설명했다. 변광배는 일상생활에서 주고받는 간단한 서약도 폭력이 될 수 있다는 사르트르의 폭력 논리를 설명했고, 문광훈은 법은 그 자체로서 정의가 될 수 없고, 정의의 정의가 법이 된 법이야말로 정의를 지킬 수 있는 법이라는 데리다의 논리로 벤야민의 폭력(강제력)을 해석했다. 정인모는 문학과 삶을 하나로 본 뵐의 휴머니즘을 설명했고, 사지원은 폭력에 직접 몸과 글로 저항한 뵐의 사람됨을 소개하여 저항에 희망이 있다는 것을 전제로 작품을 분석했으며, 김이섭은 뵐을 평화주의자로 소개하면서 저항작가 솔제니친과 김지하 구명운동을 설명했다. 곽정연은 인간이 독재 집단을 왜 형성하고, 이러한 집단 안에서 폭력이 어떻게 발생하는지에 관한 심리적 메커니즘을 프로이트의 정신분석에 입각해 데니스 간젤의 영화 작품을 분석했고, 이은희는 현대사회의 동기 없는 폭력에 주목하면서 자본주의 사회에서 정체성이 불안한 사람은 타인의 욕망을 모방하며 폭력을 일으킨다고 브레히트의 연극과 핀처의 영화를 해석했다. 김인수는 우리 시대의 정치폭력이 과거 당쟁과 사화에서 일어난 폭력을 답습한 것이며, 그 폭력은 식민지를 거치고 전쟁을 겪으면서 더 강화됐고, 경제개발이란 미명으로 권력을 독점한 군부독재로 이어졌다고 보면서 현대 한국소설 속의 폭력을 분석했다.

이러한 토론을 통하여 얻는 진리는 아주 평범하고 고전적이다. 폭력은 가해자 없는 피해자를 만들고 결국 부메랑이 되어 우리에게 우리의 후손에게 되돌아온다. 그러므로 저항에 희망이 있다. 우리는 학회활동을 일반에 공개한다는 데 자부심을 느낀다. 부족한 것은 보완해 가며 사회에서 문제가 되는 주제를 가지고 이런 토론이 계속되기를 희망한다.

먼 길을 마다하지 않고 함께 모여서 발표하고 토론하고 진행을 도우며 필자와 출판사를 섭외한 회원들의 열성을 생각하면 어려웠던 것들을 모두 잊고 웃으며 기쁨을 나눌 수 있다고 믿는다. 어려운 여건임에도 출판을 기꺼이 맡아주신 소명출판 박성모 사장님과 공홍 편집부장님, 처음부터 끝까지 교정을 봐주신 성영란 선생님, 토론에 참여한 모든 분들께 대표하여 진심으로 감사를 드린다.

2013.12.

필자 대표 김인수(한국하인리히뵐학회장)

차례

3부

사회에 떠오른 폭력을 담아내다

작품에서 폭력 읽기

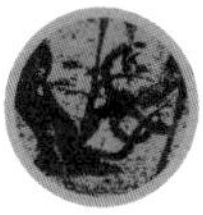

4부

동물세계의 폭력

1부

폭력에 대항하는 하인리히 뵐의 자세

평화와 저항의 작가

평화주의자 하인리히 뵐[1]

전쟁과 폭력에 대한 저항, 그리고 자유와 평화에 대한 갈망

김이섭

1. 들어가며

하인리히 뵐은 전후 세계문학권에 널리 알려진 독일작가로서, 2차 세계대전 이후에 노벨문학상을 수상했다. 뵐은 국제 펜클럽 회장으로서 국경을 초월한 사랑과 자유의 문학세계를 가꾸는 데 공헌하기도 했다. 토마스 만 이래로 전 세계에서 그처럼 '도덕적 심급審級'으로 인정받고 존경받은 독일작가는 없다고 해도 과언이 아니다.

뵐은 한 민족의 기억과 사고를 문학으로 형상화했다. 그는 역사의 증인으로서 전쟁의 비극적 현실과 전후사회의 모순된 현실을 가감 없이 그려냈다. 때로는 현미경으로 일상적 소시민의 삶을 해부하기도 하고, 때로는 망원경으로 역사의 궤적을 조망하기도 했다.

휴머니즘을 문학의 본질로 선언한 뵐은 도덕과 미학을 동질적 개념으로 파악하고, '조금도 꺾이지 않는 불굴의 도덕'을 가장 긴장감 넘치는 작품의 소재로 이해했다. 그의 문학은 사회에서 '쓰레기로 내버려지는, 쓰레기라고 여겨지는 것'을 대상으로 삼고 있다. 바로 거기서 휴머니즘의 존재가 확인될 수 있는 것이다. 뵐의 휴머니즘은 다음 진술에서 보다 분명해진다. "한 나라의 인문성은 무엇이 그 나라의 쓰레기통에 버려지는가, 매일의 일상생활에서 또는 시학에서 파기되도록 버려지는 것들이 얼마만큼 가치 있게 여겨지는가에서 인식될 수 있다."

뵐은 참혹한 전쟁터에서 삶과 죽음의 경계선을 넘나들며 생명의 고귀함과 인간의 존엄성을 체득했다. 그리고 전후사회에서도 인간에 대한 사랑을 실천하고, 인간에 대한 탐구를 지속해나갔다. 뵐의 휴머니즘은 절대적 죽음 앞에 놓인 무기력한 인간에 대한 동정과 연민, 국경과 이념을 초월하는 생명과 자유의 확증이라는 맥락에서 이해할 수 있다.

2. 역사 재현으로서의 기억

1) 뵐의 전쟁체험

하인리히 뵐은 1937년 봄 고등학교를 졸업하고 서점에서 견습사원으로 잠시 일하게 된다. 그리고 1938년 가을 독일제국의 노동현장에 투입된다. 1939년 여름, 쾰른 대학교에 등록한 뵐은 얼마 지나지 않아 군에 입대한다. 왜냐하면 1939년 9월 1일 독일군이 폴란드에 진격하며

2차 세계대전이 발발했기 때문이다.

뵐은 1940년 5월 폴란드로, 같은 해 6월 말에는 프랑스로 이동한다. 그는 전쟁 중이던 1942년 안네마리 체흐와 결혼한다. 1943년 여름, 러시아로 이동하라는 명령을 받은 뵐은 다른 병사들과 함께 동부전선으로 가는 기차에 몸을 싣는다. 그러나 프랑스 레지스탕스의 공격을 받고 오른쪽 팔을 다쳐 다시 독일로 돌아온다. 쾰른의 아파트에서 뵐은 아내와 재회의 기쁨을 나누지만, 다시 전선에 복귀하라는 명령을 받는다. 그러고 나서 얼마 뒤 폭격으로 그들이 거주하던 아파트가 무너지고, 그의 아내는 부상을 당한다.

1943년 12월 전장에서 뵐이 머리에 수류탄을 맞아 중상을 입고 수레에 실려 병원으로 후송된다. 오데사에 있는 야전병원에서 치료를 받던 뵐은 전쟁과 죽음에 대한 두려움을 성찰하는 기회를 갖는다. "내가 숙명 · 운명 · 고통이라고 칭하는 것, 이러한 개념을 나는 내면화라고 칭한다."

뵐은 1944년 8월 야전병원에서 퇴원한다. 그리고 특별명령을 받은 것처럼 서류를 위조해 서부로 가는 기차에 오르고, 프랑스 메츠에서 휴가 증명서를 얻어 고향으로 돌아온다. 하지만 불행하게도 1944년 11월 뵐의 어머니가 비행기 공습으로 목숨을 잃는다.

건강을 회복한 뵐은 전선으로 차출되고 급기야 탈영을 감행한다. 하지만 이내 군대가 오히려 안전하다고 생각하고, 서류를 위조해 가까운 부대로 다시 들어간다. 1945년 4월 8일 뵐은 전투부대에 편입되어 정찰임무를 수행하다가 바로 다음 날 미군의 포로가 된다. 5월 8일 독일이 무조건 항복을 선언한다. 뵐은 그해 11월에 부인과 함께 고향인 쾰른으로 돌아온다.

2) 뵐 문학에서의 기억과 회상

어린 시절 체험은 뵐의 삶과 문학에 지속적인 영향을 미쳤다. 뵐의 문학은 자신의 삶에 대한 기록이자 동시에 역사에 대한 기록이라고 할 수 있다. 노벨문학상을 수상하는 자리에서 뵐은 자신이 전쟁터에서 고향으로 돌아온 수백만 명의 병사 가운데 하나라고 말했다. 그리고 "시대와 동시대인들, 한 세대가 체험하고 경험하고 보고 들은 모든 것"에 대한 연대감과 책임감을 숨기지 않았다.

전쟁이 끝난 뒤 하인리히 뵐은 참혹한 전쟁과 귀환 병사들, 고통을 겪는 유가족, 전쟁의 후유증, 위기에 처한 가족과 결혼의 문제 등을 문학주제로 다뤘다. "우리는 전쟁과 귀향에 관해 글을 썼다. 그리고 우리가 전쟁에서 본 것과 귀향에서 발견한 것, 즉 폐허에 관해 썼다. 이로써 최근의 문학에 붙일 수 있는 세 개의 표제어가 생겨났다. 전쟁문학, 귀향자문학, 폐허문학. 이러한 명칭은 정당한 것이다." 호머를 유럽 서사시의 원조라고 규정한 뵐은 전쟁문학의 역사적 의미를 긍정적으로 받아들인다. "호머는 트로이전쟁에 관해 이야기하고 있다. 트로이의 파멸과 오디세우스의 귀향. 전쟁문학, 폐허문학, 귀향자문학. 우리는 이러한 호칭을 부끄러워할 이유가 없다."

『아담, 너 어디 있었니?』에서 뵐은 테오도르 헤커의 말을 빌려 전쟁에 대한 혐오감과 거부감을 표현한다. "세계적 대참사는 여러 목적에 이용될 수 있다. 신 앞에서 알리바이를 입증하는 데도 쓰일 수 있다. 아담, 너는 어디에 있었는가? 저는 전쟁터에 있었습니다." 생텍쥐페리의 인용 또한 시사하는 바가 적지 않다. "이전에 나는 많은 모험을 겪었다. 하지만 전쟁은 결코 올바른 모험이 아니다. 그건 모험의 대용물일 뿐이다. 전쟁은 티푸스와도 같은 질병이다."

뵐의 소설 『기차는 정확했다』(1949)에서도 전쟁과 죽음의 공포가 적나라하게 드러나 있다. 한 병사가 기차를 타고 동부전선으로 향한다. 그것은 돌이킬 수도 위로받을 수도 없는 '죽음으로의 여행'이다. 확성기를 통해 들려오는, 기차 출발을 알리는 안내방송은 그의 죽음을 재촉하는 통지기도 하다. 이 작품의 주인공 안드레아스는 외부세계와 단절된 절대적 고립감에 사로잡힌 채 생사의 갈림길에 서 있다. "미친다는 건 저의 충분한 권리입니다. 전 죽고 싶지 않습니다. 제가 죽지 않으려고 하는 사실이 두렵기만 합니다." 이것이 바로 한계상황에서의 실존적 불확실성이다.

안드레아스는 자신이 겪는 고통만큼 자신이 지은 죄악이 씻길 수 있다고 생각한다. 그래서 그는 자신이 저지른 모든 행위의 면죄부로서 고통을 기꺼이 감수하려고 한다. 하지만 전쟁은 "알지도 못하는 다른 사람들을 죽음으로 몰아넣는 놀이"일 뿐이다. 그리고 명분도 정당성도 없는 전쟁이 야기하는 무고한 죽음은 살인과 다름없다. 안드레아스는 외친다. "모든 죽음은 살인이다. 전쟁에서의 모든 죽음은 누군가에게 책임이 있는 살인이다."

전쟁의 폭력뿐 아니라 사회와 일상에서 제기되는 폭력 또한 뵐의 관심사였다. 그는 폭력의 다양한 양상들을 냉철하게 인식하고 비판하며 폭력이 부재한 평화로운 사회를 만들려고 노력했다. "물론 소설의 폭력 묘사는 폭력에 대한 도덕적 정당화가 아니라, 폭력을 야기하는 문제나 인물들에게 대처하는 것이다. 그렇게 하여 폭력이 정당화되는 것은 아니다. 만일 내가 살인을 서술한다면, 살인을 정당화하는 것이 결코 아니라 갈등구도에 처해 있는 인간을 묘사하는 것이다. 교통이나 가정, 학교, 결혼, 은행 강도와 은행. 폭력은 도처에 자리 잡고 있다."

독일의 사상가 아도르노는 파시즘의 광기를 '집단적 나르시시즘'으로 규정하고, 이러한 집단광기가 전후사회에서도 여전히 독버섯처럼 자라나고 있다고 개탄한다. "이들의 정체성과 집단적 나르시시즘은 전혀 손상되지 않았고, 여전히 남아 있다. 1918년 이후에도 그랬듯이 사람들은 전쟁의 패배를 내면적으로 인정하지 않았다." 뵐 또한 파시즘 추종자들이 전쟁이 끝나기가 무섭게 민주주의 옹호자로 탈바꿈하는 현실에 분노한다. "나의 기억 가운데 가장 당혹스러운 것은 몇몇 포로들이 용감하고 열정적으로 앞에 나서는 광경이었다. 이들은 불과 몇 시간 전만 하더라도 불퇴不退와 살인을 설교하던 인물들이었다. 그런데 이제는 민주적 사상의 전파자로서 기꺼이 교육을 받겠다고 선언하고 있었다."

3) 새로운 글쓰기와 과거극복의 가능성

전후 독일작가들은 도덕적 붕괴뿐 아니라 언어 파괴 또한 경험해야 했다. 즉, 이념과 체제에 오염된 언어가 그 본원적 의미를 상실해 버렸기 때문에 전후작가들은 '거주할 수 있는 땅에서의 거주할 수 있는 언어'를 추구하고 나섰던 것이다. 이들에게 죽은 언어를 다시금 살아 있는 언어로 재구성하는 것이 주요과제가 됐다. 그것은 새로운 환경에 걸맞은 새로운 언어의 발견이었다. 새로운 언어를 통한 새로운 사회의 구현, 이것이 이들의 문학적 과제였다고 해도 과언이 아닐 것이다. 뵐 또한 예외는 아니었다.

이와 관련해 베르너 베버는 다음과 같이 말하고 있다. "언어의 재건. 그것은 언어가 파괴되어 있다는 것을 전제로 한다. 하인리히 뵐 세대에게 있어 이러한 주장은 적절하다. 전쟁 중이나 전쟁이 끝난 뒤에 말하기나 글쓰기를 시작한 사람은 의구심과 냉철한 분별력을 지니고 조심스럽게 시도해야 했다." 전후 작가들은 이념과 폭력에 더럽혀지지 않은 새로운 언어로 파편처럼 흩어진 현실을 재구성하기 시작했다. 뵐 또한 간결하고 명확한 언어와 표현양식으로 전쟁과 폭력에서 자유로운 현실을 그려내기 위해 노력했다.

뵐은 러시아 망명작가 조시프 브로드스키의 말을 인용해 언어와 정체성, 국가의식의 상관관계를 강조하기도 했다. "언어는 국가보다 훨씬 더 오래되고 필연적인 존재다. 작가의 애국심을 가늠하는 척도는 고상한 정치 강령에 대한 맹세가 아니라, 자신과 함께 살고 있는 인간들의 언어로 글을 쓰는 방식이라고 나는 생각한다." 뵐의 문학은 이러한 요소와의 연대의식과 역사적 일체감에 뿌리를 두고 있다. "한 다발의 종이와 뾰족하게 깎은 연필 한 통, 그리고 타자기만을 지닌 채 홀로 글을 쓰기는 하지만, 나는 한 번도 혼자라고 느껴본 적이 없다. 오히려 나는 시대와 동시대, 그리고 한 세대의 체험과 경험, 보고 들은 모든 것에 결속되어 있다고 생각했다."

뵐은 전쟁의 폭력이 전후사회에서도 여전히 정치적 폭력의 형태로 남아 있다고 개탄한다. 전후 역사는 '억압된 과거', '잊혀버린 과거', '극복되지 못한 과거'의 또 다른 이름이다. 뵐은 내면적 독백과 주관적 연상작용을 통해 서사적 거리를 좁히고, 역사적 현실을 개인의 현실로 대체한다. 기억은 현실에서 또 다른 현실을 추출해내고, 과거와 현실을 연결한다. 그리고 개인적 기억이 역사적 사실과 맞닿으면서 새로운 지평이 열리는 것이다.

3. 동유럽의 민주화와 하인리히 뵐

1) 반전사상과 평화운동

반전사상이 대중운동의 성격을 띠게 된 시기는 19세기 후반부터 20세기에 걸친 제국주의 시대라고 할 수 있다. 1차 세계대전 이전에는 사회주의 운동이 대중적 반전운동의 주체였으며, 1차 세계대전 이후에는 식민지배를 반대하는 민족해방운동이 주류를 이뤘다.

1932년 8월 네덜란드 암스테르담에서는 제국주의 전쟁에 반대하는 국제적 반전집회가 개최됐다. 이 모임에 2,000여 명의 반전주의자들과 평화애호자들이 참여했는데, 이를 계기로 다양한 반전운동과 평화운동이 전개됐다. 베트남에서는 고엽제 살포와 양민 학살 등의 진상이 밝혀지면서 베트남전쟁에 대한 의혹이 반전운동으로 확대됐다. 반전주의자들은 1969년 10월 15일을 '베트남 반전의 날'로 정하고, 워싱턴을 중심으로 미국 전역에서 대규모의 반전집회를 열었다.

국제적 연대로 강화된 반전운동은 평화협상과 미군철수, 전쟁종결로 이어지는 일련의 과정에 결정적 영향을 미치게 된다.

2) 뵐의 저항의식과 현실참여

1956년 뮌헨에서는 작가와 발행인, 문화인들이 주축이 되어 '그륀발트 서클'이 구성됐다. 이들은 무엇보다 독일 재무장에 관해 비상한 관심과 우려를 표명했다. 이 모임에는 뵐과 알프레드 안더슈, 귄터 바이젠보른, 호르스트 랑에 등이 동참했다. 1958년 뵐은 다른 작가들과 함께 독일 재무장에 항의하는 문서에 서명했다. 민주화와 인권을 위해 정치문제에 적극적으로 개입해야 한다는 입장을 천명한 뵐은 1963년 작가 볼프강 하리히와 에리히 뢰스트를 석방하라고 동독 지도부에 요구했다. 그리고 1965년 동독의 서정시인 볼프 비어만을 변호하고 나섰다.

1966년 뵐은 부퍼탈 극장 개관식에서 '예술의 자유'라는 제목으로 예술과 국가 내지 사회와의 관계를 역설했다. 1967년 게오르크 뷔히너 문학상을 수상한 뵐은 '게오르크 뷔히너의 현재성'이라는 제목의 수상연설을 통해 오늘날의 정치현실과 사회현실이 이전과 크게 다르지 않다고 진단하면서 예술과 정치, 문학과 정치의 상호연계성을 강조했다.

1968년 5월 뵐은 본에서 비상조치법에 반대하는 연설을 했다. 1981년 10월 10일 본의 호프가르텐에서 열린 평화시위에 참가한 뵐은 30만여 명의 군중 앞에서 '공동으로 핵위협에 맞서'라는 제목의 연설을 했다. 1983년 9월 뵐은 퍼싱 미사일 설치를 반대하는 시위대와 더불어 미군 병영을 봉쇄하는 데 동참하기도 했다.

1980년 볼리비아의 여성단체 대표들을 면담한 뵐은, 독일 연방정부가 국제연합으로 하여금 군사 쿠데타 이후의 볼리비아 정국을 사찰하기 위한 국제위원회를 구성하도록 해야 한다고 촉구했다. 1982년에는 본에서 폴란드의 군사정부를 비난하는 성명을 발표했다. 1983년 독일과 미국, 멕시코, 니카라과, 콜롬비아, 프랑스에서 동시에 공개된 선언문에서 뵐을 포함한 6개국 작가들이 니카라과의 산디니스트 정부를 전복시키려는 미국의 음모를 비난하는 성명을 발표하기도 했다.

3) 헝가리인들의 봉기

2차 세계대전이 끝난 뒤 소련의 영향 아래 놓이게 된 헝가리는 1949년 공산주의 정권이 세워지더니 급기야는 소련의 위성국으로 전락하고 만다. 1956년 10월 23일 부다페스트에서 대학생들을 중심으로 10만여 명의 군중들이 소련의 간섭과 공산주의 체제를 비난하는 대규모 시위를 벌인다. 하지만 이들의 저항운동은 소련군의 개입으로 실패하고, 수많은 반체제 인사들이 해외로 도피한다. 바로 이 시기에 하인리히 뵐을 포함해 알베르 카뮈, 파블로 피카소, 장 폴 사르트르 등 105명의 문화계 인사들이 헝가리 평화시위를 무력 탄압한 소련을 규탄하고 나선다.

뵐은 「헝가리인들의 봉기」라는 글에서 정의를 위해 목숨을 바친 이들 앞에서 기껏해야 연대감을 나타내고 자선을 베푸는 데 만족하는 서유럽인들을 질타한다. 그리고 저항에 참여하지 않는 사람은 스스로 권리와 자유를 포기하는 것이라고 강변한다. "사용하지 않는 권리는 소멸되고, 사용하지 않는 자유는 시들어버린다. 우리는 권리가 비록 가장 중요한 부분은 아니라고 할지라도 우리 문화의 한 부분이라는 사실을 너무 쉽게 망각하곤 한다."

4) 프라하의 봄과 새로운 저항 가능성

1953년 스탈린이 사망한 뒤로 소련 내에서는 스탈린 격하운동이 벌어진다. 1960년대에 들어서면서 체코슬로바키아에서도 지식인들과 작가, 예술가, 학생들이 자유화와 민주화를 요구하며 조직적 투쟁을 전개해나간다. 이 여파로 공산당 내부의 권력변화가 감지되기 시작하더니 급기야는 1968년 1월 당 제1서기 노보트니가 물러나고 개혁파 두브체크가 정권을 장악한다. 1968년 4월에는 공산당 중앙위원회 총회에서 '인간의 얼굴을 지닌 사회주의', 즉 실험적 사회주의 강령이 채택되기에 이른다.

하지만 8개월 남짓 이어진 '아래로부터의 혁명'은 1968년 8월 20일 소련군과 바르샤바 조약기구 동맹군의 침공으로 좌절되고 만다. 그것은 체코슬로바키아의 자유화 운동이 자칫 다른 동유럽 국가들에게 부정적 영향을 미칠지도 모른다는 소련의 우려 때문이었다. 이러한 무력개입으로 인해 1969년 4월 두브체크가 강제로 해임되고, 개혁적 성향을 지닌 50여만 명의 당원이 제명되거나 숙청된다.

1968년 체코의 작가협회는 하인리히 뵐과 루이 아라공, 장 폴 사르트르 등을 초대한다. 뵐은 "민주주의적 사회주의라는 체코슬로바키아의 모델에서 동구와 서구를 위한 위대한 희망을 보았기" 때문에 주저 없이 체코 방문을 수락한다. 8월 20일 프라하에 도착한 뵐은 '프라하의 봄'이 피로 얼룩지는 현장을 목격하게 된다.

그는 『슈피겔』에 「전차가 카프카를 겨누다」라는 글을 기고해 체코와 유럽의 평화를 역설하고, 체코인의 생존권과 인권을 유린한 소련군의 만행을 고발한다. "총성은 날카로웠고, 빈번히 들려왔다. 그 총성은 우리를 23년 수개월 뒤로 되돌려 놓았다. 그 총성은 유럽이 평화를 누리고 있지 않다는 사실, 유럽이 다양한 휴전 상태에서 살고 있다는 사실을 분명하게 각인시켜 주었다. 바로 여기서 휴전이 깨져 버렸다. 프라하에서." 체코인들과 체코의 자유혁명에 대한 뵐의 평가는 지극히 긍정적이고도 낙관적이다. "유럽의 어느 곳에서도 그리고 아직 단 한 번도 민주주의에 그토록 가깝게 다가간 민족은 존재하지 않았다."

뵐은 상이한 이념이나 체제를 뛰어넘는 하나의 정신, 폭력적 억압을 거부하고 자유를 갈망하는 하나의 정신, 즉 휴머니즘의 정신이 살아 숨 쉬고 있다고 믿었다. 그리고 바로 그 정신이 "우리를 결속시키는 이 하나의 정신"이었던 것이다.

4. 뵐과 러시아 지식인들

1) 뵐의 구명운동

뵐은 러시아 저항작가들과 반체제 지식인들을 위한 구명운동에 적극 동참했다. 1974년 2월 솔제니친이 모스크바에서 체포되어 독일로 추방되자 뵐은 아이펠에 있는 자신의 저택에 솔제니친을 머물게 했다. 1980년 11월에는 소련 당국으로부터 한시적 비자를 발급받은 작가 코펠레프와 그의 부인이 독일에서 안전하게 머물 수 있도록 도와주었다.

1983년 뵐은 소련 공산당 당수 안드로포프에게 보낸 공개서한을 통해 노벨상 수상자 사하로프의 고르키 유배 철회를 요구했다. 그리고 독일의 정치인과 경제인들에게도 소련 당국과 진지한 대화에 나설 것을 촉구했다.

2) 코펠레프, 또 다른 독일인

코펠레프는 어린 시절부터 독일어에 익숙한 환경에서 자라났다. 그리고 대학에 들어가서 독문학을 전공했다. 2차 세계대전에 참전하기 위해 자발적으로 군에 입대한 그는 동프로이센에 진격한 소련군의 잔혹한 범죄행위를 목격하게 된다. 그의 눈앞에서 "사악한 폭력에 대한 방어전"이 점차 "비인간적 폭력정책과 정복정책"으로 변질된 것이다.

코펠레프는 "독일인들과 그들의 재산을 보호하고, 독일인들에 대한 동정심을 설교했다"는 이유, 그리고 "적에 대한 동정심을 자극하고 독일의 시민문화를 찬양"했다는 이유로 소련 당국에게 10년 형을 선고받았다. 실제로 코펠레프는 소련군의 포로가 된 독일병사들에게 독일의 역사와 문화, 즉 "뒤러와 구텐베르크, 크라나흐와 홀바인, 횔덜린, 하이네와 루터, 칸트와 라이프니츠, 그리고 헤겔"을 가르쳤다.

코펠레프는 스탈린이 세상을 떠난 다음 해인 1954년에 석방되어 복권됐다. 그 뒤에 그는 베르톨트 브레히트의 전기를 집필하기도 하고, 독일어권 희곡사를 연구하기도 했다. 60년대 중반 이후로는 사하로프나 솔제니친과 같은 반체제 지식인들을 옹호하는 데 앞장섰다. 그리고 '프라하의 봄'을 무력으로 진압한 소련 당국에게 정면으로 반기를 들었다. 이로 인해 그는 공식적 저술활동뿐 아니라 대학 연구소에서도 일을 할 수 없게 됐다. 하지만 그는 이에 굴하지 않고, 외국 특파원들과 반정부 인사들과의 교류를 지속해나갔다. 이 시기에 그는 하인리히 뵐과도 매우 밀접한 관계를 맺게 된다.

뵐이 말하듯이, 뵐과 코펠레프와의 관계는 "우정 이상의, 단순한 호감 이상의, 생물학적 친화력 이상의 것"이었다. 1980년 뵐의 초청을 받은 코펠레프는 소련 당국으로부터 귀국을 보장받는 조건으로 부인과 함께 소련을 떠나 쾰른에 도착한다. 하지만 1981년 초 그는 시민권을 박탈당하고, 본인의 의지와 상관없이 망명생활을 영위하게 된다. 코펠레프가 마음 편히 거처할 수 있는 공간은 러시아 이외에 독일이 유일했다. 그는 독일에서 결코 낯선 이방인이 아니었다. 독일의 문화와 역사에 관한 그의 지식은 독일 지식인들조차 혀를 내두를 정도였다. 코펠레프는 러시아와 독일의 이해증진과 화해를 도모하기 위해 노력했는데, 특히 독일의 러시아 상像과 러시아의 독일 상像에 관한 연구를 수행했다. 뵐은 코펠레프에게서 단순한 독일 상像이 아닌, 독일 그 자체를 발견했다고 말한다. 그것은 나치의 박해로 인해 "망명했던 바로 그 독일"이었다. 뵐은 코펠레프가 경험한 망명의 삶과 독일이 경험한 망명문학의 전통을 결부시켜 망명의 의미를 재해석했다.

1991년 코펠레프는 평화에 기여하고 독일 국민과 소련 국민의 이해를 증진한 공로로 '에리히 마리아 르마르크 평화상'을 수상한다. 뵐은 말한다. "우리는 사하로프와 마찬가지로 그에게도 인간이라는 칭호를 부여해야 할 것이다. 그리고 우리는 마음 편히 그를 평화의 인간이라고 부를 수 있을 것이다."

3) 솔제니친, 전형적 유럽인

솔제니친은 2차 세계대전 중에 스탈린을 비판하는 편지를 썼다는 이유로 강제수용소에 수감된다. 이 경험을 바탕으로 그는 1962년 『이반 데니소비치의 하루』를 발표하고, 1973년 12월 프랑스 파리에서 『수용소 군도』 1부를 출간했다. 그로부터 얼마 뒤인 1974년 2월 13일 그는 반역죄로 체포되어 소련에서 강제 추방된다.

뵐은 독재정부의 탄압과 비난에도 전혀 굴하지 않고 의연하게 대처하는 솔제니친의 용기를 높이 평가한다. "내가 이 작가에게서 가장 경탄해마지 않는 것은 그에게서 품어 나오는 평온함이다." 뵐은 솔제니친의 평온함이 "거장의 평온함이 아니라 당사자의 평온함, 동시대인의 평온함"이라고 정의한다.

1970년 솔제니친이 노벨문학상을 수상하자 뵐은 그의 노벨문학상 수상이 정치적 이유 때문에 폄하되어서는 안 된다고 강변한다. 그리고 솔제니친이 사회주의적 사실주의의 본령을 유지하면서도 19세기 러시아 문학전통을 새로운 형식으로 발전시켰다고 평가한다. 또한 뵐은 솔제니친을 세계도처에서 가시화되고 있는 변혁의 물꼬를 튼 인물로 자리매김 시키고 있다. "그는 시대의 기록서에 남게 될 것이다. 그리고 그 자신의 삶과 떼어놓을 수 없는 작품 속에 남아 있을 것이다."

뵐은 철의 장막 뒤로 사라질지 모르는 유럽적 가치를 보존해야 한다고 역설한다. "여기에 유럽이 존재한다. 여기서 유럽의 정신과 유럽의 전통이 보존되어 있다. 그것은 심혈을 기울여, 거의 혼신의 힘을 다해 배양되고 있다." 그리고 솔제니친에게서 바로 이러한 유럽의 본원적 정신을 발견한 것이다.

5. 김지하와 하인리히 뵐

1) 김지하의 저항적 삶

김지하는 1960~70년대 반체제 저항시인으로서 민주화의 상징이었다. 그는 1970년 『사상계』 5월호에 권력집단의 부정부패를 판소리 가락으로 고발한 담시譚詩 「오적五賊」을 발표한다. 그리고 6월 3일 북한의 선전활동에 동조했다는 누명을 쓰고 반공법 위반으로 투옥된다.

1971년 4월 그는 지학순 주교가 이끄는 '천주교 원주교구 농촌협동운동'의 기획위원에 임명되고, 6월 민주수호선언대회에 참가해 선언문에 서명한다. 10월 원주에서 부정부패 추방과 사회정의 실현을 위한 집회를 주도하기도 했던 그는 1974년 4월 당국에 체포된다. 그해 7월 비상보통군법회의에서 국가보안법 위반과 내란반동죄 등의 죄목으로 사형선고를 받지만, 1주일 뒤에 무기징역으로 감형된다.

'김지하를 구원하는 국제위원회'가 결성되어 국제적 구명운동이 벌어진다. 김지하는 1975년 2월 형집행정지로 풀려나지만, 3월 인혁당 사건과 관련해 다시 체포되어 구금된다. 같은 달, 김지하의 이른바 '나는 공산당이다'라는 날조된 자필 진술서가 공개되어 전 세계적으로 파문을 일으킨다. 5월 김지하는 감옥에서 '양심선언'을 발표하고, 9월 김지하의 '양심선언'을 숙지한 세계 각국의 저명한 신학자들이 박정희 대통령에게 김지하 석방을 요구하는 호소문을 전달한다.

이렇듯 김지하는 연행과 구금, 투옥과 고문, 사면과 석방, 도피와 유랑 등으로 점철된 형극荊棘의 길을 걷게 된다.

2) 뵐이 바라본 김지하

김지하의 석방을 위해 누구보다 독일의 주교들이 적극적 노력을 기울였다. 텐홈베르크, 되프너, 쇼이펠레 주교와 쾰른의 총무주교인 토

이슈가 그들이다. 그리고 작가 루이제 린저도 이들과 함께 김지하 구명운동에 나섰다. 1976년 하인리히 뵐은 「김지하를 걱정하며」라는 글을 기고했고, 1978년 '인도주의의 이름으로'라는 제목으로 시인 김지하의 석방을 촉구하는 연설을 하기도 했다.

김지하의 생애와 작품을 심층적으로 연구한 마리에타 파이츠 박사가 1976년 가톨릭 원주 교구의 지학순 주교와 나눈 대화는 매우 인상적이다. "남한에서 교회의 선결과제는 무엇입니까?"라는 질문에 지 주교는 "첫째도 김지하, 둘째도 김지하, 셋째도 김지하라는 이름이 대변하고 있는 모든 것"이라고 답변했다.

뵐은 김지하가 공산주의자 간첩보다 더 위험하다고 말한다. 왜냐하면 김지하에게서는 "풍자가의 날카로운 펜과 예언자의 용기, 그리고 완전히 '비非격정적' 열정"이 내재되어 있기 때문이다. 김지하가 표방하는 생명사상과 내면세계로의 회귀에 대한 비난과 논란에도 불구하고, 그는 지금도 여전히 동시대인이며 역사의 증인이다. 뵐은 말한다. "우리는 증인으로서, 그리고 동시대인으로서 그가 필요합니다. 한국은 그가 지닌 목소리의 힘이 필요합니다."

3) 「오적五賊」과 비판의식

담시譚詩 「오적」에서 김지하는 자본주의 사회의 모순과 억압구도를 비판하면서 권력의 치부를 적나라하게 드러낸다. 1985년 8월 13일 김지하는 「오적」의 서문에서 이렇게 적고 있다. "오적이 있으니까 오적을 썼다. 이렇게만 이야기하자. 오적이 있으니까 오적을 썼겠지, 그것뿐이다." 그는 부정과 비리가 만연한 자본주의 사회의 그릇된 시대상에 대한 비판적 글쓰기를 작가의 시대적 소명으로 받아들인 것이다. 백낙청은 말한다. "김지하 『담시 모음집』은 바로 '김지하 문학의 꽃.' 많은 양의 그의 작품들 가운데서 단연코 담시는 우뚝한 하나의 산이며, 그중에도 「오적」은 '70년대 부정부패를 반영한 산물'이며 내용이나 형식에서 길이 남을 불후의 작품임을 새삼스럽게 이야기할 필요가 없다."

김지하의 창작은 처절하리만치 냉철한 역사인식과 현실인식에 기초하고 있다. 이 담시에서 김지하는 재벌과 국회의원, 고급공무원, 장성, 장차관을 오적으로 일컫고 있다. 이들은 재물과 권력을 손아귀에 쥔 기득권 세력이다. "예가 바로 재벌, 국회의원, 고급공무원, 장성, 장차관이라 이름 하는, 간땡이 부어 남산만 하고 목질기기 동탁배꼽 같은 천하흉폭 오적의 소굴이렸다." 오적은 김지하에게는 반드시 타도되어야 할 대상이다. 그것은 부정축재와 권력남용으로 점철된, 민중의 민주주의에 역행하는 구시대의 유물, 즉 '앙시앙 레짐'이다.

4) 『어느 어릿광대의 고백』에 나타난 현실비판

뵐은 독일 전후사회에서 죄책감 · 후회 · 속죄 · 통찰 등이 사회적 규범은커녕 정치적 규범조차 되지 못했다고 안타까워한다. 그는 독일 전후사회의 건전한 발전을 가로막는 장애물이 정치와 종교의 야합, "옥좌와 제단의 밀접한 결합"이라고 진단하고 있다. 무엇보다 그는 가톨릭

신부들이 히틀러나 반유대주의에 대해 침묵하면서 젊은이들을 전쟁의 나락으로 몰아넣은 사실에 분개한다. 또한 그는 바티칸 교황청이 세계에서 가장 먼저 나치정권을 인정하고 밀약을 체결한 사실을 받아들일 수 없었다. 그에게는 이러한 정치와 종교의 공모행위가 '신학의 죽음'이자 동시에 '휴머니즘의 죽음'을 의미하기 때문이다.

뵐의 소설 『어느 어릿광대의 고백』(1963)은 독일 전후사회에 대한 총체적 진단서이자 비판서다. 여기서 뵐은 물질만능 사고와 이기적 자본주의 체제에 대한 정면도전을 시도한다. 이 작품의 주인공 슈니어는 전후 독일에서 가난한 사람들을 위한 자선과 구제가 사라져 버렸다고 탄식한다. 슈니어는 부유한 사람들의 풍요로운 삶이 가난한 사람들의 빈곤한 삶을 담보로 이루어졌다고 믿는다. 그리고 "죽은, 추상적인, 사슬에 묶여 있는 돈이 삶과 죽음을 의미"하는 현실 앞에서 분노한다.

신학교 기숙사에서 일하는 누군가가 "교회는 부유한 사람의 시체처럼 돈 때문에 냄새가 지독하다"라고 말하는 대목에서 자본주의에 매몰된 종교현실에 대한 비판의 정도를 가늠할 수 있다. 슈니어의 눈에 비친 독일은 "괴한들이 득실대는" 범죄소굴과 다름없다. 슈니어는 현대사회의 도착倒錯된 성문화를 빗대어 자본주의의 현실을 신랄하게 비판한다. "우리 시대가 호칭을 얻게 된다면 매춘의 시대라고 불려야 할 것이다."

5) 반어와 풍자, 역설의 미학

「오적」에서 김지하는 양심의 문제를 거론하며 양심이 부재한 사회에 도발적 경고를 보낸다. "이럴 줄을 알았더면 나도 일찌감치 도둑이나 되었을걸. 원수로다 원수로다 양심이란 두 글자가 철천지 원수로다." 무엇보다 도착된 현실에 대한 날카로운 풍자와 해학이 돋보인다. "도둑은 도둑의 죄가 아니요, 도둑을 만든 이 사회의 죄입네다. 여러 도둑님들께옵선 도둑이 아니라, 이 사회에 충실한 일꾼이니 부디 소신껏 그 길에 매진, 용진, 전진, 약진하시길 간절히 간절히 바라옵고, 또 바라옵나이다."

김지하는 왜곡된 경제현실로 인해 삶과 죽음의 경계선을 넘나들며 힘겹게 살아가는 소시민들의 자화상을 역설적으로 묘사하고 있다. "그 무슨 가난이 있겠느냐 도둑이 있겠느냐 포식한 농민은 배 터져 죽는 게 일쑤요 비단옷 신물 나서 사시장철 벗고 사니."

『어느 어릿광대의 고백』에서도 양심의 문제가 제기되고 있다. 이 작품에서 슈니어는 기독교적 양심을 어디에서도 찾아볼 수 없다고 개탄한다. 그는 사랑하는 마리가 종교적 이유로 그의 곁을 떠난 뒤에 가톨릭계 인사인 킹켈 박사에게 전화를 걸어 논쟁을 벌인다. 그리고 "당신과 당신의 양심에게 평안한 밤을 기원합니다"라고 말하고는 전화를 끊어버린다. 코스테르트 씨와의 통화에서도 그는 가학에 가까울 정도로 냉소적 모습을 보인다. "그가 혼자서 자신의 양심을 후벼대도록 내버려두는 게 훨씬 더 나았을지도 모르겠다."

뵐은 "양심이라는 단어를 꺼내는 것만으로도 의구심을 불러일으키기에 충분한" 전후사회의 현실을 비판한다. 그의 미학적 서술은 '차가운 풍자'와 '고상한 유머' 사이를 맴돌고 있다. 김지하처럼 뵐의 작품에도 반어와 풍자가 가득하다. 김지하와 뵐은 풍자와 반어를 통해 왜곡된 사회상을 통렬하게 비판하고 있다. 이러한 비판에는 무엇보다 소시민적 삶에 대한 연민, 그리고 자유와 평화에 대한 염원이 자리 잡고 있다고 하겠다.

6. 나오며

하인리히 뵐은 인권운동가이며 평화주의자다. 그는 베트남 난민을 위한 구조 활동에 적극 참여했으며, 양심범과 반체제 지식인들의 석방을 위해 노력했다. 그가 주창한 세계평화는 허울뿐인 이념이 아닌, 인권과 인간의 존엄성에 기초한 실현 가능한 이상향이다. 뵐은 시민들의 올바른 반전사상과 평화사상을 고취함과 동시에 현실정치로의 적극적 참여를 통해 이러한 이상향이 구현될 수 있다고 믿었다. 그리고 국제적 명성에 힘입어 억압받고 고통받는 전 세계의 작가들과 지식인들을 위한 구명운동을 전개했다. 그에게는 현실참여가 내정간섭이 아니라, 범인류적이며 보편적인 가치의 추구였던 것이다.

뵐은 체코와 헝가리의 자유화 운동에 깊이 공감하고, 서방세계의 관심과 연대를 촉구했다. 그가 동유럽 지식인들을 옹호하고 동유럽의 민주화에 적극적으로 개입한 것도 어찌 보면 나치의 만행을 속죄하는 의미를 담고 있다고 하겠다. 뵐은 솔제니친의 사상과 문학에 깊이 뿌리박고 있는 박애정신을 높이 평가한다. 이러한 '인간사랑'이 뵐과 솔제니친뿐 아니라, 사하로프와 코펠레프를 하나로 묶는 정신적 유대감의 근원이라고 할 수 있다. 평화를 염원하고 자유를 희구하는 이들의 모습에서 우리는 동유럽과 서유럽을 가로지르는 보편적 세계정신을 읽어낼 수 있다.

김지하는 숱한 고초를 겪으면서도 자유와 인권을 수호하기 위해 혼신의 노력을 경주했다. 서로 다른 정치 환경과 문화에도 불구하고 뵐과 김지하를 연결시켜주는 것은 역사에 대한 인식과 진실에 대한 믿음, 그리고 무엇보다 인간에 대한 사랑일 것이다. 김지하와 뵐은 자신들의 삶과 작품을 통해 우리로 하여금 현실에 개입하고 현실을 변화시키도록 끊임없이 요구하고 있는 것이다.

폭력과 그 대안[1]

하인리히 뵐 작품을 중심으로

정인모

1. 들어가며

삶과 글쓰기의 일치, 문학과 삶의 일치를 주장해 온 하인리히 뵐의 일관된 작가관은 오늘날도 여전히 뵐 문학이 생명력을 갖게 하는 원동력이 되고 있다. 그는 "시대 및 동시대인과의 연대"[2]를 주장한 인간적 작가이자, 이웃의 아픔을 함께 하고 인간성의 중요성을 일깨워주는 휴머니스트였다.

뵐이 행동하는 작가・약자의 대변인・도덕가적 휴머니스트 등의 꼬리표를 달게 된 연유에는, 뵐이 몸담고 있었던 서독 내의 현실에 대한 그의 불만이 단초가 되고 있다. 어쩔 수 없이 2차 세계대전에 참전했던 뵐은 이후 반전주의적 입장을 고수했다. 전후의 서독 재무장再武裝, 화폐개혁・경제부흥 강조로 인한 인간성 부재, 보수적 입장을 수호하려는 정치권, 이에 편승하는 종교적 안일함과 종교권력을 행세하려는 종교 지도자들, 그리고 1970년대 테러리스트 과잉 대응의 인권침해, 핵 개발로 인한 인류 종말적 위협 등이 뵐을 사회비판 작가로 만들었다고 볼 수 있다.

이러한 사회 현실의 제반 문제를 뵐은 인간성을 말살하고 인간 개인을 위협하는 일종의 '폭력'으로 받아들였다. 인간은 인간이어야 하고 인간의 존엄성 위에 어떠한 권력이나 제도도 군림할 수 없으며, 오직 순수한 인간성 자체가 중시되어야 한다는 휴머니즘이 그의 작품에 깔려 있기 때문이다.

여기서는 이러한 폭력이 뵐 작품에서 어떠한 양상으로 나타나는지 알아보고자 한다. 물론 복잡한 현실에서 이러한 양상을 단순화시키는 것이 쉽지는 않지만, 전쟁이라는 폭력, 종교적 교권주의가 만들어 내는 왜곡된 종교관, 또 다른 폭력을 불러 올 수도 있는 언론의 폭력성, 그리고 테러에 대처하는 과도한 보호가 빚어내는 인간 구속의 폭력 등을 그의 작품을 통해 진단해 보고자 한다.

전쟁 폭력은 『열차시간은 정확했다』를 비롯한 여러 장·단편소설들, 교권주의는 『어느 어릿광대의 고백』, 언론 폐해는 『카타리나 블룸의 잃어버린 명예』, 지나친 경호는 『신변보호』를 중심으로 분석할 것이다. 물론 폭력은 빅토르 뵐이 뵐 작품의 "연속집필"[3]을 언급한 것처럼 뵐 작품 전체를 관통하는 주제기도 하지만, 위에 언급한 작품들은 이러한 폭력의 여러 양상을 특히 잘 보여준다고 할 수 있다.

노벨문학상 수상 때문이기도 하겠지만 뵐은 국내에 일찍이 알려져 많은 독자 팬을 확보하고 있다. 또한 그에 대한 연구 논문 결과물도 국내에 많이 나와 있다.[4] 최근 독일 내에서는 뵐 작품을 종교적 관점에서 다룬 연구가 많다.[5] 폭력에 관한 뵐 작품 연구는 주로 『카타리나 블룸의 잃어버린 명예』와 관련된 것이다.

이 글에서는 뵐 작품의 현실 비판 타깃이 '폭력'이라는 데 주안점을 두고, 뵐 작품 전체에 나타난 폭력의 여러 양상을 살펴본다. 그리고 폭력에 대응하는 방식이 그의 작품에 어떻게 구체적으로 표현되는지를 알아볼 것이다.

2. 폭력의 여러 양상

1) 전쟁

쿤츠와의 대담에서 뵐이 "나의 진정한 테마는 전쟁이다"라고 밝히고 있듯이[6] 그의 전쟁체험은 이후 작가로서 현실을 진단하고 바라보는 작가관이나 세계관에 절대적 영향을 미치게 된다. 그래서 전쟁과 부대체험, 전후 독일 폐허가 뵐을 작가로 만들었으며,[7] 전쟁은 뵐에게 있어 "의미 없고, 살인적이며 비인간적인 사건"[8]이었던 것이다.

만 6년 정도의 참전 기간 동안 뵐은 프랑스, 폴란드, 러시아, 루마니아, 헝가리 및 독일 전선에 참여했다. 프랑스에서는 지겹고 권태로우며 부패한 후방군대를 체험했고 동구권, 특히 크림 반도에서의 3개월 동안은 전쟁을 제대로 체험할 수 있었다.

전쟁의 종결은 뵐에게 자유를 의미했다. 독일 파시즘으로부터의 자유, 독일의 억압으로부터의 해방이었을 뿐 아니라, 글쓰기를 시작할 수 있는 "창조적 힘"[9]의 해방이었던 것이다.

뵐은 전쟁을 인간의 가치를 극단적으로 위협하는 것으로 본다. 전쟁이야 말로 인간의 가장 야만적 행위이자 인간성을 파괴하는 장티푸스와 같은 전염병으로 보고 있다. 뵐 자신의 참전은 강제적이었기 때문에, 결코 독일 군인으로서 자부심이나 전쟁의 매혹에 빠진 적이 없다. 불행 중 다행으로 뵐은 전쟁 중 생명의 위협이 있을 때마다 부상을 당하거나 심지어 탈영까지 감행해서 죽음을 모면하게 되는데, 이러한 경험 속에서 전쟁이나 군 체제를 인간성을 말살하는 폭력으로 여기게 되었다.

그래서 뵐의 전쟁체험은 그를 반전주의자 혹은 평화주의자로 만들었고, 뵐의 초기 작품들은 전쟁을 소재로 하거나 한 병사 주인공의 개인적이고 실존적인 체험을 통해 전쟁의 폭력성을 고발하려고 한다. 전쟁 사건을 본격적으로 다룬 장편으로 『아담, 너 어디 있었니?』가 있고, 단편으로는 「파리에서 붙들리다」, 「베르코보 다리 이야기」 등이 있다. 그 외 직접 전쟁을 다루지는 않지만 부상병・귀향・사망한 전우 가정의 방문 등 전쟁과 관련된 내용을 작품의 모티브로 삼고 있는데, 특히 「방랑자여 스파로 가려느냐」, 「애들도 역시 민간인이다」, 「그 당시 오뎃사에서」 등에서 이러한 것이 잘 드러난다. 「방랑자여 스파로 가려느냐」에서는 부상당한 한 병사가 야전병원으로 사용되던 학교로 들것에 실려 가면서 그곳이 이전에 자신이 쓰던 교실이었음을 알게 된다. 군대와 학교가 "업적원칙"을 강요하는 폭력적 기구임을 상기시키며, 학교에서 병영으로의 "이행"이 이 작품에 잘 드러나고 있다. 「애들도 역시 민간인이다」에서 군인인 주인공은 역시 야전병원으로 사용되는 학교 밖에서 빵을 파는 소녀가 민간인이라는 이유로 그녀와 접촉할 수 없다. 이 작품은 어린아이까지도 아군, 적군의 편 가르기 폭력에서 벗어나지 못하는 전시상황을 통해 군대라는 제도권을 비판하고 있다. 「그 당시 오뎃사」에서는 전출준비를 하루 앞 둔 병사들의 불안한 모습과 이러한 불안감을 병사들이 카드놀이나 술, 담배로 이기려는 것이 나타난다.

『창백한 개』에 실린 「파리에서 붙들리다」는 이러한 인간의 편 가르기 폭력에서 벗어나려는 작가의 태도를 잘 보여준다. 이 작품은 주인공 라인하르트가 연합군에 쫓겨 한 프랑스 여인의 집에 찾아드는 기구한 사랑 이야기를 다루고 있다. 독일 병사 꼬리가 붙은 라인하르트는 사회적 규범이나 신분보다 한 인간의 사람됨이 중요하다는 것을 보여주고 있다.

> 내가 미군을 피해 도망 온 것도 아니고 독일 놈을 피해 도망 온 것도 아닙니다. 다만 전쟁이 싫어서입니다.[10]

전쟁이나 부대는 인간 자유의 구속을 넘어 인간을 옥죄는 폭력이다. 인간을 인간으로 두지 않고, 지배하고 다스리려고 한다. 그래서 뵐은 전쟁을 만들어 내는 인간의 어떤 이데올로기나 교리가 인간성 발현을 방해하는 것으로 생각한다. 그가 만든 주인공들의 탈교조적 태도는 이러한 뵐의 사상을 뒷받침해 주고 있다.

전쟁으로 인한 심리적 불안 혹은 인간 실존의 문제를 심각하게 다루고 있는 소설은 『열차시간은 정확했다』다. 1949년에 발표된 이 작품은 휴가를 마치고 다시 전선으로 가는, 지친 잿빛의 얼굴을 한 안드레아스라는 주인공의 심리적 불안이 실존적 생사문제와 결부되어 그려진다. 그는 휴가병 열차를 타고 귀대하는 중, 폴란드인 창녀 올리나를 만나 사랑을 나누고 도주계획을 세우지만 결국 포탄에 맞아 죽고 만다. 소시민 세계로의 도피에는 여성이 항상 존재한다. 이는 전쟁이 남성의 것으로 표현된 것과는 반대 의미를 지닌다. 주인공과 관계하는 여성들은 죽음을 함께하는 현현적 존재로 나타나기도 하며, 주인공을 위로해주는 모성 혹은 성모 마리아의 존재로 나타나기도 한다. 여성과의 사랑은 "전쟁에 대한 반대 세력"[11]인 셈이다.

전쟁을 소재로 한 뵐 작품에는 영웅이 없다. 불사조 같은 영웅이 나타나 적을 무찔러 승리한다는 그런 내용은 하나도 없다. 그저 전쟁은 "무의미한 행동"[12]으로 인식되며, 주인공들은 늘 아무런 도움을 받지 못하고 스스로 방어할 힘이 없어 희생당하는 인물로 그려진다. 젊은 병사는 그리스도를 따르는 자로 묘사되기도 하고, 이러한 그들의 수동성과 무방비성은 그리스도의 고난을 상징한다. 슈바르츠는 이러한 '비영웅적 인물상' 설정이 뵐을 국내외적으로 성공한 작가로 만든다고 말한다.[13]

뵐 작품이 보여주는 '업적거부'의 태도도 바로 전쟁에 대한 혐오감에서 비롯된다. 뵐 작품에서 업적거부를 조장하는 기구로 군대, 학교 등을 들 수 있는데, 이 전쟁의 무의미함이 업적거부를 가져왔다고 볼 수 있다.

2) 교권주의

가톨릭 가계에서 출생한 뵐에게 종교는 삶과 가치관의 중심이었고 그의 작품에도 기독교적 정신이 깔려 있다. 기독교적 모티브는 작품 제목에서도 찾아볼 수 있다. 『사랑 없는 십자가』, 『천사는 침묵했다』, 『아담, 너 어디 있었니?』, 『그리고 아무 말도 하지 않았다』, 『어린 시절의 빵』에서 기독교적 분위기를 느낄 수 있다.

뵐에게 종교적 중심은 "네 이웃을 네 몸과 같이 사랑하라"는 이웃 사랑, 즉 기독교적 휴머니즘의 실천이라 할 수 있다. 그렇기 때문에 오히려 성직자 중심의 교권주의가 진정한 기독교 정신 구현을 방해한다고 여기고, 뵐은 이에 대한 비판적 화살을 늦추지 않는다.

교권주의 비판의 뿌리는 뵐의 선조가 하인리히 8세의 박해 때 영국에서 니더라인 지방으로 이주한 가계 출신이라는 것도 있지만, 나치와 교황청과의 결탁에서 찾을 수 있다. 나치의 만행을 교황청이 묵인한 것에 대해 뵐은 가톨릭의 역사관과 시대정신 부재를 문제 삼는다. 더구나 독일 전후 정치권과 가톨릭 교권과의 결탁, 그로 이어지는 종교적 타락상을 지적하면서, 뵐은 결국 1976년 가톨릭을 공식적으로 탈퇴하고 만다. 그러나 그의 가톨릭 비판은 기독교에 대한 애정의 이면이며, 참된 기독교 정신을 구현하려는 바람으로 봐야한다.

뵐의 작품에는 종교 지도자들에 대한 비판이 초기 작품부터 잘 드러나 있다. 『그리고 아무 말도 하지 않았다』에서 종교 지도자인 지벤 슈메르첸 성당 신부와 신도 프랑케 부인은 왜곡된 신앙으로 주인공 보그너 가족을 핍박하는 자들로 묘사된다. 프랑케 부인은 외부적 치장, 즉 미학적 태도를 지니고 진정한 그리스도의 사랑 실천을 완전히 상실한 채 살아간다. 이들에게 종교란 출세와 세속 지위를 고수하기 위한 무기일 따름이지 진정한 사랑의 실천도구일 수 없다. 이들은 교회가 내세우는 관습과 질서에 순응하며 이러한 규범을 수호하는 것으로 만족한다. 이에 반해 주인공 케테는 어려울 때 항상 기도하고, 오히려 형식적 미사가 없을 때 교회로 가서 "신의 현존에서 흘러나오는 무한한 평화"[14]를 느낀다.

1963년에 발표된 『어느 어릿광대의 고백』은 이러한 종교적 폐해가 더 노골적으로 묘사되어 가톨릭 종교계에서 가장 많은 논란을 낳았다. 이 작품에서 가톨릭은 종교적 폭력을 행사하며 한 가정을 파괴한다. 주인공 한스 슈니어는 가톨릭 신자 마리를 사랑하여 동거를 한다. 하지만 마리를 둘러싸고 있는 가톨릭의 분위기 때문에 결국 마리는 가정을 떠나 종교 지도자들이 소개한 취프너와 가톨릭식으로 결혼하게 되고, 슈니어는 외톨이가 되고 만다. 즉 교리나 외형적 율법 때문에 슈니어의 한 가정이 파괴된다.

이 작품에서 문제가 되는 것은 교회의 '질서원칙'과 슈니어 내면 혹은 양심의 법칙인 '자연법칙'의 대립이다. 슈니어는 가톨릭 지도자들이 강조하는 '질서원칙'이 교회의 관습이나 도그마만을 따르게 해 결국 한 인간 개개인의 인간성을 위협하고 양심을 말살하는 일종의 폭력이라고 보고 있다. 마리가 슈니어를 떠나게 되는 결정적 이유는 태어날 아이를 가톨릭식으로 교육할 것을 서면으로 서약하라는 마리의 요구를 슈니어가 들어주지 않았기 때문이다. 마리의 이러한 태도는 가톨릭의 '질서원칙'에서 비롯된다고 슈니어는 생각한다.

지금 문제가 되는 것은 그녀나 내가 아니라 '질서'라고 마리는 말했다.[15]

이 '질서원칙'은 추상적이고 피상적인 초자연법칙으로 이끌기 때문에, 결국 양심에서 멀어져 미화되고 제도화되고 조직화된 체제에 순응하도록 만든다. 이것은 결국 종교적 폭압으로 이어진다.

킨켈의 집에서 가졌던 모임에서 좀머빌트의 위선적 말을 들은 슈니어는 이웃에 살았던 노동자 플레링엔을 예로 들어 설명한다. 플레링엔은 이혼녀와 동거하여 그녀가 데리고 온 세 아이까지도 맡아 기르는 착한 노동자인데, 어느 날 부도덕한 동거생활을 청산하라는 주임신부의 압력에 못 이겨 부인과 아이들을 집에서 쫓아내고 만다.

부인은 후에 자식들을 양육하기 위하여 창녀가 되었고 이에 충격을 받은 플레링엔은 알코올 중독자가 되었다.[16]

플레링엔의 예는 가톨릭교회의 교리·율법 중시가 가정 파탄을 빚어내게 한 교권주의의 폭력성을 고발하고 있다.

이처럼 뵐에게 있어 종교와 가톨릭주의, 교회비판 등이 초지일관 결정적 역할을 하는데, 뵐은 독일 성직자들에게서 이웃을 사랑하고 그들을 위해 희생할 만한 영성[17]이 보이지 않았던 것이다.

3) 언론

뵐의 『카타리나 블룸의 잃어버린 명예』라는 작품 제목은 쉴러의 『잃어버린 명예로 인한 범죄자』에서 착안했다. 이것은 원래 '불명예'에서 나중에 '잃어버린 명예'로 고쳐졌다. 이 작품에서 쉴러는 단선적 작품 전개를 피하고 논쟁을 위해 법적 구조와 드라마적 구조 모두를 선택하고 있다.[18]

하지만 이 작품의 생성 모티브에는 의외로 복잡한 또 다른 현실적 문제가 깔려 있다. 1970년대 독일의 과격테러분자들에 대한 정부의 탄압이 극심했고, 이에 편승한 우익언론들의 보도 태도는 폭압적이었다. 우익신문의 대표 격인 『빌트』가 당시 은행 강도 사건을 일으킨 장본인으로 '바더-마인호프'를 지명했고, 이를 "'바더 마인호프 일당'이 살인과 테러를 계속해서 일으키고 있다"는 추측기사로 썼다. 뵐은 이를 폭력의 한 형태로 간주하고 즉각 「울리케는 특사를 원하는가? 불구속 보호조치를 원하는가?」라는 타이틀로 응수하게 된다. 이러한 배경에서 언론의 폭력적 상황을 『카타리나 블룸의 잃어버린 명예』라는 제목으로 1974년 7월에서 8월 사이 『슈피겔』 잡지에 발표하게 된다.

이 작품은 카타리나라는 평범한 여자가 살인자가 될 수밖에 없는 과정을 보여준다. 카타리나는 파티에서 알게 된 괴텐이라는 수배자를 도피시켰다는 이유로 언론의 집중조명을 받게 된다. 『빌트』지를 의미하는 『차이퉁』지의 보도내용은 지극히 편파적이고 주관적이다. 추측기사뿐 아니라 자신들의 의도에 맞춘 보도를 서슴지 않는다.

수사관들의 언어 사용 또한 왜곡되어 있다. 예를 들면 '치근댐'을 '다정스러움'으로 기록한다.[19] 카타리나가 생각할 때 이 작은 언어 표현에서도 폭력이 내재해 있음을 고발한다.

> 다정스러움은 항상 쌍방 간의 행위이지만, 치근댐은 일방적이죠. 그 치근댐이 항상 문제였답니다.[20]

카타리나는 자기 남편의 치근댐 때문에 이혼했다고 하면서 이 치근댐을 인간에 대한 극복할 수 없는 모멸감으로 생각하고 있다.

그리고 카타리나는 자신에게 호의적이었던 브로르나 부부가 "선량하다gütig"고 말했는데도 "친절하다nett"고 기록한 것에 대해 항의하고, "친절Nettigkeit"과 "호의Gutmütigkeit"는 "선량함Güte"과는 아무런 관계가 없다고 반발한다. 이것은 조서가 수사관들에게 유리하게 기록되고 있음을 보여준다.

무엇보다도 이 작품에서는 사실에 근거한 보도보다는 왜곡되고 편파적인 추측성 언론 보도가 핵심적 문제다. 다시 말해 한 개인을 말살하고 결국 또 다른 '폭력적 인간'을 양산할 수밖에 없는 비인간적 '언론 폭력'과 '명예 살해'를 고발하고 있다.

특히 『차이퉁』 기자 퇴트게스가 암투병 중인 그녀의 어머니에게 충격을 줘 결국 죽게 만들고, 이에 대해 아무런 반성의 기미를 보이지 않고 오히려 하룻밤 동침을 요구하는 그의 말에 분노하여 카타리나는 총을 쏘고 만다. 여기서 강조되는 것은 부제('폭력이 어떻게 발생하며 어디까지 갈 수 있는가')에서도 밝혀지지만, 폭력이 또 다른 폭력을 낳고 카타리나의 폭력은 오히려 정당방위이며 독자들에게 동정심을 유발하고 있음이다. 사진기자 쇠너의 살해혐의로 의심 받을 때도 다음과 같은 카타리나의 반응은 이를 뒷받침하고 있다.

> 예, 왜 그를 죽이면 안 되나요?[21]

이는 지젝이 말한 "폭력과 이에 대한 대항폭력이라는 치명적 악순환"이 어떻게 해서 발생하는가를 잘 보여주고 있으며,[22] "언어가 이성의 산물이라지만 언어가 폭력의 수단도 될 수 있음"[23]을 밝히고 있다.

4) 지나친 경호

『카타리나 블룸의 잃어버린 명예』에서 언어폭력, 소문 살인을 다룬 것처럼, 비평가들에게 별 호의적 평가를 얻지 못했던 『신변보호』는 언론과 경찰의 결탁, 테러 등을 다루고 있다. 언론과 경찰의 결탁, 테러와 그 대응 방식 등 『카타리나 블룸의 잃어버린 명예』의 주제가 이 작품에서 다시 다루어진다는 점에서 이 작품이 카타리나의 주제성의 연장・발전이며, 여기서 강조되어야 할 점은 테러 자체 등의 문제라기보다 이에 대한 사회적 대응 방식의 문제점, 더 나아가 테러뿐 아니라 핵・환경 등에 대한 사회적 인식을 문제 삼는 것이다. 1970년대 테러리스트의 정신적 지도자로 지목받아 가택수사를 여러 번 당한 경험이 있는 뵐로서는 테러에 대한 지나친 반응을 탐탁지 않게 생각했다.

뵐은 결코 테러리즘을 옹호하지는 않는다. 다만 그는 사회가 바더-

마인호프 같은 과격단체에 포용력을 가질 것을 요구한다. 지나친 탄압과 억압이 사태의 진정을 가져오기보다 오히려 사회격리와 더 큰 과격을 불러올 수 있기 때문이다. 즉 과도한 신변보호가 '자발성'[24]을 앗아간다는 것이다.

『신변보호』는 특히 지나친 경호가 한 개인의 자유를 억압하고 부자유스럽게 만든 당시 1970년대 중반 독일 상황을 내포하고 있다. 당시 독일 테러리스트의 활동이 그다지 위협적이지 않은데도 너무 지나친 신변보호의 방어가 문제라는 것이며, 이러한 과잉반응은 오히려 한 개인의 존엄성이나 사생활을 위협하는 더 큰 폭력을 낳을 수 있음을 말하고 있는 것이다.

이 과잉보호의 주인공은 32년간 신문사에서 일해 온 토름이다. 그는 신문사 사장으로 선출되지만 테러 위협뿐 아니라 지나친 신변보호로늘 고통당하고 있다. 한편 롤프는 금융학을 전공하고 브라이블 회사의 유능한 일꾼이었지만 결국 과격한 투쟁 경력 때문에 '직업금지' 조치를 당하고 시골 전원생활로 돌아간다. 이는 체념보다 비폭력적 입장을 취한다고 볼 수 있다.

이러한 과잉보호는 이전 작품에서도 찾아 볼 수 있다. 『어느 어릿광대의 고백』에서 슈니어의 어머니가 '거룩한 땅에서 양키를 몰아내기 위해' 딸 헨리에테를 입영시켜 죽게 한다든지, 나치주의자 칼릭이 나치에 반대하는 불순분자들을 '송두리째 뿌리 뽑아야한다'고 주장하는 데서 인종청소 같은 끔찍한 말과 지나친 '안전제일'이 빚어내는 폭력이 얼마나 위험한 것인가를 알 수 있게 한다.

뵐 문학에서 보호조치와 관련된 가장 극단적 폭력형태는 집단수용소KZ로 그려진다. 에흐틀러의 말대로 1900년 유럽 제국주의 전쟁으로 시작되어 2차 세계대전 발발까지 조직화되고 발전한 것 중 "가장 끔직하고 극에 달한 형태"[25]가 KZ인 것이다. 『여인과 군상』에서 알로이스 파이퍼의 군 생활 기록이나 하인리히 그루이텐의 편지는 KZ를 비롯한 군 시설의 폭력사항을 잘 보여주고 있다.

뵐도 슈타우프와의 대담에서 이러한 안전시스템은 '완전함'을 추구하기 때문에 '보호'보다는 오히려 개인을 억압하고 인권을 유린하는 폭력으로 볼 수 있다고 했다.[26] '완전' · '청결' 등을 강조하는 이 안전시스템의 가장 극단적 형태가 KZ라는 것이며, 이러한 지나친 안전보호 장치가 얼마나 무서운 폭력인지를 고발하고 있다.

3. 폭력의 대안

1) '업적 거부'

앞서 말한 대로 전쟁의 무의미는 인간사회에서 역할의 무의미로 확장되고 있다. 다시 말해 '전쟁의 무의미함'에서 '인간행위의 무의미함'[27]으로 바뀌게 된다. 그래서 『그리고 아무 말도 하지 않았다』의 보그너 같은 인물은 니힐리즘nihilism적 인물 특성을 지니는 것이다.

소외되지 않는 인간존재는 '현실원칙'과 '쾌락원칙'이 통일될 때 가능하다. 마르쿠제에 따르면 에덴동산에서나 가능한 일이었고, 점차 인류 진화과정에서 이 둘 간의 간격이 발생하다가 현대 산업사회에 오면 이 둘의 간극이 심화되어 현실원칙은 업적을 강요하는 업적원칙의 지배하에 놓이게 된다. 따라서 '일'은 업적원칙 지배하에서는 목적의 수단으로 기여하지만 놀이는 "자기목적으로서의 활동"[28]이다. 그래서 업적원칙에 눌려있던 '쾌락원칙'의 분출은 무정부주의적 사고나 행동으로 나타나게 된다.

『여인과 군상』에서는 전쟁기간 동안 '업적원칙'이 펼쳐지는 냉소주의에 대한 뵐의 비판이 잘 나타나고 있다. 이 작품에서 레니의 '성취거부' 입장은 일상생활에 대한 무관심으로 나타난다. 이 무관심은 현실사회에 대한 거부뿐 아니라 기성사회 가치관에 대한 거부라고 할 수 있다. 그래서 레니가 유행이 지난 옷을 입고 다니거나 옛날 책도 버리지 않고 항상 보관하는 것, 그리고 주위사람들의 비난과 야유에도 아무런 대꾸를 하지 않는 것도 자신의 순수함과 인간성을 지키기 위한 대책으로 볼 수 있다.

레니가 보여주는 천부적 감성 또한 성취거부의 일환으로 여겨진다. 추상화되고 감각을 상실한 후기 자본주의 체제에 대한 거부가 '신선한 빵'을 찾고 심지어 성찬식 때도 구체적으로 육화되는 성찬을 갈구하고 있다.

> 레니는 성찬시간을 열렬히 기대했다. (…중략…) 레니는 수업이 끝나자마자 어린 아이처럼 조급하게 '제발 저에게 생명의 빵을 주십시오. 왜 이렇게 오래 기다려야만 합니까?'라고 묻곤 했다.[29]

레니의 삶의 방식 또한 현실적 가치와는 전혀 다른 방향으로 간다. 예를 들어 집세도 시세에 맞지 않게 가난한 노동자들의 수입 5%만을 내게 하는데, 이는 자유경쟁 질서를 파괴하는 행위로 간주할 수 있다. 레니는 또 일할 능력이 있는데도 직장을 그만두고 화환제조 보조원으로 일하고 포르투갈 아이들을 돌보며 무보수로 노래와 독일어를 가르쳐준다. 그리고 애가 딸린 터키 노동자와 결혼해 임신까지 하게 된다.

오물을 개의치 않는 레니의 태도 역시 청결과 단정함으로 상징되는 성취원칙의 거부 표현이다. 화장실 변기가 막혀 우왕좌왕 할 때 레니가 손을 집어넣어 변기통을 막은 사과를 빼내는 것이라든지, 그녀의 아들 레브가 능력(특히 조직력)이 탁월한데도 업적사회에서 살아남기 위한 경쟁 외에 아무것도 배우지 못하는 학교를 나와 오물 수송 일을 택하는 것도 다 이와 관련된다. 뵐 작품에서 중요한 사회적 '탈락' 모티브로 더러운 것들 · 오물 · 쓰레기가 등장하는 것도 이러한 것에 대한 증거다.

이러한 성취거부는 업적과 성취만을 강조하는 현 사회가치에 제동을 거는 중요한 의미가 담겨 있다.

> 성취사회에 어려운 문제를 가중하게 할 성취거부는 점점 널리 확대되는 현상이 됐다.[30]

결국 레니의 이러한 태도는 막스 베버의 개념으로 말하자면 '목적 합리성'이 아니라 '가치 합리성'을 추구하려는 것이다.[31]

2) 또 다른 폭력

뵐 초기 작품의 주인공들은 대부분 폭력의 희생자로 나타나거나, 폭력에 저항하지 못하고 현실에 끌려간다. 전쟁의 병사로, 귀향자로, 탈영병으로, 혹은 전후 폐허 속에서, 경제적 궁핍함 속에서 고통당하고 수동적으로 끌려간다.

하지만 1960년대 들면서 뵐 작품 속 주인공들의 주변 환경에 저항하는 태도가 달라짐을 알 수 있다. 다시 말해 뵐의 기본적 주제, 즉 소시민을 위한 인간성 미학은 전후기 할 것 없이 뵐 작품에 공통적으로 깔려있지만, 후기로 갈수록 작품 주인공들의 현실 대응과 저항이 달라진다. 그런데 왜 1960년대 오면 뵐의(혹은 그의 작품 주인공의) 태도가 이렇게 달라질까? 이는 당시 시대적 상황과 무관하지 않다. 독일의 1960년대는 문학의 정치화 경향이 짙어져가던 시기다. '47그룹' 중심의 비참여적 성향이 1950년대까지 경향이었다면 60년대 들면서 다큐멘터리 문학 등 현실을 역사에 비추는 작품이 많아졌고, 60년대 말 68학생운동 시기에 오면 문학의 사회참여, 문학의 정치화가 극을 이룬다. 일종의 "도당"[32]으로 여겨졌던 '47그룹'이 68시기에 해체된 것도 이와 무관하지 않다.

이러한 상황에서 뵐 작품도 『어느 어릿광대의 고백』에 오면 사회비판 입장이 더욱 강해지고, 『운전임무의 끝』, 『카타리나 블룸의 잃어버린 명예』에 오면 그 비판이 극에 달한다. 즉 비인간적·사회적 폭력에 적극적으로 대응하게 된다. 이는 뵐의 정치적 행적과도 관계가 있다. 이를테면 1972년 SPD(독일 사회 민주당Sozialdemokratische Partei Deutschlands)의

빌리 브란트를 위한 선거 찬조연설을 하기도 하며 적극적 태도를 취한다. 그리고 뵐은 1966년 부퍼탈 강연에서 이전 프랑크푸르트 강연과는 달리 더 강력한 '도전적 이념'을 내세운다. 프랑크푸르트 강연의 핵심이 작가의 현실참여 문제(문학은 현실과 동떨어질 수 없고, 작가는 동시대와 늘 연계되어있다)와 문학소재 문제(문학은 '탈락된 것'을 작품 소재로 삼을 수밖에 없다), 그리고 이를 아우르는 자신의 문학 기저가 '인간성의 미학'에 있다는 점을 강조한 반면, 부퍼탈 문학 강연에서 그는 "문학의 기능 중 하나가 사회적 금기를 제거하는 것이다"라고 말하면서 보다 적극적인 문학의 현실 참여를 주창하게 된다.[33] 1968년 8월 20일 프라하를 방문했을 때 그는 "겸손함의 끝"을 말한다.

이러한 뵐의 사회 비판 태도가 작품 주인공의 비사회적 혹은 반사회적 경향에서 잘 드러나고 있다. 『어느 어릿광대의 고백』의 슈니어는 사회 비판에 따라 어떤 행동은 취하지는 않지만, 광대라는 전통적 신분을 가지고 주변 인물들과 사회 현실을 거침없이 고발한다. 하지만 『운전임무의 끝』에서는 그룰이 지프에 방화하고 『여인과 군상』에서는 주인공 레니의 아들 레브가 집달리의 차량 도착을 지체하기 위해 고의로 교통사고를 내며, 『카타리나 블룸의 잃어버린 명예』에서는 카타리나가 살인을 한다. 이러한 범법행위에는 결국 살 만한 나라를 위한 갈급함뿐만 아니라 뵐 자신이 나이가 듦에 따른 절망과 우울함이 내재되어 있다고 볼 수 있다. 즉 초기 작품에서 찾아볼 수 있는 아이러니나 풍자, 유머 등을 견지할 만한 여유나 거리감을 뵐은 잃어갔다. 발라프도 "뵐이 나이가 들수록 더 과격해졌다"라고 말했듯이,[34] 유머와 위트가 넘쳤던 뵐이 죽기 전 10년간 우울을 보였던[35] 모습은 현실에 대한 깊은 절망과 분노의 반증이라 하겠다.

『운전임무의 끝』에서 주인공 그룰이 탈영 후 지프에 방화하는 것 자체가 군부의 재무장 시도와 서독사회의 도덕 불감증에 대한 범법적 시위인 것이다. 뵐도 아놀트와의 인터뷰에서 그룰의 방화가 "행동에의 요구", 혹은 "실천된 저항"으로 여겨져야 한다고 했듯이,[36] 그룰의 방화 행위는 국가권력에 대한 반감의 표출이다.

『카타리나 블룸의 잃어버린 명예』가 『운전임무의 끝』과 다른 점은 전자는 '인간에 대한 폭력', 후자는 '사안에 대한 폭력'이라는 것이다. 전자는 폭력의 책임이 언론에 있음을 보여주고 있으나 후자는 민주주의에서 예술의 소외현상을 이론적으로 다루고 있다.

어쨌든 『카타리나 블룸의 잃어버린 명예』를 펴내는 것 자체로 뵐은 폭력의 확산을 낳았다는 비판을 면하기 힘들다. 1970~80년대에 뵐이 테러리즘 확산에 기여했다는 평을 받을 수도 있다. 하지만 뵐에게 있어서 또한 1972년은 자기 문학평가에 하나의 '전환점'[37]이 됐다고 할 수 있는데, 어쨌든 마인호프를 보수언론으로부터 지켜주었고 같은 해 노벨상을 받았으며 그 외에도 브란트 지지에 참여하는 등 타협할 줄 모르는 반제국주의적 투쟁을 지지했다.

4. 나가며

2000년까지 총 3,500만 부 정도의 책이 팔리고 45개 언어로 번역된 뵐 작품[38]은 여전히 전 세계 독자의 심금을 울리고 있고, 독일문학의 휴머니즘 전통을 전수하고 있다고 할 수 있다. 뵐을 한물간 작가로 제쳐버린다든지 이미 세인의 관심에서 떠난 작가로 취급하는 섣부른 진단은 금물일 것이다.

이 글에서 뵐의 작품에 나타나는 폭력의 요소를 살펴보았다. 뵐에게서 폭력의 문제는 그가 주장하는 인간성과 대척점에 놓여 있는 개념이기 때문에 매우 중요한 역할을 한다. 폭력은 어떻게 보면 인간의 근원적 본능에 이미 내재되어 있는 것일 수도 있다. 로제 다둔의 말처럼, 폭력이 인간의 뿌리 그 자체에 존재한다고 볼 수 있다. '호모 사피엔스', '호모 폴리티쿠스'처럼 '호모 비오랑스', 즉 폭력적 인간에 대해 생각할 수도 있다.[39]

뵐에게서도 폭력은 다양한 형태로 나타난다. 인간의 존엄성을 뿌리째 흔드는 전쟁의 폭력, 종교라는 탈을 쓰고 인간의 자연법칙을 왜곡하는 교권주의적 폭력, 선량한 인간을 파멸시켜 도리어 대응폭력을 자아내는 언론 혹은 명예 폭력, 지나친 경호로 말미암아 한 개인의 자유를 구속하는 관권적 폭력 등이 뵐 작품에 나타나는 폭력 형태이다.

이러한 폭력의 대안으로 뵐은 순수한 인간성을 제시한다. 뵐이 "인간성의 미학"을 폭력 해결을 위한 단초로 삼고 있는 데에는 개인을 억압하는 사회구조 속에서 인간의 사람됨을 강조하는 작가 사상이 내포해 있다고 할 수 있다.

독일 비평계의 황제라 불리는 라니츠키가 뵐을 언어의 천부적 재능을 가지고 있고 다른 사람이 지닐 수 없는 카리스마를 갖고 있으며 평생 거짓과 기만에서 자유로웠던 자로 기억하고 있다는 점[40]도 이러한 이유 때문일 것이다.

저항하라, 그러나 희망을 가져라, 세상은 살 만하다[1]

하인리히 뵐

사지원

1. 들어가며

1972년 노벨문학상을 수상하고 동시대 작가 중에서 최고의 자리를 차지했던 하인리히 뵐(1917~1985)은 어떤 형태의 외압에도 절대로 굴복하지 말고 자신을 지키라고 외친다. 때문에 그의 문학은 저항의 문학이며, 이 저항은 그의 작가이력과 비례한다. 즉 세계적 작가 반열에 오르면서부터 그는 작중인물들에게 점점 더 강한 행동력을 요구한다.

하지만 그는 세상에 대한 자신의 견해를 책상 앞에 앉아 작품으로만 피력한 것이 아닌, 인권이 말살되는 곳이나 자신이 필요하다고 느끼는 곳이면 어디든지 국경을 초월하여 직접 달려가 행동으로 보여준 행동하는 지성인이었다. 때문에 그는 비방과 공격의 표적이 됐으며 상처받고 불이익을 당했지만, 결코 살 만한 사회를 향한 열망과 노력을 굽히지 않았다. 글이 전개되면서 밝혀지겠지만, 미리 언급하자면 하인리히 뵐의 문학 목표는 "살 만한 언어"로 "살 만한 사회"를 구축하는 데 기여하는 것이다. 따라서 그는 부정적 언어가 아니라 삶에 용기를 주는 말들로 약하고 힘없는, 그런 까닭에 무시당하는 사람들, 그러나 가슴이 따뜻한 사람들을 언제나 보호하고 그들에게 작은 희망과 한줄기 빛을 준다. 그것이 비록 근본적 해결책이 되지는 못하고 유토피아적으로 보일지라도, 그는 대부분의 작품에서 이 희망의 원칙을 고수한다. 그리하여 그는 독자에게 인간적인 것이 무엇이며 인간다운 삶이 어떠해야 하는지를 숙고하게 한다. 그는 말한다. "모든 것은 언젠가 유토피아적이었다. 그러나 고루한 사람들은 유토피아적인 것을 언제나 비웃는다. (…중략…) 나는 세계를 기술적인 정신사적 방법으로 완전히 실현될 수 있는 유토피아로 여긴다." 즉 그에게 문학이란 '모사'가 아니라 '선취적으로 이상안'을 제시하는 것이다. 이처럼 하인리히 뵐은 인간적이고 인간다운 삶을 위해 노력할 것을 촉구하며 그런 사회를 형성할 수 있다는 희망을 주는 것을 작가의 사명으로 여겼다. 그리고 이런 자신의 문학을 "인간적인 것의 미학"이라고 표현했다. 그러니까 그가 작품에서 보여주는 작중인물들의 저항은 곧 작가 자신의 저항이며, 작가의 삶과 작품은 아주 밀접한 관계를 가지고 있다고 할 수 있겠다.

이 글은 하인리히 뵐의 시대체험이면서 작품의 핵심주제가 되는 사건들을 거칠게 살펴 본 후, 공권력에 대한 그의 저항이 정점에 달해 있던 시기의 작품 『카타리나 블룸의 잃어버린 명예』를 구체적으로 조명해볼 것이다. 먼저 핵심주제들을 간단히 소개한 이유는 하인리히 뵐이라는 작가를 이해하기 위한 예비 작업이 필요하기 때문이다.

2. 하인리히 뵐과 그의 문학

1) 정계와 결탁한 독일 가톨릭교회에 대한 저항

하인리히 뵐이 가톨릭교회에 대하여 가장 분노한 점은 바티칸이 라테란 협정을 통해서 무솔리니를 인정하고 1933년에는 나치즘을 수용했다는 사실이다. 이 인정이 무엇을 의미하는지를 충분히 예상할 수 있었음에도 불구하고, 물질적 이득과 안위를 위하여 더구나 복음에 따라 낮은 곳을 향하고 청빈한 삶을 살아야 할 최고의 성직자들이 이런 결정을 했다는 사실에 뵐은 경악했다. 평범한 가정주부였던 뵐의 어머니마저도 1933년 히틀러가 정권을 장악했을 때, "이것은 바로 전쟁을 의미한다고" 지적할 수 있었는데도 말이다. 그 결과 1939년 전쟁이 발발했고 뵐은 2차 세계대전에 징집되어 6년간의 지옥생활을 하게 됐다.

사실 독일 가톨릭교회의 정계 연계는 무솔리니와 히틀러 이전에 이루어졌다. 1919년 제정된 바이마르 헌법에 종교세(교회세)가 포함되어 있기 때문이다. 덕분에 독일교회는 현재까지도 합법적으로 모든 근로자들로부터 — 지역별로 차이가 있긴 하지만 — 약 8%의 세금을 거둬들이고 있다. 이러한 일들은 교회가 정치와 손잡지 않고는 이루어질 수 없다. 때문에 뵐은 "독일교회와 독일정치계는 부부관계"라고 비판했다. 뿐만 아니라 기독교민주당이나 기독교사회당 등의 정당명 역시 교회와 정치의 결합을 의미한다고 지적했다.

사실 가톨릭교회에 대한 하인리히 뵐의 부정적 경험은 어린 시절로 거슬러 올라간다. 목공예가인 뵐의 아버지는 가톨릭교회의 가구를 제작했는데, 대금을 제대로 지불받지 못해 고위성직자들과의 알력이 심했다. 때문에 뵐은 고위성직자들의 횡포에 대해 부모님이 토로하는 불만을 어렸을 때부터 듣고 자랐던 것이다. 이런 경험들을 그는 전 작품을 통해서 보여준다. 특히 뵐은 독일 가톨릭교회의 신부들을 이분화한다. 즉 호화로운 취미생활과 문화생활을 즐기며 숱한 철학자들의 미문들을 혼합하여 설교하는 달변의 고위성직자와 "농부의 얼굴"을 하고 이웃사랑을 실천하는 어눌한 신부들로 나눈다. 이러한 이분법적 인물구도가 그의 작품에 대한 예술성 문제를 야기하지만 그는 전 작품을 통해 비교적 단순하고 도식적인 이 기법을 그만의 창작기법 중의 하나로 사용한다.

무엇보다 하인리히 뵐은 이기주의가 팽배한 자본주의 사회에 이웃사랑이 결여됐음을 안타까워하고, 그 사랑의 실천에 독일교회가 앞장서야 한다고 생각했다. 따라서 전쟁터에서 돌아와 창작활동을 시작한 하인리히 뵐이 집필한 첫 작품도 "종교와 사랑"을 주제로 한 『사랑 없는 십자가』다. 그만큼 그는 정통 가톨릭 집안의 아들로 굳건한 신앙심의 소유자였다. 즉 그가 비판한 것은 교리를 벗어난 독일 가톨릭교회지 종교 자체가 아니라는 말이다.

요컨대 '종교와 사랑'은 하인리히 뵐이 가장 관심을 가진 주제이며 그의 전 작품을 관통하고 있는 요소다. 따라서 기독교 정신을 잃어버리고 사랑의 붕괴를 관망한 독일 가톨릭교회를 정면공격하며 1971년에는 결국 가족과 함께 독일 가톨릭교회를 탈퇴하고 만다. 당시 신문에 대서특필된 교회 탈퇴 사건으로 뵐은 다시 한 번 질책과 야유의 대상이 됐다. “노벨문학상을 수상한 세계적 작가의 인세가 엄청날 것임에도 불구하고 종교세를 내지 않기 위해서 가톨릭교회를 탈퇴”했기 때문이다. 이처럼 가톨릭교회와 평생을 반목했음에도 불구하고 하인리히 뵐이 1985년 동맥경화로 갑자기 세상을 떠났을 때, 장례식은 가톨릭의식으로 행해졌다.

2) 무장 강화와 군대 거부

21살에 2차 세계대전에 징집되어 6년을 전쟁터에서 보낸 하인리히 뵐의 전쟁체험은 그의 전 작품의 근간이 된다. 그는 전쟁을 오로지 그리고 완전히 무의미하고 권태로운 것이며, 인력과 자본의 낭비라고 여겼다. 때문에 그는 작품에서 전쟁테러와 무력한 인간의 실존적 공포만을 세세히 전달할 뿐, 전쟁에 대하여 공개적으로 판단하지 않으며 병사들이 체험한대로 독자에게 전달하고 스스로가 결론을 내리도록 독자에게 내맡긴다. 따라서 그의 작품에는 역사적 조망이나 사령관의 전략 같은 것은 전혀 내재되어 있지 않고, 오로지 전쟁이라는 특수한 상황 속에서 한 개인이 영문을 모른 채 사라져가야 하는 억울한 운명만이 나타나 있다. 무력한 병사들은 “지랄 같은 전쟁”에서 빠져나가려고 할 뿐 전승에도 전패에도 관심이 없다. 실제로 하인리히 뵐 자신이 무의한 전쟁에서 탈영한 경험이 있다. 뵐은 히틀러의 나치스를 위해서 목숨을 걸 필요가 없다고 생각하여 부상을 핑계로 휴가를 나왔다가 서류를 조작하여 전선으로 돌아가지 않고 가족과 함께 보냈다.

하인리히 뵐은 이 경험을 바탕으로 1950~60년대 소설에서 탈영 모티브를 지속적으로 등장시키며 군대와 무장 강화를 거부한다. 예컨대 『열차는 정확했다』와 『아담, 너 어디 있었니?』에서는 탈영을 꿈꾸고, 유고작 『천사는 말이 없었다』에서는 탈영을 감행한다. 『9시 반의 당구』에서는 연방군동맹의 축하행렬에 참여하고 있는 장관에게 총격을 가하고 『군복무의 종말』에서는 나치스건 연방군이건 할 것 없이 세대를 이어 군대를 무조건적으로 거부하는 모습을 보여준다. 이처럼 전쟁과 무장에 대한 저항이 문필활동의 전부였다고 해도 과언이 아닐 정도로, 하인리히 뵐은 독일의 재무장을 지속적으로 반대하며 생의 마지막까지 열정적으로 평화운동을 펼쳤다.

새로운 무기가 안전을 도모하는 것이 아니라 오히려 위협한다고 그는 단언했다. 소련이 동독에 퍼싱 II 미사일을 배치하자, 나토는 1979년 12월 브뤼셀에서 군비확장을 결의했다. 이후 평화주의자들이 핵무기 전쟁 위협에 반대하는 시위를 벌였다. 이때 뵐은 미소 양국이 무기의 균형을 명분으로 과도하게 무장화하는 모순과 허위를 지적하고, 유럽작가들이 펼치는 평화운동과 무장해제 운동의 주요연사가 됐다. 많은 시위가 있었음에도 불구하고 결국 1983년 서독에 퍼싱 II 미사일이 배치됐다. 하지만 하인리히 뵐은 "대지가 비옥해지기 위해서는 완전히 갈아엎어져야 한다"고 호소하며 지속적으로 평화운동을 펼쳤다. 즉 그는 지구가 개혁되어야 한다고 주장했던 것이다.

3) 소비사회의 거부

소비사회는 자본주의 사회의 정점이다. 전후 경제부흥으로 치달은 독일은 미국과 마찬가지로 이미 1960년대에 소비사회로 접어들었다. 하인리히 뵐이 전후 독일사회의 발전과정을 보며 매우 씁쓸해하고 목소리 높여 거부했던 것이 바로 이 소비사회다. 그는 쓰레기와 소음이 증가하는 것을 기술의 발달과 번영의 결과라고 여겼고 광고와 홍보물을 분류하는 사람을 별도로 고용해야 한다고 생각했으며, 상품에 포장을 하고 그 포장을 벗겨내는 수고와 낭비를 하는 소비사회를 보고 "지구의 모습을 (…중략…) 변화시키는 데 충분한 에너지가 낭비된다"고 지적했다. 이런 소비사회의 산업체에서 나오는 폐기물들로 인하여 라인 강이 유럽에서 가장 더러운 강이 됐다고 한탄하기도 했다. 그럼에도 불구하고 라인 강 자체가 하나의 상품이 되어 수많은 관광객을 끌어들이는 관광자원이 되고 심지어 원자력발전소는 학생들의 견학지가 되는 상황을 보고, 하인리히 뵐은 후손들을 핵폐기물의 위험에 빠뜨리는 것은 범죄라고 항의를 한 적도 있다.

또한 하인리히 뵐은 방사능이나 핵폐기물처럼 직접적 악영향을 미치지 않을지라도 삶의 질을 떨어뜨리는 큰 원인 중 하나가 소음이라고 생각했다. 무엇보다 그는 자동차 증가와 그로 인한 소음을 문제 삼으며 몇십만 대의 "격리의 매체"와 "엄청난 소음으로 인하여 도시가 파괴되어 버렸다"고 개탄했다. 그는 쓰레기 처리와 소음의 문제를 단편소설 「우편물의 분류 처리자」와 장편소설 『배려 깊은 포위』에서 구체화하여 보여준다.

하지만 무엇보다 그는 광고 기능에 대해서 인지하고 광고를 소비사회의 전형적 특징으로 여긴다. 자본주의 소비사회에서는 생산성에 모든 것이 희생된다. 따라서 이런 사회에서는 “문화적 성장 없이 경제적 성장”만이 지속된다고 그는 강조한다. 그렇다고 해서 이 경제적 성장과 소비에 사회구성원 모두가 참여할 수 있는 것은 아니며, “강자들에게는 언제나 초록불이 켜지고 약자들에게는 언제나 붉은 불이 켜진다.” 즉 소비사회에서는 부익부 빈익빈의 양극화 현상이 첨예화되며, 뵐의 작중인물들처럼 가난한데다가 “능력”과 “에너지”까지 없는 사람들의 위축감과 박탈감은 더욱 심화된다.

2차 세계대전이 끝난 지 10년이 안 된 1952년 9월의 거리는 활기가 넘치고, 스키복을 비롯한 겨울 스포츠용품과 겨울 휴가여행 광고가 사람들의 눈을 자극하며 유혹한다. 하인리히 뵐은 경제부흥으로 치닫는 1950년대 초를 배경으로 한 소설 『그리고 아무 말도 하지 않았다』에서 광고테러의 전형을 보여주며 이어지는 소설 『지난 시절의 빵』, 『어느 어릿광대의 고백』, 『여인과 군상』, 『배려 깊은 포위』 등에서 지속적으로 자본주의 소비사회를 거부한다. 하지만 그는 단순히 저항하고 거부만 하는 것이 아니라 자신이 생각하는 대안사회의 모습을 구체적으로 형상화하여 보여주고 실현을 위하여 앞장섰다.

4) 대안사회를 위한 생태운동

독일에서는 68학생운동 이후 대안운동이 일어났다. 대안운동은 자본주의의 산업화로 인한 생태파괴의 대안 · 관료주의적 체제 개선 ·

냉전 체제의 재무장화에 대한 반대 · 여성해방운동 등의 사회적 모순들을 재인식하고 이를 해결하고자 하는 시민운동이다. 따라서 대안운동은 생태운동 · 평화운동 · 여성운동 · 대안적 생활개혁 운동 등의 다양한 형태로 나타나지만, 그 바탕에는 공통된 서구민주주의 시민정치의 새로운 질적 면을 담고 있다. 때문에 이를 신 사회운동이라고 부르기도 한다.

하인리히 뵐은 특히 생태운동과 평화운동을 적극적으로 지지하며 늘 그 선두에 섰다. 뵐은 원자력발전소의 건설과 핵폐기물의 처리문제 · 산성비로 인한 숲의 훼손 · 도시의 광역화로 인한 농촌마을의 해체 등에 대한 녹색당 운동에 적극적으로 참여했다. 그 이유는 무엇보다 녹색당을 1970년대 성장과 소비를 최고의 미덕으로 여기는 독일사회에서 변화를 이끌 수 있는 유일한 정당이라고 여겼기 때문이다. 이 점에서도 드러나듯이 뵐이 독일사회에 대해 가장 예민하게 반응하고 비판했던 점은 이익경제 정책과 그로 인한 매상고 · 이윤추구만을 목표로 하는 사회분위기였다. 그는 한 글에서 "연방독일은 눈 먼 재건시기에 성찰 없이 오로지 이윤만을 목표로 매진했고 (…중략…) 세계는 이 재건을 일종의 기적이라고 받아들였다"고 한탄하면서 "이 기적의 원인은 근면뿐만 아니라 동참자 모두가 장님 노릇을 했기 때문"이라고 개탄한 적이 있다. 즉 완전 폐허 상태에서 "이른바 사회주의나 사회주의와 유사한 형태를 시작할 수 있었음"에도 불구하고 결국 성취지향과 이윤 · 소비추구의 자본주의 사회를 택했고, 그 결과 "땅과 물과 공기가 오염"되고 "자연정경은 인간 · 동물 · 물 · 숲 · 공기 · 땅이 순전히 그 유용성에 헌신할 때 생겨나는 산업정경이 됐다"는 것이다. 동시에 그는 "산업국가의 복지는 더 이상 국민총생산이 아니라 마실 수 있는 공기와 식수로 측정될 것이"라고 경고했다. 그러니까 하인리히 뵐은 독일사회의 환경오염과 생태계 파괴는 기본적으로 자본주의 사회의 이윤추구 욕망에서 비롯된다고 보았던 것이다.

결국 그는 1977년, 50년대부터 중공업단지 조성으로 이윤추구의 본산지가 되고 "독가스 부엌"이 되어버린 고향 쾰른을 떠난다. 이후 아이펠 지역의 보른하임-메르텐이라는 조그만 마을에서 생을 마감한다. 그는 여러 글과 인터뷰에서 독일 사람들이 촌스럽다고 폄하하는 지방이야말로 이웃과 신뢰할 만한 연대감을 이룰 수 있는 유일한 가능성이고 삶과 일상의 기쁨을 느낄 수 있는 곳이라고 말한다. 따라서 그는 대량생산되고 대량소비되며 소음으로 가득 찬 대도시와 대조를 이루는 시골마을을 여러 작품에서 미학적으로 형상화한다. 그곳은 이웃의 정을 느낄 수 있으며 느린 삶이 펼쳐지는 곳이다. 사실 뵐은 대부분 작품에서 권력과 거리가 먼 '작은' 사람들이 국가나 교회의 보호를 받지 않더라도 그들끼리 서로 연대하는 희망을 보여준다. 하지만 사회에서 작가의 사명을 철저히 인식하고 있었던 적극적 참여 작가인 뵐은 독자들에게 아직 세상은 살 만하다는 희망을 주는 데 그치지 않고 작은 공동체에 대한 모델을 직접 선보이기도 한다. 그 작품들은 1954년 『보호자 없는 집』, 1966년 『복무의 종말』, 1977년 『배려 깊은 포위』다. 여기서 드러나듯이, 뵐은 약 10년 단위로 작품에서 작은 공동체의 모델을 직접 구상하여 보여주면서 "작은 것이 아름답다"는 사실을 자각시키고 작은 공동체의 형성을 촉구했다.

정리하면, 뵐은 개인주의가 팽배하고 물질주의로 치닫는 소비사회를 가차 없이 비판하고 거부하면서도 대부분 작품에서 희망의 빛을 던지며 끝을 맺는다. 그 이유는 인간세계에 대한 기대와 바람을 버리지 않기 때문이다. 하지만 그에 앞서 무엇보다 물질만능주의와 이익추구에 사로잡힌 광기 속에 억눌려있으면서도 자신의 존엄을 지키고자 애쓰는 작은 사람들, 그러나 소중한 사람들을 보호하고자 하는 그의 사유 때문이다. 따라서 그의 문학은 착취당하고 정복당하기만 한 자연과 억압받아 온 힘없는 사람들의 권리를 회복하여, 세상을 진정한 자유가 존재하는 풍요롭고 다양한 삶이 있는 곳으로 만들어보자는 그의 강력한 희망의 표출이기도 하다. 요컨대 하인리히 뵐의 문학은 저항의 문학이면서도 희망의 문학인 것이다.

그러면 이상에서 서술한 뵐의 정신을 집약하고 있는 『카타리나 블룸의 잃어버린 명예』를 구체적으로 조명해보자.

3. 공권력의 폭력과 대항폭력

『카타리나 블룸의 잃어버린 명예』(이하 『카타리나 블룸』으로 약칭)는 ‘폭력이 어떻게 발생하며 어디까지 갈 수 있는가’라는 부제를 달고 있다. 다시 말하면 뵐은 폭력이 어디까지 가서는 안 된다고 말하는 것이 아니라 어디까지 갈 수 있는가를 보여준다. 소설에서 보여주고 있는 폭력은 공권력의 “구조적인 폭력”이며, 그 중심에는 언론폭력이 있다.

뵐은 이렇게 말한다. “나는 여기서 (…중략…) 인정사정없는 분위기를 만들고 비방을 서슴지 않는 몇 개의 언론콘체른의 강력한 언론폭력에 대해 말하고 싶다. 『빌트』의 헤드라인들은 폭력을 행사한 것이 아닌가?” 즉 소설에서 보여주고 있는 폭력은 악셀 슈프링어 출판사의 『빌트』가 가하는 횡포와 언어폭력이다. 또 그 폭력에는 보이지 않는 대중들이 가담한다. 때문에 구조적 폭력의 존재, 아니 의미조차 몰랐던 극히 평범한 여주인공이 이 폭력에 휘말려 ‘사회적 죽음’을 맞게 된다. 하지만 그녀는 자신을 스스로 지켜야 함을 깨닫고 그에 맞선 대항폭력으로 살인을 범하고 만다. 즉 사회적 죽음인 “명예의 살해”가 신체 “살해”를 야기한 것이다.

그러면 이처럼 폭력에 폭력으로 대항하는 것은 타당할까? 뵐은 소설에서 그것이 타당하다고 말한다. 다시 말하면 『카타리나 블룸』은 공권력의 구조적 폭력에 맞서 개인의 대항폭력의 타당성 내지는 필연성을 입증해가는 이야기라고 해도 과언이 아니다.

따라서 이 글은 구조적 폭력이 개인의 ‘사회적 죽음’을 야기하고, 그에 맞서 살해까지 하게 된 과정을 살펴봄으로써, 작가가 소설에서 보여주고 있는 폭력의 타당성 내지는 필연성에 대해서 조명해보고자 한다. 그러면 작품의 이해를 돕기 위해서 작품의 탄생배경이 된 뵐과 악셀 슈프링어 출판사와의 갈등부터 살펴보자.

1) 하인리히 뵐과 악셀 슈프링어 출판사의 갈등

1949년 등단한 하인리히 뵐은 1950년대 초 성공의 길로 들어서면서 독일의 사회 · 정치 문제에 적극적으로 견해를 표명하고 이를 즉시 문학적으로 형상화했다. 특히 1966년부터 1969년까지 사민당이 기민당과 대연정大聯政, Grand Coalition을 이루자, 뵐은 사민당에 대해 매우 실망했다. 당시 원외재야단체APO와 독일사회주의학생연맹SDS이 청산되지 않은 과거 · 오로지 경제발전에 도취되어 소비지향으로 치닫는 자본주의 사회 · 권위적 제도 · 제국주의의 횡포를 보여주고 있는 베트남전쟁에 반대하며 시위를 벌였다. 1967년 6월 2일 팔레비 왕의 서베를린 방문을 반대하는 시위 중에 베를린 대학의 학생 벤노 오네조르크가 경찰의 오발탄에 맞아 사망하자, 학생들의 시위는 걷잡을 수 없게 됐다. 1968년 2월에는 국제베트남회의의 개최로 인하여 시위가 더욱 격렬해졌다. 이때 언론의 1 / 3 이상을 장악하고 있던 악셀 슈프링어의 『빌트』를 비롯한 우익언론들은 "베트남전쟁에 반대하는 시위는 좌파 불순세력의 획책"이라는 악의적 보도를 했다.[2] 이후 『빌트』는 학생대표 연설자 루디 두치케를 공공의 적으로 몰아갔다. 1968년 4월 11일 두치케가 도장공 요제프 바흐만에게 저격당했다. 당시 심문에서 바흐만은 "매일 신문(『빌트』)을 읽으면서 더러운 빨갱이, 사회에 해악을 끼치는 국적 1호(두치케)를 처치해야겠다고 생각했다"고 말했다.[3] 그러니까 이때 악셀 슈프링어의 우익신문들은 학생시위대를 사주하여 엄청난 판매부수를 누리고 있었던 것이다.

4월 12일 학생시위대가 독일 전역의 악셀 슈프링어 사무실을 공격했다. 경찰이 물대포로 저지했으나 학생들은 서베를린의 슈프링어 본사로 진입했고, 각 도시의 도로에서 슈프링어 사의 신문 공급을 차단했다. 독일정부는 1968년 5월 사회의 불안과 혼란을 막기 위해서 긴급조치법을 발효했다. 사민당의 협조 없이는 이 법의 통과가 불가능했으므로 뵐은 사민당에 매우 분노했다.

뵐은 국민의 자유와 권리를 억압하는 긴급조치법에 반대하는 원외재야단체와 학생들 편에 섰고, 1968년 5월 본에서 있었던 시위에서 연사가 됐다. 그는 "슈프링어 신문이 다른 신문들보다 더 나쁘다고 생각할 근거가 없어졌으며 결의의 민주주의와 반사反射의 민주주의는 끝났다"고 주장했다.

동시에 뵐은 47그룹의 회원들과 함께 슈프링어의 발간물 구매거부운동에 동참하면서 학생들의 견해를 진지하게 경청하고 슈프링어 발간물에 대해 공개토론을 하자고 요구했다. 하지만 슈프링어의 발간물 구매거부운동은 큰 효과를 거두지 못하고, 긴급조치법으로 재야활동과 학생운동은 제약을 받게 됐다. 그러자 평화적이고 민주적인 방법으로 사회를 개혁시킬 수 있다는 희망을 포기한 그룹들은 폭력을 사용했다. 바더-마인호프 그룹도 그중 하나였다. 폭력그룹의 핵심인물이 되어버린 울리케 마인호프는 당시 『콘크레트』의 유명한 저널리스트이자 작가로서 이런 폭력행위에 가담할 생각은 없었다. 단지 좌파 성향의 저널리스트인 그녀는 베트남전쟁과 같은 제국주의 횡포에 무관심하고 소비성향에 도취된 국민들을 각성시키고자 프랑크푸르트 백화점을 방화한 안드레아스 바더와 구드룬 엔슬린 등의 행위의도를 대중에게 제대로 알리고자 했다. 때문에 방화 후 수감되어 있는 바더를 몇 번 인터뷰한 적이 있었고 이탈리아로 도피했다가 독일로 돌아와서 다시 체포된 바더의 탈옥계획에 가담했다. 이때도 마인호프는 바더를 인터뷰한다는 명목으로 도서관으로 불러내어 탈출시키고자 했다. 그러나 계획대로 되지 않자, 경찰과 총격전이 오갔고 도서관 사서 한 명이 중상을 입었다. 이때 상황이 급박해진 마인호프는 바더를 자동차로 탈출시켰다. 무력으로 바더를 탈옥시킨 이 시기를 일반적으로 적군파(극좌파 무장단체)RAF의 탄생시기로 본다. 따라서 성공한 저널리스트 울리케 마인호프가 적군파가 된 것은 상황에 의해 순간적으로 했던 행동에서 비롯됐다고 보는 견해가 지배적이다. 이 시점에 울리케 마인호프의 TV 영화작품 〈밤불레〉가 방영예정이었으나 취소됐다. 이 〈밤불레〉를 뵐은 높이 평가했다.

1971년 12월 23일자 『빌트』는 카이저라우터른에서 발생한 은행강도 사건을 「바더-마인호프 일당은 살인행각을 계속하다. 은행 강도. 경찰이 총에 맞다. 한 미망인과 두 어린이는 그 자리에 그대로 서있었다」라는 제목으로 보도한다. 이 헤드라인과 두 어린이의 사진이 신문 1면을 채웠고, 『빌트』는 이 사건으로 바더-마인호프가 이미 법정에 서고 범인으로 밝혀진 것처럼 보도를 했다. 그러나 사실 경찰은 바더-마인호프 그룹이 이 사건과 관련이 있다는 어떤 증거도 가지고 있지 않았다.

바로 이 점을 문제 삼아 뵐은 1972년 1월 10일자 『슈피겔』에 기고했다. 「울리케는 특사를 원하는가 아니면 불구속 보호조치를 원하는가?」라는 글에서 신문의 정보수집과 보도가 선동적이고 린치lynch를 촉구하는 방식이라고 『빌트』의 왜곡보도를 비판했다. 그러면서 "나는 이런 신문과 인터뷰하는 정치가가 있다는 사실을 이해할 수가 없다. 그것은 더 이상 비밀스러운 파시즘이나 유사한 파시즘이 아니라 완전한 파시즘이다. 사주이고 사기이고 추잡함이다"라고 비난했다. 동시에 그룹의 희망 없는 상황을 설명하고 또 다른 유혈행위가 있기 전에 테러리스트들에게 그들의 행위를 숙고할 시간을 주어 서로 신중해지자고 호소하면서, 마인호프도 슈프링어도 공개토론의 절차를 밟도록 하자고 제안했다. 그렇다고 뵐이 바더-마인호프 그룹을 옹호하는 것은 아니었고 그들의 폭력적 행동들을 비난했다.

그러나 반응은 정반대로 나타났다. 그는 악셀 슈프링어의 출판물들인 『빌트』, 『디 벨트』, 『쿠빅』, 『바이어른-쿠리어』, 『체트데에프-매거진』과 극우파 신문 및 우익 인사들로부터 집중공격을 당하고 무정부주의적 흉악범의 동조자로 낙인찍혔다. 하지만 뵐은 조금도 물러서지 않고 『빌트』가 경찰과 연계하여 인권을 침해하고 있음을 비판하며 이를 작품화하기로 결심한다.

2) 작품의 실제모델과 작품에 대한 사회의 반응

『카타리나 블룸』의 실제모델은 하노버 공대의 페터 브뤼크너 교수다. 카타리나가 경찰이 쫓고 있는 수배인물을 자신의 집에서 묵게 했듯이, 브뤼크너 교수는 울리케 마인호프를 머물게 했고, 이후 '사회적 죽임'을 당했다. 뵐은 1974년 10월 19일 디터 칠리겐과의 인터뷰에서 그의 작품에 서술하고자 했던 바를 이렇게 말한다.

내가 이 작품에서 묘사하고자 했던 바는 원래 바더-마인호프 논쟁과 관련된 브뤼크너 교수의, 한 인간의 끔찍한 역할에 관한 것입니다. 그는 바더-마인호프 사람들과 접촉을 했고 그들에게 숙박을 제공했습니다. 그는 사실상 당연한 일을 했습니다. 그런데 어떻든 그의 심리상태가 파괴되어 버렸습니다. (…중략…) 그래서 문제가 제기됐습니다. 즉 직접적으로 그 그룹이 아니라, 거의 나병환자 취급을 받았던 모든 사람들의 문제인 것입니다.

하노버 공대 심리학 연구소의 소장인 뷔르크너 교수는 1972년 1월 해직당했다. 그 후 무협의가 인정되어 복직되긴 했지만, 그때 이미 그는 사회생활이 불가능한 상태였다. 브뤼크너 교수는 당시의 상황을 이렇게 술회한다.

언제 어느 신문에 나에 대한 기사가 실렸느냐에 따라서 밤낮으로 익명의 전화가 수없이 걸려왔고 협박편지들도 많이 왔습니다. 거리에서는 많은 사람들이 내게서 등을 돌렸습니다. 나는 당황했고 혐의와 모략을 받고 있었습니다. 나는 나인지 아닌지를 자문했습니다. (…중략…) 1972년 가을에 나는 『존탁스 차이퉁』에서 「울리케는 침대에서 남자들을 생기 있게 만드는가」라는 헤드라인 아래 내 초상을 발견했습니다. (…중략…) 왜곡된 보도에 의하여 나는 인간 이하의 인간이 되어버렸습니다.[4]

때문에 뵐은 느닷없이 언론의 사냥감이 되어 인생이 파괴되어 버린 인물을 작품화하여, 『빌트』에 대해 독자들의 재인식과 각성을 촉구하고자 했다. 뵐은 소설에서 『빌트』와 같은 저속한 신문이 평생 아무 일도 일어날 것 같지 않은, 별로 주목받을 일도 관심을 받을 일도 없이 그저 하루하루 충실히 살아가는 극도로 평범한 인물을 "시사적 인물"로 만들어서 사회에서 매장시켜버리고, 그러기 위해서 탈영범을 테러리스트로 만들어버리는 과정, 또 경제계의 권력자를 보호하기 위해서 다른 사람을 희생시키는 과정을 보여준다.

그러니까 소설은 적군파의 테러리즘 문제를 다루는 것이 아니라 언론의 왜곡보도와 스캔들 조작, 편파보도 등을 문제 삼고 있는 것이다. 작가는 소설에서 이를 명백히 한다.

> 한 젊은 여자가 기분 좋게, 거의 기쁜 마음으로 아무렇지 않게 무도회에 갔고, 그 나흘 뒤 그녀는 (…중략…) 살인자가 되는데, 사실 면밀히 들여다보면 신문보도가 그 원인이다.

사실 『카타리나 블룸』은 1974년 출간되기 전에 이미 『슈피겔』에 네 번에 걸쳐 연재됐는데, 소설이 시사주간지 『슈피겔』에 연재되는 것은 처음 있는 일이었다. 소설은 출간되자마자 15만 부가 팔리며 대중의 관심을 받았고 베스트셀러목록 1위에 올랐다. 이때, 언론재벌총수 악셀 슈프링어는 매주 주간 베스트셀러 목록을 발표하는 『벨트 암 존탁』에 발표 중단지시를 내렸다. 반대로 뵐은 『카타리나 블룸』이 베스트셀러 목록 1위에 올라가자, 대중들에게 『빌트』에 대한 비판정신을 일깨우는 계기가 된 데에 매우 기뻐했다. 이로써 뵐은 악셀 슈프링어와의 갈등을 청산한다.

평단의 반응을 보면, 비평가 프뢰리히는 왜곡과 비방으로 사람을 망가뜨리고 삶을 훼손해버리는 저널리즘을 공격했다고 뵐을 평가했으며, 발만은 뵐의 글은 인간사냥의 분위기에 대한 경고이고 정당한 처리에 대한 부탁인데 이를 오해한 것이라고 평가하며, 그의 글은 의식적으로 왜곡당했다고 판단했다. 또 포크트는 대중을 일깨우는 이러한 일로부터 토론이 형성될 수도 있었는데 그렇지 못했다며, 뵐의 비판이 다른 시각으로 고찰됐다고 평했다. 심지어 뵐의 작품에 대해 주로 혹평만을 해 온 라이히-라니츠키도 이 작품에 대해서만큼은 호평을 했다. 즉 "사람들은 뵐의 전기와 작품을 직접 연계시키며 뵐을 오해하고 『카타리나 블룸』을 언론공격에 대한 반응으로 이해하고자 하나, 사실 작품은 한편으로는 대중언론의 희생자가 된 개인을 다루고 다른 한편으로는 『빌트』에 대한 비판을 다루고 있다. 그러나 이보다 소설은 『빌트』와 같은 현상을 보고만 있는 사회, 이것이 가능한 사회를 향한 것이다"라고 뵐의 의도를 적확하게 짚었다.

사실 당시 뵐은 여론조성의 메커니즘뿐만 아니라 테러리스트들의 폭력행위에 대한 사회의 반응방식에 의문을 제기하고 성숙한 태도를 촉구했던 것이다. 그러니까 이 소설은 당대의 사회적·정치적 문제를 고스란히 담고 있는 시대 비판적 작품이라고 할 수 있다.

그러면 작품 속으로 들어가 보자.

3)『카타리나 블룸』에 나타난 구조적 폭력과 대항폭력

폭력은 그 행위자가 분명하게 드러나지 않은 간접적 폭력이거나 구조적 폭력인 경우, 그 주체가 명확하지 않기 때문에 간과되기 쉽다. 하지만 비가시적인 구조적 폭력은 시스템 안의 불균형적 힘에 의해 발생하고 불공평한 삶 속에서 표출된다. 이러한 구조적 폭력은 가해자가 죄의식을 느끼지 못하기 때문에 더 위험하다.『카타리나 블룸』에 나타난 구조적 폭력은 개인에게 가시적이며 직접적인 영향을 주는 경찰, 경찰과 공조하여 스캔들을 만들어가는 언론, 이 언론에 종속된 추상적 여론, 이 모든 것을 움직이는 경제계로 이루어진다. 이들은 서로 긴밀히 연계되어 있고 서로 의존하고 있다. 그러면 그 폭력의 구조와 소통을 면밀히 살펴보자.

구조적 폭력 – 경찰의 폭력

카타리나의 집에서 밤을 지낸 수배인물 괴텐을 체포하기 위해서 중무장을 한 8명의 경찰이 카타리나의 집을 쳐들어가 샅샅이 수색한다. 괴텐이 사라져버린 것을 안 수사책임자 바이츠멘네 경감은 카타리나와의 첫 대면에서 "그자가 너를 덮쳤지?"라고 폭언을 한다. 전형적 경찰을 대변하는 인물인 바이츠멘네 경감은 임무만을 철저하게 수행하는 무개성과 무감각의 집행자다. 때문에 거칠고 폭력적이다. 상대에 대한 배려나 인간적인 면이 없는 폭언에 자존심이 상한 카타리나는 "얼굴을 붉혔지만 당당하게" 반응한다. "아니요. 나라면 그런 식으로 표현하지 않을 겁니다." 이후 카타리나와 바이츠멘네 경감 사이에 언어표현에 대한 신경전이 일어난다. 예컨대 "신사들이 다정하게 대했다"라는 심문의 조서에 대해 카타리나는 강한 어조로 다정함과 치근거림에 대하여 차이를 분명히 하며 다정함이 아니라 치근거림으로 수정해달라고 요구한다. 즉 치근거림은 일방적 행동이며 다정함은 연인 간의 소통에 의한 행동이라는 것이다.

카타리나가 이처럼 자신이 이해하고 있는 언어개념에 대하여 지적하며 고루할 정도로 적확한 단어사용을 주장하는 것은 이미 첫 대면에서 폭언으로 실수를 하고 신뢰감을 잃어버린 경감에 대한 저항이다. 다시 말하면 정확함과 명확함으로 자신의 반듯한 이미지를 주장하고자 한 것이다.

이후 경찰은 카타리나의 사적 영역을 완전히 장악해버린다. 경찰은 카타리나의 전화를 도청하고 통장 내역과 편지와 열쇠 등을 조사하여 그녀의 과거와 가족관계와 드라이브를 즐기는 개인적 취향을 밝혀낸다. 그리하여 차를 몰고 가는 곳을 심문한다. 그는 카타리나가 정기적으로 어떤 신사를 방문하며 그 신사가 재정적 지원을 해준다고 추측한다.

경감은 신사방문객을 밝히기 위해서 또다시 폭언을 한다. 그는 "그녀가 남자친구를 가지는 것이 결코 나쁜 일은 아니며 (…중략…) 그녀가 이혼을 했으니 더 이상 정숙할 의무가 없고 만일 치근거리지 않는 다정스러움으로 물질적 이득이 생길 수 있다면, 그건 결코 비난받을 일이 아니라고 말했다." 이때 그는 마치 "아버지"처럼 개인적이고 인간적으로 말하려 하나 오로지 직업정신으로 무장되어 "결정적인 심리학적 실수"를 하고 말며, 이에 카타리나는 "결국 기분이 완전히 잡쳐버렸다." 이때 뵐은 "심리학적인 실수"라는 말을 거듭 사용한다. 그 이유는 마음을 다치게 한 것은 곧 명예를 훼손시킨 것이며, 이는 당사자에게는 신체의 손상만큼 중요한 것임을 드러내기 위함이다. 뵐은 심문 내내 심리가 손상됐음을 강조한다.

그러니까 뵐은 바이츠멘네 경감을 통하여 시민을 보호하고 시민에게 봉사하는 경찰이 아니라 인간미가 결여된 도구적 직업인이자 시민에게 권력을 휘두르는 국가기관을 보여준다. 동시에 뵐은 중무장한 경찰들이 평범한 여자의 집을 무력으로 쳐들어가 샅샅이 수색을 하고 카타리나의 사생활뿐만 아니라 지인들의 사생활까지 파헤치고 도청하는 모습을 보여주면서[5] 국가폭력과 감시국가 체제를 비판한다.

또한 경찰은 괴텐을 추적하여서 얻은 정보와 카타리나를 심문하여 얻은 정보를 언론에 제공한다. 예컨대 카타리나의 고용주인 블로르나 변호사가 사업가이자 교수인 슈트로이블레더에게 자신이 신사방문객임을 경찰에 가서 얘기하라고 했을 때, 그는 "내 집과 내 이름이 이 일당들과 함께 신문의 헤드라인을 장식하도록?"이라며 경악한다. 이는 경찰에 자수를 하거나 정보를 주게 되면 자동적으로 신문의 헤드라인으로 등장하게 됨을 나타내는 말로, 경찰과 언론의 긴밀한 공조를 확연하게 드러내는 표현이다.

반대로 경찰은 언론의 도움을 받는다. 바이츠멘네 경감은 괴텐의 체포 후에 "몇 가지 중요한 디테일들은 『차이퉁』의 기자와 그가 속한 출판사와 이 출판사와 연계된 기관들 덕분이다"고 설명하면서 언론과의 공조를 자신의 입으로 입증한다.

구조적 폭력 -『차이퉁』의 폭력

소설에서 『차이퉁』은 한편으로는 경찰과 상호적 관계를 가지고 있으며 다른 한편으로는 대중과 소통하며 여론을 만들어간다. 때문에 현대사회에서는 대중을 움직이는 언론에 힘이 실리고 그로써 언론은 막강한 권력을 갖게 된다. 『차이퉁』은 카타리나라는 평범한 여성을 "시사적인 인물"로 만들어 사회 밖으로 추방시키는 데 핵심 역할을 한다. 이 『차이퉁』의 대표적 인물인 퇴트게스 기자는 정보를 수집하고 기사를 편집할 때 언론의 권력을 남용하고 폭력을 행사한다.

① 정보수집 시의 폭력

카타리나가 경찰에 의해 체포될 때, 미리 집 앞에 진을 치고 있던 『차이퉁』의 사진기자가 그녀의 모습을 수차례에 걸쳐서 찍는다. 이때 그녀는 창피해하며 얼굴을 가린다. 또 카타리나가 가정관리사로 일하는 블로르나 변호사에게 『차이퉁』의 기자가 그녀의 성격에 대해 묻고 블로르나가 이를 거절하자, 기자는 그녀의 성격에 대해서 말하지 않는 것은 나쁜 성격에 대한 제시임이 분명하다고 협박성 발언을 한다.

정보를 수집할 때 나타난 가장 큰 폭력은 퇴트게스 기자가 중환자로 면회가 금지된 카타리나의 어머니를 찾아가는 장면이다. "아주 어려운, 그러나 성공적으로 끝난 암수술 후 매우 안정이 필요하며 그녀의 회복은 절대안정을 취하는 데에 달려있다"는 의사의 말에도 불구하고, 그는 페인트공으로 변장을 하고 들어가 카타리나의 어머니에게 딸이 일으킨 사건에 대해서 말한다. 이후 회복을 기다리고 있던 카타리나의 어머니는 갑자기 사망한다. 현실적으로 입증할 수 없을지라도 소설의 화자는 퇴트게스를 "살해의도" 없이 살해를 저지른 자로 판단한다.

② 기사에 내재된 폭력

카타리나 블룸에 대한 『차이퉁』의 첫 기사는 「강도 정부 카타리나 블룸, 신사방문에 대한 진술거부」라는 제목을 달고 있다. 퇴트게스는 가능한 선정적 보도를 하기 위해서 카타리나의 집을 "음모센터 아니면 일당의 집합소, 무기거래 장소"로 표현한다. 『차이퉁』의 헤드라인은 사실조작과 편파적 해석, 선정적 표현으로 거의 한계를 넘어선다. 이러한 표현들은 소설이 쓰인 시점에 독일을 불안하게 했던 적군파를 연상시키고 카타리나를 적군파의 동조자로 보이게 한다. 특히 카타리나의 전 남편은 퇴트게스와의 인터뷰에서 "내가 당신에게 포르쉐를 줄 수 있었으면 좋았을 텐데, 노조를 신뢰하지 않는 성실한 노동자가 줄 수 있는 보잘 것 없는 행복만을 줬으니……"라고 말하면서 포르쉐를 훔쳐 도망친 괴텐을 연상시키고 그와 비교하게 한다. 이런 대조적 표현으로 카타리나의 이미지는 더욱 추락하게 된다.

"『차이퉁』은 블룸의 성격과 불투명한 과거를 밝혀줄 진술들을 추가로 수집하는 데 성공했다"는 기사를 내보내며 두 사람의 범죄적 행동을 독자에게 계속하여 전달한다. 그 진술이란 중병에 걸린 어머니를 오랫동안 찾아보지 않았다는 것과 이혼은 그녀 때문이라는 전 남편의 말, 카타리나가 과격한 인물이었다고 말하는 옛 상사에 대한 것들이다. 이로써 『차이퉁』은 카타리나를 형편없는 인간으로 만들고 카타리나의 사진을 실어 대중들에게 그녀를 조심할 것을 경고한다. 그러니까 『차이퉁』은 카타리나 죄의 유무에는 관심이 없고 독자에게 스캔들을 제공하는 것이 우선인 것이다.

하지만 퇴트게스 기자는 이에 대한 책임감이나 죄책감을 느끼지 못한다. 일반적으로 스캔들은 언론이 그 규정을 벗어나야 만들어질 수 있는 것이다. 따라서 『차이퉁』은 카타리나와 그 주변인물에 대한 보도에서 언론의 윤리를 지키지 않고 스캔들을 만들면서 독자를 늘려간다.

퇴트게스 기자는 카타리나의 주변 인물들까지 부정적 이미지로 만들어 가는데, 그 대표적 인물이 게르투르드 블로르나다. 『차이퉁』은 저명한 건축기술자를 "붉은 트루데"로 칭한다. 그리하여 대중들은 그녀를 공산주의자로, 동시에 적군파의 동조자로 생각하게 된다. 언론매체의 권력은 불가침인데도, 블로르나 부부는 언론의 의도대로 따라주지 않고 지속적으로 카타리나를 지지하기 때문이다. 블로르나 부부의 삶은 카타리나의 인생처럼 결국 『차이퉁』에 의해 파괴되고 만다.

퇴트게스 기자가 가하는 무차별적 폭력은 신체적 폭력이 아니기에 흔히 심각하게 받아들이지도 폭력으로 여기지도 않는다. 게다가 퇴트게스는 언론의 자유라는 미명하에 합법적으로 폭력을 가한다. 사실 이 폭력은 퇴트게스라는 개인이 저지른다기보다는 권력기관인 언론이 행사하고 있다. 하지만 이런 폭력이 심리적 · 육체적으로 영향을 미쳐서 또 다른 폭력을 낳는다.

구조적 폭력 - 경제계의 폭력

거대자본에 의해 운영되는 민영언론은 경제계 권력자들의 영향하에 있다. 소설에서 그 대표적 인물은 슈트로이블레더와 뤼딩이다. 경제계의 수장급인 뤼딩은 실제로 등장조차 하지 않으며 전화 한 통화로

『차이퉁』을 통제한다. 즉 그는 "당장 S.를 삭제하고 B.를 집어넣으라"고 명하여 편집내용을 결정할 정도로 막강한 권력을 가지고 있다. 슈트로이블레더는 자신의 동업자이기 때문에 그의 이미지 훼손은 자신의 사업에 타격을 가져온다. 때문에 슈트로이블레더 대신에 희생자가 필요하고 『차이퉁』은 블로르나 변호사를 희생시키는 일을 맡는다.

뤼딩과 달리 슈트로이블레더는 소설에 직접 등장한다. 그는 블로르나 변호사의 친구다. 한때는 게르투르드 블로르나에게 치근거린 적이 있으며 카타리나를 좋아하여 카타리나의 아파트를 드나드는 신사방문객이다. 카타리나에게 반지를 준 장본인이고 별장의 열쇠도 주었으며, 괴텐이 이 별장에 숨어있다. 그러나 그는 자신의 정치적·사회적 명성이 손상되는 것이 두려워 진실을 밝히는 것을 거부한다. 또 카타리나 사건과 얽혀있는 블로르나 변호사가 산업체 변호사직에서 해직될 때, 그와의 친분관계가 드러날까 두려워 모른 체한다. 블로르나는 그의 따귀를 때리며 그와의 관계를 청산한다. 이로써 슈트로이블레더는 카타리나와 연대하고 있는 그룹과 완전히 선을 긋고 뤼딩의 그늘에 남게 된다.

뤼딩과 슈트로이블레더를 통해 뵐은 권력계의 기회주의적이고 비겁한 태도와 보이지 않는 손들이 여론 형성에 미치는 과정과 영향을 자연스럽게 드러낸다.

구조적 폭력 - 여론의 폭력

소설에서 여론은 언론보도에 의해서 형성된다. 또 언론은 독자층을 만들고 그 지지를 받기 위해서 대중들의 취향에 맞춰간다. 그러나 대중이 언론에 끼치는 영향은 거의 미미하며 반대로 대중의 견해는 언론보도에 의해 좌우된다. 익명의 대중은 『차이퉁』의 기사에 난 카타리나를 공격하면서 일상에서 얻은 스트레스를 해소한다. 물론 모두가 그녀를 나쁘게 생각한 것은 아니며 그녀와 연대감을 느끼는 지인들도 있다. 예컨대 그녀가 일한 적이 있는 카페의 주인은 그녀에게 "기운 내, 카타리나. 여기 있는 모두가 너를 나쁘게 생각하는 것은 아니야"라며 그녀를 위로한다. 하지만 여기서 나타나듯이 단지 소수를 제외한 대부분 사람들은 『차이퉁』의 기사를 비판 없이 수용하여 카타리나를 편지와 전화로 협박하고 창녀 취급을 하며 그녀의 심리상태와 삶을 붕괴시킨다. 때문에 『차이퉁』의 기사가 대중의 이해관계나 정서에 부응할지라도, 이는 인간존엄성을 해치는 엄연한 폭력인 것이다. 카타리나의 삶을 붕괴시킨 화살은 결국 부메랑이 되어 그 원인 제공자에게로 돌아간다.

'사회적 죽음'에 맞선 카타리나의 대항폭력 – 살인

카타리나는 성실하고 부지런한 27살의 가정부로 경제부흥사회에서 나름대로 성공한 여성이다. "전혀 정치적 인물이 아니고 무정부의자도 아니며" 자본주의 사회의 "유능한 동조자"다. 뿐만 아니라 그녀는 도덕적이고 예의바르며 사회질서 준수자다. 특히 그녀는 "문란한 디스코텍을 피하고" 치근덕거리는 것을 질색하며 "새침데기에 쌀쌀맞고 수녀라는 별명"을 가질 정도로 성적 결벽증을 갖고 있다. 그런 그녀에게 바이츠멘네 경감은 첫 대면에서부터 성적 수치심을 자극하고, 『차이퉁』은 더 이상 그녀가 사회생활을 할 수 없게 만들어버렸다. 그러니까 첫 장면에서부터 카타리나가 매번 단어개념의 차이를 지적하며 정확하고 명확한 언어사용을 주장하는 것은 거짓 이미지를 만들어가는 『차이퉁』에 대항하여 "자신의 정체성과 자신의 무결함을 주장하기 위한 투쟁"이며 "비가시적 폭력"에 대한 저항이었던 것이다.

결국 그녀는 익명의 우편물과 음란전화로 심리테러를 당하고, 작중 화자는 치욕과 모멸감에 치를 떨며 외친다.

> 국가는 (…중략…) 이 모욕으로부터 그녀를 보호하고 그녀의 잃어버린 명예를 회복시키기 위해서 아무것도 할 수 없는 것인가?

완전히 절망하여 심적으로 무너져버린 그녀는 "거실에 있는 홈바에서 쉐리주 병, 위스키 병, 와인 병 그리고 마개를 막지 않은 버찌술 병을 하나씩 꺼내서 별로 흥분한 기색도 없이 벽에 던져 산산조각을 낸다." 이를 본 볼터스하임 부인은 "카타리나의 심리상태가 파괴되어 버려서 모든 것에 관심이 없다"고 말한다. 이 무관심은 사회생활의 붕괴, 즉 '사회적 죽음'에서 비롯된다. 인간은 사회적 동물이고, 인간에겐 사회생활이 존재의 가치이자 의미이기에 이것을 죽이는 것은 육체적 살해와 다를 바가 없다. 사실 심리적 죽음과 육체적 죽음은 별개의 것이 아니라 매우 긴밀하게 연계되어 있다. 심리 파괴는 육체적 존재 파괴와 마찬가지로 궁극적으로 인간이 파괴되기 때문이다. 심리 파괴의 경우, 육체는 살아남을지라도 말이다. 그러니까 뵐에게는 심리상태의 붕괴나 인격의 파괴는 육체적 붕괴와 마찬가지라는 의미다. 때문에 그는 카타리나가 심문당할 때, 바이츠멘네 경감이 "심리학적 실수"를 범하고 있음을 거듭 강조했다.

또한 뵐은 카타리나 어머니도 퇴트게스가 죽인 것이나 마찬가지로 여긴다. 퇴트게스가 중환자실에서 절대적 안정을 취해야 하는 카타리나 어머니를 찾아가 정신적 충격을 주었고, “그것이 의심할 여지없이 카타리나 어머니의 예상 밖의 이른 죽음을 초래했다”고 하면서 뵐은 육체적 공격과 심리적 공격에 동등한 가치를 두고 있음을 확연히 드러낸다.

카타리나는 『차이퉁』과 갈등을 일으키기 전까지는 사회구조나 공권력에 대해서 생각해 볼 필요조차 없었으며 사회의 수직체계에 대해서도 인식하지 못했다. 때문에 국가권력구조를 이해하지 못하는 그녀는 법보다는 자신의 양심과 도덕관념에 따라 판단하고 행동한다. 이제 그녀는 국가의 도움을 받을 수도 없고 받을 처지도 아니라는 것을 깨닫고 스스로 자신을 지키고자 한다.

퇴트게스 기자는 그녀를 직접 대면한 첫 자리에서 바이츠멘네 경감처럼 성적 수치심을 불러일으킨다. “‘그래 블륨헨, 지금 우리 둘이 무엇을 할까?’ 말이 없자, (…중략…) 그가 다시 말했다. ‘뭘 정신 나간 것처럼 나를 쳐다보니, 나의 불륨헨 — 내가 제안하는데, 우리 먼저 한 탕할까?’”

퇴트게스의 말에 카타리나는 “그래 한 탕 해보자”라며 피스톨을 꺼내어 그를 쏜다. 카타리나의 이러한 행동은 성적 결벽증을 가진 그녀의 도덕성에 따르면 합당하다. 따라서 그녀의 양심에도 거리낌 없는 행동이 된다. 즉 카타리나는 법이 아니라 자신의 양심과 도덕성으로 선악을 구별한다. 사실 뵐의 소설에 등장하는 모든 인물들이 카타리나처럼 양심과 도덕성에 따라 행동한다.[6] 『9시 반의 당구』에서는 요안나 패멜이 독일 재무장을 축하하는 행렬에 참석하고 있는 장관에게 총격을 가하고, 『복무의 종말』에서는 그룰 부자가 쓸데없는 “킬로미터 잡아먹기”

를 하는 군부대 차량을 폭파하고, 『여인과 군상』에서는 업적지향주의를 거부하는 레니를 돕기 위해서 지인들이 화물차로 교통정체를 일으키고, 『어느 어릿광대의 고백』에서는 한스가 물욕과 안락에 도취한 부모와 성직자들을 비난한다. 이 모든 행위들은 자신의 양심과 도덕성에 따라 선악을 구별하여 하는 행동들이다. 그러니까 뵐의 경우 카타리나의 대항폭력은 법적 차원이 아니라 선악의 차원으로 이해해야 한다.

특종 욕심 때문에 퇴트게스 기자는 신문의 본질이 요구하는 것 이상을 하며 "명예 살해"를 저질렀고 그것이 원인이 되어 자신이 "살해"를 당한 경우다. 다시 말하면 "하나는 다른 하나 없이는 불가능하며, 둘은 조건적 관계다." 이런 면에서 『차이퉁』의 대변자인 퇴트게스 기자의 죽음은 필연적 결과이며 최종적 형벌이라고 할 수 있겠다.

4. 나가며

소설에서 서술하고 있는 카타리나의 상황은 엄청난 여론을 만들어내는 언론의 권력 없이는 일어날 수가 없다. 거의 독점적 시장권력으로부터 나오는 언론보도를 사람들은 믿지 않을 수 없다. "내가 알고 있는 모든 사람들은 『차이퉁』을 읽습니다!"라고 카타리나가 말하듯이, 『차이퉁』이 차지하는 신문판매율의 비중은 대단하다. 때문에 블로르나 변호사가 택시를 탔을 때, 택시기사는 그가 카타리나의 변호사이자

고용주라는 것을 한 눈에 알아본다. 심지어 『차이퉁』은 국내를 넘어 "전 세계로 퍼져나가 있다." 그래서 『차이퉁』의 기사는 더욱 특별한 편치력을 갖는다. 『차이퉁』을 "페스트" 또는 "몹쓸 병"으로 칭한 블로르나 부인은 "그들이 아이(카타리나)를 끝장내버릴 것이다. 경찰이 아니면 『차이퉁』이, 그리고 『차이퉁』이 그녀에 대한 흥미를 잃으면 사람들이 그렇게 할 것이다"라고 확신하며 이들의 공조를 강조한다.

결국 카타리나는 블로르나 변호사의 설명으로 경제권력 아래 경찰과 검찰과 『차이퉁』이 긴밀하게 연계되어 있으며 이에 선량한 교구민을 도와야 할 교회까지 협조하고 있다는 것을 알게 되고 구조적 폭력을 깨닫게 된다. 그녀는 이 구조하에서 도움을 받을 길이 없으며 받을 처지도 아니라는 것을 인식하고 사회에 남아있기 위해서 했던 투쟁을 포기해버린다. 이는 동시에 이 사회에서 절대적으로 필요한 명예에 대한 포기이기도 하다. 이 체념적 행동이 갖가지 술병들을 벽에다 내던지며 지금껏 아끼고 소중하게 여겼던 집을 엉망으로 만들어버린 것이다. 그녀는 그동안 사회 안에 그대로 머물러있고자 했던 노력과 희망을 버리고 공격적으로 변하며 그녀의 추방에 대항한다. 즉 그녀는 언론의 폭력에 의해 명예를 상실하고 심적으로 파괴되자, 스스로를 지키기 위해서 자신의 판단에 따른 마지막 선택을 한다. 그것이 기자의 살해다. 양심과 도덕성에 따라 판단하는 그녀의 편에서 보면 그녀의 행동은 마땅한 것이다.

언급했듯이, 뵐은 이전 소설에서와 마찬가지로 『카타리나 블룸』에서도 사회문제를 선악의 차원으로 이해하고 해결한다. 즉 주인공의 도덕성과 양심에 따라 행동한다. 이 행동의 타당성을 위해 뵐은 "폭력이 어떻게 발생하며 어디까지 갈 수 있는가"라는 부제를 제시하듯이, '무슨' 사건이 아니라 '어떻게' 사건이 일어날 수 있었는지에 초점을 맞춰 이야기를 풀어나간다. 따라서 소설은 탐정소설의 형식을 띠지 않게 된다. 보충하면 뵐은 이미 서두에서 살인 사건의 발생을 신문기사형식으로 냉정하게 보고한다. 즉 그는 시작부분에서 결말을 독자에게 알림으로써, 살인 장면에서 어쩔 수 없이 야기되는 긴장감이나 결말에 일어날 수 있는 예상들을 미리 깨버리고 독자가 화자와 함께 살해동기와 개개의 세부사항 조사에 참여하도록 유도한다. 이런 서술방식에 의해 독자는 카타리나의 편에 서서 그녀의 살해행위를 수긍할 만하고 일관된 결과로 이해하게 된다. 그러니까 소설은 뵐의 서술전략에 의해 카타리나의 살해에 타당성을 부여하고 있는 것이다.

그러나 뵐은 이로써 언론에 의해 사회적 죽음을 당한 개인의 복수가 정당하다고 말하려는 것이 아니다. 뵐은 이미 1961년의 「칼 마르크스」라는 글에서 피를 불러오는 것들은 안 된다고 말한 바 있다. 그가 이 소설에서 보여주는 폭력도 같은 맥락에서 이해해야 한다. 다시 말하면 뵐은 『카타리나 블룸』을 통해서 폭력의 근성과 원인을 생각해보게 하려는 것이지, 공권력의 구조적 폭력에 맞서 무력한 개인은 살인으로라도 맞서야 한다는 것을 피력하려는 게 아니라는 말이다. 때문에 그는 『카타리나 블룸』을 정점으로 하여 전략을 바꾼다. 그는 이후의 소설 『배려의 포위』와 『강 풍경을 마주한 여성들』에서는 폭력을 미리 차단하여 폭력이 여기까지는 가서는 안 된다는 것을 보여준다. 폭력은 폭력을 낳는 악순환을 지속시키는 근성을 가지고 있기 때문이다.

그러면 뵐은 이 소설에서 자신의 희망 원칙을 어떻게 고수할까?

이 소설에서도 뵐은 자신의 창작기법 중 하나인 인물구도의 이분법적 원칙에 따라 인물들을 이분화하며, 이 기법으로 희망을 보여준다. 이상에서 보았듯이, 국가와 검찰과 경찰과 언론이 합세한 공권력은 평범한 시민여성 카타리나의 사회적 죽음을 야기한다. 그러나 직업과 사회적 명성을 잃으면서까지 그녀에게 용기를 주고 그녀의 편에 서는 사람들이 있다. 그들은 블로르나 부부와 볼터스하임 부부 그리고 카페를 운영하는 옛 지인이다. 이들의 지지와 믿음 덕분에 카타리나는 감옥에서 모범수로 지내며 미래를 계획한다. 그녀는 8년이나 10년 후쯤 정당방위로 석방되면 예전보다 더 열심히 일하여 집을 사고 괴텐과 함께 행복한 삶을 꾸릴 것이라는 꿈을 꾸며 석방을 기다린다. 사실 이런 장면은 다소 억지스럽고 유치하여 설득력이 없어 보인다. 하지만 뵐은 카타리나가 감옥생활을 성실하게 견디어 내고 새로운 삶을 준비하는 것을 보여줌으로써 독자에게 희망을 준다. 에리히 프롬도 말하듯이, 보다 나은 삶을 위한 노력은 그 자체만으로도 충분히 아름답고 삶의 기쁨이 되기 때문이다. 어떤 경우에도 세상에 대한 희망을 버리지 않는 뵐은 강력하게 호소한다.

> 아직 희망에 대한 토대가 있다고 생각합니다. 여전히 개인에 관한 그리고 전체에 대해서도 희망이 있다고 생각합니다.

요컨대 하인리히 뵐은 흔히 자살로 마무리하여 사회에 경종을 울리고자 하는 작가들과 다른 결론을 내림으로써, 어떤 상황에서도 삶을 포기하지 말라고 다독인다. 이것이 하인리히 뵐의 작가정신이다.

철학자의 어깨너머로 바라본 '폭력'

법-폭력-정의
발터 벤야민과 자크 데리다에 기대어

서약과 '동지애-공포'
사르트르의 사유를 중심으로

법-폭력-정의[1]

발터 벤야민과 자크 데리다에 기대어

문광훈

> 인간은 정의에 대해 정의로워야 한다.
>
> —데리다, 『법의 힘』

벤야민의 글은 거의 예외 없이 까다롭다. 그것이 얼마나 까다로웠으면 벤야민 전문가들조차 고충을 토로하게 되는 것일까. 그 어려움은 독일어가 모국어인 사람들에게도 예외는 아닌 듯하다. 이런 까다로움이 물론 언어적 차원에만 국한되는 것은 아닐 것이다. 그것은 경험과 꿈, 현실과 기획, 현재적인 것과 미래적인 것, 확연한 것과 비의적인 것, 정치적 당위성과 초월적 형이상학을 다 같이 아우르고자 하는 그의 이념적 지향과 이 지향의 창의적 탐색에서는 어느 정도 불가피한 것이라고 해야 할 것이다. 그러나 의미의 깊이가 반드시 난해한 통사론적 구조에만 실릴 수 있는 것은 아니라는 사실, 그래서 간결한 문장도 깊은 의미를 담을 수 있다는 점을 고려한다면 그의 문체가 반드시 모범적인 것만은 아니라는 것 또한 자명하다.

벤야민의 글은 분명 그 한결같이 '난삽한' — 단순히 난해한 것이 아니라 — 의미구조를 가진 채 우리 앞에 있다. 1921년에 발표한 문제적 에세이인 「강제력 비판Zur Kritik der Gewalt」[2]도 마찬가지다. 1921년이라면 그의 나이 29세 때였고 2년 전(1919)에 베른 대학교에서 박사학위를 마쳤으며, 4년 전(1989)에는 도라Dora와 결혼한 터였다. 그 무렵 그는 블로흐E. Bloch의 『유토피아의 정신』을 집중적으로 읽고 있었고, 결국엔 발간되지 못했지만 잡지 『앙겔루스 노부스』를 기획하고 있었다. 국내외적으로는 1914년에 일어났던 1차 세계대전의 여파가 여전히 독일의 정치경제적 현실을 옥죄고 있었고, 더 가까이로는 러시아 혁명의 여진이 남아있었다.

「강제력 비판」은 이런 개인적이고 사회적인, 실존적이고 시대적인 자장磁場의 복합성 안에 놓여있다. 그래서 여기엔 여러 가지의 핵심 술어가 얽힌 채 나타난다. 한편으로는 법과 정의의 관계, 수단과 목적의 의미에 대한 성찰이 있다. 이와 관련하여 자연법과 실정법의 구분이 있고, 세부적으로 정당한 강제력과 부당한 강제력, 신화적 강제력과 신적 강제력의 구분에 대한 여러 층위의 논쟁과 논의가 있다. 다른 한편으로 이것은 더 근본적인 문제에 해당하는데, 강제력의 역사적 기원에 대한 법철학적 역사철학적 고찰이 있다. 사회계약의 문제나 노동자의 파업권 · 국가권력의 전쟁권 · 개인의 정당방위권 · 군국주의하의 강제력 사용 · 경찰제도 등이 갖는 문제점들은 이런 물음을 구성하거나 둘러싸면서 다뤄지는 다른 주제들의 예다. 이 많은 문제항의 세부 논의가 어떠하건,[3] 그 곁가지를 쳐내면서 우리는 이 모두를 관통하는 하나의 주된 실마리를 끄집어내야 한다. 그리고 이렇게 끄집어낸 실마리에서 다른 여타의 문제항에 대한 관계가 어떠한지 다룰 수 있어야 한다.

여기에서 핵심은 무엇인가? 왜 벤야민은 「강제력 비판」을 썼는가? 「강제력 비판」이란 결국 무엇을 겨냥하고 있는가? 이 글은 줄이자면, 강제력에는 어떤 종류의 정당성이 있는가를 다룬다고 할 수 있다. 이것은 더 단순화하면, '정치적인 것의 가능성'이 된다. 즉 여하한 사적 이해관계로부터 벗어나 어떤 윤리적이고 인간적인 질서의 가능성을 창출해내기 위한 에너지의 원천으로서, 그는 정치를 생각하는 것이다. 소렐G. Sorel이든 페기Ch. Péguy든 아니면 웅어Unger든 그 당시 정치이론가들의 사유방향은 제각각 다른 것이지만, 이들로부터 20대 중반의 벤야민이 배운 것은 악셀 호네트가 정확하게 지적했듯이, "모든 목적설정을 분쇄한다는 생각, 세계해명적 경험으로의 재결합, 역사적 연속성으로부터의 탈퇴"였다.[4] 그의 문제의식은 그것이 정치의 가능성을 여하한 목적으로부터 분리하고자 했다는 점에서 반공리주의적反功利主義的이고 형이상학적이었다. 그러나 경험 속에서 정치적 행동의 가능성을 찾으려 했다는 점에서 그것은 현실적인 것이기도 했다. 그는 부패한 법제도를 철폐시킬 수 있는 강제력의 혁명적 전복적 형식과 원천을 유대적 기독교적 일신론적 전통에서 찾아보려 한 것이 아니라 법철학적 차원에서 생각해보고자 한 것이다.

우리는 다시 이렇게 물을 수 있다. 법의 정당성은 어디에 있는가? 지금 우리가 경험하는 법은 법적 가능성의 전체인가? 혹은 현재적이고 역사적으로 제약된 제도의 표현일 뿐인가? 법은 지배계층의 사적 이해관계를 관철하는 철저하게 위장된 공공성에 불과한가? 그리하여 법적 강제력은 정말이지 도구주의적 한계를 결코 넘어설 수 없는 것인가? 이런 물음에 대해 벤야민 텍스트의 의미를 법철학적으로 가장 깊게 성찰한 사람은 데리다J. Derrida이지 않나 싶다. 그는 카프카의 「법 앞에서」라는 짧은 텍스트에 대해 그러했듯이, 벤야민의 「강제력 비판」에 대해서도 한 권의 책을 냈다. 그 제목은 『법의 힘 — '권위의 신화적 근거'』(1990)다.[5] 두 차례의 강연문을 엮은 이 책의 첫 번째 부분은 법(강제력)과 정의 그리고 해체주의의 관련성을 다루고 있고, 두 번째 부분은 벤야민의 「강제력 비판」을 해석한 것이다. 그러나 벤야민과의 연결은 이미 첫 부분에 나타난다.

데리다의 『법의 힘 — '권위의 신화적 근거'』도 여러 각도에서, 가령 법과 정의의 관계나 법과 해체주의의 관계, 벤야민의 법 이해와 홀로코스트 문제 등의 관점에서 접근할 수 있다. 내가 관심을 갖는 것은 한 가지 점 — 법의 정당성과 이 정당성의 근거와 기준, 이 근거의 허약성과 이 때문에 절실해지는 해석적 개입의 비판적 가능성이다. 어떤 정당성의 토대가 허약하고 이렇게 허약해지는 토대의 정도에 반비례하여 해석적 개입의 여지가 커지는 것이라면, 이때의 해석은 그 자체로 윤리적이라고 할 수 있다. 새로운 해석을 통해 기존의 의미체계가 누리는 부당한 독점권을 지적하고, 이런 지적을 통해 좀 더 공정하고 균형 잡힌 관점의 지평이 열릴 수 있기 때문이다. 실천적 행동의 가능성은 이렇게 탐색된 것에 대한 동의 이후에나 가능하다. 그 점에서 윤리적 해석을 담은 글은 이미 어느 정도 정치적이기도 하다. 해석은 다가올 행동의 가능성을 예비하기 때문이다. 데리다의 『법의 힘』에서 법의 정의로운 가능성 — 법이 법 자체의 테두리를 넘어서고자 할 때, 그래서 법의 안에서부터 그 밖의 영역으로 열려 있을 때 비로소 가능한 정의의 가능성에 대해 생각해보고자 한다.

1. 권위의 신화적 근거

파스칼과 몽테뉴를 거론하면서 데리다가 『법의 힘』 1부에서 말하는 주요 사실의 하나는 정의란 그저 말해지는 것이 아니라 강제력에 의해 동반되어야 하고, 법이란 정의와 구분되어야 한다는 점이다. 그러면서 법을 법으로 만드는 것 — 강제력의 근거란 그리 분명하지 않다는 점을 지적한다. "권위란 (…중략…) 자기 자신 이외의 다른 어떤 것에도 근거할 수 없기 때문에 권위의 원천, 법의 논증과 토대 그리고 제정은 그 자체로 근거 없는 강제력(폭력)eine grund-lose Gewalt(tat)이다."[6]

데리다에 의하면, 법을 만들거나 정당화하는 모든 조처는 그 자체로 정의롭지도 않고 그렇다고 정의롭지 않는 것도 아니다. 법이 내세우는 정당성과는 달리 법 자체를 있게 하는 정당한 근거는 어디에도 없기 때문이다. 법의 정당성은 법 조항이나 판례, 혹은 판사나 법원 같은 사법기관에 속한 게 아니다. 법이 옳다고 한다면 이 옳음은 법의 판결을 실행하는 강제력에서 오는 것이지 법 제도의 밖에 있는 무엇에서 오지 않는다. 그렇다는 것은 법 제정 시 이미 정의의 문제가 '강제적으로 해결된다'는 것이고, 따라서 무엇인가가 어떤 식으로든 "매장되고 은폐되며 축출된다"는 것을 뜻한다.[7] 이런 점에서 보면 법기관은 근본적으로 억압적인 것이다. 그래서 법강제력은 '수행적performativ'이고, 이 수행적 강제력에 깃든 설명하기 힘든 한계나 침묵은 '신화적인 것'이라고 그는 말한다.[8] 법적 정당성의 한계-침묵-신화적 성격은 법 외부에 있는 것이 아니라 법 자체를 구성하는 것이다. 법을 직접적으로 정의하거나 객관화할 수 없는 것은 이런 이유에서다. 적극적으로 표현하면, 정의를 배반함 없이 '무엇이 정의롭다'거나 '어떤 것이 정의다'라고 우리는 말하기 어렵다.

법의 정당성이 모호하다는 것, 권위의 원천에 납득할 만한 근거가 없다는 사실은 법이 여러 가지 관점에서 새롭게 재구성될 수 있음을 뜻한다. 법이 재구성될 수 있다는 것은 무슨 뜻인가? 이것은 법뿐만 아니라 이 법을 지탱하는 합법성과 정당성 역시 해체될 수 있음을 말한다. 법과 그 정당성을 유효하게 하는 것이 강제력이라고 한다면, 또 이 강제력이 정확성과 유효성 그리고 타당성도 함의한다면, 해체되는 것은 단순히 법적 차원에 머무는 것이 아니라 법률적 강제력 차원을 넘어서는 더 넓은 영역을 포괄한다. 그리하여 법이나 정당성(법철학적 문제)만이 아니라 진리와 의미의 문제(철학적 인식론적 문제), 표현과 재현의 문제(예술의 문제), 소수자의 문제(민족적 인종적 성적 인권적 문제), 나아가 언어와 침묵(문학의 문제)도 이 해체적 재구성의 잠재적 대상이 되는 것이다. 이렇듯이 정의는 해체된 법과 합법성 그리고 정당성의 관점에서 광범위하게 재해석될 수 있다. 그렇게 할 수 있다는 것은 다른 관점에서 보면, 해당 시대가 그만큼 급박하고 위태로웠다는 사실을 보여준다.

사실 벤야민이 「강제력 비판」을 작성하던 1921년을 전후로 독일의 정치적 사회경제적 분위기는 극도로 위태로웠다. 당시 독일은 1차 세계대전에서 패배한 패전국의 입장이었고, 따라서 국제적으로 막대한 전쟁보상금 문제에 시달리고 있었다. 그리고 이런 채무상황은 국내의 정치구조를 지극히 불안정하게 만드는 요인으로 작용했다. 그래서 민족주의적 슬로건 아래 극우적 테러가 곳곳에서 횡행하고 반유대주의와 반의회주의가 기승을 부린 반면, 평화주의 운동이나 반군국주의적 담론은 미약했다. 경찰력이나 사법권 그리고 파업권을 포함한 공권력의 정당성에 대한 지식인들(법률가나 법 이론가를 포함하는)의 비판적 담론도 이 옆에 자리한다. 벤야민의 글은 이런 역사적 배경에서 나온 것이다. 데리다는 벤야민의 텍스트가 정보적 전달적 언어가능성에 거슬러, 이 전달적 정보적 기능을 해체하면서 새로운 의미체계 — 새로운 정의 개념과 새로운 강제력의 가능성을 타진한 것으로 이해하고, 자기 역시 벤야민의 텍스트를 해체적으로 재구성해보고자 한다. 왜냐하면 해체적 독법은 그것이 재현 너머의 질서 — 재현 불가능한 의미질서를 탐색하는 한 이미 얼마만큼 정의롭기 때문이다.[9]

그러나 불가능한 것이 늘 경험될 수 있는 건 아니다. 그것은 위기의 상황, 혹은 정확하게 말하면 혁명적 상황에서, 또 이 혁명적 상황이 초래하는 급격한 변화에서나 경험될 수 있다. 급격한 변화는 현실에서 일어나기 어렵다. 모든 것은 법제도에 의해 제어되고, 이 법제도가 강제력을 독점하는 까닭이다. 강제력의 도움 아래 법 제도는 준수되어야 할 사항이 무엇이고, 이런 규정사항이 위반됐을 때는 어떻게 처벌되는지를 정한다. 강제력은 법의 질서 안에 자리하지 그 밖에 자리하지 않는다.

그런데 법질서의 보호를 받으면서도 법을 위협하는 힘이 있다. 예를 들면 파업권이 그렇다. 파업권은 벤야민이 적었듯이, 국가 이외의 유일한 법주체다.(이 이외의 강제력에 대한 권리는 개별주체에게, 적어도 현대 법에서는 주어지지 않는다. 원시시대에 이런 권리를 가진 자는 예언자나 주권자(왕)였다.) 노동자는 파업을 통해 강제력에 대한 권리를 가진다. 이 강제력은 노동자가 일손을 집단적으로 놓음으로써 경제와 정치와 사회의 기존

체계를 위협하는 것이 될 수 있다. 국가가 두려워하는 것은 단순히 범죄나 법의 위반과 같은 것이 아니다. 그것이 두려워하는 것은 데리다가 지적하듯이, "'논거하는begründend' 강제력", "법에 대한 법(권리)을 갖는 강제력"이다.[10] 왜냐하면 '논거하다'는 것은 '근거Grund'를 '대는be' 혹은 '마련하는'이라는 뜻이고, 그래서 논거하는 강제력은 정당성의 근거를 법제도에 의지하는 것이 아니라 스스로 마련하고자 하기 때문이다. 그 점에서 그것은 시간적 연속성을 부정한다. 기존 법제도가 무서워하는 것은 바로 이것이다.

프롤레타리아의 파업이나 이 파업의 연장으로서의 혁명은 논거하는 강제력에 대한 권리를 주장하여 새로운 공동체와 새로운 국가를 목표로 한다. 그것은 자기 정당성의 근거를 밖에서 가져오는 것이 아니라 스스로 만들고자 한다. 새로운 국가는 기존 법의 밖에서 새로운 법질서를 만들 때, 그래서 역사적 연속성을 해체시킬 때, 비로소 세워질 수 있다. 그러나 이미 있는 "국가는 이런 경계를 넘어가는 것을 잘 참지 못한다."[11]

지금까지의 논의는 두 가지 사항을 알려준다.

첫째, 모든 국가의 창건에는 강제력의 확립과 그 동원이 필요하고, 이 강제력은 많은 경우 기존의 가능성을 억압하는 가운데 제도화된다. 이것은 수많은 나라에서 전쟁과 같은 위기에 빈번히 일어났고, 수용소 감금이나 유형 혹은 국외추방에서 지금도 확인할 수 있다. 국가의 건설은 법의 제정과 더불어 무법-위법-탈법-위법의 폭력을 동반한다.

둘째, 그렇다면 기성의 법질서는 계속 변하거나 새롭게 논증될 수 있어야 한다. 그것은 지금 실현된 것의 모습을 보여줄 뿐이고, 따라서 그 이외의 것은 아무 것도 실현시키지 못하고 있기 때문이다. 그러므로 여하한 강제력은 강제력에 대한 비판을 필연적으로 내장한다. 이때의 강제력 비판은 곧 법에 대한 비판이고, 법이 대변하는 여하한 정당성 혹은 공식성에 대한 비판적 성찰이다. 그리하여 강제력 비판은 기존 법에 대한 '다른 법의 권리'를 선언하는 것이다.

그리하여 앞의 논지는 이렇게 요약될 수 있다. 우리는 강제력을 제어하는 강제력 · 법의 합법적 근거 · 권리를 위한 권리를 생각할 수 있어야 한다. 우리는 강제력의 강제력 · 법의 법 · 권리의 권리를 말할 수 있고 또 말할 수 있어야 한다. 왜냐하면 이것은 기존의 법 제도 그 너머에 자리한 법질서와 이런 법질서로 구성된 보다 공정한 사회와 공동체를 염원하기 때문이다. 이러한 염원은 법에 대한 이중적 성찰 — 법에 대한 성찰뿐만 아니라 이 성찰에 대한 성찰을 통해 가능하다. 그것은 다르게 말하여 다른 법 — 법의 다차원적 가능성에 대해 생각하는 것이고, 다른 법을 통한 다른 국가의 가능성에 대해 생각하는 일이다. 이를 위해서는 기존의 규범과 정전에 자족하는 것이 아니라 이 정전의 체계를 문제시하면서 복합적으로 성찰해야 한다. 그것은 기성문화 / 공식문화 속에서 다른 문화 / 비공식 문화의 다른 어떤 정당할 가능성을 헤아리는 일이다. 이 거듭된 성찰 속에서 기존의 법질서는 자신의 현재적 미비와 과오, 심연과 나락과 아포리아를 직시할 수 있고, 이런 직시를 통해 그 한계를 조금씩 넓혀가면서 더 인간화하게 될 것이다.

이 점에서 우리는 근본적으로, 카프카가 썼듯이 법의 '안'이 아니라 그 '앞'에 서 있다고 해야 한다.[12] 우리는 정의의 안이 아니라 그 밖에서 있다. 그러므로 우리에게는 법 안에서 법 밖의 법에 대한 권리가 있다. 그렇듯이 국가 안에서 이 국가의 과오와 미비를 인식하는 가운데 다른 삶의 공동체를 염원할 수도 있어야 한다.

2. 오고 있는 정의

벤야민이 언급했듯이, 모든 법 강제력이 제정적 차원이건 유지적 차원이건 신화적 이의성 속에서 권력자의 우선권에 봉사한다면 그것은 신화적인 것이다. 그러는 한 이 몽매한 법형식의 납득하기 힘든 연쇄고리는 파쇄되어야 한다. 그렇지만 새로운 가치체계는 전적으로 새롭게 나타나기보다는 기존의 규범으로부터 생겨난다. 이 기존규범은 드러난 것이면서 숨은 것이기도 하다. 그러면서 정의를 내세우고 동시에 억누른다.

법의 정당성과 그 권위는 이미 살펴보았듯이 모호하다. 그러나 더 모호한 것은 정의의 개념이다. 확인할 수 있는 지시체계 안에서 움직이는 것이 법이라고 한다면, 그래서 그것이 근본적으로 동질적인 약호의 영역이라면, 정의는 이 친숙한 지시체계를 넘어선다. 그래서 그것은 이질적 영역에 닿아있거나 여기에 열려있다. 그 점에서 정의는 근본적으로 무한하다. 무한한 정의는 산정하기 어렵다. 정의의 무한성을 데리다는 "타자에 대한 관계가 곧 정의"라는 레비나스의 테제와 연결시키면서, 특이하게도 정의란 적절한 분배나 평등 혹은 균일이 아니라

"대칭에 낯설고 이질적이며 종속영양적heterotrop"이고, 따라서 "절대적 비대칭성에 근거한다"고 적는다.[13] '종속영양적'이란 '영양공급 시 다른 유기체의 생산물에 의지하는'이라는 뜻이다. 그렇듯이 정의란 완전한 균형이나 평등 위에 자립적으로 자리하는 것이 아니라 차라리 불균형/비대칭 위에 자리하고, 그 때문에 자기 아닌 다른 것으로 기울어져 있으며, 이 다른 것에 의존한다는 것이다. 그래서 그 영양공급은 자가적自家的이 아니라 종속적으로 일어난다.

정말 그런가? 아마도 그렇다고 말해야 할지도 모른다. 정의란 그 자체로 완결된, 그래서 그 속에 멈춰 있고 그 자체로 정체된 것이 아니라 부단히 성장하고 스스로 갱신해가는 것이기 때문이다. 그런 점에서 정의란 무한하고 타자지향적이며 비대칭적이고 이질적이다. 그렇다고 한다면, 그것은 데리다가 쓰고 있듯이 현재적으로 실현된 형태가 아니라 미래에 구현되어야 할 것으로 자리한다. 그것은 온 것이 아니라 '오고 있는' 것이다.

> 정의란 '오는 것'에 머물고, 아직 와야 하며, 미래이고 미래를 가지며, 그것은 일어나지 않은 사건의 차원이고, 그것이 오는 것은 축약될 수 없다. 이러한 미래는 언제나 정의의 미래일 것이다. 정의란 단순히 법률적 혹은 정치적 개념이 아닌 정도程度에서, 바로 그 때문에 '아마도' 정의는 미래적으로 법과 정치의 어떤 변화와 변형 혹은 새로운 논거를 위한 개방성을 만들어낸다. 정의는 '아마도' 미래의 이런 변화와 변형 혹은 새로운 논거를 개시한다.
>
> '아마도' — 정의에 대한 것일 때, 사람은 언제나 '아마도'를 말해야 한다.

정의란 미래에 헌납된 것이고, 사건으로서 예측과 규칙, 프로그램과 선취 등을 능가하는 어떤 것이 일어날 수 있을 때만 존재한다. 절대적 타자성의 경험으로서 정의란 묘사 불가능하지만, 이 점에 사건의 기회와 역사의 조건이 놓여있다.[14]

데리다의 통찰력 있는 해석에 의하자면, 정의란 아직 "일어나지 않은 사건의 차원"이다. 그것은 과거의 정의도 아니고 현재의 정의도 아닌 언제나 미래의 정의다. 바로 그 점에서 '아마도'나 '혹시' 아니면 '어쩌면'이야말로 정의에 대한 바른 술어가 될 수 있다. 왜냐하면 '어쩌면'이란 말에는 미래적 시간차원에 대한 유보가 담겨있고, 이 미래에 대한 개방성이 자리하기 때문이다. 바로 이 개방성으로 인해 정의는 "예측과 규칙, 프로그램과 선취 등을 능가"할 수 있고, "법과 정치의 어떤 변화와 변형 혹은 새로운 논거"를 창출할 수 있다. 정의가 정의로울 수 있는 조건은 이 개방성으로부터 온다. 거꾸로 말하여 타자에의 개방성이 정의를 마침내 정의롭게 하는 것이다.

정의는 그것이 규칙과 체계를 넘어설 수 있을 때, 비로소 정의롭다. 왜냐하면 그것은 타자에게 열려 있어 스스로 변화할 준비가 되어 있기 때문이다. 그러나 이 개방성은 하나의 잉여 — 묘사 불가능한 과잉의 부분이기도 하면서, 바로 이런 묘사 불가능성 때문에 오용될 수 있는 것이기도 하다. 주의해야 할 것은 이 점이다. 데리다는 이 잉여 부분이 "알리바이로 되어선 안 된다"고 지적한다.

정의의 과잉은 — 이 과잉으로 인해 그것은 법이나 예측에서도 고갈될 수 없는데 ―, 그리고 묘사할 수 없는 것의 과잉은 ― 이 묘사불가능성으로 하여 그것은 규정될 수 있는 것을 벗어나는데 ―, 한 제도나 국가 안에서 (다른 제도나 국가와의 관계에서) 법률적 정치적 투쟁을 멀리하는 알리바이로 봉사해선 안 된다. 자기 자신 위에 세워져서 자신을 체념하고 포기하고 오직 허용하면서, 모든 예측이나 모든 계산을 거스르는, 정의를 희사喜捨하는 이념은 언제나 악에게, 그렇다. 가장 나쁜 것에 가장 근접해 있다. 왜냐하면 가장 뒤틀린 계산이 언제나 다시 정의를 자기 것으로 전취할 수 있기 때문이다. 이러한 가능성은 항상 지속한다. 그러므로 모든 예측이나 계산에 완전히 낯선 정의는 예측과 계산을 '명령한다.'[15]

위의 글에서 데리다가 강조하는 것은, 복잡하긴 하지만 결국에는 한 가지로 수렴될 수 있다. 즉 정의의 개념이 쉽게 묘사할 수 없는 것이라고 하여, 그래서 그 개념을 '희사'하는 것처럼 보인다고 하여, 이러한 잉여 부분이 "법률적 정치적 투쟁을 멀리하는 알리바이로 봉사해선 안 된다"는 사실이다. 정의의 이념은 "언제나 악에게, 그렇다, 가장 나쁜 것에 가장 근접해 있"기 때문이다. 그렇다는 것은 정의가 전혀 정의롭지 못한 수단에 의해 악용될 수도 있다는 것이고, 실제로 그렇게 악용되곤 한다는 뜻이다. "가장 뒤틀린 계산이 언제나 다시 정의를 자기 것으로 전취할 수 있기 때문이다."

정치적 관심과 이런 관심을 통한 정치적 정당성에 대한 환기는 이 때문에 절실하다. 우리는 정의와 관련된 법의 영역에 다시 주의해야 하고, 이 영역에서 일어나는 여타의 활동들 ― 정치경제적이고 윤리도덕적이며 사회적이고 철학적인 사안을 주시하지 않으면 안 된다. 그래서 계산 가능한 것과 계산 불가능한 것, 묘사할 수 있는 것과 묘사할 수 없는 것의 경계를 넘어서야 하고, 사적 영역과 공적 영역, 국가적인 것과 국제적인 것, 지방적인 것과 세계적인 것의 구분을 벗어나야 한다. 이렇게 넘어가면서 법의 근거를 다시 검토하고, 정의의 가능성을 새롭게 성찰해야 한다. 이런 검토와 성찰 자체는 기존질서에 대한 또 다른 식의 정치적 개입이 될 수도 있다. 데리다는 이때의 법을 넓은 의미에서 재해석하고자 한다. 말하자면 고대 그리스 로마 이래의 혹은 계몽주의 이래의 자연법적 해방이상을 지금 현실에 일어나는 이런저런 이슈와 관련하여 다시 생각하는 것이다. 해방투쟁이나 노예제 철폐와 같은 오래된 주제뿐만 아니라 과학연구의 군사적 이용이나 테러리즘·인질, 그리고 에이즈나 낙태·마약·안락사·노숙자 등 이른바 변두리적 주제와 관련하여 법과 정의의 문제도 생각하자고 그는 말한다.[16] 이 모든 것들은, 개별 종류는 다를지 언정 그것이 지배적 공준公準의 근거에 대한 재검토를 촉구한다는 점에서 하나로 만난다고 할 수 있다. 다시 말해 그것은 삶의 세계에 미시정치적이고 거시정치적으로 개입하도록 하는 것이다.

이런 시각을 통해 데리다는 벤야민의 「강제력 비판」이 단순히 법제도적 측면에 대한 비판에 그치는 것이 아니라 묘사나 재현, 언어나 상상력의 한계를 문제시하는 데로 이어지고, 다시 이렇게 재현되고 대표되는 심급審級인 정치체제에 대한 급진적 성찰을 담고 있다고 해석한다.('재현Repräsentation'이란 대상을 '다시 쓰며 제시하는' 예술의 활동이면서 민의를 '대변'하는 의회민주주의적 정치활동을 뜻하기도 한다.) 이러한 관점은 벤야민이 신적 강제력의 정의를 통해 신화로부터 벗어난 역사의 새로운 가능성을 염원하는 것인 만큼, 틀린 것이 아니다.[17] 재현한다는 것·매개한다는 것·기호화한다는 것·정보를 주고받는다는 것의 활동 속에 어떤 일이 오해되거나 어떤 사람이 희생되고, 누군가가 결정하듯이 어떤 다른 이는 그런 결정을 고통 속에 받아들여야 하는 것이기도 하기 때문이다. 언어적인 것과 현실적인 것, 정치적인 것과 비정치적인 것의 경계선은 반드시 그리 선명한 것은 아니다.

재현과 기호화의 상호주체적 관계 속에 이미 사회적 갈등과 정치적 오용의 가능성이 발생한다. 그리하여 악은 곳곳에서 생겨날 수 있다. 그러므로 우리는 재현과 묘사와 표현의 정치적 억압가능성을 문제시할 수 있어야 한다. 마치 옳음-정당성-법을 위한 항소의 과정이 무한하게 이어져야 하듯이, 정의를 위한 노력 역시 무한하게 이어져야 한다.[18] 그러나 이런 문제시는 단순히 정의로워지는 것을 통해서가 아니라 '정의에 대한 정의로움'을 통해 가능하다고 데리다는 여긴다.

> 사람은 정의에 대해 정의로워야 한다. 말하자면 정의에 귀 기울이고 정의를 읽고 정의를 해석한다는 의미에서, 정의가 어디에서 오는지 정의가 우리에게 무엇을 원하는지를 이해하고자 시도한다는 의미에서, 정의가 특별한 언어나 어구 그리고 표현 속에서 우리에게 덮쳐온다는 사실을 안다는 의미에서, 정의가 우선 일어나야 한다. (…중략…) 우리는 이러한 정의가, 보편성에 대한 정의의 요구와 상관없이 혹은 바로 이런 요구 때문에, 다양하게 특별한 것으로, 다른 사람들의 특이성으로 향해야 한다는 사실을 알아야 한다. (…중략…)
>
> 기억에 대한 책임은 책임의 개념 자체에 대한 책임이고, 이 책임개념이

우리 자신의 행동방식과 우리의 이론적 실천적 윤리정치적 결정의 정의로움과 적절성을 규정한다.[19]

"정의에 대해 정의로워야 하고", "책임의 개념 자체에 대해 책임져야 한다"는 것은 무슨 뜻인가? 그것은 정의가 내세우는 혹은 정의라는 말을 담고 있는 "특별한 언어나 어구 그리고 표현"이 어떤 의미를 가지는지, 그것이 "어디에서 오"고 "무엇을 원하는지" 제대로 "읽"고, "해석"하고 "이해"하며 "귀 기울이"는 것을 뜻한다. 그리고 이렇게 주의하고 이해하고 해석하는 가운데 정의가 염두에 두는 "다양하게 특별한 것"에, 이 특별한 것에 내재된 그 무수한 개체적 단일성에 충실히 한다는 뜻이다. 이것이 데리다가 강조하는바—'책임의 개념 자체에 대해 책임지는' 일이다.

그러므로 정의로워진다는 것, 책임을 진다는 것은 단순히 정의를 선언하거나 밝히거나 설명하거나 설파하는 데 그치는 것이 아니다. 그것은 정의라는 말이 행해지는 삶의 테두리, 그 유래와 지향을 동시에 헤아린다는 일이다. 그것은 달리 말해, 삶의 사소한 일상에 충실해진다는 뜻이기도 하다. 생활에 충실해진다는 것은 단순히 '열심히 산다'는 뜻이 아니라, 이렇게 사는 일과 사는 방식을 꼼꼼하고도 철저하게 성찰한다는 뜻이다. 그것은 또 다른 식으로 말하자면, 주의注意하는 일이다. 주의란 세부적 경험에 무감각하지 않는 데서 생긴다. 주의와 민감성은 주어진 규정을 상투적으로 확인하는 데 그치는 것이 아니라 이 규정적 협애성을 넘어 좀 더 나은 것—옳고 선한 것을 언제나 새롭게 요구하는 것으로 이어진다. 삶을 채우는 무수한 비대칭—개념적 규범적 이론적 가치적 불균형에 대한 문제제기는, 그리고 이런 문제제기를 통한 기존관념의 재검토는 이런 식으로 이뤄진다.

정의란 더 옳고 더 선하고 더 아름다운 것에 대한 감각이고 의지라고 한다면, 이 진선미의 영역은 이미 실현된 것 이상으로 아직 실현되지 않은 것이고 그만큼 타자적 영역에 자리한다. 그러니까 결국 정의란 타자성에 대한 주의이자 이해이고 해석이자 소화다. 정의에 대해 정의롭고, 책임개념에 대해 책임지는 일도 이 타자성과의 관계를 '비타자적非他者的으로 전환시키는' 데 있다. 비타자적 전환이란 주체적 독립적 자립적 전환이다. 그것은 현재적 충일성 속에서 미래의 가능성에 열려있는 일이다. 더 나아가자. 정의 개념이 그렇듯이, 이 정의의 개념과 연결된 여러 다른 개념들 — 올바름 · 결정 · 판단 · 선 · 고유성 · 의도 · 주체 · 공동체 등의 개념도 이런 식으로 재검토될 수 있다. 기존의 모든 가치와 척도를 타자성의 관점 아래에서 부단히 재검토하는 일, 이것이야말로 정의에 대해 정의롭고 책임개념에 대하여 책임을 지는 일이다.

정의란 과거에 이미 온 것이 아니라 지금 오고 있고 앞으로 올 것이다. 그것은 벌써 실현된 것이 아니라 아직 실현되지 않은 것이고, 그래서 약속의 미래적 형태에 가깝다. 그리고 바로 그 때문에 그것은 신의 모습을 닮아있다. (레비나스에게 정의란 무한성이고 성스러움에 상응한다.) 그러므로 어떤 중단-유보-분쇄-단절-해체는 정의를 위해 불가피하다. 이런 중단에서 부당한 연속성을 방해하는 어떤 변화와 이런 변화를 위한 결정, 그리고 이런 결정하의 새로운 시작이 가능하기 때문이다.

3. 차연적 오염—해석적 저항

하나의 텍스트를 읽는다는 것은 무엇인가? 읽고 느끼고 생각하며 해석한다는 것은, 그리고 이렇게 해석한 것을 다시 쓴다는 것은 무슨 뜻인가? 그것은 내가 타인의 텍스트 속으로 들어가 그의 생각과 삶을 더듬고 그 세계를 이해하면서, 이렇게 이해한 나의 언어로 새로운 의미를 만든다는 것이다. 타자의 경험 속에서 나는 나의 세계와 현실의 세계를 새롭게 경험한다. 새로운 경험내용, 이것이 곧 새로운 의미다. 의미의 지평은 나와 세계의 관계가 기존과는 다른 식으로 조직되면서 열린다. 이 표현된 세계에는 나뿐만 아니라 타자도 참여한다. 해석은 이미 나의 언어를 통해 타인의 세계로 나아가는 것이고, 이 타인의 언어를 이해하고 그와 충돌하며 그에 개입하고 그와 뒤섞이는 가운데 새로운 삶의 가능성을 창출하는 일이다. 해석은 자기경험과 타자경험을 뒤섞고, 자기관계와 세계관계를 매개한다.

여기에서 순수한 의미 — 절대적으로 확정된 의미체계는 상정되기 어렵다. 의미의 질서는 많은 경우 순수성만큼이나 불순성도 포함하거나 이 불순성과 이웃한다. 법제정도 의미체계화의 일종이라면, 이것 역시 예외는 아니다. 모든 법정립적 시도에는 새로운 의미와 더불어 기존의 의미도 얼마간 뒤섞이는 까닭이다. 이것을 데리다는 '법에 있는 썩은 무엇'이라는 벤야민의 구절과 관련시키면서, "차연적 오염différantielle Kontamination"이라고 부른다.[20]

법률적이건 법률 이외의 것이건, 모든 기초와 바탕을 마련하는 행위는 깨끗하기 어렵다. 국가의 창설이건 기관의 설립이건 아니면 이념의 정립이건 간에, 이 모든 강제력을 만들고 보존하는 데는 불순한, 그래서 범죄적인 일이 개입한다. 왜냐하면 새로 세워진다고 하는 것에는 이전부터 전해져온 것들 — 허락됐으나 검증되지는 않은 것들이 포함되어 있고, 이전의 것을 보존하는 데는 다시 검토되어야 하는 것들이 섞여 있기 때문이다. 그리하여 순수한 의미의 법제정은 없다. 그렇듯이 순수한 의미의 법보존도 있기 어렵다. 이것을 벤야민은 "법의 썩은 것"이라고 불렀고, 데리다는 "차연적 오염"이라고 지칭했다. 그것이 오염인 것은 어떤 창립과 토대의 시도에도 불순한 것이 개재되기 때문이고, 그것이 '차연적인' 것은 제정(정립)과 유지(보존)가 착종된 채로 무한하게 반복되기 때문이다. 그리하여 순수한 대립을 얻기 위한 모든 노력은 무력화된다.(이것은 1차적으로 법 개념에 적용되는 것이지만, 넓게 보면 철학적 개념정립이나 담론일반의 성격에도 타당하다고 볼 수 있다. 예를 들어 선과 악, 안과 밖, 진실과 거짓, 내면과 외면 등과 같은 이항대립항들은 대체로 하나의 허구적이고 인위적인 구성물일 뿐이다.) 벤야민 역시 이런 절대적 구분이 견지될 수 없음을 잘 알고 있었다. 의미는 정립과 유지, 설정과 보존을 끊임없이 반복하는 가운데 서로를 오염시키고, 그래서 각자 부식된 채로 만들어진다. 해석은 이렇게 오염되고 부패한 의미의 황무지를 오가면서 불완전하게 행해지는 것이다.

그러므로 의미의 정립과 보존은 완전히 분리될 수 없다. 그것은 서로 교차되고 어울린 채 서로가 서로를 부식시키고 퇴락시키면서 일어난다. 이렇게 뒤섞이면서 하나의 기준이나 원칙 혹은 목표에 어긋나는 것은 점차 배제되고 축출되며 억압된다. 불법과 무법의 범죄가 일어나는 것이다. 그러므로 모든 해석은 일정한 오염을 감수하면서 시도되는, 어떤 차이에 도달하기 위한 혹은 차이의 권리를 획득하기 위한 노력이라고 할 수 있다. 그것은 기존의 의미체계에 대한 거부이고 부정이며 해체이고 파업이다. "모든 해석이 그 자체에 파업이자 파업권을 가진다면, 그것은 마찬가지로 전쟁과 논쟁polemos을 품는 것이기도 하다."[21] 모든 해석에는 파업적 논쟁적 계기가 있다. 그것은 이미 있는 심급 — 의미와 판결과 제도의 기성적 권위를 인정하지 않는다. 그 점에서 해석은 무엇을 일으키고 세우며 짓고 또 만든다. 해석은 그 자체로 하나의 수행적인 힘인 것이다. 그것은 이미 있는 힘이 아니라 새로운 힘 — 새로 만들어진 혹은 새로 만들어지고 있는, 아니 새로 만들고자 하는 힘이다.

이런 해체적 해석을 법과 정의에 적용시키면 어떻게 될까? 법이 해체될 수 있는 것이라면 정의는 해체될 수 없다. 법의 가능성이 기존의 제도적 틀 안에서 예측될 수 있는 것인 반면에, 정의의 가능성은 제도 밖으로 열려있기 때문이다. 제도 밖으로 열려진 것, 그래서 기존의 질서를 넘어서는 영역은 무한하다. 그것은 예측하거나 규정하거나 계산할 수 없다. 그러나 예측불가능한 정의도 법 자체의 부단한 해체를 시도하면서, 이렇게 해체된 법 개념을 통해 기존의 권위를 문제 삼으면서 지금까지와는 다르게 파악될 수 있다. 해체적 해석을 통해 만나는 무한한 타자성의 한 자락이 이미 정의의 흔적을 담기 때문이다. (데리다와 관련하여 '정의의 잉여성과 미래성'을, 레비나스와 관련하여 '정의의 무한성과 타자성'을 앞에서 다룬 적이 있다.) 참된 정의는 늘 타자의 정의이고 무한한 정의다. 그것은 늘 기존의 틀로 범주화되지 않은 잉여의 부분으로 남아있다.

그러므로 정의롭다는 것은 결국 타자에게 열려 있다는 뜻이다. 이렇게 열림으로써 기존의 자기 정체성을 넘어서고, 이렇게 넘어서서 이 정체성의 협소함과 빈약함을 헤아린다는 뜻이다. 그리하여 그것은 자기정체성을 해체하거나 해체할 준비가 되어있다. 해체 속에서 우리는 이미 있는 개념적 규범적 가치론적 도구의 토대와 한계, 그 근거와 근원을 되물을 수 있다. 기존의 안락함과 안정, 균형과 조화를 훼방하고 교란시키는 것은 이런 물음을 통해서다. 그러니 해체가 조화보다는 부조화로 기울어지고, 대칭보다는 비대칭을 선호하는 것은 당연한지도 모른다. 정의의 무한한 가능성에 비한다면, 기성의 법제도란 얼마나 협소한 것인가? 공식적 규범이란 비공식적 자유의 가능성에 비한다면 얼마나 초라하고 답답한 것인가? 기존의 규범제도 안에서 그 밖으로 탐색해간다는 것은 지속되는 가치의 중단 없이는 불가능하다. 그래서 그것은 유보이고 중단이며 단절이자 부정이 된다. 이와 관련하여 데리다는 현상학적 '판단중지epoché'를 말한다.[22] 이 중단으로 말미암아 기존의 연속성은 파괴되고, 어떤 부적절하고 불편한 타자성의 경험에서 새로운 것 — 정치적 법률적 도덕적 인식론적 변화가 시작된다. 기존의 법제도를 넘어서는 새로운 질서의 혁명적 쇄신가능성이 타진되는 것이다. 사실 법의 기나긴 역사는 새로운 법의 제정과 유지를 반복하는 가운데 위태롭게 구성되어 온 것이다.

법은 언제나 새롭게 제정되는 것이면서(이 점에서 혁명적이다), 그 자체로 기존의 체계를 고수하려고 한다(이 점에서 보수적이다). 여기에 비하여 정의는 이미 있었던 것의 확인이라기보다는 아직 오지 않은 것의 구상이고 실현되지 않는 것의 열망이며, 미지에 대한 꿈이고 이뤄지지 않은 것에 대한 약속에 가깝다(이 점에서 신학적이다). 그러나 정의의 약속은 지금 여기에 작용하고 있고(이 점에서 경험적이다), 그러면서도 현재의 현실을 넘어 미래의 시간을 향해 열려있다(이 점에서 초월적이다). 이처럼 법의 가시적 영역이란 정의의 비가시적 영역에 비해 여러 가지로 제약되어 있다. 그리고 이러한 제약이 법적 정당성 자체의 근본적 결정불가능성 —'화해 불가능한 모순'을 야기하는 것이다. 그러므로 정의란 그것이 해체적 여지를 허용하는 한, 그래서 스스로 재검토를 할 준비가 되어 있는 한, 비로소 정의로울 수 있다. 오직 미래만이 정의의 정당한 자리를 보증할 수 있는 것이다.

흥미로운 것은 법과 정의의 역설적 구조나 권위 / 강제력의 신화적 근거를 데리다가 해체적으로 독해하면서, 그 대상인 벤야민의 텍스트 자체가 '유령적'이라고 생각할 뿐만 아니라(첫 번째) 이 유령적 성격을 자기의 텍스트 안에서도, 그러니까 자신의 글쓰기를 통해 적용시킨다는(두 번째) 사실이다. 첫 번째 부분과 관련지어 말하자면 이렇다. 벤야민은 강제력을 법 제정적 차원과 법 보존적 차원을 구분하면서도 동시에 구분하지 않는다고 데리다는 적는다. 특히 경찰의 강제력은 "어디에서도 파악할 수 없는, 곳곳에 퍼져있는 유령적 현상처럼 형태도 없는" 것이라고 벤야민은 적었다.[23] 사실 「강제력 비판」에서 언급되는 많은 주제는, 법질서든 강제력이든 혹은 법문제든 결정할 수 있는 것이면서 결정할 수 없고, 규정할 수 있는 것이면서 규정할 수 없다. 그래서 그는 법의 '설정Setzung, position' 이상으로 법의 '탈설정Ent-setzung, Aus-setzung, ex-position, de-position'을 말하고 있다.

법의 탈설정이란 법의 설정을 벗어나는 것이고 부인하는 것이다. 그래서 그것은 법의 부재를 전제한다. 그리하여 「강제력 비판」은 없는 강제력에 대한 유령 같은 비판의 텍스트가 된다. 데리다는 이 점을 포착한다. "이 텍스트는 자신을 파괴하고 자신을 전염시키며 스스로 오염되면서 자기 자신의 유령이 된다." "자신의 타당성을 요구하고 스스로 유지하기 위해 근원은 근원적으로 반복되고 왜곡되지 않을 수 없다."[24]

여기서 유령적 성격은 이중적으로 나타난다. 즉 법과 정의, 신화적 강제력과 신적 강제력에 대한 벤야민의 논의에서 유령적 현상이 강조될 뿐만 아니라, 이 벤야민의 논의를 해석하는 데리다의 글에서도 유령적 성격이 나타난다. 유령적 현상이 갖는 의미는 양가적이다. 유령적 현상은 한편으로 의미의 갈등을 유발하여 이해를 어렵게 만드는 것이기 때문에 부정적이지만, 다른 한편으로 그 애매성으로 인해 자유로운 해석과 글쓰기가 가능해지기 때문에 긍정적이다. 타자에의 개방성이 지닌 윤리성과, 이 윤리성 위에 자리한 정의의 무한성을 떠올리는 것은 이런 해석적 개방성 덕분일 것이다. 그러니까 해체적 글쓰기는 해체적 해석력에 힘입은 결과다(이것이 두 번째 부분이다). 그러므로 유령적 포착불가능성은 법철학적 문제를 넘어 언어와 의미, 해석과 표현의 문제이고, 더 나아가면 삶 일반의 문제가 된다. 현실이 의미론적 위기를 피할 수 없는 한, 그래서 위기의 이 순환회로로부터 벗어날 수 없는 한, 유령적 현상은 삶에 불가피하다. 무기력은 이런 불가피성에 대한 심정적 반응이다. 「강제력 비판」 역시 1920년대의 폭력적 현실위기에서 나온 것이 자명하다.

이제 남은 것은 무엇인가? 이 점은 세 가지로 정리된다.

첫째, 삶의 유령적 현상에 대해서다. 언어든 의미든 해석이든 표현이든 아니면 법제도거나 정의든, 우리는 삶의 유령적 현상과 좀 더 적극적으로 대결할 필요가 있다. 그것을 선악이나 진위의 이분법으로 분류하거나 단정하는 데 만족하는 것이 아니라, 현실과 인간과 사물과 세계와 언어의 근본적 속성으로 간주하며 그와 능동적으로 만나 충돌하고 그에 응전해야 한다. 삶은 그 자체로 '근원조차도 그저 근원적으로 반복될 뿐인' 엄청난 역설과 아이러니로 차 있기 때문이다.

둘째, 근원부재의 이 보편적 유령화 앞에서 우리 자신의 언어와 사유, 감각과 표현과 글 자체를 해체적으로 재구성할 필요가 있다. 그러려면 감각과 사유와 언어가 한층 더 탄력적이어야 하고 다차원적이며 복합적이어야 한다. 스스로 유령일 수 있음을 부정하거나 외면하지 않아야 하고, 유령적 존재로서의 언어와 사유를 냉정하게 대상적으로 성찰할 수 있어야 한다. 이런 해체적 재구성은 데리다가 보여주듯이, 정의의 한 차원을 여는 일이기도 하다.

셋째, 결국 이것은 벤야민적 맥락에서는 모두 법의 신화적 불법적 불합리적 근거를 문제시하고, 정의의 무한성을 성찰하는 데로 이어진다. 데리다가 썼듯이, 우리는 '정의에 대해 정의로워야' 한다. 그러려면 법의 제도적 차원과 그 밖을 동시에 생각할 수 있어야 하고, 이미 있는 정의와 앞으로 되어야 할 정의를 고려할 수 있어야 한다. 말하자면, 정의의 근본적 무한성과 타자성을 성찰할 수 있어야 한다. 문학예술과 비평 그리고 철학은 바로 이 타자와의 유령적 만남을 회피하지 않는다.

법과 정의는 역설적으로 관계한다. 법은 그 자체로 정의로운 게 아니다. 정당하다면 그것은 여러 조건과 유보 아래에서 그렇다. 이것은 법의 정당성이 부분적이라는 것, 그 때문에 법 이외의 것으로 보완될 필요가 있음을 뜻한다. 데리다식으로 말하자면 해석적 오염이 필요한 것이다. 정의의 개념은 법제도적 협소함을 반성하기 위해 요구된다. 법이 제도적 틀 안에 제한되어 있는 반면, 정의는 무한하게 열려 있기 때문이다. 적어도 벤야민과 데리다 그리고 레비나스의 정의에 대한 관점은 그렇다. 이 무한한 개방성 속에서 정의는 참으로 정의롭다. 그러는 한 그것은 완성된 형식이 아니라 완성되어야 할 형식 — 앞으로 부단히 조직되고 성찰되며 갱신되고 구축되어야 할 것으로 남는다. 법의 화해 불가능한 대립은 정의의 이 무한한 갱신가능성으로 하여 어느 정도 해소될 수 있을 것이다. 정의란 말의 엄격한 의미에서, 현재의 정의가 아니라 미래의 정의인 까닭이다.

우리는 무한한 정의의 개념 속에서 권위의 신화적 근거를 문제시하면서 기존과는 다른 삶의 질서를 만들 수 있을 지도 모른다. 단순히 기성의 규범과 기준을 반복하거나 추종하는 것이 아니라 그것의 제약과 한계를 고쳐 나감으로써 좀 더 인간적이고 비폭력적인 세계의 가능성을 탐색할 수 있을 것이다. 이러한 탐색은 이미 있는 경계를 넘어선다. 기존의 영역 안에서, 그러나 이 영역이 제공하는 의미를 넘어 새로운 지평을 구성하는 일은 그 자체로 옳은 일일 수 있다. 이런 점에서 "정의란 불가능한 것의 경험"이라는 데리다의 언급은 동의할 만하다.[25] 오직 불가능한 타자와 만날 때, 유령 같은 현실과 만나고자 할 때, 인간의 정의는 비로소 정의로울 수 있다.

서약과 '동지애-공포'[1]

사르트르의 사유를 중심으로

변광배

1. 들어가며

이 글의 주된 내용은 일상생활에서 우리가 드물지 않게 접하는 '서약serment'[2] 행위에 주목하고, 이 행위의 의미를 20세기 프랑스를 대표하는 철학자 · 작가 · 지식인인 사르트르J.-P. Sartre(1905~1980)의 관점에서 살펴보는 것이다.[3] 보다 구체적으로는, 사르트르의 후기 사상이 집대성된 『변증법적 이성비판*Critique de la raison dialectique*』을 중심으로 다양한 서약 행위의 기저에는 '동지애-공포Fraternité-Terreur'라는 일종의 '폭력'이 놓여 있다는 사실을 규명하고, 나아가 사르트르의 문학작품에 나타나는 서약의 한 예를 분석한다. 이를 바탕으로 사르트르의 공동체에 대한 논의에 주목하게 될 것이다.

루소J.-J. Rousseau의 이름을 거론하지 않더라도 우리들 각자가 타인들과 맺는 인간관계 대부분이 '계약contrat'에 기초하고 있다는 것은 상식이다. 하지만 우리의 일상생활에는 계약 말고도 각자의 인간관계 정립에 관해 두드러지지 않는 행위를 목격할 수 있다. 바로 '서약'이 그것이다. 주위를 한 번 둘러보자. 우리들 각자는 부지불식간에 다음과 같은 수많은 서약의 당사자가 되어 있음을 알 수 있다. 사랑서약・혼인서약・순결서약・출산서약・금연서약・체벌금지서약・기부서약・신앙서약・반부패청렴서약・침묵서약・무소유서약・인터넷보안서약・빈그릇 운동실천서약・사제서약・충성서약・녹색실천서약・좋은 아빠되기서약・대통령선서・국회의원선서・증인선서・선수선서 등등. 이처럼 서약은 원하든 원하지 않든 우리들 각자의 일상생활에 깊이 파고들어 있다.

이와 관련하여 인간은 살아가는 동안 백만 번 이상의 서약을 한다는 한 무명 시인의 말은, 과장되기는 하지만 한 번쯤 경청할 만하다. 물론 계약에 비해 서약이 우리 각자의 인간관계 정립에서 차지하는 비중은 그다지 크지 않을 수도 있다. 하지만 서약을 바탕으로 맺어지는 인간관계가 계약에 의해 맺어지는 그것보다 더 중요한 경우도 없지 않은 것으로 보인다. 그런데 이처럼 우리들 각자의 일상생활의 일부를 차지하고 있는 것으로 여겨지는 서약이 무엇인지, 이 행위의 기저에는 폭력이 놓여 있는데, 이때 이 폭력의 의미는 무엇인지 등에 대해 자문해 본 적이 있는가? 아니 그보다 서약 행위의 기저에 폭력이 놓여 있다는 사실 자체를 생각이나 해본 적이 있는가? 이 글은 이와 같은 아주 사소한 질문에서 출발한다.

2. 서약 이전

1) 구조적 · 역사적 인간학

사르트르의 삶과 사상은 2차 세계대전을 기점으로 크게 두 부분으로 나뉜다. 사르트르는 "내 인생에서 가장 뚜렷하게 볼 수 있는 것, 그것은 거의 완전히 분리된 두 시기의 단절이 있었다는 것이다. 두 번째 시기에 있는 나로서는 첫 번째 시기의 나 자신을 몰라볼 정도다. 그런데 그 두 기간이란 전쟁의 전과 후다"라고 말하고 있다.[4] 사르트르의 사유 체계 속 서약은 『변증법적 이성비판』에서 중점적으로 다루어지고 있다. 실제로 사르트르의 전기 사상을 대표하는 『존재와 무*L'Etre et le néant*』에서는 서약 개념은 물론이거니와 역사 형성 주체로서의 개인, 집단 개념은 전혀 다루어지지 않고 있다.[5] 역사 형성 주체로서의 개인과 집단 개념이 탈색된 인간과 세계와의 존재론적 관계, 그리고 인간들 사이의 존재론적 관계가 『존재와 무』에서 현상학의 시각으로[6] 기술記述되고 있다는 것은 널리 알려진 사실이다. 그리고 이와 같은 사실은 사르트르가 『구토*La Nausée*』의 제사題詞로 인용하고 있는 다음과 같은 문장을 통해 잘 드러난다. "그는 공동체로 봐서는 별로 중요하지 않은 한 개인에 불과할 따름이다."[7]

하지만 사르트르의 이와 같은 태도는 1939년 그가 2차 세계대전에 동원되는 것을 계기로 급격하게 변하게 된다. 전쟁 중에 포로가 되어 포로수용소 생활을 직접 경험했던 사르트르는 인간을 사회와 역사의 지평 속에 자리 잡고 있는 구체적이고 현실적인 존재로 바라보게 된다. 그러니까 인간은 그를 에워싼 '물질적 환경'이라는 조건, 그보다 먼저 살았던 인간들이 이룩한 '역사'라는 조건, 그리고 그가 현재 몸담고 있는 '사회'라는 조건을 고려하면서 이해해야 한다는 입장을 취한다. 보부아르는 이와 같은 사르트르의 태도 변화를 그의 생애에서 발생한 "결정적 전환conversion décisive"[8] 으로 부른다.

이 결정적 전환 이후 사르트르의 인간 이해 방향은 『존재와 무』에서 이른바 3H, 즉 헤겔 · 후설 · 하이데거에게 의존했던 것과는 달리, 『변증법적 이성비판』에서는 마르크스와 프로이트에게 주로 의존하게 된다. 그리고 인간 · 집단 · 역사의 이해를 위한 마르크스와 프로이트의 사유를 바탕으로 사르트르는 그만의 고유한 "전진-후진 방법méthode progressive-régressive"[9] 을 고안하게 되고, 이를 토대로 자신들의 '실천praxis'에서 물질적 조건의 제한을 받고 있는 개인들, 이들에 의해 구성되는 집단들, 그리고 이 개인들과 집단들에 의해 이루어지는 역사의 의미에 대한 총체적 이해가능성intelligibilité 등의 문제를 검토한다. 사르트르는 이와 같은 검토를 칸트의 한 저서 제목을 패러디하면서 "모든 미래 인간학에 대한 서론Prolégomènes à toute anthropologie future"[10] 에 해당되는 작업이라고 규정하고, 또한 이렇게 정립될 인간학을 "구조적 · 역사적 인간학anthropologie structurelle et historique"[11] 이라고 명명한다.

이 글의 핵심 주제인 서약과 이를 바탕으로 형성되는 "서약집단groupe assermenté"[12] 이 나타나는 것은 『변증법적 이성비판』에서 시도되고 있는 이와 같은 구조적 · 역사적 인간학의 정립 과정에서다. 사르트르는 이 저서에서 역사 형성의 주체인 개인들에 의해 형성되는 집단으로 특히 두 형태에 주목한다. "집렬체série"와 "융화집단groupe en fusion"[13]이 그것이다. 실제로 사르트르는 이 두 형태 가운데 어느 것이 시간적으로 먼저 존재하는가를 결정하는 것은 불가능하다고 본다. 다만 『변증법적 이성비판』에서는 논지 전개의 편의상 집렬체에서 융화집단으로의 이행 과정을 먼저 기술하고 있다. 그렇다면 집렬체에서 융화집단으로의 이행은 어떤 과정을 거쳐 이루어지는가? 아니, 그 보다도 먼저 집렬체는 무엇이고 융화집단은 무엇인가? 서약이 나타나는 자리를 확인하고 그 의미를 포착하기 위해서는 먼저 이 두 형태의 집단이 어떤 집단인지를 알아야 할 것이다. 왜냐하면 사르트르는 서약을 바탕으로 형성되는 서약집단은 융화집단에 이어 나타나는 것으로 보고 있기 때문이다.

2) 집렬체에서 융화집단으로

사르트르는 『변증법적 이성비판』에서 집렬체를 설명하기 위해 "버스 정류장에서 버스를 기다리고 있는 사람들"[14]의 예를 들고 있다. 사르트르에 의하면 집렬체의 특징은 그 구성원들 사이의 관계가 '이타성altérité'[15]에 의해 지배되며, 그 결과 이들 사이의 관계는 갈등과 대립으로 귀착될 수밖에 없는 것으로 이해된다. 그렇다면 그 이유는 무엇인가? 이 물음에 답을 하기 위해서는 『변증법적 이성비판』 전체를 가로지르는 핵심 개념인 "실천적 타성태pratico-inerte"에 주목할 필요가 있다. '실천praxis'이라는 단어에서 파생된 'prtaico-'와 '무기력inertie'의 의미를 가진 단어에서 온 'inerte'라는 단어의 합성어인 이 개념은 사르트르의 구조적 · 역사적 인간학에서 가장 중요한 개념이라고 해도 과언이 아닐 것이다.

사르트르는 『존재와 무』에서 인간을 "즉자-대자l'en-soi-pour-soi"의 결합을 실현하고자 하는 욕망, 곧 "신神이 되고자 하는 욕망"[16]으로 정의하고 있다. 주지하다시피 사르트르는 이와 같은 인간의 욕망은 실현 불가능하다고 보며, 따라서 인간의 역사는 모두 "실패échec"[17]라고 본다. 정확히 이런 의미에서, 사르트르에 의하면 인간은 "무용한 수난passion inutile"[18]으로 규정된다. 하지만 『변증법적 이성비판』에서 인간은 이와는 전혀 다른 시각으로 이해된다. 사르트르는 이제 인간을 생물학적 "욕구besoin"의 주체로 정의한다.[19] 그러니까 인간은 땅에 발을 딛고 사는 살과 뼈를 가진 존재로 여겨진다. 따라서 인간은 "비존재non-être"[20]의 상태로 떨어지지 않기 위해 자기 주위의 물질세계에 의존해야 하는 수동적 존재일 수밖에 없다. 하지만 인간은 물질세계와의 관계에서 수동적 입장에만 머무르지 않는다. 인간은 자신을 에워싼 물질세계로부터 자신의 필요를 충족시키는 과정에서 '실천'의 주체로 정의된다. 즉 이 세계에 "지금까지 존재하지 않았던 것ce qui n'a pas encore été"[21]을 나타나게끔 하는 주체로 정의된다. 요컨대 사르트르의 인간학에서 인간은 "실천적 유기체organisme pratique"[22]로 이해된다.

그런데 사르트르는 실천적 유기체인 인간의 실천이 이루어지는 물질세계, 곧 "실천의 장champ pratique"의 특징으로 "희소성rareté"과 "다수의 인간들pluralité des hommes"의 존재라는 두 가지 "우연적이고 필연적 사실fait contingent et inéluctable"을 지적한다.[23] 그런데 이 두 가지 사실은 벌써 사르트르의 인간학에서 인간들 사이의 관계가 "인간"과 "반反인간contrehomme"의 관계,[24] 곧 갈등과 대립으로 귀착될 수밖에 없다는 사실을 내다보게 한다. 물론 그 과정은 그리 단순하지 않다. 왜냐하면 사르트르는 희소성에 의해 매개되는 인간들의 관계가 갈등과 대립을 낳는다는 면에서 부정적이지만, 이 희소성에 대항하면서 이들이 힘을 합치고 하나로 뭉쳐 집단을 형성할 수도 있다는 면에서 긍정적이라고 보기 때문이다.[25] 또한 사르트르는 역사를 인간들의 희소성 극복을 위한 노력과 연속되는 투쟁으로 보기도 한다.[26]

『변증법적 이성비판』을 관통하는 핵심 개념인 '실천적 타성태'가 나타나는 것은 바로 이 희소성 극복을 위한 인간들의 노력과 투쟁의 과정에서다. 실제로 이 개념은 인간들이 지금까지 지구상에서 희소성에 맞서 투쟁을 계속해왔음에도 불구하고 이들 사이의 갈등과 대립이 아직까지 완전히 청산되지 못한 근본적 이유를 설명해줄 수 있는 것이기도 하다. 그리고 이 개념은 집렬체의 형성과도 밀접한 관련이 있는 것으로 보인다. 하지만 『변증법적 이성비판』에서 이 실천적 타성태 개념에 대해 명확한 정의는 내려지지 않고 있다. 따라서 이 저서에 여기저기 산재된 여러 단서들을 통해 이 개념의 정의를 유도하는 수밖에 없다.

위에서 인간은 자신의 생물학적 필요를 충족시키면서 '지금까지 존재하지 않았던 것'을 이 세계에 오게끔 하는 실천의 주체라는 사실을 지적했다. 그런데 이 '지금까지 존재하지 않았던 것'은 '가공된 물질matière ouvrée'과 동의어라고 할 수 있다. 그도 그럴 것이 인간은 자신의 필요를 충족시키면서 이 세계에 존재하는 '물질'에 자신의 '주체성'을 투사하여 그것을 '가공'하기 때문이다. 위에서 인간이 자신의 필요를 충족시키는 물질세계, 곧 실천의 장은 희소성에 의해 지배되고, 인간들은 자신들의 실천을 통해 이 희소성에 맞서 투쟁한다는 사실 역시 지적했다. 따라서 이들의 실천을 통해 이 세계에 출현하게 된 것, 곧 가공된 물질은 희소성을 극복하고 이에 따라 희소성에 의해 매개된 인간들 사이의 관계가 갈등과 대립에서 벗어나게끔 하는 데 기여를 해야 할 것이다. 바꿔 말해 가공된 물질의 기능은 이것을 매개로 맺어지는 인간들 사이의 관계를 갈등·대립과 반대되는 방향으로 유도하는 순기능적이어야 할 것이다.[27]

하지만 사르트르에 의하면 가공된 물질은 오히려 그것을 이 세계에 오게끔 한 장본인인 인간에게 적대적 요소로 작용한다. 이 가공된 물질은 미래에 행해질 이 인간의 실천을 조건 짓고 제약하는 요소, 곧 그의 새로운 실천을 방해하는 요소가 될 수 있다는 것이다. 사르트르는 이처럼 인간 실천의 결과물인 가공된 물질이 이 인간에게 내보이는 "반목적성contre-finalité", "반실천anti-praxis"을 "실천적 타성태"로 규정한다.[28] 그리고 이 실천적 타성태를 내보이는 가공된 물질에 의해 매개된 인간들 사이의 관계는 "집렬체화sérialisation"되는 것으로 이해된다. 또한 이렇게 집렬체화된 인간들이 구성하는 집단이 '집렬체'인데, 이 집렬체 안에서 그 구성원들은 실천적 타성태의 작용으로 인간적 삶을 누리는 부류와 그렇지 못한 부류로 나뉘게 되며, 나아가 이 두 부류에 속하는 자들 사이의 갈등과 대립이 극에 달할 경우 이 집렬체는 융화집단으로 바뀌는 과정을 밟는다는 것이 사르트르의 견해다.

먼저 실천적 타성태로 작용하는 가공된 물질에 의해 매개된 인간들의 관계가 집렬체화되는 과정을 보자. 이를 위해 버스 정류장에서 버스를 기다리는 승객들의 예를 자세히 들여다보자. 이 예에서 먼저 지적할 수 있는 것은 바로 이 '버스'가 시간과 공간의 희소성에 맞설 목적으로 인간이 고안한 가공된 물질에 해당한다는 점이다. 또한 이 버스는 어김없이 그 이용자들에게 실천적 타성태를 내보인다. 버스를 기다리는 모든 승객들의 행동이 이 버스에 의해 제약된다는 것이 그 증거다. 버스의 정원은 한정되어 있다. 따라서 이 버스의 정원보다 늦게 온 사람들은 이 버스를 이용할 수 없고, 다른 버스나 다른 운송 수단을 이용해야 할 것이다.

그런데 이처럼 정원이 한정되어 있는 이 버스를 매개로 맺어지는 승객들 사이의 관계는 갈등과 대립으로 이어질 수 있다. 그 내력은 이렇다. 실제로 이 승객들 사이에는 성별, 신분, 나이 등을 기준으로 보면 아무런 공통점도 없다. 이와는 달리 이들은 서로 구별되고 고립되어 아무런 관계도 맺지 않은 상태에 있는 개인들일 뿐이다. 하지만 우연이긴 하지만 같은 시간, 같은 장소에서 버스를 기다린다는 면에서 보면 이들의 입장은 완전히 동일하다. 다시 말해 각자는 다른 사람에게서 '자기soi'와 같은 '자기'를 본다. 그러나 이들 각자의 자기는 버스를 기준으로 보면 완전히 다른 자기, 곧 '이타성'을 가진 자기일 따름이다. 왜냐하면 버스의 정원으로 인해 이 승객들은 서로 완전히 "교환 가능한interchangeable"[29] 자들이기 때문이다. 사르트르는 이처럼 가공된 물질이 내보이는 실천적 타성태에 의해 나타난 이타성으로 이들 사이의 관계가 단순히 병렬적 집단을 형성하는 과정을 '집렬체화'로 보며, 그 결과 형성된 이들의 집단을 '집렬체'로 규정한다.

그런데 이처럼 버스를 기다리고 있는 승객들 각자의 주위에 그와 교환 가능한 관계에 있으며, 따라서 이타성을 가진 다른 승객들이 많이 있다는 사실은 이들의 관계가 궁극적으로는 대립과 갈등으로 이어질 수 있다는 것을 의미한다. 그 까닭은 이렇다. 버스를 기다리는 승객들의 수에 비례해 이들 각자는 더욱더 잉여적excédentaire이 되기 때문이다.[30] 물론 버스 승객들 사이에 당장 갈등과 대립이 발생하는 것은 아니다. 하지만 지나치게 많은 사람이 탄 이른바 '지옥철'이라든가, 피난 열차나 피난 보트에 오르기 위해 목숨을 건 경쟁을 벌이는 사람들의 모습은 어김없이 가공된 물질(버스, 열차, 보트, 지하철 등)이 내보이는 실천적 타성태에 의해 나타난 이타성으로 서로가 서로의 삶을 위협하는 전형에 해당한다고 하겠다.

위에서 가공된 물질이 내보이는 실천적 타성태 작용으로 인해 한 사회의 구성원들이 사람다운 삶을 영위하지 못하는 부류(무산계급)와 그 반대되는 부류(유산계급)로 나뉜다는 사실을 지적한 바 있다. 그런데 이번에는 이 두 부류 사이의 관계가 극단적 투쟁, 곧 '계급투쟁'으로 발전할 수도 있다는 것이 사르트르의 견해다. 사르트르는 이 과정을 "요구exigence", "이해관계intérêt", "운명destin" 등과 같은 개념에 의지해 기술한다.

먼저 사르트르는 '요구'를 가공된 물질('기계machine'가 그 한 예이다)이 발하는 일종의 "정언명령impératif catégorique"[31]으로 이해한다. 하나의 기계는 그것이 어떤 것이든 간에 이 기계와 관계를 맺는 사람(특히 소유자)을 "모종의 행동이 기대되는 자comme celui dont une certaine conduite est attendue"[32]로 여기게 된다. 그러니까 이 기계는 소유자에게 어떤 행동을 기대하고 요구한다는 것이다. 그렇다면 그 내용은 무엇인가? 이 물음에 대한 사르트르의 답은 의외로 간단하다. 그 답은 기계 그 자체의 증식에 대한 기대와 요구다. 또한 기계 소유자는 이 기대와 요구에 반드시 응해야 한다. 이것은 기계가 발하는 '정언명령'에 반드시 복종해야 하는 것을 의미한다. 사르트르의 사유 체계에서 이는 달리 진행될 수 없다. 왜냐하면 이 소유자는 자신의 소유대상이 되는 이 기계에서 그 자신의 '이해관계'를 보기 때문이다. 그 결과 하나의 기계가 그 소유자에게 기대하고 요구하는 이 기계 자체의 증식은 그 소유자 자신의 존재 증가로 이어지게 된다. 그 까닭은 무엇인가?

이 물음에 답을 하기 위해 『존재와 무』로 다시 돌아갈 필요가 있다.[33] 왜냐하면 사르트르에게서 "함Faire", "가짐Avoir", "있음Être"이 서로 무관하지 않은 것으로 이해되기 때문이다.[34] 다시 말해 인간은 자신의 행동을 통해 만들어내는 것을 소유하게 되고, 또 이렇게 해서 소유하는 것은 그 자신의 있음과 같은 것으로 여겨진다.[35] 그 까닭은 사르트르의 사유에서 인간은 자기가 만드는 것에 자신의 '주체성'을 투사하기 때문이다. 정확히 이런 이유로 인간 실존의 "세 범주catégorie" 사이에는 "이중의 환원réduction", 즉 '함'의 범주에서 '가짐'의 범주에로의 환원과 '가짐'의 범주에서 '있음'의 범주에로의 환원이 이루어진다는 것이 사르트르의 주장이다.[36]

『변증법적 이성비판』에서도 이 '이중의 환원' 논리가 그대로 적용되는 것으로 보인다. 한 인간에 의해 만들어진 기계는 그 자체 내에 이 인간의 "내면성intériorité"[37]을 담게 되고, 그 결과 이 기계는 이 '인간의 분신alter ego'의 지위를 확보하게 된다. 그러니까 이 인간과 이 기계는 이미 분리되지 않는 하나다. 그렇기 때문에 이 기계가 이 인간에게 기대하는 행동, 곧 그에게 하는 그 자체의 증식 요구는 결국 이 인간의 존재론적 힘의 증가 요구와 동의어다. 또한 그렇기 때문에 이 인간은 그 기계에서 유래하는 증식의 요구에 응하지 않을 수가 없다. 또한 사르트르는 이 기계에 종사하는 사람(예컨대 노동자) 역시 이 기계에서 자신의 '이해관계'를 본다고 주장한다.[38] 다만 이 노동자의 이해관계는 기계 소유자의 그것과 정반대된다. 사르트르는 이를 노동자의 "반反이해관계contre-intérêt"로 규정하고, 이를 그의 '운명'이라고 부른다.[39]

하지만 인간과 그의 실천을 통해 이 세계에 나타난 기계를 둘러싸고 나타나는 요구·이해관계·운명에 대한 사르트르의 논의는 개인적 차원에 국한되지 않는다. 이 세 개념이 "일반성généralité"[40]을 갖는다는 것이 사르트르의 생각이다. 이 세 개념이 특정 개인에게만 해당되는 것이 아니라 "비슷한 부류의 불특정 다수nombre indéterminé des exemplaires semblables"[41]에게도 해당된다는 것이다. 사르트르의 이런 생각을 끝까지 밀고나가게 되면 다음과 같은 결론에 도달한다. 즉 한 사회, 한 나라에서 만들어진 대부분의 가공된 물질을 소유한 부류의 사람들(유산계급에 속하는 자들)과 그렇지 못한 부류의 사람들(무산계급에 속하는 자들) 사이의 관계는 집단적 투쟁으로 귀착될 수밖에 없다는 결론이다. 사르트르는 바로 거기에서 '계급투쟁'의 기원을 찾는다. 특히 실천적 타성태의 작용으로 두 번째 부류에 속한 사람들의 생사가 문제되는 상황, 또는 이들이 "불가능한 삶을 사는 것이 더 이상 불가능한 상황"[42]에 이르게 되면, 이들은 자신들을 그런 상태에 이르게 한 자들과 전면적 투쟁을 감행하게 된다고 사르트르는 본다. '혁명'의 발발 순간이 바로 그때다.[43] 사르트르는 정확히 이 순간에 '집렬체'가 '융화집단'으로 이행한다고 주장한다.[44]

3. 서약의 순간

1) 융화집단에서 서약집단으로

사르트르는 『변증법적 이성비판』에서 융화집단의 한 예로 프랑스 대혁명 당시 바스티유Bastille 감옥을 공격하는 파리 시민들의 모습을 든다.[45] 이 시민들의 모습과 위에서 보았던 버스를 기다리는 승객들의 모습 사이에는 근본적 차이가 있다. 물론 파리 시민들도 버스 승객들과 마찬가지로 서로가 서로에게서 '자기'를 보며, 따라서 그들의 위상은 상호교환적이기는 하다. 하지만 바스티유 감옥을 공격하는 파리 시민들의 경우에는 서로에게 결코 잉여적이지 않다. 다시 말해 이들의 관계는 이타성과는 무관하다. 이들은 '나-너'의 구별이 없는 "우리Nous"의 구성원이라는 것이 사르트르의 주장이다.[46] 따라서 이 '우리'의 내부에서 '나-너'의 관계는 "완벽한 상호성réciprocité parfaite" 위에 정립된다. 그리고 이 '우리'로 상징되는 융화집단은 "편재성ubiquité"의 세계가 된다.[47] '나-너'가 동일하며, 따라서 '내'가 지금, 여기 있는 것은 '네'가 지금, 저기 있는 것과 동일하기 때문이다. 그렇기 때문에 융화집단에서 그 구성원이 늘어나는 것은 이 집단이 갖는 힘의 증가로 나타난다.[48] 이는 버스를 기다리는 승객들의 숫자가 늘어나게 되면 오히려 갈등과 대립의 발생 가능성이 커지는 것과 대조되는 결과다. 요컨대 '우리'로 상징되는 이 융화집단의 형성은 인간들 사이의 관계가 완벽한 상호성 위에서 맺어지는 그런 세계, 즉 사르트르가 평생 꿈꿔왔던 갈등과 대립, 나아가서는 폭력이 배제된 그런 집단의 출현과 같은 의미를 갖는다고 하겠다.

하지만 이와 같은 융화집단의 출현에는 다음과 같은 두 가지 중요한 문제가 따른다. 첫 번째 문제는 이 융화집단의 존재 권리는 그 구성원들이 정확히 하나의 공동 목표를 위해 행동하는 순간에만 보장될 수 있다는 것이다. 사르트르는 융화집단의 형성 순간을 "묵시록Apocalypse"적[49] 순간으로 여긴다. 그런데 이 순간은 전적으로 이 집단의 공동 실천이 이루어지는 때와 같다는 것이다. 이는 곧 이 집단이 계속해서 어떻게 같은 상태를 유지하면서 존속할 수 있는가의 문제가 가장 중요하다는 것을 내다보게 한다. 두 번째 문제는 이 융화집단의 출현은 다음과 같은 두 가지 형태의 폭력과 무관하지 않다는 점이다. 이른바 "기존폭력violence déja existante"과 이 폭력을 극복하기 위해 사용되는 폭력, 곧 "대항폭력contre-violence"이 그것이다. 여기에서 '기존폭력'은 집렬체적 삶, 즉 실천적 타성태로 인해 한 사회의 구성원들 가운데 인간적 삶을 누리지 못하는 부류의 사람들이 겪는 폭력이고, 이와 같은 폭력에서 벗어나기 위해 이들이 동원하는 극단적 수단이 바로 '대항폭력'에 해당한다.

그런데 서약과 관련된 문제는 바로 위에서 지적한 융화집단의 존속 문제와 무관하지 않다. 사르트르는 이 융화집단의 출현 이후 이 집단은 "반성réflexion"[50]의 시간을 갖게 된다고 본다. 바스티유 감옥을 공격했던 파리 시민들의 경우를 다시 보자. 이들은 힘을 합쳐 하나가 되어 융화집단을 형성하여 자신들이 원했던 공동 목표를 달성했다. 하지만 적敵은 언제 세력을 회복하여 반격을 해올지 모른다. 격렬했던 적과의 싸움에서 융화집단을 형성했던 파리 시민들은 이제 지쳐 그들 사이의 결속도가 현저하게 떨어지는 상황이 발생할 수도 있다. 사르트르는 이와 같은 우려를 그들 사이의 관계에 '이타성'이 다시 나타날 수 있는 가능성으로 여긴다.[51] 그러니까 파리 시민들이 이루었던 융화집단은 다시 이 집단 이전의 상태, 곧 집렬체의 상태로 되돌아갈 수도 있다. 이는 다시 인간다운 삶을 살지 못하는 상태로의 회귀와 같은 의미를 갖는다. 따라서 문제는 이 융화집단의 구성원들이 자신들의 손으로 형성했던 집단을 와해시키고 다시 과거와 같은 집렬체로 되돌아가는 것을 막는 조치를 강구해야만 하는 상황에 봉착해 있다는 것이다. 사르트르에 의하면 정확히 그 순간에 강구되는 조치가 바로 '서약'이다. 그리고 이 서약과 더불어 융화집단은 '서약집단'으로 이행한다.[52]

2) 서약의 의미 –'동지애–공포'

사르트르에 의하면 서약은 융화집단의 구성원들이 자신들의 결속을 계속해서 유지하기 위해 생각해낸 "실천적 고안invention pratique"[53]으로 정의된다. 그런데 서약은 언어 차원에서 이루어지는 다짐으로만 국한되지 않는다. 사르트르에 의하면 서약은 융화집단의 구성원들 가운데 한 명('나'라고 하자)이 이 집단에 해를 가하는 행동을 하는 경우 그 자신을 다른 구성원들 앞에서 이 집단의 이름으로 처벌해도 좋다는 내용의 다짐으로 이해된다.[54] 또한 이와 같은 다짐은 "상호적"이다.[55] 왜냐하면 '내'가 다른 구성원들 앞에서 집단의 이름으로 하는 서약이 진정한 의미를 갖기 위해서는 다른 구성원들이 집단에 해를 끼치는 행위를 할 때 '나' 역시 그들을 집단의 이름으로 처벌할 수 있어야 하기 때문이다. 하지만 문제는 '나' 또는 다른 구성원들이 서약을 어길 경우 서약 위반자를 처벌할 수 있는 힘의 존재다. 그렇다면 이 힘은 어디에서 오는가? 이 물음에 대한 답은 사르트르의 공동체 논의에서 대단히 중요한 의미를 담고 있다. 왜냐하면 정확히 거기에서 이른바 '권력'이 유래하기 때문이다.

그런데 서약집단 구성원들 모두가 이 집단의 이름으로 하는 서약에는 이 서약에 참여하는 자들 모두의 '자유'를 이 집단에 저당 잡히는 행위가 포함된다는 것이 사르트르의 주장이다.[56] 이는 사르트르의 사유체계에서 인간이 스스로 자신의 자유를 제한하는 극히 드문 경우에 해당한다.[57] 아무튼 사르트르에 따르면 융화집단 구성원들 전체가 서약을 하면서 자신들의 자유를 집단으로 이름으로 제한할 수 있는 권리를 위임하는 행위를 통해 이른바 "강제력force coercitive"이 발생한다.[58] 그리고 이처럼 서약집단의 구성원들 전체가 자발적으로 위임한 강제력을 통해 서약 위반자에게 적용할 수 있는 처벌의 토대가 마련된다.

그러나 서약을 바탕으로 형성되는 서약집단에서도 문제는 여전히 '폭력'이다. 방금 서약은 서약집단 구성원들 중 이 집단에 해를 끼치는 서약 위반자에 대한 처벌권의 자발적이자 상호적인 인정이라는 의미를 포함하고 있다고 했다. 그런데 서약 위반자에게 가해지는 이 처벌은 무엇인가? 그것은 결국 '폭력'의 사용과 같은 것이다. 정확히 이 단계에서 사르트르의 그 유명한 "동지애-공포"[59] 개념이 나타난다. 실제로 융화집단은 '우리'의 세계이고, 따라서 '우리'를 구성하는 이 집단의 구성원들 모두는 완벽한 상호성 위에서 이상적 인간관계를 맺고 있는 '동지들'이자 '형제들'이다.[60] 하지만 이들이 계속해서 '동지애'를 유지할 수 있기 위해서는 반드시 이 동지애를 저버리는 자를 처벌할 수 있는 장치가 마련되어야 할 것이다. 그러니까 서약 위반자를 처벌한다는 또 하나의 폭력 수단을 강구되어야 할 필요성이 제기되는 것이다. 이것이 바로 '공포'다.

물론 이 공포의 기능은 "방어적defensive"이라고 할 수 있다. 서약 위반자를 처벌하는 '작은 폭력'의 사용으로 융화집단·서약집단의 모든 구성원들이 그 이전 단계인 집렬체에서 겪었던 폭력, 곧 그들 가운데 일부로 하여금 다시 인간적 삶을 누리지 못하게 하는 '더 큰 폭력'의 도래를 사전에 방지하는 것이다.[61] 어쨌든 서약집단 형성의 토대가 되는 서약 행위의 기저에는 '폭력', 보다 구체적으로는 '동지애-공포'가 놓여 있다고 사르트르는 말한다. 그리고 우리들 각자의 일상생활에서 접하게 되는 모든 서약 행위에는 정확히 이와 같은 '동지애-공포'가 포함되어 있다.

3) 서약 이후

사르트르는 서약 위에 형성되는 서약집단은 그 다음 단계에서 "조직화된 집단groupe organisé"으로, 또 이 조직화된 집단은 다시 "제도화된 집단groupe institutionnalisé"으로 이행한다고 본다.[62] 이와 같은 이행의 근본적 원인은 전적으로 집단 유지다. 집단 구성원들 각자는 시간의 흐름에 따라 여러 분야에서 점차 전문적 역할을 한다. 비극적인 것은 그 과정에서 그들 각자는 과거에 자신들의 관계를 갈등과 대립으로 유도했던 '이타성'을 다시 이 집단에 재도입하게 된다는 것이다. 왜냐하면 그들이 내세운 집단 유지라는 목표는 결국 그들 각자가 맡는 역할의 실질적 필요성과 효율성에 좌우되기 때문이다. 사르트르는 조직화된 집단의 예로 하나의 '축구팀'을 제시한다.[63] 사르트르에 의하면 이 축구팀이 다른 팀과의 경기에서 승리를 거둔다는 공동 목표를 달성하기 위해서는 선수들 각자가 자기 위치에서 최대한의 능력을 발휘해야 한다. 그런데 이것은 이 선수들이 융화집단 이전의 단계인 집렬체에서 볼 수 있었던 '이타성'이 다시 자기들 사이에 나타나는 것을 받아들이는 것과 동의어다.[64]

또한 '조직화된 집단'도 '제도화된 집단'으로 이행하게 된다고 사르트르는 주장한다.[65] 조직화된 집단에 속하는 각각의 구성원들은 점차 자기 위치에서 자신들의 능력을 최고로 발휘하면서 이른바 '전문가'가 될 수 있다. 이렇게 되면 다른 사람이 이들 각자의 역할을 대신 수행한다는 것은 불가능하다. 다시 말해 이들 각자는 이제 대치불가능한 자들로 변모된다. 사르트르에 의하면 이와 같은 상황은 집렬체를 관통하는 '이타성'이 극대화되는 것과 동의어다. 정확히 이 단계에서 '조직화된 집단'은 '제도화된 집단'으로 이행한다. 사르트르는 '국가'를 제도화된 집단으로 여긴다. 국가의 주인은 국민이지만, 국가의 권력은 국가 제도를 운영하는 자들의 수중에 떨어진다. 그 결과 대부분 국민은 일상생활에서 집렬체적 삶을 다시 살게 된다. 국가 제도의 실천적 타성태의 작용으로 인해 이 제도를 운영하는 자들, 즉 국가 권력을 장악한

자들과의 갈등과 대립이 불가피한 삶을 다시 영위할 수밖에 없는 상황에 처하게 된다. 이런 상황이 악화되어 국민 대부분의 삶이 견딜 수 없을 정도로 열악해지면 그들이 다시 단결해 융화집단을 이루고, 이 융화집단은 또 다시 서약집단·조직화된 집단·제도화된 집단의 정해진 수순을 밟아간다는 것이 사르트르의 주장이다. 이와 같은 집렬체에서 융화집단으로의 이행, 그리고 이 융화집단에서 집렬체로의 재이행, 그러니까 이 두 집단 사이에 발생하는 "재집단화와 석화石化의 끊임없는 운동mouvement perpétuel de regroupement et de pétrification"[66]이 바로 사르트르가 『변증법적 이성비판』에서 제시하는 역사의 법칙이라고 할 수 있다.

4) 서약의 예

위에서 서약 행위의 기저에 놓여 있는 것은 결국 '동지애-공포'라고 하는 폭력이라는 사실을 지적했다. 사르트르는 이와 같은 의미를 가진 서약 행위에 대해 이론적으로만 기술하는 것으로 그치지 않고 자신의 문학작품을 통해 이 행위를 여러 차례에 걸쳐 형상화하고 있다.[67] 여기서는 이와 관련하여 사르트르의 미완성 4부작 소설 『자유의 길*Les Chemins de la liberté*』 마지막 부분[68]에 해당하는 「마지막 기회La Dernière chance」를 보고자 한다. 그 이유는 『자유의 길』의 중심인물인 마티외Mathieu가 갑자기 사라졌다가 이 「마지막 기회」 다시 등장하면서 과거와는 전혀 다른 모습을 보여주는 한편, 그 모습이 서약 행위와 무관하지 않은 것으로 보이기 때문이다. 실제로 마티외는 『자유의 길』의 제1부 『철들 무렵』과

제2부 『유예』에서 중심인물로 등장하다가 제3부 『상심』의 중간 부분에서 갑작스럽게 사라지고 만다.[69] 그리고 그 뒤 그의 이름은 딱 한 번 등장하지만, 제4부 『야릇한 우정Drôle d'amitié』에 이르기까지 종적을 감춘다. 그러다가 「마지막 기회」에서 전격적으로 작품의 무대에 다시 등장하게 된다. 하지만 마티외는 과거와는 확연히 다른 모습이다.

「마지막 기회」에 전격적으로 다시 등장하기 전의 마티외는 저자인 사르트르 자신의 분신이라고 할 수 있는 인물이다. 부르주아 출신 철학교수, 인간의 자유와 무용성을 주장하는 자, 마르셀[70]과 모든 것을 털어놓고 지내는 자,[71] 스페인 내전 참전과 공산당 가입 등을 놓고 직접 참여하지 못하고 고민만 하는 지식인 등의 모습이 그러하다. 그러다가 마티외는 2차 세계대전에 동원되고, 적과의 교전 과정에서 실신하여 사라진 후 자취를 감췄다가 「마지막 기회」에서 지금까지와는 전혀 다른 모습으로 등장한다. 이는 2차 세계대전을 계기로 완전히 다른 모습으로 탈바꿈한 사르트르 자신의 모습을 그대로 보여준다고 할 수 있다. 여하튼 한 가지 분명한 것은, 「마지막 기회」에서 마티외가 독일군 포로수용소에서 프랑스 병사들을 비밀리에 탈출시키는 '비밀조직'의 '우두머리' 역할을 맡고 있다는 사실이다.

그런데 쉽게 짐작할 수 있는 일이지만, 독일군 포로수용소에서 프랑스 병사들을 탈출시키는 비밀조직의 생명은 철저한 비밀 보장일 것이다. 하지만 지금 마티외의 지휘하에서 활동하고 있는 이 비밀조직은 발각될 위험에 처해 있다. 그것은 프랑스 국적을 가진 물뤼Moulû라는 이름의 병사 때문이다. 물뤼는 "금색 필터 담배"[72]를 독일군에게서 얻어 피우기 위해 이 비밀조직의 활동을 파악하여 고자질하려는 생각을 가지고 있다. 하지만 평소에 물뤼를 의심하고 그의 행동을 감시해왔던 이 비밀조직의 대원들은 결국 그를 살해해 화장실에 처넣고 만다.[73] 물론 「마지막 기회」에서 이 모든 사건은, 마티외의 오랜 친구였으며 『철들 무렵』과 『유예』에서 공산당에 가입하여 정치적으로 참여한 브뤼네Brunet라는 또 한 명의 중심인물과의 관계 속에서 이루어진다. 그러니까 브뤼네는 2차 세계대전 전에 나약한 작가, 지식인에 불과했던 마티외가 과거와는 완전히 다른 모습으로 변했다는 것을 물뤼 살해 사건을 통해 확인하고 있다.

어쨌든 물뤼 살해 사건에서 주목하고자 하는 것은 그의 죽음이 위에서 보았던 서약 행위에 해당한다는 것이다. 물론 「마지막 기회」에서 포로들을 탈출시키는 비밀조직 대원들이 서약을 하는 장면은 직접적으로 나타나고 있지 않다. 하지만 이 비밀조직 대원들 사이에는 암묵적으로나마 서약이 행해졌으며,[74] 그 서약 내용은 당연히 이 조직 활동의 비밀 보장에 목숨을 건 다짐이었을 것이다. 포로수용소와 같이 적군의 감시가 심한 곳에서 비밀리에 포로들을 탈출시키는 것은 비밀조직 대원들 모두의 목숨이 걸린 위험하기 그지없는 활동이다. 따라서 이 대원들 모두는 융화집단의 상태에 있으며, 따라서 이 상태를 끝까지 유지하기 위해 서로가 서로에게 이 집단의 이름으로 서약을 했을 것이라는 점은 의심의 여지가 없다. 물론 「마지막 기회」에서 물뤼는 이 비밀조직에 직접적으로 속해있지 않은 것으로 그려지고 있다. 하지만 물뤼 역시 이 비밀조직의 일원이라고 해도 무방할 것이다. 왜냐하면 그 역시 독일군의 포로가 된 몸이라는 사실은 부정할 수 없을 것이기 때문이다. 이와 같은 상황을 모두 고려하면 마티외의 통솔하에 물뤼가 살해된 것은 정확히 포로를 탈출시키는 비밀조직의 이름으로 서약 위반자에게 가해진 처벌, 곧 '동지애-공포'에 해당한다고 하겠다.

4. 나가며

지금까지 사르트르의 『변증법적 이성비판』을 중심으로 서약 행위의 의미와 그 예를 살펴보았다. 위에서 지적한 대로 서약은 인간관계의 정립에서 계약에 비해 그다지 커다란 비중을 차지하고 있는 행위는 아니다. 하지만 서약을 바탕으로 맺어지는 인간관계는 계약을 바탕으로 맺어지는 인간관계에 비해 훨씬 더 중요한 의미를 갖는 경우도 없지 않다고 할 수 있다. 이는 정확히 서약 행위의 기저에 놓여 있는 처벌 때문이다. 서약은 결코 언어적 차원의 다짐에서 그치지 않으며, 항상 서약 위반자를 처벌할 수 있는 강제력과 그 강제력의 직접적 적용, 곧 '동지애-공포'를 전제로 한다. 그리고 이와 같은 처벌은 상호적이다. 다시 말해 서약집단의 구성원 한 명에게 해당되는 모든 것은 다른 구성원들에게 예외 없이 그대로 적용된다.

하지만 문제는 서약 행위의 기저에 놓여 있는 '동지애-공포'가 '폭력'의 일종이라는 점이다. 아무리 서약집단 구성원들의 '동지애'를 담보로 한다고 해도 이 '동지애-공포'가 '폭력'인 것은 부인할 수 없다. 그렇다면 문제는 공동체의 형성에서 '폭력'에 의존하지 않는 경우는 없겠는가 하는 것이다. 다시 말해 이상적 융화집단의 형성 이후 그것의 지속적 존속을 가능하게 하는 장치는 무엇이겠는가 하는 것이다. 이와 관련하여 한 가지 흥미로운 것은 사르트르가 글쓰기 예술, 곧 문학을 통한 이상적 공동체의 실현을 겨냥했다는 점이다. 사르트르는 이를 트로츠키의 용어를 빌려 "항구적 혁명révolution permanente"으로 규정한다. 하지만 이 경우 문제는 이 항구적 혁명의 시기 결정이라고 할 수 있다. 사르트르는 또한 이와 같은 문학을 통한 이상적 공동체의 형성의 한 계기로 극작품 공연을 예로 들고 있다. 하지만 이 경우에도 문제는 여전히 "지속 가능한가durable"이다. 이러한 상황에서 우리는 과연 어떤 공동체에서 우리 모두의 이상과 현실을 조화시키면서 살아가야 하는가? 사르트르는 지난 세기에 걸쳐 서약 문제를 통해 이와 같은 숙제거리를 던져주고 있다고 하겠다.

3부

사회에 떠오른 폭력을 담아내다

작품에서 폭력 읽기

폭력의 심리적 메커니즘
데니스 간젤의 영화 〈디 벨레〉(2008)를 중심으로

대도시 두 남자의 이유 없는 결투
〈도시의 정글 속〉과 〈파이트 클럽〉

가해자 없는 피해자의 관점으로 소설 속의 폭력 읽기

폭력의 심리적 메커니즘[1]

데니스 간젤의 영화 〈디 벨레〉(2008)를 중심으로

곽정연

1. 들어가며

최근 학교 폭력과 학생 자살에 대한 보도를 자주 접하게 된다. 중고등학생들의 폭력 사건이 지속적으로 발생하고 있고, 학생들의 자살 혹은 사망이라는 극단적 결과까지 나타나고 있다. 2012년 한 해 동안에만 중고등학생 15명이 따돌림과 우울증으로 목숨을 끊었다고 한다. 이제 학교 폭력은 특수한 몇몇 학생에게만 해당되는 것이 아니라 거의 모든 청소년들이 자유로울 수 없을 만큼 만연해 있다. 최근 드라마 〈학교 2013〉과 다큐멘터리 〈학교의 눈물〉은 이러한 우리 현실을 사실적으로 보여주며 큰 호응을 얻었다.

이에 대한 대책으로 2004년에는 '학교폭력예방 및 대책에 관한 법률'이 제정됐다. 그러나 폐해는 더 심화되고 있고, 오히려 그 가해자와 피해자의 연령대는 점점 더 낮아지고 있어 대책의 한계를 보여주고 있다.

데니스 간젤Dennis Gansel의 영화 〈디 벨레Die Welle〉는, 1967년 미국 캘리포니아 주의 작은 도시 팔로알토Palo Alto에 위치한 커벌리 고등학교Cubberly Highschool의 역사 교사 론 존스Ron Jones가 학급에서 실제로 수행한 실험에 근거해 제작됐다. 존슨은 나치와 같은 독재정권이 어떻게 가능했는지를 학생들에게 설명하기 위해 공동체를 만들어 학생들이 직접 체험하게 만든다. 하지만 이 공동체 안에서 학생들이 위험스럽게 변하자 당초 2주 동안 진행하는 것으로 계획했던 실험을 5일째 되는 날 중단한다.[2] 이 경험을 존스는 1972년 『제3의 물결*The Third Wave*』이란 제목의 책으로 발간했고, 잡지에도 여러 차례 발표했다.[3] 그의 실험은 1981년 TV극으로 각색되어 방영됐고, 같은 해에 모튼 류Morton Rhue가 이 실험을 소재로 소설 『물결*The Wave*』을 발간했다.[4] 『물결』은 베스트셀러가 되어 수많은 나라의 언어로 옮겨졌고, 독일에서는 1984년에 번역됐다. 이 이야기는 연극의 소재로도 사용됐다. 이렇게 다양한 경로로 세상에 알려진 이 실험은 독재집단과 집단 속에서 형성되는 폭력에 대한 경각심을 불러일으키는 수업의 소재로 사용되고 있다.

나치정권을 경험한 독일에서 이 이야기에 대한 관심은 더욱 컸다. 소설은 독일학교에서 수업교재로 활용됐고, 1993년 존스는 독일 정부의 초청으로 독일에 와서 강제수용소를 견학하고 자신의 경험을 이야기했다. 데니스 간젤 감독은 영화 〈나폴라－지도자를 위한 엘리트Napola : Elite für den Führer〉(2004)에서 이미 나치정권에 관한 이야기를 다루었다. 그는 그동안 나치정권에 대한 다양한 계몽 작업이 이루어져왔음에도 불구하고 현재 독일에서 과연 이러한 독재집단의 형성이 가능할까라는 질문에 천착하여, 이 영화의 배경을 오늘날의 독일로 옮겨온다.[5] 감

JÜRGEN VOGEL
FREDERICK LAU
JENNIFER ULRICH
MAX RIEMELT
CHRISTIANE PAUL
DIE WELLE
OFFICIAL SELECTION 2008 SUNDANCE FILM FESTIVAL
EIN FILM VON DENNIS GANSEL
CONSTANTIN FILM CHRISTIAN BECKER PRODUKTION RAT PACK FILMPRODUCTION CONSTANTIN FILM PRODUKTION MEDIENFONDS GFP I KG B.A. PRODUKTION DENNIS GANSEL
JÜRGEN VOGEL FREDERICK LAU JENNIFER ULRICH MAX RIEMELT CHRISTIANE PAUL „DIE WELLE" ELYAS M'BAREK JACOB MATSCHENZ CRISTINA DO REGO MAXIMILIAN MAUFF MAXIMILIAN VOLLMAR FERDINAND SCHMIDT-MODROW
TIM OLIVER SCHULTZ AMELIE KIEFER FABIAN PREGER TINO MEWES ODINE JOHNE MAREN KROYMANN HUBERT MULZER JOHANNA GASTDORF TERESA HARDER ALEXANDER HELD THOMAS SARBACHER FRIEDERIKE WAGNER
TORSTEN BREUER FRANZISKA AIGNER-KUHN KNUT LOEWE IRINA TUBBECKE-BECHEM DORTE DIBKOWITZ IVANA MILOS UELI CHRISTEN HEIKO MAILE PATRICK VEIGEL ALEXANDER SAAL
TSCHANGIS CHAHROKH DIERK BECK VON ROHLAND AXEL VOGELMANN ULI FAUTH PATTY BARTH PETER SCHILLER DENNIS GANSEL PETER THORWARTH
WILLIAM RON JONES „THE WAVE" JOHNNY DAWKINS RON BIRNBACH MARTIN MOSZKOWICZ DAVID GROENEWOLD FRANZ KRAUS ANITA SCHNEIDER
NINA MAAG CHRISTIAN BECKER DENNIS GANSEL
medienboard
FFA
www.welle.film.de
Constantin Film

독은 그대로 이야기를 옮겨오는 것이 아니라 지금의 독일에서 이런 실험을 수행한다면 어떨까에 중점을 두어 인물과 대화, 그리고 이야기의 도입부와 마지막 부분을 현재 독일 상황에 어울리게 각색한다.

일주일 동안 진행된 학급 실험의 과정을 보여주는 〈디 벨레〉는 소설보다는 존슨의 생생한 증언에 바탕을 두고 만들어졌다. 존슨은 영화가 만들어지는 동안 조언을 하며 제작 과정에 참여했고, 이 영화가 지금까지 만들어진 어떤 다른 작품보다도 가장 사실에 부합한다고 밝혔다.[6] 따라서 이 영화는 실제 사건과는 다른 시공간에 적합하게 각색됐음에도 불구하고 소설보다는 좀 더 실화에 가깝게 제작됐다고 볼 수 있다. 〈디 벨레〉는 2008년 제58회 독일영화상에서 동상을 수상하고, 유럽영화제, 선댄스영화제 등 다양한 영화제에서 수상후보로 지명되어 작품성을 인정받았으며, 나치정권과 같은 독재 정권에 관한 수업자료로 유용하게 활용되고 있다.

독재집단을 체험하면서 학생들뿐만 아니라 교사도 변하여 집단에 속하지 않은 자들에게 폭력을 행사하게 되고, 결국 한 학생의 자살로 영화는 마감한다. 이 영화는 68세대 이후 반권위주의적, 자유주의적 교육을 받고 자란 독일청소년들도 파시즘적 집단 최면에 걸릴 수 있다는 사실을 보여주면서 독재정권이 언제 어디서든 반복될 수 있다는 것을 시사한다. 즉 독재정권의 생성과 여기서 파생되는 폭력이 인간의 근본적 본성과 연관되어 있다는 것을 알려준다.

필자는 독재집단 내에서 개인이 왜, 그리고 어떻게 변화하여 폭력을 행사하게 되는지를 프로이트 이론에 입각하여 심리적 메커니즘에 초점을 맞추어 분석하고자 한다.[7] 영화분석을 통해 폭력을 행사하는 인간

심리를 고찰하는 이 글이 우리 사회에 큰 문제로 대두되고 있는 학교 폭력에 대한 대책 마련에 단초를 제공할 수 있었으면 하는 바람이다.

2. 독재집단의 구성원 변화

1) 독재집단 만들기

프로젝트 주간에 교사 라이너 벵어Rainer Wenger는 독재Autokratie에 관한 수업을 담당하게 된다. 라이너는 독재를 한 개인이나 집단이 대중을 자의적으로 지배하는 것이라고 규정하고, 독재의 구성요소를 규율Disziplin, 공동체Gemeinschaft, 행동Handeln을 통한 권력Macht이라고 설명한다. 즉 집단의 구성원들은 규율을 지키고 결속하여 함께 행동하면서 권력을 획득한다는 것이다. 학생들은 충분히 파시즘에 대해 공론화된, 계몽된 독일에서는 독재정권이 다시 형성되지 않을 것이라고 하면서 독재에 관한 수업은 더 이상 필요하지 않다고 말한다. 교사는 과연 현재 독일이 이러한 독재정권의 위험성에서 벗어났는지를 실제로 단체를 만들어 실험할 것을 제안한다.

이러한 집단에는 지도자가 필요하다는 라이너의 설명에 따라 학생들은 선생님을 지도자로 정한다. 라이너는 지도자에게 존경심을 보여야 한다고 하면서, 지금처럼 그의 이름을 부르는 것이 아니라 벵어 씨라고 존칭을 사용하도록 한다. 토론을 하도록 그룹끼리 앉게 배치된 책상은 선생님을 향해 앞을 바라보게 옮겨지고, 교사가 지목을 하면 지금처럼 자유롭게 앉아서가 아니라 일어서서 의견을 말하도록 규율을 정한다. 공동체라는 것을 느끼면서 함께 돕도록 교사는 성적이 좋은 학생들과 나쁜 학생들을 함께 앉게 한다. 그리고 집단의 이름을 변화와 움직임을 상징하는 물결이라는 의미의 "벨레Welle"라고 정하고, 고유한 인사법과 로고와 홈페이지를 만들며, 청바지와 하얀 셔츠를 유니폼으로 정한다.

2) 구성원 사이의 유대감 형성

합의된 내용을 실천하면서 학생들은 점차 결속력을 느끼게 되고, 서로 돕게 된다. 하얀 셔츠가 없다는 카시Kaschi에게 경제적 여유가 있는 엔스Jens는 셔츠를 선물한다. 무정부주의를 표방하는 아나코Anarcho 집단에 속한 아이들에게 괴롭힘을 당하는 팀Tim을 봄버Bomber와 지난Sinan이 도와주고, 어려울 때 연락할 수 있도록 전화번호까지 준다. 그들은 특별수업 전에는 친구가 되고 싶어 그들에게 마약을 선물하면서 환심을 사려했던 팀을 무시했지만, 이제 한 단체의 구성원으로서 유대감을 느끼게 된 것이다.

프로이트는 성충동Sexualtrieb과 자기보존충동인 자아충동Ichtrieb을 인간의 원초적 충동으로 주장한 초기의 이론을 1920년경에 수정한다.[8] 프로이트는 성충동과 자아충동을 하나로 묶어 생물 개체를 보존하고 그것을 점점 큰 단위로 결합하려는 삶충동Lebenstrieb과 함께, 유기체를 해체하면서 원래의 무기물 상태로 돌려놓으려는 파괴를 추구하는 죽음충동 Todestrieb을 근원적 충동이라고 상정한다. 충동은 육체적인 것과 심리적인 것의 경계개념으로, 긴장을 생산하는 육체적 에너지에 의해 작동되지만 충동이 겨냥하는 목표와 대상은 심리적 메커니즘에 의해 결정된다. 충동 자체는 의식의 대상이 될 수 없고, 단지 충동을 대신하는 표상Vorstellung만이 의식의 대상이 될 수 있다.

집단에서의 개인심리에 관한 이론을 개진한 「집단심리학과 자아분석Massenpsychologie und Ich-Analyse」(1921)에서 프로이트는 집단 형성의 본질은 구성원들이 리비도적으로 결합하는 데 있다고 설명한다.[9] 리비도는 프로이트가 성충동의 기저에 있다고 가정한 에너지다. 집단에서는 성기의 결합을 목적으로 하는 관능적 사랑인 "성애genitale Liebe"보다 목적 달성이 금지된 사랑인 형제들 간의 사랑과 우정과 같은 "정애Zärtlichkeit"가 구성원들 사이의 항구적 유대를 만들어 내는 데 적합하다고 설명한다. 성애는 만족을 얻을 때마다 에너지를 상실하기 때문에 집단을 위해 충분한 에너지를 사용하지 못하게 하고, 둘만으로 만족하는 성애가 갖는 배타적 성격 때문에 사회적 단체의 결합에 불리하게 작용할 수 있다.[10] 그러나 목적 달성이 금지된 정애는 원래는 관능적 사랑이었고, 인간의 무의식 속에서는 여전히 관능적 사랑이다.[11] 즉 프로이트는 집단구성원끼리 느끼는 결속력과 소속감은 직접적 성충동의 만족을 대신할 수 있다고 본다.

무관심하고 냉담한 부모에게서 별다른 관심을 받지 못하고 학교에서는 외톨이였던 팀은 벨레에 소속된다는 것에 특히 열광한다. 유니폼이 정해지자 즉시 그는 비싼 브랜드 옷들을 태워버린다.

마르코Marco의 어머니는 젊은 남자와 삶을 즐기면서 자식에게는 관심이 없고, 그의 여자 친구 카로Karo는 그를 배려하지 않고 미래에 대한 계획을 세워 그를 불안하게 만든다. 그래서 외롭고 매사에 의욕이 없었던 마르코는 집단에 소속감을 가지게 되면서 열의를 보인다. 그는 벨레를 비판하는 여자친구에게 "왜냐하면 벨레는 나에게 의미가 있어. 공동체. 너는 아마도 그게 무엇인지 알거야. 너는 제대로 된 가족을 가지고 있지만 나는 아니야Die Welle bedeutet mir nämlich etwas. Gemeinschaft. Du kennst das vielleicht. Du hast 'ne heile Familie, ich nicht"(1'01'47)[12]라고 말하면서 외로운 그에게 벨레가 공동체에 소속되어 있다는 것을 느끼게 하고, 가족을 대체하는 역할을 하기 때문에 중요하다는 것을 알려준다. 구성원들과 리비도적으로 결합된 단체 안에서 각 구성원은 기꺼이 자신의 이익과 나르시시즘을 제한한다고 프로이트는 설명한다.[13] 마르코는 "다른 사람에게 의지할 수 있다면, 우린 더 많은 것을 이룰 수 있다. 그걸 위해서라면 나 자신을 스스로 희생할 준비가 되어 있다Wenn man sich auf andere verlassen kann, erreichen wir so viel mehr. Dafür bin ich bereit, mich selbst zurückzunehmen"(01'26'55)라는 벨레에 관한 글을 통해 단체를 위해 기꺼이 자신의 이익을 희생할 각오를 보인다.

똑똑하고 예쁜 친구 카로에게 가려져 있던 리자Lisa도 누가 제일 예쁘냐, 최고냐, 가장 성공했느냐는 더 이상 중요하지 않고 모두를 평등하게 만드는 벨레 안에서 자신감을 회복하면서 짝사랑하는 마르코와 가까워진다. 마르코는 벨레 안에서 그녀와 함께 행동하면서 그전에는 별다른 관심을 갖지 않았던 그녀에게 호감을 느끼고, 키스까지 하게 된다.

이렇게 학생들은 이성적 합의를 넘어서 감정적으로 결합하게 된다. 벨레 안에서 학생들 사이에 리비도적 결합이 생겨나 그들의 관계는 단순한 이해관계를 넘어서는 단계까지 확장되고 강화된다. 이러한 결합을 통해 인정받고, 사랑받고 싶은 욕구를 충족시키는 것이다.

3) 지도자와의 동일시

프로이트는 「집단심리학과 자아분석」에서 르봉Gustave Le Bon이 『군중심리*Psychologie des foules*』(1895)에서 묘사한 집단의 특성에 동의하며, 집단에서 구성원들은 지적능력이 저하되고 감정 억제력이 결여되어 극단적 행동을 하게 되며 정신적 미개인과 어린아이한테서나 볼 수 있는 초기 단계로 퇴행된 상태를 보여준다고 한다. 그리고 이어서 르봉이 정확하게 설명하지 못한 지도자의 역할에 관해 보완한다. 프로이트는 집단이 결합하는 데 있어 무엇보다 지도자와의 동일시가 중요하다고 밝힌다. 동일시는 타인과 감정적으로 결합하는 데 가장 초기 단계의 근원적 형식이다.[14] 프로이트는 아이가 어머니와의 둘만의 결합을 방해하는 아버지에게 적대감을 품지만, 거세공포 때문에 아버지와의 경쟁을 포기하고 아버지처럼 되고자 한다고 설명한다. 어머니와의 둘만의 세계에서 이를 방해하는 경쟁자 아버지를 발견하게 되면서 아버지를 미워하게 된다. 그러나 아이는 미워하지만 위협적인 아버지로부터 자신의 가장 소중한 것을 잃게 될 것을 두려워한다. 그래서 아이는 아버지와 경쟁하는 대신 아버지와 동일시한다. 아버지라는 대상을 자아 속에 받

아들이는 동일시는 어머니와의 리비도적 결합의 대용물이 된다.[15]

아이가 아버지에게 동일시되듯이 집단 안에서 구성원은 지도자에 대한 비판력을 잃게 되고, 지도자를 존경하고 이상화하면서 그와 동일시한다. 지도자가 위대하면 위대할수록 자신도 그만큼 위대해진다고 느끼게 된다. 그리고 이상화에 의해 만들어진 지도자에 대한 상으로 구성원들은 초자아 속에 공통분모를 만들게 된다. 구성원들은 개인의 자아 이상을 포기하고 그것을 지도자를 통해 구현된 "집단 이상Massenideal"으로 대치하여 공유하는 것이다.[16] 구성원들은 이러한 공통점을 바탕으로 다른 구성원들과 동일시하면서 리비도적으로 결합하게 된다고 프로이트는 설명한다. 이상화된 지도자는 이렇게 구성원들에게 나르시시즘적 만족감을 주고 서로 결속하게 만든다. 집단 안에서 개인의 개성은 사라지고 지도자와 함께 자기 자신도 이상화하게 되는 것이다. 이는 자신의 눈에 비친 타자의 완전함을 자신의 완전함이라고 여기는, 라캉이 말하는 상상계의 메커니즘으로도 설명될 수 있다.

모든 것이 허용됐기 때문에 지루하게 느껴졌던 일상에서 선생님이 부여하는 규율은 학생들에게 새롭고 흥미롭다. 첫 수업이 끝나고 팀은 선생님을 칭송하면서 수업에 대해 열의에 차 부모님에게 이야기한다. 카로도 수업에 모두 집중했고 학생들 사이에 기묘한 에너지가 느껴졌다고 하면서 새로운 경험을 이야기한다. 선생님에 대한 칭송과 수업에 대한 환호는 다른 학생들에게 전염되어 몇몇 학생들은 라이너의 반으로 옮기게 된다.

라이너는 학생들이 수업에 열성을 보이고 적극적으로 자신의 말을 실천에 옮기는 것을 보면서 보람을 느낀다. 청년시절 좌파대안운동권에서 활약한 경력이 있는 자유분방한 그는 반권위적 교사로서 학생들과 친구처럼 지내면서 인기가 있다. 하지만 보통 교사들과는 다르게 야간대학에서 정치학을 부전공으로 이수한 체육교사인 그는 남다른 행동방식으로 인해 동료선생님들로부터 따돌림을 당하면서 내면에 열등감을 갖고 있는 사람이다. 이러한 열등감을 집단에서 학생들의 숭배를 받는 지도자 역할을 하면서 보상받는다.

팀은 벨레와 적대관계에 있는 아나코로부터 선생님이 습격을 받을까 우려해 라이너의 집에 찾아와 그의 보디가드가 되겠다고 자청한다. 라이너가 이를 거절하고 집으로 돌려보내자, 팀은 스토커처럼 몰래 라이너의 집 밖에서 노숙을 하는 등 광기어린 집착을 보여준다. 팀은 가능하면 그의 우상이 된 선생님 곁에 있으면서 그와 같이 대접받고자 하는 것이다. 프롬은 자기 자신에게 긍지나 가치를 느낄 이유가 거의 없는 구성원들에게는 훌륭한 집단에 속해있다는 사실 자체만으로 자신의 가치를 상승시킬 수 있기 때문에 집단이 더 없이 중요하다고 설명한다.[17] 그동안 가족과 동료로부터 인정받지 못했던 팀에게 집단과 그 집단을 대표하는 선생님은 그가 지켜야 하는 가장 중요한 가치가 된다.

지금까지 각자 자기주장만 내세워 제대로 연습을 할 수 없었던 연극연습장도 규율과 질서가 지배하는 분위기로 바뀐다. 주인공 카로가 나타나지 않아 해체위기에 빠진 상황에서 동독 출신 학생 데니스Dennis는 연극부장으로서 나서서 지시를 하고, 학생들은 선생님의 말에 복종하듯이 그의 말을 따르게 된다. 그는 독단적으로 부원들의 배역도 다시 정한다. 프로이트는, 집단 안에서 구성원은 자신의 개성을 버리고 다른 구성원이 보내는 암시Suggestion의 영향을 받는다고 한다.[18] 이제 학생들은 벨레 안에서 자신의 의견을 주장하는 대신 지도자의 지시를 따르게 된다. 데니스는 실험이 시작되기 이전에 이미 공동체에 대한 자신의 갈망을 표현하고, 지금 세대에 공동 목표가 부재한 것에 대해서 한탄했다. 그에게 벨레는 다시금 헌신할 가치가 있는 의미와 이상을 제공하기 때문에 중요하다.(1'26'43)

지도자 아래서 공동의 이상을 가지고 결속하게 된 학생들은 자신들의 단체를 알리기 위해 밤에 모여 시내 여기저기에 벨레의 로고를 표시한다. 위험하기 때문에 모두가 말렸음에도 불구하고 팀은 공사 중인 시청사 꼭대기에 올라가 로고를 그려 넣는다. 지도자와 동일시하면서 자신을 이상화하게 된 팀은 자신을 과신하며 위험을 무시한다. 이러한 팀의 무모한 행동을 구성원들은 용감하다고 칭찬한다. 이제 구성원들은 합리적 판단력을 잃고, 극단으로 치닫게 된 것이다.

3. 폭력의 양상과 원인

1) 집단 밖의 사람들을 향한 폭력

지도자 그리고 다른 구성원들과 동일시하면서 리비도적으로 결속된 구성원들은 집단 안에서 공동의 이상을 가지고 자신들을 이상화한다. 그리고 집단에 속한 사람과 속하지 않은 사람을 구분하고 집단에 속하지 않은 사람들을 배타적으로 대하게 된다.

카로는 새로 정한 유니폼이 어울리지 않아 혼자 붉은 색 티셔츠를 입고 등교한다. 규율을 지키지 않은 카로가 의견을 말하려고 손을 들자 선생님은 그녀를 외면하고 학생들도 그녀를 무시한다. 집단 내에서 구성원들의 독립성과 개성은 부정되고, 집단의 결정을 거부한 것에 대해 카로에게 간접적 제재를 가하는 것이다. 이를 계기로 카로는 연극부 연습에 빠지게 되고, 주역을 맡았던 그녀 대신에 다른 학생이 역을 맡게 된다. 평소처럼 인정을 받지 못하게 된 카로는 소외감을 느끼고 벨레에 대해서 회의감을 품게 되면서 점점 친구들과 마르코로부터 멀어지게 된다.

집단에 속하지 않은 자들에 대한 배척은 학급에서뿐 아니라 교실 밖에서도 계속된다. 시공원에 있는 인라인 스케이트장에서 봄버와 케빈Kevin은 하급학생들에게 벨레 회원만 스케이트장을 사용할 수 있다고 말하면서 다른 학생들이 타는 것을 막는다. 곧 하급학생들은 벨레의 인사를 하지 않으면 학교에도 들어가지 못하게 하면서 이러한 선배들의 행동을 따라한다. 유니폼인 하얀 셔츠를 입지 않은 사람들은 수구경기장에서도 출입을 제지당한다. 이렇게 집단 안에서 서로의 행동과 감정은 쉽게 암시되고 전염된다.

위대한 지도자 아래서 그와 동일시하면서 나르시시즘적 만족감을 느끼는 집단의 구성원들은 다른 이상을 가졌기 때문에 자신의 정체성을 위협하는 타자에게 자신의 억압된 면, 자신의 부정적인 면, 인정하고 싶지 않은 면을 투사Projektion하면서 타자를 평가절하 한다.[19] 이를 통해 자기 가치를 다시 확인하고 스스로를 이상화하면서 나르시시즘적 만족감을 상승시킨다. 내가 속한 집단이 가장 가치 있고 훌륭하다고 주장하는 것은 부정적으로 들리지 않고 오히려 애국심, 충성의 표현인 것처럼 긍정적으로 평가된다고 프로이트는 설명한다.[20] 집단에 속한 대다수의 사람들이 그러한 생각을 공유하고 있기 때문에 현실적이며 합리적인 가치 판단인 듯 느껴지고, 이러한 합의는 공상을 현실처럼 받아들이게 한다.[21] 우리의 양심은 흔히 객관적 기준에 의해 형성되는 것이 아니라 사회적으로 고립되는 것에 대한 불안에 의해 형성되기 때문에[22] 구성원들 다수가 생각하는 것이 진실이 되고 선이 되는 것이다.[23]

불량학생이었던 봄버는 벨레에 속하지 않은 학생들을 제지하는 역할을 하면서 자신이 속한 훌륭한 공동체를 위해 자신이 가치 있는 일을 하고 있다고 생각한다. 벨레에 대한 자신의 생각을 적은 글에서 그는 "예전에 난 다른 아이들을 괴롭혔다. 솔직하게 생각해 보면 난 정말 불량배였다. 좋은 일에 헌신하는 게 훨씬 낫다Früher hab ich andere fertiggemacht. Wenn ich ehrlich darüber nachdenke, war das echt 'asi'. Es ist viel besser, sich für eine gute Sache einzusetzen"(1'26'48)라고 쓴다.

그룹에 속하지 않은 사람에 대한 배타심은 폭력적 공격성으로 발전된다. 프로이트는 공격충동이 외부로 향해진 죽음충동이라고 설명한다. 프로이트는 죽음충동을 「쾌락 원칙을 넘어서Jenseits des Lustprinzip」(1920)에서 본격적으로 도입한다.[24] 그는 인간이 어떤 불쾌한 경험을 반복하는 것을 관찰하면서 쾌락원칙보다 더 기초적이고 본능적인 악마적 힘을 발견한다. 이러한 현상을 외상성 신경증 환자의 꿈, 어머니의 부재를 소화하기 위해 만든 아이들의 "사라짐과 돌아옴의 놀이Fort-Da Spiel", 그리고 반복강박증의 예를 들어 설명한다. 프로이트는 이러한 퇴행적이고 과거지향적인 충동의 보수적 특성을 인식하고, 이를 발전시켜 모든 생물이 무생물로 돌아가려는 근본적 경향인 죽음충동에 도달하게 된다. 파괴성이 아니라 강박적 반복이 죽음충동을 규정하는 계기가 된다.

그는 개인적 차원으로는 「자아와 이드Das Ich und das Es」(1923)와 「마조히즘의 경제적 문제Das ökonomische Problem des Masochismus」(1924)에서, 문화적 차원으로는 「문화 속의 불만Unbehagen in der Kultur」(1930)에서 죽음충동을 직접적으로 파괴성과 연관시킨다. 프로이트에게 있어 죽음충동은 반복강박에 의해 논증되고, 이후 파괴성에 의해 확인됐다고 할 수 있다. 죽음충동은 마조히즘, 신경증 환자의 치료에 대한 부정적 반응, 죄책감 등 쾌락원칙에 지배받지 않고 작동하는 심리적 메커니즘을 설명할 수 있게 한다.

삶충동은 죽음충동을 자신에게 무해한 것으로 만들고자 하면서 충동 대부분의 방향을 바꾸어 외부에 대한 파괴충동, 지배충동 또는 권력을 향한 의지로 표현하게 한다. 따라서 외부로 향한 파괴성에는 어떠한 형식으로든 에로스적 요소가 가미됐다고 할 수 있다. 이러한 충동의 일부가 성적 기능에 직접적으로 봉사하는 현상을 사디즘이라고 한다. 프로이트는 죽음충동의 순수한 표현이 아니라 다양한 비율로 결합된 두 충동의 혼합물만을 관찰할 수 있다고 한다. 그는 죽음충동이 에로스로 채색되지 않으면 우리의 지각에서 벗어난다고 말하면서 죽음충동이 발현되는 곳에서도 대상을 향한 성적 충동이나 자기애적 충동은 항시 함께 존재한다고 한다.

죽음충동은 침묵 속에서 은밀하게 작동하기 때문에 모든 행위에 영향력을 발휘하면서도 그 실체를 드러내지 않는 공허감과 기이한 존재감을 동시에 만들어낸다.[25] 프로이트는 삶충동과 죽음충동의 융합을 설명하면서 삶 자체를 두 충동 사이의 갈등이자 타협으로 본다.

죽음충동은 프로이트의 가장 논쟁적 개념으로, 임상적 실험에 근거하지 않는 사변적 가설이라고 비판받았다. 프로이트 자신도 「문화 속의 불만」에서 공격성이 근원적 본능이라는 것을 인정하기까지는 많은 시간이 걸렸다고 고백한다. 죽음충동은 많은 학자들에게 근원적 본능으로 인정받지 못했지만, 페렌치Sándor Ferenczi와 같은 학자들은 이 이론을 지지했고, 멜라닌 클라인Melanie Klein은 공격충동을 자신의 이론의 중심주제로 삼으며, 라캉도 죽음의 문제야 말로 경험의 원숙기에 나온 프로이트 이론의 극치라고 칭송한다. 공격성을 성욕의 좌절이나 고통에 의한 이차적 충동으로 봐야 할 것인지 아니면 죽음충동이라는 인간의 근원적 본능에서 파생한 본능으로 봐야 할 것인지는 학자마다 의견을 달리하지만, 공격성이 성욕과 마찬가지로 인간 존재의 중요한 문제라는 데는 동의한다.

프로이트에 따르면 초자아는 오이디푸스 콤플렉스를 극복하기 위해서 아버지와 동일시하고 아버지에 대한 공격성을 내면화하면서 형성된다. 즉 충동의 억압을 강요하기 때문에 공격하고 싶지만 거세에 대한 두려움으로 인해 공격할 수 없는 권위자의 상에 의해 초자아는 형성된다. 따라서 초자아는 권위자의 엄격함과 함께 권위자를 상대로 발산하고 싶었던 공격성을 받아들여 형성되는 것이다.[26] 이러한 엄격하고 공격적인 초자아에게 자아는 욕망을 느꼈다는 것 자체를 숨길 수 없기 때문에 욕망을 충족시키느냐의 여부와 상관없이, 욕망을 채우지 않고 억압해도 죄책감은 남는다.[27] 다시 말해 공격충동을 억압하면서 초자아가 생겨났고, 이때 공격충동을 수용한 초자아는 충동을 억압할 때마다 강화되면서 자아에게 공격적으로 되어 죄책감을 유발한다.[28]

이러한 죄책감으로 인해 자기 자신을 향해 쌓아 놓은 공격성, 즉 죽음충동은 자기 자신을 보존하려 하는 삶충동과 결합하여 외부를 향해 분출할 기회를 찾는다. 집단에 속하지 않은 타자는 초자아와의 갈등 없이 죄책감을 느끼지 않으면서 쌓아 놓은 공격성을 외부로 편리하게 표출할 수 있는 대상이 된다. 집단은 공격충동을 발휘하기 유리한 상황, 즉 평소에 공격충동을 억누르는 정신적 억제력이 작용하지 않는 상황을 만들면서 공격충동을 자연스럽게 표출하게 한다. 집단에서 이드id와 초자아는 손쉽게 결탁할 수 있는 것이다. 이드는 심리적 심급으로서 본능적 에너지, 리비도의 저장고다. 오로지 충동을 충족시키고자 하면서 쾌락을 추구하고 불쾌함을 피하는 쾌락원칙Lustprinzip만을 따른다. 여기서는 도덕도 선악도 없으며 논리적 사고도 작용하지 않는다.

타인과 타집단에 대한 공격성은 서로에게 영향을 미치면서 전염되고, 구성원들에게 집단 나르시시즘적 만족감을 느끼게 하면서 공동체 구성원들과의 결속력을 공고히 한다. 공격성을 분출하면서 얻어지는 나르시시즘적 만족은 집단 안에서 느끼는 불만과 공동체 구성원들 사이의 적의를 보상하면서 서로를 더욱 단결하게 만들기 때문이다.[29]

라이너는 학생들이 공동체라는 것을 몸소 체험할 수 있도록 학생들에게 제자리에서 발맞춰 행진하는 연습을 시키면서 아래 반에 대한 적대감을 부추긴다. 그는 학생들에게 "너희들 느껴지니? 우리가 어떻게 천천히 하나로 녹아드는지. 이것이 공동체의 힘이다. (…중략…) 우리 아래에 빌란트의 무정부수업이 있다! 천장의 회칠이 적들에게 쏟아지

기를 나는 원한다!Spürt ihr das? Wie wir langsam zu einer Einheit verschmelzen. Das ist die Kraft der Gemeinschaft. (…중략…) Unter uns ist der Anarchiekurs von Wieland! Und ich möchte, dass der Putz von der Decke auf unsere Feinde niederprasselt!"(00'28'05)라고 외친다. 교사는 집단 안과 밖을 '우리'와 '적'으로 규정하면서 평소에 반감을 가지고 있던 동료 선생에 대한 공격충동을 집단 내에서 해소하는 것이다. 이러한 지도자의 행동은 구성원들에게 강력한 암시적 영향력을 행사한다. 이렇게 함께 공격성을 분출하면서 단체의 구성원들은 한 집단에 속해 있다는 것을 확실하게 느끼게 된다.

벨레의 학생들은 아나코의 로고에 자신들의 로고를 덧붙이며 타집단에 대한 우월감과 적대감을 표현한다. 팀은 벨레의 홈페이지에 총의 이미지를 삽입하면서 그들이 강력하다는 것을 표현하고 공격성을 드러낸다. 벨레에 속한 학생들과 아나코에 속한 학생들이 만나 시비가 붙었을 때 자만심에 들뜬 팀은 실제로 총을 꺼내든다. 그들이 겁을 먹고 자리를 떠나자 팀은 승리감에 들떠 웃는다. 늘 무시당하고 괴롭힘 당하던 팀은 집단 안에서 스스로를 강하게 느끼면서 선생님처럼 타집단을 적으로 규정하고 자신의 공격충동을 충족시키는 것이다.

특히 억압받는 계층은 집단 내의 지배계층과 자신들을 동일시하고 타집단이나 타문화권의 사람들에게 공격적 태도를 보임으로써 자기 집단이나 문화권 안에서 당하는 부당한 대우를 보상받게 된다고 프로이트는 설명한다.[30] 즉 공격성은 소외되고 억압받는 불만족스러운 사람들에게서 더욱 쉽게 표출될 수 있다는 것이다. 팀은 그동안 무시당하면서 쌓아놓았던 불만을 집단 밖의 사람들에게 해소한다.

2) 가까운 사람을 향한 폭력

마르코는 해변가 파티에서 학생들이 수구경기장에 와서 응원하도록 "적들은 벨레의 힘을 느껴야만 한다Der Feind soll die Macht der Welle spüren bekommen"(1'9'34)라고 외친다. 그는 상대 팀을 적으로 규정하면서 구성원들의 적대감을 고무시킨다. 수구경기가 열리자, 전에는 경기에 관심조차 보이지 않았던 학생들이 이제 벨레의 구성원으로서 열띤 응원을 한다. 그러자 수구팀은 승부욕이 더욱 커져 거칠게 경기를 운영한다. 벨레의 위험성을 깨닫게 된 카로는 경기 중에 벨레에 반대하는 전단지를 관중을 향해 뿌린다. 이로 인해 경기장은 혼란에 빠지게 되고, 승부욕에 눈이 먼 선수들은 물속에서 몸싸움을 벌인다. 결국 경기는 중단된다. 경기의 주전인 마르코는 경기를 방해한 카로와 말다툼을 벌이다가 급기야 그녀에게 손찌검을 하게 된다. 이는 집단 안에서 그의 자아가 약해져 이드에 의해 지배받게 되고 무의식이 의식의 통제하에 있지 않다는 것을 보여준다.

한편 학생들의 존경과 관심을 받으며 집단의 매력에 빠져든 라이너는 벨레의 위험성을 지적하는 아내이자 같은 학교 교사인 앙케Anke와 다투게 된다. 이미 카로가 라이너에게 벨레에 대한 통제력을 상실했다고 지적하면서 실험을 중단할 것을 권했을 때, 라이너는 그녀의 의견을 귀담아 듣지 않고 그녀에게 학급을 바꾸라고 말한다. 앙케는 "당신은 그들이 당신을 우상화하고 모두 당신의 수업에 몰려드는 것을 즐기고 있어. (…중략…) 학생들은 당신을 모범으로 삼고, 당신은 그들을 당신의 목적을 위해 조종하고 있지. 이것은 당신의 이기심이야. 이걸 정말 알아차리지 못하는 거야?Du genießt doch, wie sie dich vergöttern, wie sie alle in deinen Unterricht strömen. (…중략…) Die Schüler sehen in dir ein Vorbild und du manipulierst sie für deine Zwecke. Das ist dein Egoding. Merkst du das eigentlich nicht?"(1'19'45)라고 라이너를 질책한다. 그는 그녀가 자신의 성공을 시기하고 있다고 말하고, 이어서 자신은 적어도 수업에 대한 두려움 때문에 약을 먹지는 않는다고 하면서 앙케의 약점을 들춰낸다. 그녀는 그가 변했다고 말하고 집을 나간다. 라이너는 자기 자신에 대한 비판을 받아들이지 못하고 앙케의 상처를 건드리면서 공격적으로 반응하는 것이다.

3) 폭력성에 대한 인식

카로에게 자신도 모르게 폭력을 행한 마르코는 집단 안에서 자신이 이성적 통제력이 저하되고 공격적으로 변했다는 것을 인식하게 된다. 그는 라이너를 찾아가 "제가 카로를 때렸어요. 나도 모르겠어요. 이 모든 짓거리가 저를 완전히 변하게 했어요Ich hab' Karo geschlagen. Ich weiß auch nicht. (…중략…) Diese ganze Scheiße hat mich total geändert"(1'22'45)라고 말한다. 아내가 떠나자 역시 벨레의 위험을 인지한 라이너는 프로젝트를 중단시켜야 한다는 마르코의 의견에 동감하고 학생들을 소집한다.

학생들이 강당에 모이자 라이너는 벨레를 긍정적으로 평가한 학생들의 소감문을 읽은 후 히틀러를 연상시키는 선동적 연설을 한다. 이를 저지하는 마르코를 라이너는 앞으로 끌고 오라고 명령한다. 행동대장 봄버를 비롯한 여러 학생들이 마르코를 무대로 끌어올린다. 이때 학생들은 마르코에게 야유를 보내고 질책하는데, 이는 집단의 구성원들이 자신들과 의견이 다른 사람에게 얼마나 공격적인지를 보여준다. 무대 위에서 교사는 끌고 온 학생들을 향해 "이 배신자를 우리가 어떻게 해야만 할까?Was sollen wir mit dem Verräter machen?"(1'29'47)라고 질문한다. 이어서 봄버를 향해 "네가 말해봐, 네가 여기에 끌고 왔잖아Sag du es, du hast ihn doch auch hier hochgebracht"(1'29'51)라고 말한다. 그러자 봄버는 "물론이죠. 당신이 말씀하셨으니까요Ja klar, weil Sie es gesagt haben"(1'30'01)라고 대답한다. 그의 답변은 집단 속에서 개인의 자율적 사고력과 비판력이 약해졌다는 것을 보여준다. 라이너는 이어서 "그래, 내가 시켜서? 그럼 내가 말하면 그를 죽이기도 할 거니?Weil ich es gesagt habe, ja? Und würdest du ihn auch töten, wenn ich es dir sage?"라고 묻는다. 이러한 질문에 당황한 학생들에게 그는 여기서 일어난 일이 파시즘이라고 말하면서 이제까지의 실험을 종결하겠다고 선언한다. 그리고 라이너는 학생들이 벨레 안에서 어떻게 변했는지에 대해 설명한다.

우리는 우리를 나은 자들이라고 생각했다. 다른 사람들보다 나은 자들이라고. 그리고 더 나쁜 것은 우리는 우리와 의견이 다른 사람들을 우리 단체에서 제외시켰다. 우리는 그들에게 상처를 주었지. 그리고 우리가 어떤 일을 더 할 능력이 있었는지에 대해서는 알고 싶지도 않다. Wir haben uns für was Besseres gehalten. Besser als die anderen. Und was noch viel Schlimmer ist, wir haben andere, die nicht unserer Meinung waren, aus unserer Gemeinschaft ausgeschlossen. Wir haben sie verletzt und ich will nicht wissen, zu was wir noch alles fähig gewesen wären. (1'30'55)

라이너는 단체 안에서 구성원들이 자신을 우월하다고 생각하면서 타인들에게 공격성을 해소했다는 것을 알려준다. 그러나 벨레 안에서 처음으로 인정받고 자신의 불만을 해소할 수 있었던 팀은 벨레가 해체된다는 것을 받아들이지 못한다.

4) 자기 자신을 향한 폭력

팀은 무대 위에 올라온 봄버가 늘 자신을 무시했다고 말하며 분노에 가득 차 총으로 그를 쏜다. 이어서 "벨레는 나의 삶이었어요Die Welle, das war mein Leben"(1'33'21)라고 말하며 라이너에게 총을 겨눈다. 라이너가 지도자인 자신이 사라지면 집단도 존립할 수 없다고 인지시키면서 팀을 설득하자 절망한 팀은 자신을 향해 총을 쏜다. 자아 이상과 실제 자아의 차이는 열등감을 만들어 자신에 대한 공격성으로 표현된다. 집단 안에서 초자아를 만족시키면서 외부로 향했던 공격성은 이제 다시 자기 자신을 향하게 된다. 그는 집단이 해체되어 초라한 자기 자신과 직면하게 되는 것에 대한 두려움을 이겨내지 못한 것이다.

지도자와의 유대가 사라지면 집단 구성원들 사이의 상호 결속력도 사라지고 공황Panik상태에 빠진다고 프로이트가 설명한 것처럼,[31] 학생들은 공포감에 사로잡혀 망연자실하게 된다. 경찰에 끌려가는 라이너가 절망스럽게 관객을 바라보면서 영화는 끝난다.[32] 라이너가 경찰에 이송되는 마지막 장면은 슬로모션으로 처리하여 극적 효과를 상승시켰고, 라이너의 시선은 관찰하고 있던 관객을 영화로 끌어들여 성찰을 촉구한다.

4. 나가며

벨레 안에서 개인은 지도자 그리고 다른 구성원들과 동일시하면서 공동의 이상을 가지게 된다. 이로써 나르시시즘적 만족감과 함께 소속

감을 느끼게 된다. 구성원들은 리비도적으로 결합하면서 퇴행적 안정감을 찾고 성충동, 나아가 삶충동을 충족시킨다. 가족에서 사랑받지 못하고 학급에서 주목받지 못해 외롭고 불안했던 학생들은 벨레에 특히 의미를 부여한다. 타자가 자아 이상을 대신하는 최면상태와 유사한 상태에 빠진 구성원들의 자아 비판력은 약해진다. 구성원들의 초자아는 이드와 손잡으면서 집단에 소속되지 않은 타자에게 폭력을 행사하여 공격충동을 충족시킨다. 이렇게 손쉽게 합리화하면서 충동, 특히 공격충동을 충족시킬 수 있는 집단은 언제나 매력적일 수밖에 없다.

집단 안에서 결속하면서 공동의 이상과 목표를 추구한다는 것은 반드시 부정적인 것은 아니다. 프로이트도 개개의 인간을 통합하여 공동체를 만들어 결속하면서 문명이 발전한다고 보았다. 그러나 문제는 이러한 결속력이 쉽게 타자에 대한 공격성으로 표출되고, 또한 이러한 공격성은 집단의 결속을 더욱 공고히 한다는 것이다.

이상화된 지도자를 가진 독재집단의 구성원은 더욱 거대한 자아이상을 가지게 되고, 집단 밖의 타자를 더욱 강도 높게 평가절하하면서 지배하고자 하며 타자에게 폭력적으로 된다. 그리고 집단 안에서 받는 억압과 불만족을 집단 밖에서 보상받는다. 이러한 타자에 대한 우월감과 멸시는 카메라의 각도로 영화에서 표현된다. 예를 들어 봄버가 수구 경기장 입구를 지킬 때 그를 로우앵글로 잡아 더욱 권위적으로 보이게 만들고, 들어가고자 하는 카로와 모나Mona는 하이앵글로 잡아 작고 왜소하게 보인다. 라이너가 마지막으로 강당에서 이야기 할 때는 나치정권이 히틀러의 연설 장면을 찍은 카메라 각도로 라이너를 잡아 위압적으로 보이게 한다.[33]

공격충동은 프로이트가 말년에 천착한 가장 중요한 주제였다. 「문화 속의 불만」에서 프로이트는 문명의 진보를 위해 충동을 억압하면서 죄책감이 커지고 공격성이 증가되는 것이 문명 발달에 가장 중요한 문제라고 주장한다. 프로이트는 문명을 가로막는 최대의 장애물이 인간 상호 간의 공격적 성향이고, 문명이 인간의 공격충동과 자기파괴충동으로 공동생활이 방해받는 것을 저지하는 데 성공할 것이냐에 인류의 운명이 달려있다고 보았다. 문명이 발달하면 발달할수록 충동을 억압하게 되고 이러한 충동의 억압은 초자아에게는 숨길 수 없기 때문에 죄책감을 생성하게 된다. 죄책감은 자기 자신에 대한 공격충동으로 표현되고, 자아는 생존하기 위해 이러한 자기파괴충동을 초자아를 만족시키면서 외부로 분출시킬 기회를 찾는다. 결국 타자를 향한 폭력의 원인은 충동을 억압하면서 쌓이게 되는 죄책감과 열등감이라고 할 수 있다. 집단은 합리화하면서 이러한 공격충동을 충족할 수 있는 환경을 제공함으로써 매력적으로 다가오는 것이다.

인간의 본성에 폭력성이 존재한다면 이것을 해소할 수 있는 방안은 없는 것인가? 공격성이 발현된 사회현상에서 인간 심리의 메커니즘을 규명하고 성찰하는 것이 이러한 문제를 해결하기 위한 첫걸음이라고 생각한다.

정신분석학자들은 공격성 자체를 해소하는 대표적 방법으로 충동을 문화발전에 도움이 되는 방향으로 전환시키는 승화를 들고 있다.[34] 승화는 충동을 추진하는 에너지를 치환가능하고 중립적인 에너지로 바꾸었을 때 가능하다. 프로이트는 성충동이 공격충동보다 더 유연하고 더 쉽게 전용되며 치환된다고 했지만, 공격충동이 승화될 수 있다는 것을 부정하지는 않는다.[35] 자아심리학자 하르트만Heinz Hartmann은 프로이트의 이러한 승화 개념에서 중립화Neutralisierung 개념을 발전시켜 공격충동도 성충동처럼 중립화될 수 있다는 것을 강조한다. 성적 에너지뿐 아니라 공격적 에너지도 중립화되고, 이러한 탈충동화된 에너지는 자아에 축적되어 현실원칙에 의거해 사회에 적응하는 데 쓰이게 된다.[36] 자아의 현실인식기능을 발전시킴으로써 공격충동의 에너지를 중립화하여 승화를 도모하고, 승화를 통해 공격충동을 평화로운 공존을 위한, 사회적으로 유용한 노동력으로 전환시킬 수 있다.[37] 이때 노동은 충동을 충족시켜주면서 특별한 만족의 원천이 된다. 프로이트에게 사회 속에서 행복을 누리는 것은 결국 자기인식을 포함한 현실인식능력과 승화능력에 달려있다.

정신분석학을 관념주의 철학의 변증법적 비판정신에 접목시킨 마르쿠제Herbert Marcuse(1898~1979)는 프로이트가 말한 문화의 억압을 좀 더 구체적으로 구분하여 인류가 생존하기 위해 피할 수 없는 기본억압과, 특정한 사회적・역사적 조건에서 지배 계급의 특수한 이익을 위해 행사되는 추가적 통제와 권력에 의한 과잉억압으로 나눈다. 마르쿠제는 승화 개념을 더욱 발전시켜 충동의 목적과 방향을 전환하는 것이 아니라, 충동자체를 질적・양적으로 확대해서 억압적 현실원칙에서 벗어나 충동자체를 충족시키는 승화에 대해 말한다.[38] 이러한 승화를 가능하게 하는 유희적이고 생산적인 노동은 현실원칙과 쾌락원칙을 화해시키면서 충동을 충족시키고, 노동으로부터 소외시키지 않으면서 사회발전에 기여한다.

이러한 노동의 대표적 예로서 마르쿠제는 예술을 든다. 프로이트도 예술이 쾌락원칙과 현실원칙을 화해시킨다고 했고, 하르트만도 예술은 충동과 자아의 요구에 봉사하고 쾌락을 줄 뿐 아니라 종합적 해결의 가능성을 제시한다고 하면서[39] 예술을 충동과 문화적 요구를 화해시키는 중요한 매개체로 본다. 마르쿠제는 더 나아가 예술을 모범으로 삶 자체를 심미적 태도로 변화시켜야 하다고 본다.[40] 이러한 심미적 태도를 가지고 사는 사람은 사회의 과잉억압을 거부하고, 인간이 충동을 억압하는 노동의 도구가 되도록 만드는 조직에 저항한다.[41] 상상력은 무의식에 보존되어 있는 과거에 행복했던 기억에 근거해 억압된 내용을 환기시킨다. 이 상상력을 통해 구현된 예술은 현실에 대해 비판적 태도를 취하면서 사회적 유토피아를 지시한다.[42]

라캉은 공격성에서 벗어나는 길을 단계별로 설명한다. 먼저 나르시시즘적 자기 오인에서 빠져나와 타인과의 상호주관적 관계 속에서 나를 인식하고, 나아가 이미 존재하는 사회를 지배하는 규범과 질서에서 벗어나 진정한 자신의 욕망을 인식해야 한다. 전통윤리학에서 주장하는 도덕적 규범은 대타자에 의해 구성된 것이기 때문에 라캉은 그것에서 벗어나 진정한 자신의 욕망에 근거한 새로운 윤리관을 성립해야 한다고 말한다. 타자의 욕망을 추구하면서 소외되어 자신을 망각하고 살아왔던 상태로부터 자신을 해방시키는 용기 있는 행위가 라캉에게 중요하다. 라캉도 프로이트와 마찬가지로 자아의 인식능력에서 출발하지만, 상호주관적 관계 속에 있는 자아의 위치를 상기시키면서 사회의 질서로부터 주체적 해방과 미래지향적 개혁의지를 강조한다. 감독은 〈디 벨레〉에서 세월의 변화에 상관없이 변하지 않고 존재하는, 집단에 이끌리는 심리적 메커니즘을 보여주려 했다고 말한다.[43] 〈디 벨레〉는 빠른 편집으로 역동성을 살린 현대적 감각의 영상과 음악을 통해 집단 안에서 개인이 어떻게 변하여 폭력을 행사하는지를 보여주고, 이를 통해 인간본성에 대한 성찰을 고무한다. 따라서 이 영화는 집단이기주의가 강하고 청소년 폭력 문제가 심각해지는 한국사회에 시사하는 바가 크다.

또한 프로젝트 전 구심점이 없이 서로 자기주장만 하는 혼란한 상황은 1차 세계대전 후 바이마르 공화국을, 그리고 실험에서 나타난 유니폼・인사법・의식・구성원의 자만심과 공격성 그리고 파국적 결말은 나치정권을 연상시킨다.[44] 비유적으로 독일 역사를 묘사한 이 영화는 독일 역사에 관해 다시 한 번 생각할 기회를 제공한다. 이 영화는 역사를 알고 있는 것만으로 같은 일이 다시 발생하지 않을 것이라고 안심하는 것은 매우 위험하며, 나는 과거의 사람들과 다를 것이라는 오만이 어떤 결과를 가져오는지를 보여준다.[45]

이 영화는 불행한 역사를 반복하지 않기 위해서는 과거와 현재의 사회현상을 비교하면서 그 원인을 철저히 규명하고, 끊임없이 경계하여 자신을 돌아보는 것이 필요하다는 것을 다시 한 번 각성하게 한다. 특히 공격성의 직접적 원인이 되는 초자아의 내용, 그로 인해 갖게 되는 열등감과 죄책감의 기원을 찾아 충동을 승화시키는 작업이 중요하다. 초자아는 오이디푸스적 욕망을 포기하면서 부모와의 동일시를 통해, 즉 세대를 이어온 전통적 가치관을 받아들이면서 형성된다. 이렇게 형성된 초자아는 살면서 만나게 되는 선생님, 지도자, 이상적 모범상의 영향을 받아 수정·보완된다. 그러므로 초자아는 문화적 전통과 사회적 관계의 영향하에 형성되는 심급이다. 즉 개인의 초자아는 구성원들에게 이상적 요구를 제시하는 '문화 초자아das Kultur-Über-Ich'와 밀접한 연관이 있다.

그러므로 무한 경쟁 속에 학생들을 몰아가면서 과잉억압을 하고 있는 우리사회는 문화초자아에서부터 학교 폭력의 원인을 찾아가야 한다. 자신에 대한 인식을 도와주는 인성 교육의 가능성을 성찰하는 것과 함께 사회 전반의 가치관을 다시 한 번 돌아볼 때라고 생각한다.

대도시 두 남자의 이유 없는 결투[1]

〈도시의 정글 속〉과 〈파이트 클럽〉

이은희

1. 대도시의 동기 없는 폭력

우리는 폭력이 범람하는 시대에 살고 있다. 인터넷 기사마다 폭력적 범죄에 대한 이야기가 하루도 빠짐없이 넘쳐나고, 성폭력 · 살인 · 자살 · 사형 · 학교 폭력 · 집단 따돌림 등 우리는 다양한 얼굴의 폭력과 마주치고 경악한다. 교육의 장이자 교우관계의 터전이 되는 학교가 생존해야 하는 정글과 같고, 그래서 아침에 다시는 눈뜨지 않기를 바라며 잠이 든다는 한 중학생의 인터뷰 기사는 폭력이라는 유령이 학교까지 장악했다는 것을 아프게 느끼게 해준다. 이외에도 사회 저변에 존재하는 자본주의와 가부장제와 같은 강권적 기존 질서에 의한 폭력, 미디어에 의한 이미지 폭력과 폭력의 이미지, 언론의 폭력 등이 개인의 삶에 거부할 수 없는 불투명한 베일을 씌운다.

특히 언론폭력의 경우, 언론윤리강령에 따르면 언론은 범죄보도 시

인권 보호에 유의해야 하고 '베르테르 효과'를 방지하기 위해서 자살 사건을 보도할 때도 신중해야 한다. 베르테르 효과란 유명인의 자살이 언론에 보도된 뒤 자살률이 급증하는 현상을 일컫는 것인데, 미국의 사회학자 데이비드 필립스가 괴테의 소설 『젊은 베르테르의 슬픔』에서 본떠 이러한 현상을 베르테르 효과라 지칭했다. 이 서간체 소설에 나오는 주인공 베르테르는 로테를 향한 짝사랑의 고통 때문에 권총으로 자살했는데, 이를 모방하여 유럽의 많은 젊은이들이 자살했다. 언론윤리강령에도 불구하고 낚시 글과 옐로우 저널리즘Yellow Journalism이 판치는 우리 언론의 현실은 언론의 상품화를 위해 엽기적 범죄나 선정적 기사, 유명인의 자살이 지나치게 상세하고 구체적으로 보도되면서 사람들의 감각과 감정을 자극한다. 자살방지예방정책을 맡고 있는 보건복지부는 모방 자살을 방지하기 위해 언론의 자살보도 권고 기준을 마련하고 있지만, "중요한 인물의 자살 같은 공공의 정당한 관심의 대상이 되는 사건에 관해서는 이름과 사진, 자살 장소 및 방법, 경위 등을 보도할 수 있다"는 애매모호한 조건을 달아 그 원래 취지를 무색하게 하고 있다. 이는 북유럽 선진국의 언론이 자살을 보도하는 태도와 상당히 상반된다. 그들은 자살 사건을 보도할 때조차 언론에서 '자살'이라는 말을 사용하지 않으며, 유명인의 자살도 가능한 한 간략하게 다루기 때문이다.

OECD 국가 중 최고의 자살률을 자랑하는 우리의 현실은 1997년 외환위기 이후 계속 증가한 소득 양극화와 무관하지 않다. 소득 불균등을 나타내는 지니계수가 한국의 경우 1990년 0.26에서 2011년 0.29로 높아졌으며, 상대적 빈곤율도 7.1%에서 12.4%로 증가했다. 또한 한국은 OECD 회원국 중 아일랜드와 함께 빈곤율 증가속도가 가장 빠른 국가다. 소득 불평등과 양극화 · 청년 실업과 비정규직 문제 · 여성 차별 등이 폭력적 범죄와 자살의 중요한 사회적 요인이 되고 있다고 할 수 있다.

폭력의 사회적 문제는 우리나라만의 현상이 아니다. 2012년 12월 인도의 델리에서는 6명의 청년들이 한 여대생을 버스에서 집단강간하고 구타해서 숨지게 한 사건이 발생했다. 또한 5년 전 인도 북동부에서 아디바시 공동체와 차 재배지 노동자들의 권익을 옹호하는 평화 시위에 참여했던 17살의 여학생 락스미 오랑은 폭도들의 공격을 받았다. 오랑은 발가벗겨져 집단 성추행을 당했으며, 시위를 촬영하던 카메라 앞에서 행진할 것을 강요당했다. 오랑은 다행스럽게도 살아남았지만, 그녀를 위한 정의는 이루어지지 않고 있다. 이에 대해 『인디아 리얼타임 경제저널』의 한 기자는 "무위가 낳은 비극"이라고 설명한다. 그 기사에 따르면 인도의 젊은 남성들은 교육을 전혀 받지 못하거나 별다른 교육을 받지 못한 채 실업이나 불완전 고용 상태에 있다. 이들은 경제적 문제로 결혼도 하지 못하고 욕구불만에 가득 차 있다. 따라서 하릴없이 거리를 배회하는 젊은이들의 모습을 인도 어디서나 볼 수 있다는 것이다. 이 기자는 젊은 남자가 실업상태에 있거나 미래가 보이지 않는 직업에 종사해서 자신의 능력을 제대로 발휘하지 못하게 되면 남성으로서의 성적 정체성에 위협을 받는다고 느끼고, 이러한 욕구불만과 분노가 여성을 대상으로 한 폭력이나 다른 범죄로 표출될 수 있다고 말한다. 따라서 이 남성들이 실업이나 실업과 유사한 불완전 고용 상태에 시달리지 않고 무언가 생산적인 일을 통해 자신의 능력을 발휘하고 경제적 안정을 얻었다면, 사회적으로 이런 폭력과 범죄는 발생하지 않았을지도 모른다. 집단 강간범들과 오랑을 공격한 폭도들의 원인 모를 분노는 어디에서 비롯되어 어디로 향해 가는가?

조너선 프리드먼은 현대사회의 폭력이 '이중의 분극화'가 만들어내는 잠재적 폭력이라고 말하고 있다. 세계화, 신자유주의 정책의 귀결로 빈부격차가 확대되고 중산층이 붕괴하면서 이들이 하층민으로 전락하게 됐고, 이로 인해 발생하는 계급 간 분열이 폭력을 초래한다. 이것을 그는 '수직적 분극화'라고 정의한다. 그에 의하면 현대사회의 폭력은 이러한 계급 간의 분화, 수직적 분극화에 의해 생긴 무력감과 분노가 같은 위치에 있거나 자기보다 더 약한 사람들에게로 전이되어 나타나는 폭력, '수평적 분극화'에 의한 폭력이다.[2] 엔첸스베르거 역시 『냉전에서 내전으로』라는 책에서 오늘날 폭력의 새로운 추세에 대해 이렇게 말하고 있다. 60~70년대의 게릴라 전사와 테러리스트들은 자신의 행위를 정당화하기 위해 이데올로기적 근거를 제시했다. 이에 반해 오늘날 행위자의 특징은 "일체의 신념을 결여하고 있다는 점"이다. "그리고 도처에서 무방비의 사람들이 제일 먼저 말살되고 있다. 자동권총을 가지고 있지 않은 부류의 사람은 벌레 같은 인간으로 간주된다."[3] 이렇게 수직적 분극화에 의한 수평적 분극화가 폭력의 대상으로 삼는 사람들은 사회적으로 무화된 존재·죽여도 처벌받지 않는 존재·벌거벗은 존재·완전히 폭력에 노출된 '호모 사케르'다.[4] 히틀러의 유대인 학살과 민족 분쟁 중의 강간과 살해뿐만 아니라 여성과 노약자를 대상으로 한 이유 없는 연쇄살인도 이러한 폭력의 범주에 속한다.

유사한 맥락에서 이유 없는, 명확한 동기 없는 폭력인 소위 '묻지마 범죄'는 우리나라뿐만 아니라 현대사회의 중요한 폭력적 특징을 보여준다. 묻지마 범죄는 '사회적 약자를 대상으로 대중들이 모인 공개된 장소에서 행해지는 분노표출 범죄'다. 2012년 8월 22일 여의도에서 김씨는 과거 직장 동료들에게 앙심을 품고 준비해 간 칼로 상사였던 김모 씨와 부하 직원이었던 조모 씨의 얼굴과 목, 배 등의 부위를 수차례 찌르고 달아나다가 길에서 마주친 행인 안모 씨와 김모 씨에게도 마구 흉기를 휘둘렀다. 2008년 도쿄 한복판인 아키하바라에서 일어난 충격적인 흉기난동 사건에서는 은둔형 외톨이인 범인에 의해 7명의 시민이 목숨을 잃었다. 이러한 묻지마 범죄는 공개된 장소에서 행해지고 모방성이 강하며 분노가 왜곡된 형태로 표출되어 나타나는 범죄다. 그렇다면 그들의 폭력성은 어디에서 연유하며, 그들의 분노는 어디에서 비롯된 것인가?

현대사회의 폭력적 특색을 보여주는 이러한 동기 없는 폭력성은 소외된 현대인의 폭력양태로서 문학작품에서도 이미 찾아 볼 수 있다. 앙드레 지드의 소설 『교황청의 지하도』에서는 주인공이 열차 안에서 전혀 모르는 승객을 아무런 이유 없이 떠밀어 살해한다. 그리고 알베르 까뮈의 『이방인』에서 뫼르소는 개인적으로 아무런 원한이 없는 한 아랍인을 별다른 이유 없이 권총으로 쏴 죽인다. 살해 직전의 상황을 까뮈는 이렇게 묘사하고 있다. "뜨거운 햇볕에 뺨이 타는 듯했고, 땀방울들이 눈썹 위에 고이는 것을 나는 느꼈다. 그것은 엄마의 장례식을 치르는 날과 똑같은 태양이었다. 특히 그날과 똑같이 머리가 아팠고, 이마의 모든 핏대가 다 한꺼번에 피부 밑에서 지끈거렸다." 뫼르소는 아랍인이 꺼내는 칼에 반사된 햇빛 때문에 눈이 부셔서 권총을 뽑아 그를 살해한다. 또한 부조리 연극의 대가 사무엘 베케트는 어느 날 파리의 한 뒷골목에서 괴한의 습격을 받아 칼에 찔린다. 그는 체포되어 감옥에 수감된 범인을 찾아가 자신을 찌른 이유를 물어 보았지만 범인은 "잘 모르겠습니다. 선생님"이라고만 대답했다고 한다. 바로 범인의 이 말이 사무엘 베케트 문학의 중심을 관통하고 있다. 나는 과연 누구이며, 나는 지금 어디에 있는가? 그리고 나는 왜 그러한 행동을 하는가? 우리는 현대사회에서 자신이 누구인지, 자신이 어떠한 행동을 하는지, 왜 그러한 행동을 하는지 모른 채 살아가고 있는 것은 아닌가?

후기 자본주의 탈이데올로기 시대에 동기 없는 폭력은 정해진 규칙을 따르거나 자기 파괴적 폭력 이외에 다른 어떤 선택의 여지가 없는 상황에서 발생한다. 욕망과 분노, 극도의 좌절감과 절망이 폭력의 형태로 폭발한다. 이러한 시대적 인식에서 우리는 현대 자본주의 대도시를 배경으로 한 〈도시의 정글 속〉과 〈파이트 클럽〉에서 두 남자의 이유 없는 결투에 주목하고자 한다. 그들은 왜 서로를 공격하고 파괴하는가? 그것도 아무런 개인적, 심리적 동기 없이! 그들은 무엇 때문에 서로의 존재 근거를 흔들고 서로에게 고통을 가하며, 상대방을 죽음으로 몰아가는가? 그들의 폭력은 의미를 상실한 것인가? 결투의 동기도 근거도 목적도 없다. 결투를 위한 결투! 순수한 스포츠적 의미의 결투, 자기 파괴적 결투는 어디에서 비롯됐으며, 어디를 향해 가는가?

두 작품은 홉스의 사회계약론을 비웃듯, 오히려 인간이 인간에게 맹수가 되고 있는 도시 정글에 대한 신화다. 그에 의하면 '만인에 대한 만인의 투쟁'이라는 자연 상태, 인간의 무자비한 투쟁 상태에서 인간을 보호하기 위해 인간은 사회계약에 입각하여 사회 상태로 발전했다. 이에 따르면 대도시는 가장 문명화된 사회다. 하지만 이러한 대도시에서 인간이 인간에게 맹수가 되고 인간의 늑대화, 늑대의 인간화가 일어난다면 이러한 역설을 우리는 어떻게 이해할 수 있을까? 위의 두 작품에서 두 남자는 도대체 왜 적대감도 없이 서로 펀치를 날리고 서로를 파괴하며 짓밟는 것일까?

2. 대도시 두 남자의 이유 없는 결투

1) 베르톨트 브레히트의 〈도시의 정글 속〉

폭력을 통한 폭력의 도발 - 동기 없는 폭력

〈도시의 정글 속〉은 1923년 뮌헨에서 초연된 베르톨트 브레히트의 초기 연극이다. 이 작품에서 브레히트는 대도시를 '정글'로 묘사하고 있다. 그는 "대도시의 적대감, 악의에 차고 견고한 불변성, 바빌론적 언어의 혼란"을 문학적으로 창조하고자 한다. 이 연극에서는 대도시 시카고를 배경으로 조지 가르가와 쉴링크 사이의 "파괴적인 결투"를 보여준다. 아무런 동기도 목적도 없이 싸우는 두 남자의 이야기인 이 연극은 초연됐던 그 당시뿐만 아니라 현재에도 극작가의 작품들 중에서 가장 난해하고 이해하기 어려운 작품에 속한다. 그는 우선 작품 제작의 동기를 '복싱에 대한 스포츠적 관심'이라고 밝히고 있다.

> 내 흥미를 끄는 것은 바로 이 결투의 야만성이다. 그리고 이즈음에 스포츠 특히 복싱이 내게 재미를 주었다. 대도시의 위대한 신화적 오락 중 하나로서 (…중략…) 그 자체로서의 결투, 결투에 대한 재미 이외에 다른 동기 없는 결투가 오직 더 나은 인간을 정하는 것 이외에는 어떤 다른 목적도 없이 치러져야 한다.[5]

그래서 작가는 서문에서 적대감 없는 결투로서 복싱의 패러다임을 환기하며, 관객에게 스포츠를 관람하는 태도를 요구한다.

> 여러분은 지금 1912년 시카고라는 도시에 계십니다. 두 인간의 수수께끼 같은 결투를 보시고, 사바나에서 대도시 밀림으로 이주한 한 가족의 몰락에 동참하시게 될 것입니다. 이 결투의 동기가 무엇일까 골머리를 앓을 필요는 없습니다. 다만 두 적수가 전력투구해서 싸우는 데 동참하시면 됩니다. 그들의 결투방식에 대해 공평하게 판정을 내리시고 마지막에 어떻게 끝나게 될지 관심을 기울여 주십시오.[6]

이 연극의 배경인 대도시 시카고는 그 당시 베를린과 다른 바가 없었다. 이 작품이 초연됐던 당시 독일은 실업과 인플레, 중산층의 빈민화로 혼란스럽고 척박한 상황에 처해 있었다. 그렇다면 오늘날은 어떠한가? 전 지구적 신자유주의로 사회적 양극화는 심화되고, 개인은 점점 더 무한 경쟁에 내몰리게 됐다. 후기 자본주의 사회의 도시민들은 언제나 이직과 실직의 불안에 시달리고 있으며, 고용불안과 불완전 고용의 늪에 빠져 있다. 중산층은 자본주의가 더 이상 감당할 수 없는 사치품이라고 했던가? 중산층의 몰락과 극빈곤층의 증가, 인플레 현상은 마찬가지로 21세기 현재를 살아가는 우리의 모습이다. 에티엔 발리바르는 현대의 '과잉폭력'을 언급하면서 '초객관적, 구조적 폭력'이 전 지구적 자본주의에 내재되어 있고 이로 인해 노숙인이나 실업자와 같이 사회에서 배제됐거나 있으나 마나한 사람들이 자동적으로 양산되고 있다고 지적한다.[7] 따라서 이 작품의 배경인 대도시 시카고는 오늘날 지구상 어디에나 있을 법한 도시를 비유하고 있으며, 독자들이 살고 있는 한국의 대도시와 다르지 않다.

이러한 대도시를 배경으로 두 남자의 동기 없는 신화적 투쟁, 순수한 쾌락을 위한 싸움은 가르가에 대한 쉴링크의 도발로 시작된다. 이기고자 하는 것이 아니라, 파괴하고 파괴당하는 왜곡된 쾌락의 편집증적 투쟁이 전개된다. 쉴링크는 말레이시아 출신의 목재상으로 대도시의 전형적 인간유형을 보여준다. 그는 젊은 시절 양자강의 노예생활에서부터 시작해서, 비인간적 작업환경과 삶의 조건을 견뎌내는 인고의 세월을 거쳐 성공한 부자가 됐다. 그 과정에서 그는 감정을 상실하고, 두꺼운 피부와 딱딱한 심장을 지니게 된다. 그에게서는 "심장의 흔적을 느낄 수 없으며"[8] 이제 시카고 도시 전체가 그의 손아귀에 들어와 있다. 이런 쉴링크가 어느 날 갑자기 도서대여점에서 일하는 점원 가르가를 찾아온다. 그리고 10불로 가르가의 생각을 사고자 한다.

가르가 : 이건 범죄 소설입니다. 좋은 책이 아니죠. 저기 있는 책이 더 낫습니다. 여행기죠.

스키니 : 그럼 이게 나쁜 책이라는 말씀이십니까?

쉴링크 : (가까이 다가선다) 그것이 당신 의견이오? 이 의견을 내가 당신에게서 사고 싶은데. 10달러면 너무 적을까?[9]

가르가가 자신의 생각 팔기를 거절하자 쉴링크는 점점 가격을 올린다. 가르가가 쉴링크의 제안을 거부할수록 가르가의 생각에 매겨진 가격은 올라가고 가르가는 그것을 수락하든 거절하든 간에 그 덫에 걸린 것이다. 자본주의 사회에서 모든 인간은 구매자와 상품으로 나누어지며, 힘 센 동물이 정글을 지배하듯 자본주의 대도시는 필수적 수단, 자본을 소유한 자가 지배하는 정글이다. 이들의 결투는 아직 본격적으로 시작되지 않았지만, 바로 이 순간에 가르가는 쉴링크에게 최초로 가격을 당한 것이 아닐까? 찢어지게 가난한 환경에서 가족을 부양해야 하는 짐을 지고 살아가면서도 순수한 이상향을 꿈꾸는 청년 가르가. 책에 묻혀 살며 문학의 효용가치를 믿는 그에게 유일한 낙은 여자 친구 제인과 한 잔의 브랜디 그리고 언젠가는 타이티나 남쪽 지방으로 가서 벌목꾼으로 일하며 평화로운 삶을 살고자 꿈꾸는 것이다. 그런 가르가에게 쉴링크의 제안은 너무나 모욕적이다. 그에게 자신의 생각을 파는 것은 자본주의 사회에서 여자가 몸을 파는 것과 다를 바가 없는 치욕스러운 일인 것이다. 그래서 그는 자신은 "매춘부"[10]가 아니라고 말하며, 쉴링크의 제안을 끝까지 거부한다. 그러자 쉴링크는 느닷없이 그에게 결투를 신청한다.

쉴링크 : 어느 날과도 같지 않은 오늘 오전, 당신에 대한 투쟁을 개시하겠소. 결투는 당신의 기반을 뒤흔드는 것으로 시작하지.[11]

가르가는 그의 결투제안도 거부한다. 왜 낯선 사람과 아무 이유도 없이 결투를 해야 된단 말인가? 하지만 쉴링크는 가르가를 도발하기 위해 제인을 가르가가 일하는 도서대여점으로 불러들인다. 내의 한 벌을 재봉하고 6펜스를 버는 제인은 이미 쉴링크의 간계로 매춘의 늪에 빠져들었다. 일하느라 자주 오지도 않는 남자친구를 기다리며, 내의 틈바구니에 앉아 있는 게 그녀는 이제 넌더리가 난다. 싸구려 호텔 주인인 벌레는 이렇게 말한다.

벌　레 : 그에게 말해 버려. 당신이 오늘 아홉시부터 열시 반까지 이 귀하신 신사 분과 침대 속에 있었다고 말이야.

제　인 : 그건 나쁜 일인지도 몰라. 하지만 그게 위스키나 더위 때문이 아니라는 걸 당신이 알았으면 좋겠어.[12]

제인을 이용한 심리적 협박에도 가르가가 굴하지 않자, 쉴링크는 가르가의 사장을 불러 종업원의 서비스에 대해 불만을 제기하고 가르가는 해고를 당한다. 그는 자신의 여자 친구였던 제인을 "경매에 붙이겠소"라고 말하고 옷과 넥타이, 신발을 벗어던진 채 뛰쳐나간다. "나에게 자유를 다오." 쉴링크의 서기인 스키니는 "저 친구 결국 피부를 벗어버렸구만"[13] 하고 말하며, 가르가의 옷 꾸러미를 챙겨 간다.

쉴링크의 간계로 삶의 터전인 직장을 잃은 가르가는 이제 "제2의 피부"인 옷만 벗어던지게 아니라, 그와 동시에 가족 구성원으로서의 삶과 아들로서의 역할을 방기한다. 옷은 아담과 이브의 "가죽으로 만든 치마"처럼 "두 번째 피부"[14]라고 할 수 있다. 피부는 "자아와 세계 사이의 상징적 표면"이며 "정체성이 형성되는 장소"[15]다. 따라서 피부는 자아와 동일시되는 육체의 싸개이며, 인간이 피부를 가진다는 것은 자기 자신이 되는 것이다. 이런 의미에서 가르가가 피부를 벗어버렸다는 것은 지금까지 가르가를 구성하고 있던 모든 질서로부터의 해방과 자아 정체성의 해체를 의미한다. 이제 그는 그 누구의 아들도, 그 누구의 오빠도 아니라 자유로운 도시인 가르가다.

가르가의 해고와 실직은 그 자신뿐만 아니라, 가족의 삶의 기반을 허물고 가족을 해체한다. 어머니는 집을 떠나고, 동생 메리는 경제적 이유로 매춘에 내몰린다. 쉴링크에 의해 도발된 이러한 강력한 펀치는 가르가에게 폭력에 대한 본능을 일깨운다. 실직으로 인해 가르가는 이탈리아의 사상가 파올로 비르노의 말처럼 규정되지 않는 불안과 방향상실에 빠지며, 이러한 불안의 늪으로부터 폭력이 비롯된다.

> 직업을 잃었을 때, 물론 여러 가지 두려움을 불러일으키는 어떤 위험에 직면하는 것이지만, 사실상의 위험은 규정되지 않는 불안의 색채를 띤다. 이는 세계에서 직면하는 가장 일반적 방향상실과 뒤섞이며, 절대적 불안정과의 집합체를 형성한다.[16]

하이데거가 말한 존재론적 불안이 대상 없는 심리적 불안이라면, 공포는 특정한 대상을 필요로 한다. 반면 경악은 에두바르크 뭉크의 〈절규〉에서처럼 예상치 못했던 위험에 빠졌을 때 일어나는 인간의 반응이다. 하지만 오늘날은 대상 없는 존재론적 불안이 근거 없는 대상에 대한 공포로 증식되는 시대이며, 따라서 공포는 끝없이 그 대상을 찾아 헤맨다. 가르가가 해고당한 순간, 그는 경악하고 증식된 공포에 사로잡힌다. 그는 이러한 늪에서 수동적으로 절망의 늪에 빠지는 것이 아니라 자신의 무능을 은폐하기 위해 맹목적인 분노와 광기를 표출한다. 라캉은 이것을 '행위로의 이행'이라고 말한다. 견딜 수 없는 극도의 좌절감으로 인해 충동을 행동으로 표출하는 것이며, 이것은 말이나 사유로는 표현될 수 없다.[17] 가르가는 문학적이고 시적인 감수성의 소유자임에도 자신의 분노와 절망을 언어적으로 표현할 수 없다. 언어의 능력은 이것을 그려내기에 충분하지 않다. 그래서 이제 승리에 대한 어두운 병적 욕망이 행위로 드러나야 한다. 가르가의 절망·경악·공포는 쉴링크에 의해 도발되고 폭력성으로 표출된다. 그는 쉴링크의 목재회사로 찾아와 그의 결투를 받아들인다. 본래 폭력은 모방적이고 상호적이기 때문이다.

가르가 : 당신은 결투를 신청했소. 이제 그 결투를 받아들이겠소. (…중략…) 눈에는 눈, 이에는 이.

쉴링크 : 당신이 결투를 받아들인다고?

가르가 : 그렇소! 무조건 받아들이겠소.

쉴링크 : 이유도 묻지 않고 말이오?

가르가 : 그렇소. 당신이 왜 결투를 하려고 하는지 난 관심 없소.[18]

그들은 왜 싸우는가? 이유는 중요치 않다. 이유가 밥 먹여주나? 브레히트는 동기 없이, 적대감 없이 싸우는 새로운 인간유형을 이 작품에서 보여 주고자 했으며, 이러한 결투를 대도시의 필연성으로 생각한다. 그는 이렇게 말한다. "우리 시대 인간들의 행위방식과 범죄는 더 이상 동기로 설명될 수 없다."[19] 이 연극에서 두 남자의 결투는 주관적으로 동기 지어진 것이 아니라, 객관적 이유를 갖는 행위다. 그렇다면 폭력적 행위의 객관적 근거는 도대체 어디에 있단 말인가? 점점 더 난해해지는 지점이다.

쉴링크는 가르가를 파괴하기 위한 것이 아니라 결투를 유발하려고 하기 때문에 가르가가 그의 결투를 받아들인 이후 그에게 모든 것을 넘겨준다. 자본주의 사회에서 어렵게 성공한 목재사업과 자신의 집까지 그에게 주는 것이다. 단지 그들은 누가 더 나은지 가리는 권투시합처럼 표면적으로는 스포츠적 결투를 시작한다. 그리고 가르가는 자유로운 결투를 위해 아들로서의 역할과 가족을 내버린다. 하지만 목재사업을 인수 받은 가르가는 쉴링크에게 복수하기 위해 목재회사를 의도적으로 파산시키고, 쉴링크와 똑같은 야비하고 냉혹한 인간으로 변해간다. 두 남자는 왜 서로의 삶의 터전을 파괴하고, 서로에게 치명적 펀치를 날리며, 고통을 줘 서로를 죽음으로 몰아가는가? 그리고 왜 가르가는 점점 더 쉴링크를 닮아가는 것일까?

르네 지라르에 의하면 인간은 결코 합리적 존재가 아닌 비합리적 존재이며, 내면의 충동에 따라 행동하는 격정의 존재다. 인간은 분노와 격분에 쉽게 제압당하는, 욕망본능과 폭력본능의 포로인 것이다. 지라르는 『폭력과 성스러움』에서 폭력이란 인간의 악한 본성이 아니라 욕망으로부터 비롯된다고 말한다.[20] 즉 지라르 이론의 핵심은 폭력이며, 그 근원에는 인간의 본능 욕망이 똬리를 틀고 있다. 그는 욕망이론을 통해 폭력의 발생을 설명한다. 우리는 보통 주체가 대상을 욕망한다고 생각한다. 하지만 그에 의하면 주체가 직접적으로 대상을 욕망하는 것이 아니라 중개자의 욕망을 모방한다는 것이다. 이것이 바로 욕망의 주체와 욕망의 대상, 중개자가 이루는 욕망 삼각형이다.[21] 따라서 우리의 욕망은 언제나 매개된 욕망이다. 욕망하는 주체는 욕망의 대상을 바라보는 것이 아니라 자기가 닮고 싶어 하는 중개자를 바라보며 경쟁심을 갖게 되고, 이러한 갈등 상황에서 욕망이 폭력으로 전이된다. 이때 욕망 대상의 가치는 실체적이거나 물리적인 가치라기보다는 형이상학적 가치다. 특히 중개자와 욕망 주체의 거리가 가까울수록 갈등의 골은 깊어지고 증오심이 생겨난다.[22] 이제 욕망의 주체는 욕망 대상이 아니라 중개자를 향해 돌진하고 선망과 질투, 경쟁심으로 인해 폭력적 존재가 된다.

그렇다면 〈도시의 정글 속〉에서는 누가 무엇을 욕망하며, 누구의 욕망을 모방하는가? 여기에서 두 남자 사이의 결투는 우선 쉴링크의 도발로 시작된다. 그럼 쉴링크는 왜 가르가를 도발하는가? 자본주의 사회에서 성공한 사업가이지만 감정과 감각을 잃어버린 전형적 도시인 쉴링크. 찢어지게 가난하지만 문학과 이상향을 꿈꾸는, 대도시에 적합하지 않은 이상주의자 가르가. 쉴링크는 가르가에게 결투를 신청함으로써 물화된 세계에 어울리지 않는 사유의 자유에 대한 그의 생각에 문제를 제기한다. 그리고 결투를 유발하기 위해 그의 경제적 기반이자 가족의 토대를 뒤흔들어 놓는다. 결국 쉴링크가 공격하는 투쟁의 영역은 가족 · 부부 · 명예 · 사랑에 대한 가르가의 관념이다.[23] 즉, 유색인으로서 시카고라는 대도시 자본주의 사회에서 성공한 사업가인 그는 경제적으로 부족한 것이 없음에도 불구하고, 찢어지게 가난하고 몽상적인 가르가의 욕망을 모방하는 것이다. 그는 자신과는 전혀 다른, 삶이라는 강의 건너편 둔덕에 살고 있는 가르가를 동경한다. 그의 생각과 삶을 누리는 방식을 부러워하기 때문에 그 존재 기반을 파괴함으로써 자신의 욕망을 폭력으로 드러낸다. 그래서 그의 욕망과 폭력 이면에는 존경심과 원한이, 선망과 증오가 뒤섞여 있다. 결국 그는 가르가를 파괴하고 그의 존재방식을 전유하여 가르가가 되고자 한다. 가르가의 욕망을 모방하는 쉴링크는 성공한 자기 인생의 총체라 할 수 있는 목재사업과 자신의 집마저 가르가에게 양도하고 그에게 사랑을 고백한다.

> 쉴링크 : (그를 뒤따라가며 열렬히) 웃으세요. 당신의 웃음을 사랑합니다. 당신의 웃음은 나의 태양이죠. 당신이 없으니 이곳이 시시하더군요. 당신을 볼 수 없다는 건 고통이었소. 3주일이나 됐어요. 가르가.[24]

그뿐이 아니다. 쉴링크는 가르가가 내동댕이친 가족들에게 돈과 가구를 가져다주고 그들에 대한 부양의 의무를 스스로 떠맡는다. 이 작품에 등장하는 인물들의 행위는 심리적으로도 논리적으로 이해할 수 없는 것들이다. 이유 없이 결투를 위한 결투를 하는 두 남자, 자신의 결투를 받아들인 적수에게 자신의 모든 재산을 넘기는 쉴링크, 그러면서도 그 적수를 사랑하고 사랑하면서도 파괴하고, 그러면서 동시에 적수가 버린 가족에 대해 책임을 지는 쉴링크. 쉴링크는 가르가의 존재기반을 파괴했지만 가르가의 가족들을 부양하면서 이러한 방식으로 가르가의 자리를 점유해 간다. 쉴링크는 가르가를 동경하고 사랑하고, 그의 존재방식을 탈취하기 위해 그를 증오하고 파괴하면서, 그 자신이 가르가가 되고자 한다.

반면 쉴링크에 의해 촉발된 폭력적 결투는 가르가의 분노를 자극하고 그의 욕망을 부추긴다. 초반에 '사고의 자유'를 주장했던 가르가는 이제 자유로운 결투를 위해 가족들에게 '자유'를 선언한다. 그리고 쉴링크에게 최초의 가격을 당한 가르가는 적을 때려눕히겠다는 복수심에 불탄다. 눈에는 눈, 이에는 이. 그는 목재를 이중으로 처분하여 쉴링크의 목재회사를 파산시키고 그 돈을 자신이 취한다. 이로써 가르가는 쉴링크를 공격하여 그의 존재기반을 파괴함과 동시에, 쉴링크가 가르가의 자리를 점유한 것처럼 가르가는 쉴링크의 위치를 차지한다. 쉴링크의 폭력에 도발된 가르가의 욕망은 자본주의 사회에서 성공한 사업가인 쉴링크의 욕망을 모방하고, 그의 존재방식을 전유한다. 폭력이 욕망으로부터 비롯되듯이 욕망은 또한 폭력으로 도발되고, 타인의 욕망을 모방하는 과정에서 상대방의 욕망이라는 폭력과 만난다.[25] 이렇듯 욕망과 폭력은 모방적이며, 상호적이고, 순환적이다. 폭력과 욕망은 서로 뒤섞이고, 이제 폭력이 먼저인지 욕망이 먼지인지 구분할 수 없게 된다.

괴물 같은 짝패와 그림자 결투

욕망의 주체와 중개자의 거리가 너무 가까워져서 갈등이 깊어지고 욕망이 폭력으로 전이되는 위기의 절정에서는 폭력이 이제 모든 욕망의 수단이자, 동시에 주체이며 대상이 된다. 이제 욕망은 폭력을 욕망한다. 폭력을 위한 폭력, 결투를 위한 결투가 벌어진다. 이러한 상황에서는 폭력과 욕망만이 뒤섞여 하나가 되는 것이 아니다. 서로를 파괴하고 파괴당하고, 서로의 자리를 점유해 가는 쉴링크와 가르가. 초반에는 서로 맞은편 강가의 둔덕에 위치했던 두 대립자 사이에 이제 차이는 없어지고 두 사람은 서로 구별할 수 없게 된다.

가르가 : (담배를 피우며) (…중략…) 어린 시절을 다시 한 번 눈앞에 그려 보고 있었소. 푸른 유채잎 만발한 기름진 들판, 협곡에서 노니는 스컹크와 물살 급한 여울목.

쉴링크 : 맞아. 그 모든 것이 당신의 얼굴에 깃들어 있었소! 이제 그 얼굴은 호박석처럼 단단해졌지. 투명한 그 돌 속엔 이따금 작은 동물들의 시체가 보여.[26]

사바나의 초원지대에서 어린 시절을 보낸 가르가의 얼굴, 평원지대의 생명력이 살아있던 얼굴은 이제 호박석처럼 단단해졌고, 그 안에는 생물체들의 주검이 보일 뿐이다. 이제 가르가는 쉴링크와 닮아 있다. 그는 쉴링크처럼 두꺼운 피부에 생명력을 잃은 도시인의 모습을 하고 있다. 어린 시절 평화로운 풍광이 아니라 동물의 시체가 들여다보이는 얼굴을 가진 도시인.

브레히트는 이 연극에서 "상황을 더 인간적이고 단순하게 형상화하려고 노력함에도 불구하고 너무 정신적 투쟁으로 나타날 위험이 있다"[27]고 고백한다. 결국 마지막 결투 장면에서 쉴링크는 자신이 원한 것이 '형이상학적 결투'였다고 밝힌다.

가르가: 그러니까 말년에 접어든 지금, 당신은 이 행성의 시커먼 욕망에 접촉하고자 하는 그 병적인 욕망에 빠져든 거로군.

쉴링크: (미소 지으며) 적대관계를 통해서?

가르가: 그래, 적대관계를 통해서.

쉴링크: 자네는 우리가 동료라는 걸 파악했군. 형이상학적 행위의 동료 말이야![28]

쉴링크는 자신이 가지지 못한 것을 소유한 가르가의 욕망을 모방한다. 그는 가르가가 되고자 하고, 그에 대한 선망과 원한으로 그를 파괴한다. 그것은 그의 존재방식에 대한 공격이며, 삶을 향유하는 능력과 방식에 대한 전면전이다. 그의 욕망에는 사랑과 증오가 뒤섞여 있다. 그는 숭배하면서 증오하기에 파괴한다. 두 사람은 서로 마주보는 펜던트와 같다. 하지만 심장의 흔적을 느낄 수 없는 쉴링크와 자신을 언어로 표현하지 못하는 가르가가 만날 수 있는 지점은 어디인가? 쉴링크는 양자강에서 배를 젓던 시절부터, 시카고에서 사업가로 성공하면서 감정과 감각을 상실하고 '두꺼운 피부'를 갖게 된 인물이다. 그를 사랑했던 가르가의 여동생 메리는 그것을 '병'이라고 말한다.

쉴링크: 내 육체는 마비됐소. 내 피부도 마찬가지지. 자연스러운 상태에서 인간의 피부는 이 세상을 살아가기에 너무 얇아. 그래서 인간은 피부가 두꺼워지도록 애를 쓰지. 피부의 성장을 멈출 수만 있다면 방법은 아무래도 좋아. 가령 따로 떼어낸 가죽 한 조각은 그대로 있지만 피부는 계속 자라서 점점 두꺼워진단 말이야.

마　리 : 당신 적수를 찾지 못해서 그런 건가요?

(…중략…) 언제부터 이런 병을 앓고 있었죠?[29]

모든 걸 돈으로 살 수 있고 인간이 상품이 되는 자본주의 사회에서, 무감각과 두꺼운 피부는 그의 성공요인이다. 피부가 점점 두꺼워지는 병에 걸린 쉴링크는 적수를 구하고 있었다. 따라서 쉴링크가 가르가를 찾아내서 결투를 신청하게 된 것은 가르가의 피부가 얇기 때문이다. 두꺼운 피부를 가진 쉴링크가 타인과 관계를 맺을 수 있는 방법은 오직 폭력을 통해서만 가능하다. 폭력은 직접적 고통으로 그의 무감각을 자극하고, 그에게 타인과의 접촉을 가능하게 하는 유일한 방식이다. 그는 남녀 간의 사랑을 믿지 않는다. 비비가 돈으로 메리를 사려 하자 메리는 쉴링크에게 보호를 청한다. 하지만 쉴링크는 이렇게 말한다. "여기선 아무도 당신을 사랑하지 않습니다. 그 사람이 당신을 사랑하죠."[30] 그에게 이성 간의 사랑이란 무엇일까?

쉴링크 : 사랑, 육체적 접촉이 주는 따스함이 암흑 같은 세상에서 우리에게 주어진 유일한 은총이지! 성기의 결합만이 유일한 방식이지만 그것도 두 동강난 언어 사이에 다리를 놓아주진 못해.[31]

언어로 도달할 수 없는 관계는 성기의 결합으로도 공허하기만 하다. 그래서 그는 가르가를 사랑한다. 결투를 통해 피부에 직접적 고통을 주면서 감각을 일깨우고, 접촉과 관계에 대한 병적 욕망을 채워줄 사랑을 가르가에게서 찾고자 한다. 하지만 그것은 가능한가?

가르가가 쉴링크와의 결투를 아무 이유도 묻지 않고 조건 없이 받아들인 후, 그가 이제까지 유지했던 삶의 존재방식과 모든 사회적 역할을 벗어버리고 투쟁을 위한 투쟁을 시작한 이후, 그는 쉴링크의 욕망을 모방하고 그를 닮아가기 시작한다. 가르가는 이제 쉴링크의 부하들과 한패거리가 되고 그들과 같은 복장을 하고 있다.[32] 그는 쉴링크처럼 모든 것을 돈으로 교환하고자 하며 여자 친구를 경매에 붙이고 가족을 팔아치운다. 게다가 구세군 목사에게 쉴링크의 집을 내주는 대가로 쉴링크로 하여금 목사의 얼굴에 침을 뱉도록 하기도 한다.

르네 지라르가 말하는 욕망의 삼각형은 이등변 삼각형이다. 욕망주체가 중개자에게 가까이 다가가면 갈수록 욕망의 강도는 증가한다.[33] 두 사람이 서로 닮아갈수록 서로의 욕망은 커져가고, 모방의 정도는 점점 강해지면서 폭력적 상호성의 작용으로 두 사람 사이의 모든 차이가 지워져버린다. 위기 속에서 적수들은 엄청난 차이에 의해 서로 단절되어 있다고 믿는다. 그러나 실제로는 모든 차이들이 조금씩 소멸된다. 폭력의 위기가 심해질수록 적수들은 '폭력의 쌍둥이'가 된다. 이것이 바로 '괴물 같은 짝패'다.[34] 이런 의미에서 쉴링크와 가르가는 서로의 욕망을 모방하고 복수와 보복이라는 폭력의 상호적 메커니즘 속에서 차이가 소멸된 짝패가 된다.

마지막에 가르가는 결투의 끝을 선언한다.

> 가르가 : 쉴링크, 난 이제 우리 싸움을 끝내겠소. 삼 년째 접어든 지금 미시간 호수의 덤풀 숲에서. 이제 싸울 거리도 없소. 이 순간 싸움은 끝이오.

(…중략…)

쉴링크 : 이렇게 하찮게 끝나다니. 당신은 그것이 무엇이었는지도 파악하지 못했소. 당신은 내 종말을 원했지만 내가 원한 건 결투였소. 육체적인 것이 아니라 정신적인 것 말이요.

가르가 : 정신적인 것이라고, 보시오, 그런 건 중요하지 않아. 중요한 것은 더 강한 자가 되는 것이 아니라, 살아 있다는 거지.[35]

무차별화로 서로 동일해져 버린 두 적수 간의 싸움이란 무의미하다. 이렇게 두 남자들의 결투는 끝이 나고, 쉴링크는 가르가가 도발한 린처들의 추격에 쫓기다가 모든 재산을 가르가에게 남긴 채 자살한다. 결국 가르가는 쉴링크가 다시 회생시킨 목재사업과 그에게 남긴 재산을 자신의 가족과 함께 팔아 치운 후, 대도시 뉴욕이라는 정글을 향해 떠난다.

가르가 : (돈을 챙겨 넣는다) 혼자라는 건 좋은 일이야. 카오스는 끝났어. 최고의 시절이었지.[36]

쉴링크의 폭력을 통해 도발된 가르가의 욕망은 폭력과 욕망의 상호작용과 모방성으로 인해 쉴링크를 죽음으로 몰아넣고 가르가 주변의 인물들을 파멸시킨다. 이 "자본주의에 대한 학습극"[37]에서 가르가는 폭력적 학습과정을 통해 자본주의에 적합한 인간으로 변해간다. 그는 또 다른 쉴링크, 그의 괴물 같은 짝패가 되고, 결투에 대한 재미 이외에 어떤 다른 이유도 없는 두 남자의 투쟁은 결국 '그림자 결투'가 된다.

그럼 이 결투의 승자는 누구인가? 이 연극은 자본주의에 적합하지 않은 이상주의자 가르가가 쉴링크에 의해 폭력의 쌍둥이가 되면서 자본주의적 인간의 완전한 승리를 구현하는 듯싶다.

이 이유 없는 폭력의 배후에는 대도시 시카고가 자리한다. 힘이 있는 동물이 밀림을 지배하듯, 문명화된 대도시를 지배하는 자는 자본을 가진 자다. 자본이 곧 힘이며, 모든 것은 자본의 논리에 포획된다. 그리고 이러한 자본의 논리는 정글의 법칙과 다르지 않다. 자본의 논리가 지배하는 도시 정글 속에서 폭력은 필연적이다. 문명 이전의 자연상태를 홉스는 '만인에 대한 만인의 투쟁'이라고 말했지만 대도시에서도 역시 '만인에 대한 만인의 맹수화'가 만연해 있다. 그렇다면 결투를 통해 쉴링크가 도달하고자 했던 소통은 이루어졌을까? 지독한 아이러니는 밀림 속 맹수들에게는 가능했던 순수한 결투조차 대도시 정글에서는 불가능하다는 점이다. 쉴링크는 "서로 갈갈이 물어뜯고 (…중략…) 옆구리를 부르르 떨고 흰 눈자위를 번뜩이며 서로 노려보다가, 목덜미를 맞물고서 뒤엉켜 나뒹굴던" 그 순수한 결투, 결투를 통한 접촉을 원했지만 결국 "끝도 없는 고립이" "적대관계"를 통한 접촉조차 도달할 수 없는 목표로 만들었고 쉴링크의 소통 시도는 불발로 끝난다. 대도시는 "고립이 너무나도 엄청나서 투쟁조차 벌어질 수 없는"[38] 정글인 셈이다.

2) 데이비드 핀처의 〈파이트 클럽〉

결투를 위한 결투 - 스포츠적 결투

브레히트의 〈도시의 정글 속〉이 20세기 전반기의 대도시 시카고를 배경으로 한다면, 〈파이트 클럽〉은 동시대 뉴욕을 배경으로 펼쳐진다. 〈도시의 정글 속〉이 초연된 독일이 실업과 인플레, 중산층의 몰락이라는 자본주의의 혼란한 상황이었다면, 〈파이트 클럽〉의 배경은 신자유주의와 세계화가 확산되고 있는 후기 자본주의 사회이자, 고도의 모빌 네트워크 사회다. 1996년 척 팔라닉의 소설로 출간된 『파이트 클럽』은 데이비드 핀처에 의해 수백만 달러짜리 필름으로 만들어진 컬트 서사다. 시대적 배경이 우리의 현실과 더 가까워진 〈파이트 클럽〉은 제목이 암시하듯이 작품의 내레이터와 타일러 더든이라는 두 남자의 동기 없는 결투 이야기다. 영화는 타일러 더든이 세계에서 가장 높은 뉴욕의 191층짜리 파커 모리스Parker-Morris 빌딩 옥상에서 몇 분 후면 자신의 눈앞에서 파괴될 건물들의 모습을 그려보면서 내레이터의 입 안으로 총구를 겨누고 있는 장면으로 시작된다. 그리고 이후의 장면들에서는 내레이터가 타일러 더든이라는 금발의 의기양양한 비누 장수를 우연히 비행기 안에서 만나게 되는 사건이 회상된다. 왜 타일러 더든은 월스트리트가의 건물들을 파괴하려 하는가? 그리고 내레이터와는 어떤 관계인가? 내레이터는 자동차 회사의 리콜을 결정하는 데 필요한 정보를 제공하는 코디네이터이자 전형적 화이트칼라다. 그는 불면증 환자다. 불면증은 고도의 모빌 네트워트 사회의 전형적 질병이 아닌가? 그는 심한 불면증에 시달리다 결국 의사의 권유로 여러 불치병 환자들의 모임에 나가게 된다. 불면증이 인간관계의 부재에서 연유했다는 판단 때문이었다.

> 불면증. 세상 모든 게 너무 멀게만 느껴진다. 사본의 사본의 사본. 불면증은 내게서 모든 걸 떨어뜨려 놓았다. 아무것도 만질 수 없고, 또 아무도 날 만질 수 없다.[39]

그가 순례하는 불치병 환자들의 모임도 다채롭다. 고환암 환자들의 모임인 '살아남은 남자들의 모임'·결핵환자모임·흑색소 세포종 환자모임·백혈병환자모임·알코올중독환자모임·빈혈환자모임 등 여러 형태의 환자모임에 매일 참석한다. 그는 모임 중독자이며, 물질의 노예이자 '소비문화의 부산물'이다. 이것은 내레이터의 소비패턴에서 그대로 드러난다. 그의 욕망은 항상 문화산업이 남발하는 광고에 의해 도발되고 매개되며, 그는 화장실에 가서도 상품들의 광고를 본다.

> 둥지를 꾸미는 본능에 노예가 된 건 비단 나뿐만이 아니었다. 알고 지내던 이들도 이젠 포르노 잡지 대신 이케아 가구 카탈로그를 들고 화장실에 들어간다.[40]

그는 주로 일회용품이나 조립식 제품, 광고를 많이 하는 회사의 제품들을 구입한다. 내레이터는 타일러의 입을 빌려 이렇게 말한다.

> 광고가 사람들로 하여금 차를 사게 하고 필요 없는 옷을 사게 하지. 수 세

대에 걸쳐 사람들은 실제로 필요도 없는 것을 사기 위해 싫어하는 직업에 일생동안 매달려. 우리 시대에는 대단한 전쟁이나 경제적 대공황은 없을지 몰라도, 우리는 정신의 전쟁을 치르고 있어. 우리는 현대문화에 대항하는 혁명을 하는 거야. (…중략…) 우리는 정신적 우울증을 겪고 있어.[41]

내레이터는 일회성과 주기적 교체를 부추기는 광고의 폐해를 알고 있지만, 그럼에도 물질로부터 자유롭지 못하다. 스타벅스와 크리스피 도넛, 캘빈 클라인을 즐기는 내레이터의 아파트는 점점 이케아 가구로 채워지고 스타벅스와 크리스피 도넛, 캘빈 클라인의 상표처럼 이케아의 상표는 그의 정체성을 규정한다. 하지만 그의 욕망은 채워지지 않는다. 소비사회에서 우리의 욕망은 매개된 욕망이며, 타자의 욕망, 잉여의 욕망이기 때문이다. 지라르식으로 하면 중개자의 욕망을 모방하는 것이고, 라깡의 말을 빌자면 타자가 욕망하는 것을 욕망하기 때문이다. 우리의 욕망은 '타자의 욕망'이기 때문에 항상 문제가 된다. 타자가 되고자 하는 욕망, 타자의 욕망의 대상이 되고자 하는 욕망, 타자가 욕망하는 것을 욕망하는 욕망. 현대 소비사회의 욕망은 사용가치에 의한 욕망이 아니라 타자에 의해 촉발된 욕망이며, 교환가치에 의한 욕망이다. 그래서 그 욕망의 심연은 자꾸 벌어지고 궁극적 충족을 알지 못한다.

자본주의는 더 이상 '주인의 담론'에 따라 기능하지 않는다고 지젝은 말한다.[42] 개인은 따라야 할 상징적 권위를 상실했고, 그것을 소비와 같은 비상징적 형태의 권위가 대체하고 있다. '나는 소비한다. 고로 나는 존재한다.' 신자유주의든 위험사회든 우리에게는 너무나 많은 사이비 자유가 주어졌다. 소비할 수 있는 자유. 아니, 신자유주의는 위험사회의 아버지다. 주된 행위자로서 개인이 우선시되는 신자유주의에서는 지금까지 공적으로 관리되던 위험과 책임이 개인의 영역에 부과된다. 언뜻 보기에 신자유주의에서는 개인의 권리와 자유가 보장되지만, 민주주의가 시장적 경쟁 논리로 대체되면서 개인화된 인간, 기업적 개인Enterprising Self은 무한 경쟁에 내몰리고, 불확실한 미래에 직면한 개인의 불안이 사회적으로 위험을 양산하게 된다. 이제 개인에게 주어진 주체나 정체성은 없다. 보드리야르는 현대 소비사회에서 실재와 모사의 관계를 이렇게 비평한다.

> 하나의 모사물에서 다른 모사물에 이르기까지, 끝없는 복사와 재현의 나선형을 따라, 사람들은 결국 더 이상 지시형태가 없는 대상의 점점 더 강한 소멸에 이르게 된다. (…중략…) 실재는 모사물 속에서 증류되고 증발되고 사라져버린다. 모사는 오늘날 폐물화나 파괴보다 훨씬 더 효과적이고 신랄한 사라짐의 양식들 중의 하나이다.[43]

'복사의 복사의 복사' 속에서 실재는 사라지고, 주체는 텅 빈 주체가 된다. 그래서 인간은 절망적으로 진정한 정체성을 찾고 존재에 대한 객관적 상관물을 발견하려고 한다. 영화에서 내레이터는 이렇게 말한다.

> 난 내 삶을 사랑했다. 난 나의 콘도를 사랑했다. 가구 하나하나를 사랑했다. 그것은 내 삶의 전체였다. 모든 것 — 램프, 의자, 러그 — 이 내 자신이었다. 접시들이 나였고, 화분들이 나였고, 텔레비전이 나였다.

우리는 소비하기 위해 존재한다. 평생 쓰지 않을 물건을 사기 위해 평생 직업에 매달리고 돈을 벌어야 한다. 소비에서 '진정한' 정체성을 발견하고, 사들인 물건은 자아의 객관적 상관물이 된다.

이에 비해 미국 중산층 전문직 백인 남성의 전형인 내레이터가 우연히 만나게 된 타일러 더든은 비누 장수이자 영화관 영사기사이고 웨이터 일을 하는 반화이트 칼라다. 불면증에 시달리고 창백하며 결핍된 듯 보이는 내레이터와 달리 타일러 더든은 에너지가 넘치는 거친 남성성을 자랑하고, 내레이터는 일견 자신과 전혀 다른 타일러의 매력에 끌린다. 타일러는 강인한 육체의 소유자로, 용감하고 대담하며 자유분방하다. 그를 알게 된 후 내레이터는 갑작스러운 의문의 폭발로 집을 잃게 되고, 다시 타일러를 만나게 된다. 그런데 느닷없이 내레이터에게 가능한 한 힘껏 자신을 때려 달라고 요구하는 타일러. "왜?" "나도 몰라." 그렇게 이유 없이 두 남자 간의 결투가 시작된다. 그래서 그들은 적대감 없이 서로에게 폭력을 행사하며, 스포츠와 같은 결투를 위한 결투에 몰두한다. 이렇게 파이트 클럽은 시작되고 두 남자는 토요일 저녁에 만나 일요일 새벽까지 결투를 하는데, 구경꾼들의 입소문을 타고 파이트 클럽의 회원이 점점 늘어나게 된다. 파이트 클럽은 다음과 같은 규칙에 따른다.

① 파이트 클럽에 대하여 절대로 발설하지 않는다.

② 파이트 클럽에 대하여 절대로 발설하지 않는다.

③ 두 사람 중 한사람이 "그만"이라고 외치거나 절뚝거리면, 바로 그것이 가짜라 하더라고 싸움을 멈춘다.

④ 일 대 일로 싸운다.

⑤ 한 번에 한 판만 싸운다.

⑥ 상의와 신발을 벗고 싸운다.

⑦ 싸울 수 있을 때까지 싸운다.

⑧ 처음 온 사람은 반드시 싸운다.

한 번 싸우고 나니 모든 게 하찮게 여겨졌다. 피 맛이 역겹지 않고, 싸우고 싶은 욕망이 꿈틀거렸다. 피를 뿌리며 내지르는 신음 소리에서는 생명력이 넘쳤고 그들에게 상처는 훈장이 됐다. 승패는 상관없었다. 말도 필요 없었다. 스포츠적 결투에서 느껴지는 구원받은 그 느낌을 내레이터는 즐겼다. 타일러와의 결투를 통해 내레이터의 욕망이 도발됐고, 이제 이 의기양양한 폭력에 집착하게 된다. 폭력 속에서 신적 마력인 '쿠도스'를 느끼기 때문이다. 쿠도스는 폭력과 욕망 그리고 신성의 관계를 보여주는 호머의 용어다. 이는 폭력이 행사하는 마력이며, 운수를 건 승부에서 의기양양한 폭력의 심리적 효과다.[44] 이제 유희로서의 폭력은 종교적 범주에 들게 된다.

파이트 클럽은 보통 체육관에서 들을 수 있는 힘쓰는 소리와 소음으로 가득하다. 하지만 파이트 클럽은 체육관과 달리 자기 개선을 위해 존재하지 않는다. 교회에서나 들을 수 있는 광란의 갈채가 있고, 일요일 오후에 눈을 뜨면 왠지 구원받은 기분도 느낄 수 있다.[45]

내레이터는 땀과 피로 뒤범벅된 결투가 유발하는, 살이 타는 듯한 고통과 상처를 통해 쾌락을 느끼고 자신의 정체성을 확인한다. 〈도시의 정글 속〉의 쉴링크처럼, 인간관계가 부재했던 내레이터에게 결투를 통한 접촉과 파괴는 관계를 가능하게 하는 유일한 방식이었을지 모른다. 그는 이제 불면증에서 벗어나고 살아있음을 느낀다. 전문직 남성의 깨끗한 이미지였던 내레이터의 얼굴과 몸은 이제 멍과 상처로 뒤덮여 있고, 회사에서는 모두 그를 두려워한다. 그의 얼굴과 신체는 손상되고 변형되며 사회적 규범과 통제를 벗어난다. 들뢰즈에 의하면 얼굴은 '흰 벽'과 '검은 구멍'이라는 특정한 배치의 변화를 통해 개인의 동일성을 창조한다. 즉 얼굴은 눈, 코, 입이 서로 결합하여 하나의 풍경을 만들어내고, 특정한 표현능력으로 특정한 종류의 개인을 지시하게 된다. 그러므로 얼굴의 형상성은 동일성의 원리를 바탕으로 한 상징적 마스크이며, 개인의 특정한 실존양식을 대변한다.[46] 이제 멍과 상처로 뒤덮이고 손상되고 변형된 내레이터의 얼굴은 그가 더 이상 후기 자본주의 소비사회에 일원이 아님을, 돈 잘 벌고, 소비를 통해 자신의 욕망을 채우고 존재를 확인하는 고분고분한 소비자가 아님을 보여준다. 아도르노는 이미 현대의 문화산업을 분석하면서, 자본주의 질서 안에서 길들여지는 고분고분한 소비자에 대해 이렇게 언급했다. "자본주의적 생산은 그들의 육체나 영혼으로 하여금 자신들에게 제공된 것을 고분고분 받아들이도록 묶어 놓는다."[47] 내레이터는 이제 더 이상 후기 자본주의 소비사회의 고분고분한 일원이 아니듯이, 사회적으로 추구되던 완벽한 신체에 대한 가상도 거부된다. "난 상처 없이 죽고 싶진 않아. (…중략…) 완벽한 몸은 아무짝에도 쓸모없어."[48] "자기 개선은 자위다. (…중략…) 자기 파괴가 답이다." 그의 얼굴과 신체는 피와 땀으로 얼룩지고, 그는 멍과 상처를 훈장처럼 달고 다닌다. 그는 결투와 신체의 훼손을 통해 우리 사회를 지배하는 상상적 시뮬라크라simulacra로부터 도피하고자 하며,[49] '복사의 복사의 복사'로서의 자아 정체성과 실존방식을 파괴하고자 한다. 이 소설의 저자 팔라닉은 오늘날 우리의 정체성 창조방식에 대해 이렇게 말한다.

> 우리에게는 정말로 자신의 정체성을 창조할 자유가 조금도 주어져 있지 않다. 우리가 무엇을 원해야 하는지 훈련되어 있기 때문이다. 우리 존재를 완전히 규정했던 이러한 문화적 훈련에도 불구하고 탈주해서 쥐꼬리만 한 자유를 창조하게 하는 것은 무엇일까? 그것은 완전히 금지된 것을 하는 것, 우리가 무엇을 원하는지 훈련되지 않는 것이다.[50]

내레이터는 새로운 정체성으로 탈주하기 위해 기존의 존재방식을 파괴한다. 창조의 유일한 방식은 파괴다. "뭔가 새롭고 더 나은 걸 창조하기 위해서는 모든 걸 부숴 버려야 해"[51]라고 타일러는 말한다.

폭력의 쌍둥이 – "내 폭력적 행동의 진짜 목표는 나 자신이었다네."

타일러의 의견에 동의하는 내레이터에게 타일러와의 결투는 폭력에 대한 욕망을 일깨우고, 폭력의 과정에서 내레이터는 점점 타일러의 말투와 행동을 모방하며 그를 닮아간다. "신이 우릴 거부하고 미워하는데 구원 좋아하네. 우린 버린 자식이야. (…중략…) 이건 타일러의 말투다." 그는 더 이상 상사에게 고분고분한 회사원이 아니며, 회사에서도 고래고래 소리를 지르고 폭력을 행사한다. 그는 이제 자본주의 소비사회에서 무한한 듯 보이는 소비의 자유를 누리는 말 잘 듣는 소비자가 아니다. 가르가와 쉴링크가 3년간의 투쟁 과정에서 그러했듯이 두 남자는 타일러의 집에서 함께 '부부처럼 살며' 폭력의 의기양양한 효과를 즐긴다. 이러한 폭력의 과정에서 내레이터는 제2의 타일러더듬이 되어 가고, 두 사람은 서로에게 '괴물 같은 짝패', '폭력의 쌍둥이'가 된다. 타일러는 주인공에게 말한다.

> 넌 네 삶을 바꿀 방법을 찾고 있었어. 하지만 네 방식으로는 할 수 없었지. (…중략…) 나는 네가 원하는 대로 보여. 네가 원하는 대로 섹스도 하지. 난 스마트하고 능력이 있어. 네가 자유롭지 못한 모든 곳에서 난 자유로워.

주말 저녁 두 남자 간의 결투였던 파이트 클럽은 점점 미국 전 지역의 도시들로 확대되고 회원 수도 많이 늘어나면서 매일 저녁 열리게 된다. 두 남자의 파이트 클럽이 단지 정신적 공황에 시달리고 있던 내레이터의 분노 표출이었다면, 확대된 파이트 클럽은 곧 '프로젝트 메이헴'이라는 보다 진화되고 정교해진 폭력집단으로 진화한다. 파이트 클럽은 고정된 공간, 지속적 주소가 없다. 그것은 리좀Rhizome처럼 불연속적 점프를 통해 성장한다. 시간적으로도 '파이트 클럽은 시작되는 시점과 끝나는 시점 사이의 시간 동안에만 존재한다.' 파이트 클럽은 이기고 지는 것이 중요한 경기가 아니다. 파이트 클럽은 성스러운 폭력의 제의다. 이제 그들은 폭력을 통해 새로운 욕망에 눈뜨고 욕망은 폭력 이외의 다른 대상을 지니지 않는다. 적수들 간에 서로 받아치는 타격의 횟수가 많아지고 타격의 교환이 빨라질수록 폭력에 대한 욕망은 강해지고, 위기가 고조되면서 서로 치고 받는 적수들 간의 차이는 소멸되고 무차별화된다. 〈도시의 정글 속〉에서 가르가가 쉴링크의 결투신청을 받아들인 후 그와 쉴링크의 부하들이 모두 같은 복장을 입고 나타나듯, 파이트 클럽의 회원들은 모두 머리를 깎고 검은 셔츠를 입음으로써 서로 닮아가고 서로의 괴물 같은 짝패가 된다. 폭력의 과정에서 폭력과 욕망이 뒤섞이면서 이들은 모두 폭력의 동질성으로 빠져든다. 〈파이트 클럽〉에서는 검은 복장과 빡빡 깍은 머리뿐만 아니라, 양잿물로 지진 손등의 상처 역시 그들의 폭력 동질성을 상징한다. 이와 유사하게 2009년 마티아스 랑호프가 연출한 〈도시의 정글 속〉 공연에서는 쉴링크의 부하들인 '얼간이' 클럽 회원들이 동일한 문신을 통해 폭력의 동질성을 상징적으로 보여준다. 또한 2011년 카타리나 탈바하는 〈도시의 정글 속〉을 연출하면서 이러한 폭력의 동질성을 표현하기 위해 결투하는 남성들의 복장을 같은 양복으로 통일하고 흰색 귀와 흰색 손을 가진 인물로 무대화하기도 했다. 이들은 같은 의상으로 갈아입자마자 파괴적 본능을 발산하기 시작한다. 〈파이트 클럽〉에서 클럽 회원들은 대부분 소비사회에서 소외된 프롤레타리아트 출신으로, 폭력을 통해 자신의 원초적 존재를 확인하려한다. 하지만 이제 그들은 폭력의 과정을 통해 폭력에 대한 욕망을 서로 모방하고, 폭력의 동질성에 빠져들면서 얼굴 없는 익명화된 폭력의 쌍둥이가 된 것이다. 타일러는 파이트 클럽을 수사하는 경찰국장을 납치해서 이렇게 협박한다.

네가 밟고 올라서려는 사람들은 네가 철석같이 의지해야 하는 이들이라는 사실을. 우린 네 옷을 빨고, 네 식사를 만들고, 또 그걸 서빙하는 사람들이야. 네 침대도 정리해 주고, 네가 꿈나라에 가 있는 동안 경비도 서고 앰뷸런스를 몰고, 너한테 걸려온 전화도 연결시켜 주지. 요리사, 택시 기사(…중략…) 우린 너에 대해 모든 걸 알고 있어. 우린 네 보험금 청구서와 신용카드 고지서를 처리하거든. 우린 네 인생의 모든 부분을 조절하는 사람들이야. (…중략…) 우린 역사의 자손들이야, 텔레비전에 의해 길러진. 언젠가 백만장자나 인기 배우나 록스타가 될 거라고 철석같이 믿고들 있지. 하지만 안타깝게도 그건 헛된 꿈일 뿐이야. 우린 그 사실을 아주 천천히 깨달아 가고 있는 중이야.[52]

신자유주의 사회는 개인에게 무한한 자유와 권리를 주고 모든 가능성을 열어 놓음으로써, 마찰 없는 공간을 창조하고 고분고분한 개인을 양산한다. 개인은 자신의 능력과 노력에 의해 언젠가는 스타도 백만장자도 될 수 있을 것이라고 믿는다. 하지만 아도르노는 일찍이 현대문화산업의 시대에 기만당한 대중에 대해 이렇게 논평한다.

피지배자들이 지배자들로부터 부과된 도덕을 지배자들보다도 더 진지하게 받아들이는 것이 자연스러운 것처럼, 기만당한 대중은 성공한 사람들보다 더욱 성공의 신화에 사로잡힌다. 피지배자들은 자신들의 소망을 포기할 수 없기 때문이다. 그들을 노예로 만든 이데올로기에 피지배자들은 아무런 심적 동요 없이 매달린다.[53]

문화산업이 창조한 이데올로기에 기만당한 대중이 철석같이 믿고 있는 성공 신화는 허상인 것이다. 하지만 이제 세계화와 신자유주의 시대에 삶의 규범이나 태도도 더 이상 이데올로기로 인식되지 않는다. 그것은 이데올로기와 무관하고 중립적이며 당연시된다. "지금 일어나는 독재는 새로운 형태로 가장하고 있다. 21세기의 독재는 민주주의라 불린다."[54] 하지만 자유로워 보이는 개인과 무한한 개인의 가능성은 사실 자본의 논리와 이를 통해 포획되어 보이지 않게 된 계급의 벽에 갇혀있다.

폭력과 욕망은 모방적이고 상호적이기 때문에 한 번 자리를 잡으면 쉽게 사그라지지 않는다. 그들의 폭력성은 자기 자신을 향할 뿐만 아니라 사회로 시선을 돌린다. 72명으로 구성된 폭력적 소수 남성 집단인 프로젝트 메이헴의 목표는 "완전하고 즉각적인 문명 파괴"[55]다. 그들은 목표를 달성하기 위해 여러 분과를 조직해서 자본주의 소비사회를 공격하는 테러를 감행한다. 특히 그들의 리더인 타일러 더든은 "서비스 산업의 테러리스트"로서 자본을 소유하고 있는 부르주아 계급에게 테러한다. 고급호텔 레스토랑에서 음식에 오줌 싸기 · 방귀뀌기 · 재채기하기 · 주차해 놓은 재규어 자동차를 분수대로 밀어 넣기 · 폭스바겐 자동차 때려 부수기 등등. 굶어죽지 않을 정도의 돈을 받고 영화관의 영사기사로 일하는 그는 가족들이 즐겨 보는 애니메이션 영화에 중간중간 포르노그래피를 한 컷씩 삽입해서 엔터테인먼트 비즈니스 자본가에게 폭력을 가하기도 한다. 또한 자신의 집에 '페이퍼 스트리트 비누회사'를 차리고 "미국에서, 아니 세계에서 가장 부유한 사람의 넓적다리에서 지방흡입술로 뽑아낸 지방"으로 만든 비누를 부자들에게 다시 팔기도 하며, 그 지방을 원료로 폭탄을 만들어 건물을 폭파

할 것이라고 암시한다.

폭력이 거세지고 위기가 절정에 달하자 내레이터는 타일러 더든을 위시한 프로젝트 메이헴 조직원들의 걷잡을 수 없는 폭력적 탈주를 저지하려 하지만 오히려 그들에게 협박을 당한다. 폭력에 의해 도발된 욕망과 욕망의 모방으로 인해 가중된 폭력성은 이제 타일러 더든을 교주로 한 파시즘적 양상을 띤다. 다음의 프로젝트 메이헴 행동강령은 폭력이 집단화되면서 파괴적 권력으로 형성됨을 보여준다.

① 절대로 질문하지 않는다.
② 절대로 질문하지 않는다.
③ 절대로 변명하지 않는다.
④ 거짓말하지 않는다.
⑤ 타일러 더든을 절대적으로 믿는다.

이제 그들은 뉴욕 월 스트리트의 거대 빌딩들을 폭발할 계획을 세운다. 세계 경제를 움직이는 증권가가 즐비한 뉴욕 월 스트리트의 거대 빌딩들의 폭발은 미국식 자본주의의 종말을 암시한다. 따라서 그들의 테러는 반자본주의 선언과 같다. 그들은 소비자본주의의 근간을 뒤흔들어 문명을 즉각적으로 파괴하고 '제로로 돌아가기를' 원한다. 그들이 추구하는 것은 점진적 개선이 아니라, 자기 파괴와 해체다. 폭력의 모방성과 상호성에 의해 폭력은 점점 더 상승하고, 폭력 집단 구성원들 간에 차이가 사라지면서 폭력은 집단화된다. 그리고 집단화된 폭력은 권력을 구성한다. 한나 아렌트의 말처럼 "권력은 결코 개인의 재산이 아니다. 권력은 집단에 속하므로 집단이 존재하는 한 같이 존재한다."[56] 폭력은 익명성으로 자신의 얼굴을 가리며, 집단 속에서 정당화되고 강화된다.

서로 받아치는 타격이 가속화되고 위기가 격렬해질수록 적수들의 차이는 점점 더 빠르게 동요한다. 어느 한계를 넘어서면, 적수들의 이미지는 서로 중첩되어 혼합된 이미지를 구성한다. 〈파이트 클럽〉에서 폭력의 모방 정도가 강해지고 폭력이 확산되고 폭력 위기가 고조되면서, 완전히 다른 인물이었던 내레이터와 타일러의 이미지는 모호하게 서로 중첩된다. 내레이터는 이제 타일러의 존재와 자신의 차이에 혼란을 느끼고 타일러와 자신을 구별할 수 없게 된다.

> 우린 별개가 아니야. 네가 깨어 있는 동안 넌 뭐든 네 마음대로 할 수 있지. 하지만 네가 잠에 빠져드는 순간부터 넌 내가 인계받는 거야. 그리고 넌 그때부터 타일러 더든이 되는 거지.[57]

결국 타일러가 내레이터의 분신, 도플갱어라는 것이 밝혀지면서, 내레이터와 타일러의 결투는 자신의 그림자를 향한 싸움, 그림자 결투가 된다. 투쟁의 과정에서 적수들 간의 차이가 소멸하면서 이전에는 차이에 의해 분리되어 있던 타아와 자아의 자리에 '괴물 같은 짝패'가 생겨난다. 이들은 연달아 등장하고, 서로 오가다가 다소 섞이며 결국 하나가 된다. 그들은 내레이터와 타일러가 아니라 내레이터의 자아와 비자아다. 내레이터의 주체는 이러한 짝패의 경험에서 자신의 적수가 주체의 외부에 있다고 생각하고 타일러 더든이라는 인물을 창조해냈지만,

사실 적수는 자신의 내부에 있었다. 처음에 외부에 있었던 적수, 그를 매혹시켰던 타일러는 이제 자신의 내부에 있는 폭력의 쌍둥이로 나타난다. 타일러는 내레이터 자신의 내부에 있던 비자아, 그토록 바라고 구현하고자 하면서 동시에 파괴하고 추방하기를 원하는 내레이터의 비자아다. 그러므로 여기에서 폭력의 과정을 통한 내레이터의 짝패 경험은 사실 신들림, 빙의 현상에 가깝다.[58] 그는 타일러의 욕망을 모방하고 타일러가 되고자 했으며 타일러가 자신의 외부에서 자신에게로 왔다고 생각했지만, 타일러는 사실 내레이터의 욕망이 만들어낸 그림자이며 거울 이미지다. 결국 내레이터는 타일러를 권총으로 쏘아 파괴한다. 그리고 자신은 후기 자본주의 소비사회의 소비자로서 '안전하게' 살아남는다. 그는 마치 〈택시 드라이버〉의 트래비스처럼 이렇게 말하는 듯하다. "내 폭력적 행동의 진짜 목표는 나 자신이었다네." 하지만 내레이터의 폭력적 행동의 원래 목표는 비자아인 타일러가 아니라 내레이터의 자아가 아닌가? 여기에서도 〈도시의 정글 속〉에서처럼 후기 자본주의 소비사회의 고분고분한 일원으로서의 주체성을 파열시키고 새로운 정체성으로 탈주하고자 하는 내레이터의 시도는 좌절된다.

3. 그들의 폭력은 무엇을 향하는가?

—폭력의 대상인 정체성과 자본주의

지금까지 살펴본 〈도시의 정글 속〉과 〈파이트 클럽〉은 대도시를 배경으로 한 동기 없는 두 남자의 결투를 보여준다. 이것은 특정한 이유 없는 폭력이라는 점에서 현대사회의 폭력을 닮아 있다. 개인이 행위의 주체자로 등극하고 개인에게 무한한 자유와 권리가 주어진 탈이데올로기, 신자유주의 시대에 폭력은 이념 없는 폭력으로, 무목적성을 띤 폭력으로 출현하기 때문이다. 이러한 맥락에서 두 작품의 인물들이 보여주는 상호적 폭력은 사실 개인적이고 주관적인 구체적 이유를 찾아보기 힘들다. 그럼 상대방에 대한 적대감 없이 행해지는 두 남자들 사이의 폭력은 무엇에 대한 폭력이며, 어디를 향하는가?

우선 대도시 시카고를 배경으로 한 〈도시의 정글 속〉에서의 폭력은 쉴링크의 의해 도발된 폭력으로 쉴링크의 욕망으로부터 비롯된다. 자본주의 사회에서 성공한 사업가 쉴링크에게는 "돈이 전부"이지만 그는 심장의 흔적을 느낄 수 없는 인물이며, 두꺼운 피부를 가진, 자꾸 피부가 두꺼워져서 무감각해지는 병에 걸려 있다. 그런데 어느 날 자본주의에 어울리지 않는 꿈꾸는 이상주의자 가르가를 찾아가 결투를 신청한다. 가르가가 쉴링크와 달리 얇은 피부를 가지고 있기 때문이다. 쉴링크는 가르가의 욕망을 모방하고 가르가가 되고자 한다. 그래서 가족·사랑·부부·명예에 대한 가르가의 생각과 삶의 터전을 공격하고, 그가 삶을 영위하는 방식과 능력을 파괴한다. 결국 두 남자의 투쟁

과정에서 가르가는 직장을 잃고 가정은 해체되며, 연인인 제인과 여동생 메리는 매춘에 내몰린다. 가르가는 평원지대의 평화로운 얼굴을 상실하고 그의 얼굴은 이제 "호박석처럼 단단해"졌으며 그 "투명한 돌 속에서 이따금 작은 동물들의 시체"가 보인다. 이렇게 변해가는 가르가는 쉴링크가 자신의 '피부'를 벗겨버렸다고 원망하며 그를 증오하고 그에게 복수한다. 그의 결투를 수락하면서 이유 없는 싸움에서 그의 적수가 되어주지만, 쉴링크의 목재회사를 도산시키며 그의 삶의 근거를 파괴하고 자신이 당한 것과 똑같이 그에게 보복한다. 이렇게 서로에 대한 폭력이 격렬해지면서 두 남자는 서로를 구분할 수 없는 괴물 같은 짝패가 된다. 결국 가르가는 쉴링크를 자살로 몰아넣고, "강한 종족"의 얼굴을 한 채 돈을 챙겨 대도시 뉴욕으로 떠난다.

우선 이 작품에서 폭력의 직접적 대상은 개인적 정체성, 기존의 사회적 상징질서 안에 자리 잡은 사회적 정체성이다. 경제적 단위로서의 가정・가장으로서의 역할을 하는 아들・사랑과 가족・명예에 대한 이념들로 구성된 개인적・사회적 정체성이다. 이러한 정체성은 쉴링크의 폭력적 도발로 인한 가르가의 실직・사랑의 상실・부부관계의 단절과 가정의 붕괴를 통해 해체된다. 쉴링크 역시 폭력의 과정에서 자신의 전 재산을 가르가에게 양도하고, 감정의 약한 모습을 드러내며, 기존의 자신의 정체성을 잃어버린다. 따라서 두 남자의 상호적 폭력은 개인적・사회적 정체성의 해체, 새로운 정체성의 모색과 탈주 과정이라고 할 수 있다.

폭력의 직접적 대상이 인물의 개인적・사회적 정체성이라면, 폭력을 통한 비판은 어디를 향하고 있으며 어디로부터 비롯된 것일까? 우리는 이 지점에서 폭력의 객관적 원인으로 시선을 돌려보자. 이 작품의 배경이 자본주의 대도시 시카고라는 점을 감안한다면, 궁극적으로 폭력이 촉각을 세우는 대상은 문명화된 도시를 유령처럼 지배하는 정글의 법칙, 즉 자본의 논리다. 따라서 궁극적으로 가르가와 쉴링크의 이유 없는 폭력의 대상은 자본주의다. 정글 속 약육강식의 논리처럼 대도시를 배회하며 사람들을 포박하는 논리는 무전유죄의 논리이며, 이러한 질서 속에서 인간은 상품화되고, 값이 매겨지고, 경매에 내붙여진다. 성공한 사업가 쉴링크는 10달러로 가르가의 생각을 사고자하며, 이 작품에 나오는 여자들, 여자들의 육체에는 노골적으로 가격이 매겨지고 흥정된다. 이런 현실에서 진정한 사랑은 팔려고 내놓은 물건을 사기 위해 돈을 제공하는 것이다. 가난한 현실 속에서 가족을 부양해야 하지만 갑자기 직장을 잃어버린 가르가는 자본주의 대도시에서 여자건 남자건, "팔려고 내놓은 물건일 뿐이라"[59]는 사실을 너무도 잘 알고 있다. 그런 가르가가 폭력의 학습과정에서 쉴링크의 폭력의 쌍둥이가 되면서 자본주의 대도시에서 승리자의 새로운 얼굴을 갖게 되며, 결국 쉴링크가 남긴 목재회사에 자신의 가족을 끼워 팔아버리고 뉴욕을 향해 길을 떠난다. 그러면 그는 진정한 승자인가? 모든 개인적 노력의 허망함을 깨달은 가르가는 쉴링크가 촉발한 '자본주의에 대한 폭력의 학습과정'에서 이유 없는 공격성을 보이며, 모든 희망과 믿음을 포기하고 시장의 메커니즘을 불변의 것으로 받아들인다. "항상 애쓰며 노력하는 인간을 우리가 더 이상 구원할 수 없는"[60] 시대인 것이다. 모든 희망과 믿음의 상실과 체념이 분노의 싹을 틔우고, 이러한 분노는 폭력에 의해 도발되고, 폭력을 욕망하며, 폭력으로 표출된다.

같은 맥락에서 〈파이트 클럽〉의 내레이터와 타일러 더든의 스포츠적 결투를 위한 결투, 순수한 결투는 결국 후기 자본주의 소비사회의 소비라는 행위를 통해 결정되는 내레이터의 정체성에 대한 공격이며, 결국 그들의 이유 없는 폭력성의 대상은 소비자본주의 사회다. 내레이터는 타일러 더든이라는 반자본주의적 인물을 창조해 내고, 자신을 공격하게 하면서 소비하기 위해 존재하고 소비하기 위해 돈을 버는 자신의 주체를 끝장내고자 한다. 하지만 그는 가르가처럼 가정을 이루고 가정을 부양하는 가장의 역할을 하지 않는다. 그는 오히려 쉴링크처럼 인간관계가 부재하고 그로 인해 불면증에 시달리는 인물이며, 그래서 이런 저런 불치병 환자모임을 기웃거리는 모임 중독자다. 내레이터가 6살 때 이혼한 내레이터의 아버지는 "6년마다 새로운 장소에 새로운 가족을 만들곤 한다. 그것은 가족이라기보다는 오히려 프랜차이즈라고 부르는 것이 낫다." 〈파이트 클럽〉은 현대 뉴욕을 배경으로 하며, 이제 이곳은 근대의 가족제도가 해체되어 프랜차이즈화된 도시다. 내레이터와 "파이트 클럽에서 만나는 사람들은 여자들에 의해 길러진 남자들이고" 내레이터는 포스트오이디푸스적 인물이다. 따라서 이 작품에서는 〈도시의 정글 속〉에서처럼 파괴해야 할 가정조차 없으며, 내레이터는 팔루스 담론을 근간으로 한 이성애적 가족제도를 모른다. 여기에서는 오히려 소비자본주의 사회의 일회적 사랑이 비판의 대상이 된다. 내레이터 또는 타일러 더든의 섹스 파트너인 말라 싱어는 이렇게 말한다. "콘돔은 우리 세대의 유리 구두와 같아. 낯선 사람과 만날 때 그것을 꺼내 신지. 밤새 춤을 추다가 던져버리지. 콘돔 말이야. 그 낯선 사람 말고."[61] 이제 사랑은 일회적이고 충동적이고 소비적이다.

사랑뿐만이 아니다. 소비자본주의 사회에서는 모든 것이 그렇다. 자동차 리콜 심사관인 내레이터는 언제나 출장 중이다. 사고가 난 곳을 찾아 비행기를 타고 항상 다른 시간, 다른 장소로 이동한다. 그리고 그 과정에서 일회용 커피 · 일회용 설탕 · 일회용 크림 · 일회용 도시락을 먹고, 일회용 샴푸와 면도기를 쓰며, 일회용 친구들을 사귄다. 출장 중인 그의 가방 안에는 도나 카렌 구두나 알마니 넥타이 같은 명품들이 들어있다. 그 명품 물건들은 단지 물건이 아니라 내레이터 그 자체다. 자아의 객관적 상관물이며, 광고에 의해 도발된 욕망의 부산물이다. 광고는 항상 소비자로 하여금 타자의 욕망을 모방하게 하고, 구매하고 소비하고 교체하게 한다. 하지만 후기 자본주의 사회의 자유로운 소비자 주체인 내레이터는 인간관계의 부재와 너무 많은 자유 앞에 불안하다. 더 이상이 자신을 이끌 상징적 권위나 수퍼에고superego는 없다. 미래는 불확실하고 주체는 얼굴이 없다. 그래서 그는 다른 존재, 자본주의의 고분고분한 소비자가 아닌, 서비스 산업의 테러리스트인 폭력적이고 생명력 넘치는 타일러 더든을 창조한 것이다.

주인공인 내레이터는 주체의 경계를 넘나들며, 새로운 정체성으로 탈주한다. 이는 후기 자본주의의 단순한 소비자로서의 정체성과 사회적 관계를 해체하려는 시도다. 타일러는 내레이터에게 말한다. "네가 모든 것을 잃고 난 후에야, (…중략…) 너는 무엇이든 할 수 있는 자유를 얻게 될 것이다."[62] 그는 싸우면서 자신이 살아 있음을 느낀다. 소리를 지르며 피를 뿜어내는 신음에서 생명력이 넘친다. 파이트 클럽에서는 매개된 욕망의 단순한 소비자가 아닌, 자신의 존재를 느끼고, 자본주의의 사회적 관계를 대체할 새로운 사회적 관계를 시도한다. 피부의 접촉과 가격의 고통을 통한 피와 땀이 뒤범벅된 원초적 인간관계로의 탈주이며, 이것은 기존의 사회적 관계를 파괴함으로 가능하다. '우리는 싸운다. 고로 존재한다.' 탈주로서의 결투를 통한 사회적 관계의 시도는 가장 잘 규범화된 육체에 상흔을 남긴다. 수많은 상처와 멍, 핏자국으로 얼룩진 내레이터를 회사의 동료들은 경멸과 두려움으로 눈빛으로 응시한다. 그는 이제 그러한 배제의 시선에 의해 기존의 사회적 테두리에서 추방되고, 오히려 자유를 느낀다. 사회적 상실이 그에게는 오히려 자유인 것이다. 따라서 파이트 클럽은 사회성을 회피하는 사회적 상태다.[63] 들뢰즈에 따르면 사회에서 모든 창조적 가능성과 모든 심오한 운동은 탈주에서 연유한다.[64] 그러므로 파이트 클럽은 새로운 '－되기'의 가능성을 추구하기 위해 끊임없이 움직인다.

이 새로운 －되기는 주체의 새로운 되기이며, 동시에 미국식 자본주의의 패러다임을 바꾸려는 시도다. 하지만 파이트 클럽은 개선이 아니라 문명화의 즉각적 파괴를 추구하며, 이것은 인간을 구성하는 기존의 지층을 박살내는 자기 파괴를 포함하기 때문에 위험하다. 결국 내레이터의 괴물 같은 짝패로 드러난 타일러를 내레이터는 총으로 쏘아 죽이고, 내레이터의 새로운 정체성과 사회적 관계의 탈주는 잠식된다. 주체적으로, 사회적으로 새로운 －되기의 시도는 이렇게 좌절된다. 그러면 비자아인 타일러 더든과 내레이터의 결투에서 승자는 자아인 내레이터인가? 내레이터의 회귀는 〈도시의 정글 속〉에서처럼 자본주의적 인간의 완전한 승리인가?

두 작품 모두에서 자본주의 대도시를 배경으로 한 두 남자의 동기 없는 결투는 타자의 욕망을 모방하고, 타자가 되고자 하는 욕망에서 비롯된 폭력의 형태다. 동시에 그들의 결투는 싸우고자 하는 욕망을 불러일으키고, 이것은 폭력을 강화하고 확장시킨다. 이렇게 전개되는 폭력의 과정에서 그들은 서로의 괴물 같은 짝패가 되고, 그들의 싸움은 결국 자기 자신에 대한 그림자 결투가 된다. 〈도시의 정글 속〉에서 가르가가 결국 쉴링크를 자살로 몰고, 자신이 제2의 쉴링크가 됐다면, 〈파이트 클럽〉에서 내레이터가 제거한 타일러 더든은 내레이터의 내부에 있는 타자라는 점에서 더 위험하다. "문명을 부숴 버리고, 세상에서 좀 더 나은 뭔가를 창조해야죠. (…중략…) 당신의 귀환을 기대하고 있을게요."[65] 이렇게 소설은 끝난다. 타일러 더든은 내레이터가 자본주의 소비사회에서 염증을 느끼게 되는 순간 언제고 다시 출몰하게 될 유령과 같다. 그림자는 아무리 파괴해도 그림자로 남는다. 우리가 현재 살고 있는 후기 자본주의 대도시의 동기 없는 폭력성은 두 남자의 결투처럼 소비의 욕망에 의해 매개되고 자본의 논리에 갇혀 있다 느닷없이 표출되는 분노의 폭력성이라고 할 수 있을 것이다.

가해자 없는 피해자의 관점으로 소설 속의 폭력 읽기[1]

김인수

1. 들어가며 – 폭력을 왜 읽는가?

1) 폭력은 유산이다

현기영의 소설 『누란』은 민주화 투사 허무성이 정보기관 차장 검사 김일강으로부터 "0.5초 내로 군복을 갈아입어"라는 살벌한 명령을 받으며, 불문곡직 가혹하게 매질을 당하는 아주 상징적인 장면으로 시작한다. 소설에서 이러한 폭력을 읽는다는 것은 현실에 대한 안목을 넓히는 것과 동시에 바로 폭력의 역사를 읽는 것이라고 생각할 수 있다.

> 이 새꺄, 무릎 꿇어!
>
> 기어! 개같이 기란 말이야!

이 명령은 말이 명령이지 실행할 수 없는 명령이다. 단지 폭력일 뿐이다. 0.5초 이내에 군복을 갈아입어도 맞고 못 갈아입어도 맞고, 개같이 기어도 맞고 안기어도 맞는다. 물론 이 장면은 소설의 폭력이지 현실의 폭력은 아니다. 그러나 현실은 아니라고 말할 수 있지만, 현실성이 전혀 없다고 말할 수는 없다. 그것은 과거에도 일어났고 현재도 일어나고 있고 앞으로 일어날 것 같은 예감이 든다. 그리고 그동안 자행된 수많은 폭력의 가혹행위를 충분히 상상할 수 있다. 신문은 4대 사회악(성폭력·가정폭력·학교폭력·불량식품) 중 하나인 학교폭력을 다음과 같이 보도한다.

> 목에 라디오 줄을 묶고 방바닥의 과자부스러기를 주워 먹게 한 중학 2학년생들이 있었고 (…중략…) 후배 중학생들을 1년 동안 괴롭히며 개 사료까지 먹인 고교 1학년생도 있었다 (…중략…) 고 사실을 말하고, 지금 학교폭력은 청소년의 탈선이란 수준을 넘어 신체적 인격적 살인 수준으로 치닫고 있다. 학교 폭력에 대처하는 학교와 사회, 가정의 대비도 차원을 달리하지 않으면 (…중략…) 더욱 참혹한 꼴을 당할지 모른다.[2]

그러한 경고로 끝을 맺는 폭력 기사는 소설이 아니라 현실이다. 목에 줄을 매고 과자부스러기를 주워 먹게 하는 학교 폭력이나 개같이 기라는 정보기관의 폭력은 닮은꼴을 넘어 거의 판박이다. 사설은 앞으로 참혹한 꼴을 당하지 않기 위해서 그러한 폭력에 대비하라는 경고를 하는데, 소설은 이미 오래 전부터 시작했다. 이문열의 소설 『우리들의 일그러진 영웅』, 전상국의 소설 『우상의 눈물』의 주제는 단순히 소수

학생의 탈선을 말하는 것이 아니다. 그리고 김훈의 소설 『흑산黑山』 역시 단순히 조선시대의 폭력을 말하는 것이 아니다. 그것은 우리의 현실에서 일어나는 폭력을 상징하는 것이며, 그러한 폭력은 이미 오래전부터 대물림으로 전해 내려오는 것, 조상으로부터 상속받은 유산이라고 봐야 할 것이다. 우리는 그 유산을 언제 누구로부터 받아왔는지 곰곰이 생각하고 추적하면서 그 실체를 파악하지 않고는 그 상속을 포기하거나 거부할 수 없으며, 신문이 말하는 경고를 그냥 경고로 들었을 뿐 해결할 수 없다고 본다. 2013년 한글날 경축식에서 국무총리는 청소년들의 심각한 언어폭력이 난무하고 있는 현실을 지적하고 해결방법과 대책을 강조했지만,[3] 0.5초 내에 군복을 갈아입게 하는 권력의 폭력이 존재하는 한, 청소년의 언어폭력 더 나아가 사회의 성폭력·가정폭력·학교폭력·불량식품은 사라지기 어렵다고 본다.

그러나 유산으로 물려받은 폭력의 실체를 파악하기는 어렵다. 겉으로 보기에 『누란』, 『흑산黑山』에서 일어난 폭력의 실체는 관의 중간 간부이거나 말단 공무원이다. 다시 말하면 최고책임자는 아니다. 『우리들의 일그러진 영웅』, 『우상의 눈물』에서 반장은 폭력으로 마치 영웅처럼 군림한다. 그 누구도 반장에게 반항할 수 없지만, 속으로 반장은 꼭두각시라고 생각한다. 그렇다고 그 꼭두각시를 움직이는 실체를 담임 또는 교장이라고 지적하기도 어렵다. 담임은 반장에게 학습 분위기를 잘 만들라는 책임을 주었을 뿐, 반에서 영웅이 되라는 명령을 하지는 않았을 것이다. 차장 검사는 개새끼라고 모욕하면서 0.5초 이내에 군복을 갈아입도록 명령하라는 지시를 받지 않았을 것이다. 그런데도 그런 가혹한 폭력을 어떻게 쓸 수 있는지 의문스럽다. 어떻게 보면 폭력의 역사에서 실체를 파악한다는 것은 양파껍질을 벗기는 것과 같을 지도 모르겠다. 또한 폭력은 일회성으로 끝나는 행위예술처럼 본질이 없을 지도 모른다.

자유·정의·진리·민주·인권 등 어떤 가치를 전제로 폭력을 철학적이고 역사적으로 그리고 문화적이고 정치학적으로 분석하고 해석한다면 어느 정도 그 실체에 접근할 수 있을 지도 모르겠다. 이를테면, 정상적 국가를 가정하고 관·민의 관계를 생각하면 폭력은 일어날 수 없다. 한국은 법치국가로서 시민이 총검 같은 폭력수단을 소지하는 것을 절대금지하고 있다. 그리고 개인은 모든 폭력수단을 경찰에 반납하고 그들의 보호를 받는다. 대한민국헌법 제12조 2항은 "모든 국민은 고문을 받지 아니하며, 형사상 자기에게 불리한 진술을 강요받지 아니한다"라고 규정하여 법으로 공권력의 폭력을 철저히 금지하고 있다. 그러나 『누란』의 정보기관은 민주화의 이름으로 도로 교통법과 집시법을 위반한 대학생을 국가존망을 위태롭게 하는 국사범으로 취급하고 폭력으로 기를 죽인다. 왜 그런가?

대부분 사람들은 그런 폭력을 국가통치 차원에서 일어난 것으로 용인한다. 그렇다면 한국을 법치국가라고 말할 수는 없다. 그리고 그렇게 정치적 해석으로 간단하게 용인한다면, 폭력의 실체는 모호해진다. 그들은 목에 라디오 줄을 묶고 방바닥의 과자부스러기를 주워 먹게 하는 폭력을 청소년들의 신종 오락으로 볼 것이다. 공권력이 폭력이 되고, 폭력이 오락이 되는 현실에서는 공권력을 행사하는 사람이든 받는 사람이든 지배자이든 피지배자이든 그 누구도 폭력으로부터 자유로울 수 없다.

『흑산黑山』에서 본 폭력은 『누란』보다 더 참혹하고 무섭다. 이 소설은 신유박해(1801) 중에서 정약용 일가를 중심으로 일어난 폭력의 이야기이지만, 이 소설은 단순히 종교박해(천주교박해)의 참혹한 현실을 말하는 것이 아니라 공권력의 실체와 본질을 다시 한 번 반성하게 한다. 소제목 「오빠」를 읽어보면, 폭력도 일종의 거래다. 포도청 염탐꾼 박차돌이 동생 박한녀가 사학죄인(천주교인)으로 체포되어 서소문 밖 우포도청에서 심문을 받게 됐다는 것을 알고 나서, 집장사령 오세호를 찾아가 다급한 어조로 쌈지를 내밀며 이렇게 매질을 흥정한다.

—오십 냥이네. 받아주게!

—큰돈일세. 자네 장사가 잘되는 모양이구먼.

오호세가 목을 젖혀서 술잔을 비웠다. 그리고 말했다.

—이렇게 하세.[4]

매질하는 집장사령은 형문 중에 죄인을 죽이면 오히려 벌을 받게 되어 있으므로 절대로 매로 죄인을 죽여서는 안 된다. 그러나 흥정한 대로 오호세는 형문 초장에 박한녀를 실신시킨 다음, 감옥으로 옮겨서 터진 볼기에 꿀과 똥을 섞어서 발라주고 벌레들이 달려들어 몸속으로 파고들어 파먹게 하여 죽게 만든다.

보고서는 아주 간단하다. 박한녀가 형문장으로 돌아와 똥을 누다가 똥 위에 주저앉아 터진 볼기와 음부에 똥독이 들어서 죽었다는 것이다. 오빠 박차돌은 박한녀가 유일한 동생이지만, 사학죄인으로 어차피 죽게 된 목숨이므로 슬프지만 그런 선택이 자신을 보호하는 최선의 길이라고 믿게 된다. 그리고 그 길 외에는 동생의 고통을 덜어주는 더 좋은 방법이 없음으로 오십 냥이라는 거금을 주고 그렇게 죽게 만들었던 것이다. 이 장면에서 삼강오륜의 인륜을 지키겠다는 공권력이 오히려 인륜을 파괴하는 역설을 읽을 수 있다.

소설을 통하여 과거 조선시대의 폭력과 우리 시대의 폭력을 비교해 보면, 무엇이 다르고 무엇이 닮은꼴인지 분명하게 들어난다. 폭력의 실체인 정순왕후(영조계비)가 인륜을 지키기 위해 박해를 했는지, 노론老論, 그중에서도 벽파辟派의 권력을 강화하기 위한 수단으로 폭력을 동원했는지 그렇게 간단하게 단정하기 어렵다. 문화적 · 정치적 해석이 필요한 주제다. 그러나 분명한 사실은 개같이 기라는 폭력, 인간이 인간에게 그것도 어린 중학생들에게 목줄을 매고 주워 먹으라는 폭력, 터진 볼기에다가 똥과 꿀을 발라 벌레가 파먹게 하여 죽이는 폭력들은 바로 우리가 상속 받은 유산이라는 것을 부정하기 어렵다.

2) 폭력은 알 수 없는 마력이다

폭력은 왜 일어나는가? 이 질문은 "인간이란 무엇인가?"라는 철학적 질문과 동일하다. 슬라보예 지젝이 『폭력이란 무엇인가』에서 말하고 있듯이 인간이 태어난 그 주위가 주관적 객관적이든 상징적이든 구조적이든 바로 폭력일 수밖에 없다.[5] 로제 다둔은 『폭력 – 폭력적 인간에 대하여』에서 "인간은 정치적 동물(호모 폴리티쿠스)이라는 아리스토텔레스의 화법을 빌려 "인간은 폭력적 동물(호모 비오랑스)"이라고 정의한다.[6] 메를로 퐁티는 폭력 그 자체는 나쁜 것도 아름다운 것도 사악한 것도 성스러운 것도 아니라고 말한다. 그것은 운명이다.[7] 인간은 죽음의 원죄原罪, Sünde, Sin를 가지고 태어났다는 것은 거짓말이고, 단지 일종의 동물로서 권력에의 의지Wille zur Macht로 산다고 니체는 주장한다. 자연 그 자체가 생명을 유지하기 위한 권력에의 의지로 확대해석이 가능한 주장이다.

인간뿐만 아니라 동물을 포함하여 모든 생물은 권력에의 의지를 가지고 자연의 품에서 산다고 가정할 때, 자연은 자비인가 폭력인가? 우리에게 양식을 주는 식물이 태양의 빛으로 자라는 것을 보면 자비로 보이겠지만, 기아상태를 보면 무자비한 폭력으로 보인다. 지진・화산・태풍・폭우・한발・해일은 인간을 포함한 모든 생물의 의지와 관계없는 일인 일방적 자연의 폭력이다. 자연은 어떤 의지를 가지고 움직이는가? 자연은 인간이 상상할 수 없는 그냥 힘일 뿐이다. 인간의 주위는 다 폭력이다.

모든 생물은 자연의 한 부분이므로 원천적으로 폭력적이다. 오로지 인간만이 자연의 품에서만 살지 않고 문화를 만들어 제한적이지만 자연에서 벗어나 산다. 이 지점에서 자연의 폭력과 문화를 지키는 폭력은 구별된다. 인간은 자연의 폭력에 대항하기 위하여 불을 사용하고 집을 짓고 운하를 만들고 댐을 건설한다. 이런 일들이 다 자연에 거역하는 일이지만, 자연의 폭력에 저항하는 하나의 방법으로 선택한 일들이다.

그러므로 인간은 자연이면서 동시에 문화이다. 문화는 원천적으로 폭력을 배제한다. 문화는 자연의 법칙을 따르지 않는다. 문화는 법・

예술・언어 등 인간이 만든 제도를 포함한다. 그렇지만 문화가 필요한 에너지는 자연에서 얻을 수밖에 없다. 문화는 자연으로부터 완전히 독립할 수 없고, 자연에 기생한다. 다시 말하면, 인간은 자연에 기생하는 문화에 살고 있다고 말하지 않을 수 없다.

그렇게 보면, 폭력을 배제한 인간의 문화는 있을 수 없고 단지 관념에서만 존재한다. 자연과 문화 — 이 양면적인 속성을 가지고 있는 인간은 내적으로 폭력적이면서 폭력이 없는 문화를 지향하는 모순된 생물이다. 자연의 폭력에 저항하면서 문화를 지키는 폭력을 활용하는 것을 보면, 현재 우리는 폭력 없는 사회를 꿈꾸며 진화과정에 있는지도 모른다. 인간의 문화가 자연에서 독립할 수 없는 한 폭력은 항상 마력으로 작용한다는 것을 인정할 수밖에 없다.

소설에서 읽는 폭력은 이 자연의 폭력이 아니라, 편견과 차별로 인간의 존엄성을 훼손하거나 법・예술・언어・제도 등 인간의 문화를 파괴하는 폭력이다. 폭력은 자연현상이고 운명이라고 말할 수 있지만, 인류가 문화생활을 지향하는 한 폭력은 악이다. 이 악으로서의 폭력을 담론으로 끌어들이는 목적은 당파적 정치논쟁도 아니고, 본능을 즐기는 오락도 아니다. 인권 신장이라는 세계적 담론에 함께 참여하기 위한 노력이며, 아울러 한국은 자유・민주・인권이라는 보편적 가치를 지켜주는 국가를 만드는 데에 있다. 가해자 없는 피해자를 만드는 폭력은 "부메랑이 되어 되돌아온다"는 것을 폭력을 경험한 사람은 가해자이든 피해자이든 이성적으로 알고 있다고 본다. 이 믿음이 바로 폭력을 담론으로 끌어들이는 힘이다.

3) 폭력의 형태는 다양하다

폭력의 본질은 같을 지라도 나타나는 형태는 다양하다. 그리고 영화 〈폭력의 시대〉가 말하는 것처럼 폭력은 소설의 주제만은 아니다. 동화 · 신화 · 미술 · 음악 · 문학 등 예술 전반에 자주 등장하는 주제다. 그림 형제의 동화 『헨젤과 그레텔』에도 나오고, 한국의 전래 동화 『망태기 할아버지』에서도 나온다. 그리스 신화의 폭력은 프로메테우스를 바위에 묶어 놓은 제우스 폭력의 역사라고 말할 수 있다. 사천왕상四天王像이 지키는 조용하고 엄숙한 사찰에서도 볼 수 있고, 십자가상으로 장식한 사원에서도 볼 수 있다. 다시 말하면, 문화를 지키는 폭력은 악을 제압하기 위한 필요악의 상징이 되기도 한다.

자연의 폭력이든 문화를 지키는 폭력이든 폭력이라는 주제를 완전히 뺀 예술은 오히려 활력을 잃는다. 종교 · 동화 · 신화의 폭력은 대개 권선징악을 목표로 설명하지만, 꼭 그렇게 해석할 수 있는 주제는 아니다. 폭력은 선을 괴롭히는 악의 관점으로 설명할 수도 있고, 선을 실현하기 위한 수단으로 설명할 수 있다. 폭력 그 자체를 하나의 오락으로 즐기기도 한다. 예를 들면, 만화영화 〈터미네이터〉, 〈스파이더맨〉, 〈별들의 전쟁〉은 폭력 그 자체를 즐기는 것으로 만족할 수 있다.

정치적 목적으로 이용된 테러를 악의 관점에서 설명하기는 어렵다. 미국의 세계무역센터를 폭파한 2002년 9 · 11 테러를 예로 들지 않더라도 폭력을 단순히 자기편의 관점으로만 보고 선 · 악으로 판단할 수는 없다. 미군 특수부대가 테러의 주모자 오사마 빈 라덴을 살해한 것도 폭력이다. 1895년 명성황후 시해 사건에 분노한 상해 임시정부 국가주석 백범 김구 선생은 일본의 육군 중위 쓰치다土田讓克를 시해자 미우라三浦梧樓로 오인하고 1896년 황해도 안악군 치하포에서 살해했다. 그는 바로 체포되어 인천 법원에서 교수형을 언도 받았지만, 고종은 집행을 보류시켰다.[8] 악에 저항하기 위해서 폭력을 동원할 수 있다고 말한다면, 폭력을 단순히 선・악의 이분법적 관점으로만 해석하기는 쉽지 않다.

그러나 누구나 폭력 그 자체를 부정하고, 더 나은 방법을 요구하며 폭력이 없는 사회를 꿈꾼다. 그렇기 때문에 동화・신화・미술・음악・문학 등 모든 예술과 철학은 폭력을 외면할 수 없는 중요한 주제로 다룬다. 소설도 예외는 아니다. "기어! 개같이 기란 말이야!"에서 보듯이 소설은 폭력을 적나라하게 표현하기 때문에 현실을 보는 것 같은 착각을 일으키며 흥미를 유발한다.

이 점에서 소설이 다른 예술과 구별된다. 미술은 순간을 포착하고, 음악은 추상적이다. 미술・음악보다 시간의 흐름에 따라 구체적으로 사건을 다루는 서사문학(소설)이 더 지속적이고 생동감이 넘친다. 더 나아가서 현실보다 오히려 소설이 더 현실적이라고 말할 수 있다. 우리는 과연 현실을 알고 산다고 말할 수 있는가? 그렇다면 우리는 '속는다'는 말을 할 수 없을 것이다. 소설의 현실을 읽음으로써 삶의 현장을 더 잘 이해할 수 있을 것이다. 우리의 삶이란 사건이 있고 그 사건을 담당하는 주인공이 있고 주인공이 살고 있는 환경이 있다. 소설도 우리의 삶처럼 주인공과 사건과 배경(환경)으로 구성된다. 폭력이 없는 일상생활이 없듯이 소설에서 폭력은 늘 따라 다니는 배경의 한 부분이다. 폭력은 우리들 삶의 한 부분이란 의미에서 소설에서 폭력의 역사를 읽는 것이며, 다양한 형태의 폭력을 흥미의 대상으로 읽지 않고 오락 이상의 철학적 역사적 문제의식을 가지고 읽어야 할 것이다.

2. 폭력의 실체는 유령이다

1) 폭력에 대한 순진한 역사인식

『누란』은 폭력의 실체를 이해하는 데 중요한 단서를 제공하는 소설이다. 이 소설의 이야기는 아주 단순하다. 사학도 허무성이 80년대 민주화운동을 하다가 정치폭력에 굴복하고, 가해자 정보검사 김일강의 도움으로 교수가 되어 가해자의 현실에 타협하려고 노력한다. 그러나 김일강이 지배하는 사회는 물질적 혜택에만 만족하고 소비생활만이 최고의 목표라는 것을 안 다음, 꿈이 없는 사회에 적응하지 못하고 은둔자가 되어 현실에 등을 돌렸다는 이야기다.

이 작품은 단순히 80년대의 정치폭력이 굴절되면서 새천년까지 이어진 30년간의 국가폭력을 말하는 소설이 아니라, 가까이 보면 1950년 6·25 한국전쟁과 1910~1945년의 일제강점기, 멀리 보면 1894년 동학혁명, 더 멀리 보면 수많은 조선시대의 사화士禍·환국換局·옥사獄事에까지 거슬러 올라가서 우리 역사에 떠도는 폭력의 유령을 보여주는 소설이다.

다시 말하면 “이 새꺄, 무릎 꿇어!” “기어! 개같이 기란 말이야!” 등의 욕설에서 폭력의 가해자는 없고 폭력의 피해자만 있다는 폭력의 역사 속 한 단면을 볼 수 있는 소설이다. 소설은 현실을 보는 안목을 넓혀준다고 말했듯이 이 소설은 우리가 어떤 폭력의 역사를 유산으로 상속받았는지 깨닫게 해준다.

『누란』이 말하는 정치폭력과 같은 폭력의 실상은 앞에서 언급한 대로 새천년에 들어와서 1974년 인혁당 조작 사건처럼[9] 많이 밝혀졌다. 그러나 아직도 미흡하다고 말하지 않을 수 없다. 2002년 9월 12일 의문사 진상 규명위원회는 인혁당 사건을 중앙정보부의 조작극이었다고 밝혔고, 2006년 1월 23일 ‘민주화운동 관련자 명예회복 및 보상심의위원회’는 인혁당 사건이 수사당국의 가혹한 고문에 의해 조작됐으며, 이 사건 관련자들의 행위가 민주헌정질서 회복을 위한 민주화운동이라고 판단해 관련자 16명을 민주화운동자로 인정했다고 발표했다. 이것으로 우리 역사의 폭력이 해소됐다고 만족하기는 어렵다.

우리 역사에서 가혹한 폭력의 실상을 밝힌다는 것은 역사를 다시 써야 된다는 주장으로 들린다. 폭력은 일상생활에서 일어나는 단순한 사건에 지나지 않는다는 인식이 팽배하다. 여기서 심각한 문제가 발생한다. 소설 『누란』은 이 심각한 현실을 잘 묘사하고 있다. 정보검사 김일강은 애국자이고, 거리에서 민주화를 외치는 학생 허무성은 좌익 종북주의자로 분류된다. 그는 교통법 위반 집시법 위반 같은 단순 범법자임에도 국가의 정체성을 흔드는 국사범으로 취급받는다. 김일강과 같은 가해자의 정의는 애국적이고, 허무성 같은 피해자의 정의는 불만의 분노에 지나지 않는다.

이러한 이분법적 분리에 대부분 시민들은 무관심하다. 그들은 김일강의 폭력이 자신의 안전을 더 보장해주고 물질적 혜택을 더 많이 제공해준다고 믿는다. 그래서 김일강의 폭력은 안전과 물질적 혜택을 바라는 시민들의 지지를 받으며 더욱 강화된다. 이 폭력은 대학·백화점·병원·교회 등 사회 구석구석까지 지배한다. 시민들은 폭력의 유령에 사로잡힌 모습이다.

김일강의 애국심은 피해자는 있어도 가해자의 실체는 없다는 것을 보여주는 가장 중요한 증거다. 그러나 이러한 폭력을 왜 가해자의 실체가 없는 폭력이라고 말하는가? 김일강은 분명 허무성에게 직접 폭력을 가한 가해자다. 그러나 살에 멍이 들고 뼈에 금이 가도록 고문했다고 해도, 그것은 나라의 질서와 기강을 바로잡기 위한, 자유민주주의를 지키기 위한 애국심 때문에 잠시 억제 못해서 일어난 단순사고이거나 정의의 사도에게 흔히 있을 수 있는 단순한 실수일 뿐이다. 김일강은 단지 애국애족의 충성심으로 심문했다는 것을 대부분 시민들은 인정한다. 그리고 심문과정에서 받은 허무성의 상처는 허용될 수 있는 불가피한 선택이다. 그러므로 애국심 때문에 일어난 폭력의 가해자는 없거나 보이지 않는다. 단지 폭력 때문에 개같이 긴 피해자 허무성만 있을 뿐이다. 그는 실체가 없는 폭력의 유령에 매를 맞고 개같이 기고 인권을 유린당했을 뿐이다.

우리 현실에서 폭력의 실체를 규명하기란 어렵다고 앞에서 언급했는데, 최근 보도된 1960년 4·19혁명과 80년대 군부독재 전두환 정부에 대한 역사인식을 읽어보면 누가 희생자이고 누가 가해자인지 오리무중 하다는 것을 다시 한 번 확인할 수 있다.

건국 대통령 이승만 박사 기념사업회 이성재 이사가 밝힌 당시 국무위원 속기록에 의하면, 이승만 대통령은 3·15부정선거 후 한 달이 되도록 부정선거의 진상을 알지 못했던 것 같다. 1960년 4월 26일 하야한 것을 두고 그는 마지막으로 '민주주의'를 실천한 셈이라고, 대통령의 하야를 높이 평가한다.[10] 이러한 역사인식은 이승만 대통령이 한 달 동안 허수아비였다는 것을 증언하는 말에 지나지 않는다는 것을 그는 모르고 있다. 오히려 이승만 대통령은 경무대 앞에서 일어난 소요와 폭력의 실상을 몰랐다는 말로써 은밀하게 가해자에서 빼고 책임자는 따로 있었다는 것을 강조하는 것 같다. 그는 더 나아가 뒤늦게 희생자를 확인한 다음에야 민주주의를 부정하는 사태에 책임을 지고 스스로 대통령직을 버리는 세계사에 남을 민주주의의 실천자라고 찬양한다.

이런 역사인식은 40년이 지난 후에도 계속된다. 대구공고 동창회 홈페이지에 의하면, 전두환 전 대통령 역시 "역대 대통령 누구도 실현하지 못한 단임제를 실천했다"며 전 전 대통령을 "한국 정치 민주화의 불멸의 초석"을 놓은 인물이라고 설명한다.[11] 그에게 민주화운동을 무력으로 진압한 과오는 없다. 이러한 역사인식은 허무성이 폭력의 유령에게 고문당했다는 것을 증언하는 꼴이 되고 만다.

그와 같은 주장은 교황 무류설無謬說이나 왕조 사회의 제왕의 위상을 듣는 기분이다. 어느 시대나 공과功過는 최고책임자(대통령)에게 돌아간다. 그럼에도 불구하고 3·15부정선거의 책임과 민주화운동을 무력으로 진압한 책임을 참모에게 전가시키는 논리 — 이것이 바로 폭력을 바라보는 한국의 시각이다. 이러한 평가를 평가하는 것은 사학자의 몫이라고는 하지만, 4·19국립묘지에 묻힌 피해자와 5·18민주화운동

희생자들의 생각과 그 유족의 말을 직접 듣지 않고는 그러한 평가를 받아들이기 정말 어렵다.

2) 폭력의 유령이 활개 치는 시대는 따로 없다

우리의 역사에서 가장 가까운 폭력의 시대는 언제인가? "이 새꺄, 무릎 꿇어! 기어! 개같이 기란 말이야!" — 이런 폭력은 우리 시대에만 있었던 폭력인가? 『누란』에서 폭력의 유령이 활개 치는 시간은 앞에서 언급한 대로 허무성이 1980년대 남산 기슭 한 고문 지하실에서 매질을 당하고 그 고문 후유증으로 사회에 적응하지 못해서 1950년 6·25 한국전쟁 중에 조부가 학살당한 고향으로 돌아가기까지 약 30년이다.

그러나 이 30년은 더 긴 폭력의 역사를 상징한다는 것을 『흑산黑山』과 비교해보면 알 수 있다. 허무성이 당하는 폭력은 우리 시대에 돌발적으로 일어났다 사라진 것이 아니라 한국의 근·현대사를 지배한 권력이다. 이것이 바로 가까이는 반공이념이 지배한 분단시대의 폭력이고, 멀리 보면 성리학 이외의 학문은 사문난적斯文亂賊으로 매도한 조선시대의 폭력이다. 이 권력은 민주주의를 인정하지 않는다. 그 권력은 국민의 국민에 의한 국민을 위한 권력이 아니므로 국민(민중people)을 역사의 주체로 인정하지 않고 『흑산』에서 읽은 대로 교화의 대상으로 취급한다.

두 번째로 형문에 끌려온 숯쟁이는 지난번에 맞은 자리에 열 대를 더 맞고 나서 말했다.

—아비가 간 곳을 알지 못하옵고, 안다 한들 죄인도 부자유친이 있을진대 어찌 아비를 불 수가 있으리이까?

박차돌이 죄인의 말을 받아 적었다. 종사관이 죄인에게 말했다.

—좋은 말이다. 하나 부자유친은 부자가 죄를 씻은 다음에 할 수 있는 말이다. 나라는 형벌을 없애기 위해서 형벌을 쓰는 것이다. 이 말이 어려우냐?[12]

"부자유친도 부자가 죄를 씻은 다음에 할 수 있다"는 말 대로 폭력은 통치이념인 삼강오륜三綱五倫보다 더 위에 있는 권력이다. 그 폭력의 권력에 굴복한 다음에야 윤리도 법도 인권도 주장할 수 있다는 종사관의 정의가 현실이라면, 백성은 통치이념을 불신할 수밖에 없을 것이다. 조선시대의 풍속소설 『춘향전』에서 춘향이가 공개적으로 매 맞는 장면에서 지배자와 피지배자의 괴리감을 확인할 수 있다.

"매우 쳐라."

"에잇, 때리오."

딱 붙이니 부러진 형장 막대기는 푸르르 날아 공중에 빙빙 솟아 대뜰 아래 떨어지고, 춘향이는 아무쪼록 아픈 데를 참으려고 이를 복복 갈며 고개만 빙빙 돌리면서,

"에고 이게 웬일이여."

(…중략…)

이때 남원부 한량이며 남녀노소 없이 모두 모여 구경할 제 좌우의 한량들이,

"모질구나 모질구나, 우리 골 원님들이 모질구나, 저런 형벌이 왜 있으며 저런 매질이 왜 있을까. 집장사령 놈 잘 보아 두어라, 삼문三門 밖 나오면 패죽이리라."

보고 듣는 사람이야 눈물 아니 흘릴 자 있으랴. 둘째 매를 딱 붙이니,

(…중략…)

스물 치고 그만 둘까 여겼더니 스물다섯째 매 딱 붙이니 (…중략…) 옥 같은 춘향 몸에 솟는 것은 유혈이요 흐르는 것은 눈물이라.[13]

춘향이의 죄는 골 원님의 쾌락을 거부한 것이다. 삼강오륜의 통치이념으로 그녀의 행실을 판결한다면, 그녀는 정문을 세워 표창할 열녀다. 그러나 골 원님의 폭력에 순종한 다음에야 그런 대우를 받을 수 있는 것이지, 삼강오륜에 따라 그러한 대우를 받는 것은 아니다. 그 같은 법집행을 바라보는 백성은 매질을 시키는 골 원님이든 매질하는 집장사령이든 관원에서 나오기만 하면 패죽이겠다는 결연한 의지가 가슴 깊은 곳에서 자기도 모르게 솟구쳐 올라왔을 것이다.

이런 장면은 고전소설에만 볼 수 있는 것이 아니다. 현대소설 『누란』에서도 폭력이 붕우유신朋友有信보다 위에 있다는 것을 다음과 같은 대화에서 확인할 수 있다.

어때, 죄다 불고 나니까 시원하지? 그래, 울어야지. 울고 나면 속이 후련해질 거야. 자네 자술서에 올라 있는 용의자 열일곱 명을 검거하려고 이제 막 우리 회사 직원들이 출발했어.[14]

열일곱 명의 친구 이름을 적어낸 다음 흐느끼는 『누란』의 허무성은 무엇을 생각했을까? 김일강은 후련해질 것이라고 말했지만, 허무성은 그 순간 허무주의자가 됐다고밖에 생각할 수 없다. 폭력에 굴복하고 위와 같은 말을 들었을 때 아버지의 아버지의 고통, 조부의 조부의 고통, 조상의 조상의 고통을 배신했다고 느꼈을 것이다. 그는 사학도이므로 고문당한 과정을 회상하면서 폭력의 역사가 얼마나 긴지 가늠하기 어렵다고 느꼈을 지도 모른다.

허무성은 김일강의 고문을 받고 나서 확실하게 안 것이 하나 있다. 먹을 것 앞에서 꼬리를 내리는 개처럼 그의 명령에 순종만 하면 정말 편한 인생을 살 수 있었을 것 같았다. 대한민국 국민은 1894년 동학혁명, 개화기(구한말), 일제강점기, 1919년 상해임시정부 수립, 1945년 미군정 수립, 1948년 대한민국 건국, 1950년 6·25 한국전쟁, 1960년 4·19혁명, 1961년 5·16군사정변, 1979년 12·12사태, 1987년 6·10민주화운동으로 이어지는 한국의 근대화 과정에서 불평하는 세력에 가담한 경력이 없다면 행복해질 수 있다는 것이다.

그중에서도 특히 5·16군사정변을 기점으로 가난을 극복한 박정희 정부의 산업화 정책을 인정하고 그를 숭배하는 정치철학, 다시 말하면 파콜로지[15]에 세뇌될 각오가 되어 있었다면, 역사의 주류에 속하고 권력의 중심이 되어 소외되지 않았을 지도 모른다. 김일강은 그런 사람에게는 한없이 자비로운 사람이다. 이것이 바로 폭력의 속성이다.[16]

김일강은 육체의 고통을 더도 덜도 아닌 어느 한계까지 몰고 가면 정신이 굴복하는지 잘 알고 있는 고문 기술자라고 『누란』은 말한다. 그는 결코 정신질환자나 폭도처럼 폭력을 쓰는 사람이 아니라 가정에 충실한 아빠이며, 때로는 죄인을 품에 안고 어루만져주는 사제 같은 얼굴로 허무성을 고문했을 것이다.

소설은 허구지만, 소설 속의 폭력이 현실의 폭력보다 더 현실적이라는 것을 2012년 1월 19일 『조선일보』 보도를 읽어보면 알 수 있다. 2012년 1월 14일자로 대한예수교 장로회 합동개혁총회 중앙노회에서 면직 처분된 이근안 목사는 자신의 고문에 대하여 애국행위로 생각하고, 자신을 신문 기술자로 자칭하며, 신문은 하나의 예술이라고 말했다. 그리고 간첩죄로 잡아들인 애들이 후일 민주화 인사로 보상 받는 걸 보고 울화가 치밀어 믿을 수 있는 나라, 배신 없는 나라를 찾다 보니 하늘나라를 찾게 됐다고 목사가 된 동기를 술회했다.

이태경 기자의 의견은 목사안수를 해준 개신교 교단이 문제라는 것이고, 그가 고문을 죄로 인식하고 참회했기 때문에 목사직에 임명됐다고 보기 어렵다는 것이다. 값싼 용서와 거짓 참회를 남발하는, 결정적으로 정의 관념과 윤리적 미감, 역사의식이 부재한 한국개신교는 자신들이 병들었다는 사실조차 모른다는 것을 고발한다. 이 글로 판단하면, 소설 『누란』의 고문자 김일강의 모델은 완전히 이근안이다.

사학도 허무성은 정보검사 김일강과 전혀 다른 정치사상을 가지고 있다. 허무성의 조부는 빨치산에 연루되어 처형됐고, 그의 선친은 그 비밀을 평생 가슴에 묻고 혼자 살아왔다. 선친이 그 비밀을 토로하지 못하는 이유는 폭력이 세습된다는 것을 알고 있었고, 비록 1894년 갑오경장과 1948년 건국헌법이 연좌제를 폐지했음에도 아들이 행여나 불이익을 받지 않을까 염려했기 때문이다. "대한민국헌법 제13조 3항 : 모든 국민은 자기의 행위가 아닌 친족의 행위로 인하여 불이익한 처우를 받지 아니한다"라고 명문화했지만, 이 권리를 인정받기까지는 무려 45년이 걸린 시민도 있다. 형이 월북자라는 이유로 고교 재학시절 내내 육군보안사령부에 끌려가 구타와 가혹행위를 당한 안용수(61) 씨는 45년 만에 연좌제 피해에 대한 보상을 받게 됐다고 한다.[17]

허무성의 선친이 보기에 『누란』의 파콜로지는 연좌제와 같은 과거의 악습을 더 강화했다. 그의 선친은 1974년 육영수 여사의 장례 중에도 조기를 걸지 않을 정도로 철저한 반5·16세력의 한 사람이다. 그렇게 태어난 허무성은 한국사회의 중심에서 벗어나 있을 수밖에 없다. 그는 태생적으로 중심사회에 돌을 던지는 반항아로 태어났다. 다시 말하면 파콜로지는 빨치산으로 오해받은 후손을 철저히 배제하고 이용하기 때문에 허무성은 국가가 인정하지 않은 자식으로 태어났다.

그렇다고 『누란』의 플롯plot이 고문하는 김일강과 고문을 받는 허무성의 관계를 단순히 중심사회와 주변사회의 대립으로 부각시킨 것은 아니다. 사학도인 허무성의 저항은 『흑산』에서 신유박해(1801)를 통하여 권력을 강화한 정순왕후 이후 후기 조선(구한말)의 노론,[18] 일제강점기의 친일파, 미군정의 해외파, 8·15건국의 이승만 정부, 5·16군사정변의 박정희 정부로 이어지는 권력과 대비되는 동학혁명, 상해임시정부, 4·19혁명, 6·10민주화운동으로 이어지는 권력과의 갈등관계에서 나온 것으로 보인다. 전자는 항상 권력의 실세였고 후자는 그 권력에 저항하는 세력일 뿐이라고 역사를 이해할 때, 김일강의 폭력을 이해할 수 있다고 『누란』은 암암리에 암시하는 것 같다.

후기 조선은 서인 중심의 인조반정(1623) 이후 동인, 특히 북인이 당쟁에서 완전히 사라졌고, 권력은 주로 서인중심으로 세습됐다. 동인 중에서 남인이 기사환국(숙종 6년, 1680)으로 잠시 권력을 잡았지만, 그도 잠시뿐 갑술환국(숙종 20년, 1694)으로 다시 서인 정권으로 되돌아갔다. 그 후 서인은 노론과 소론으로 분열됐지만, 정조 이후 1910년까지 완전히 노론 중심으로, 노론 중에서도 벽파 중심으로 권력이 세습됐다. 노론은 동학혁명을 농민반란으로 인식했고, 1897년 가장 보수적인 대한제국을 선포함으로써[19] 1894년 갑오경장도 인정하지 않았다. 그 노론은 친일로 이어졌고 건국 세력으로 이어졌다는 것은 현실적으로 부인되기 어렵다.

1894년 동학혁명은 평등을 선언한 근대화 혁명이다. 노비제도와 연좌제를 폐지하여 자유를 쟁취하고, 문벌門閥과 신분을 타파하여 평등을 실현했으며, 조혼을 금지하고 부녀자의 재가를 허용하여 여권을 높였다. 그러나 경장의 실세는 되지 못했다. 상해임시정부는 친일파와 적대적이었다. 이 또한 건국의 주체는 되지 못했다. 4·19혁명과 6·10민주화운동도 동학혁명과 똑같이 권력의 주체가 될 수 없었다.

상해임시정부는 동학혁명의 정신을 계승하여 사형·신체형과 같은 폭력을 금하고, 더 나아가 국가권력의 근간을 자유·평등·민주·공화로 하는 현대적 헌법의 기초를 세웠다.[20] 그렇지만 건국의 실세는 되지 못했다. 4·19혁명은 동학혁명처럼 국가권력의 부정과 부패에 저항하여 국민이 권력의 주체라는 것을 증명했다. 그러나 경제개발의 주체는 되지 못했다. 1987년 6·10민주화운동은 국민이 대통령을 직접 선출할 수 있는 민주주의를 회복하는 데 결정적 역할을 했다. 그러나 민주주의 실세는 되지 못했다. 근대화 과정에서 이 모든 혁명과 운동은 현실이 아닌 관념으로 역사에 기록됐을 뿐이다. 폭력의 실체를 규명할 기회가 거의 없었기 때문에 "이 새꺄, 무릎 꿇어! 기어! 개같이 기란 말이야!" — 이런 폭력은 실체가 없는 유령의 폭력처럼 보인다.

3. 폭력에 저항하는 이유는 분명하다

앞에서 언급했지만 좀 더 구체적으로 말하면, 동학혁명과 5·16군사정변의 정신을 비교하는 것은 민주투사 허무성과 파시스트 김일강의 이념을 비교하는 것과 같은 것이다. 왜냐하면 허무성과 김일강의 이념은 한국 근·현대사의 두 가지 축으로 작용하고 있기 때문이다. 동학혁명의 주체는 관官의 수탈에 저항하는 민民이었다. 그들 혁명군이 국가권력을 쟁취하기 위한 권력 지향적 반란 집단이 아니라는 것은 그들이 내걸은 행동강령의 격문에 잘 나타나 있다. 전봉준全琫準은 혁명군에게 행동강령으로서 네 가지를 선포했다. 첫째, 사람을 죽이거나 재물을 손상해서는 안 된다. 둘째, 충효를 다하여 세상을 구하고 백성을 편안하게 하여야 한다. 셋째, 일본오랑캐를 내쫓아 성도聖道를 밝혀야 한다. 넷째, 군사를 거느리고 입경하여 권귀權貴(기득권)를 모두 죽일 것이다.

이러한 선포는 5·16군사정변의 "반공을 국시의 제일의로 삼고(1항), 민생고를 시급히 해결한다(4항)"는 구호와 전혀 다른 성격이다.[21] 5·16군사정변의 주체는 민民이 아니라 소수의 군부 엘리트들이었다. 그들은 공약 6항에서 제시한 대로 "우리의 과업이 성취되면 참신하고 양심적인 정치인들에게 정권을 이양하고 군 본연의 임무에 복귀한다"고 약속했지만, 그 후 과업이 성취되지도 않았고 양심적 정치인들이 없었는지는 모르지만 1979년까지 임무에 복귀하지도 않았다.

오늘날의 관점으로 동학혁명과 5·16군사정변을 비교한다는 것은 지나치게 단순·순진한 역사의식이라고 생각할 수도 있겠다. 그러나 민이 주동한 동학혁명 의식은 새로운 가치를 제시했지만, 군부 엘리트의 혁명의식은 노론 사대부의 정치의식에서 크게 벗어나 있지 않다. 동학혁명은 사대부가 지배하던 조선에 민이 지배하는 길을 열어 놓았다. 신분제도를 타파하여 평등의 길을 열어 놓았다. 그렇다고 그들의 이념을 실현하기 위하여 백성 위에 있는 기존의 권귀權貴를 이용하지는 않았다. 그들은 단지 백성 위에 있는 폭력에 저항했을 뿐이다.

『춘향전』에 나오는 골 원님의 가렴주구苛斂誅求 잔치상을 보면 동학혁명의 동기를 충분히 추측할 수 있다. 다음은 이 도령이 골 원님의 잔치상 앞에서 기름 고膏와 높을 고高 자를 가지고 시를 짓는 장면이다.

기름 고膏 자 높을 고高 자를 내고 지필묵을 주니, 이 도령이 운자를 맞추어 지어낸다.

金樽美酒 天人血

玉盤佳肴 萬姓膏

燭淚落時 民淚落

歌聲高處 怨聲高

금동이의 아름다운 술은 일만 백성의 피요

옥소반의 아름다운 안주는 일만 백성의 기름이라.
촛불 눈물 떨어질 때 백성 눈물 떨어지고
노랫소리 높은 곳에 원망소리 높았더라.[22]

그와 반대로 5·16군사정변의 세력은 멀리는 구한말의 노론, 일제 강점기의 친일파, 1945년 미군정, 1948년 8·15건국정부, 가까이는 부패한 자유당 정부의 세력과 떼어서 생각할 수 없는 세력이다. 왜냐하면 민이 주도한 4·19혁명을 부정했기 때문이다. 이 과정에서 권력의 세습과 동시에 "이 새꺄, 무릎 꿇어! 기어! 개같이 기란 말이야!"라는 폭력도 함께 세습됐다고 볼 수 있다. 그렇기 때문에 오늘날 역사학자들이 5·16군사 사건을 혁명이라고 쓰지 않고 군사정변이라는 용어로 바꾸어 쓰고 있다고 본다.

1950년 6·25 한국전쟁 역시 김일강과 같은 폭력의 이념으로 무장한 기존의 권력이 좌·우로 이동하는 과정에서 남·북한이 충돌한 비극이라고 밖에 볼 수 없다. 남·북한의 국가권력이 동족마을 주민들에게 서로 충성을 요구했고, 그 표시로 엄청난 골육상쟁을 강요했다고 한다.[23] 동학혁명이 탐관오리를 타도하고 4·19혁명이 부패한 자유당 정부를 타도하기 위하여 봉기한 것과는 달리, 남한 권력은 청년단과 경찰의 협동으로 좌익 세력과 그 가족들을 말살하려 했고 북한 권력은 주로 머슴과 빈농들을 부추기는 형태로 우익에 대한 학살을 방조했다. 동학혁명과 4·19혁명의 관점으로 볼 때 이 전쟁은 민중의 전쟁은 아니다. 신동엽의 시詩「껍데기는 가라」에서 이 점을 잘 증명하고 있다.

껍데기는 가라
사월도 알맹이만 남고
껍데기는 가라

껍데기는 가라
동학년 곰나루의, 그 아우성만 살고
껍데기는 가라

그리하여 다시
껍데기는 가라
이곳에선 두 가슴과 그 곳까지 내 논
아사달과 아사녀가
중립의 초례청 앞에 서서
부끄럼 빛내며
맞절할지니

껍데기는 가라
한라에서 백두까지
향그러운 흙가슴만 남고
그 모오든 쇠붙이는 가라.[24]

이 시는 국수주의에 가까울 정도로 애국심이 강하게 드러난다. 4·19혁명의 알맹이는 단순히 자유당 독재정부에 대한 저항이 아니다. 민중의 가슴 깊은 곳에 쌓여 있는 역사적 문제까지도 포함하고 있다. 4·19혁명 정신으로 보면, 1948년 8·15건국정부(이승만 자유당 정부)의 외모는 민주주의 옷을 입고 있었지만 내면은 구태와 악습을 벗지 못하고 있다.

그러므로 시인은 "아사달과 아사녀가 / 중립의 초례청 앞에 서서 / 부끄럼 빛내며 / 맞절할지니"에서 말하는 것처럼 4·19혁명을 외세를 배제하는 동학혁명[25]의 연장선상으로 이해한다. 시인은 "곰나루의, 그 아우성만 살고 / 껍데기는 가라"고 외치는 것으로 보아, 동학혁명 민중이 관군에게 패했다기보다는 일군과 청군의 외세에 의하여 패했다는 것에 분노한다. "향그러운 흙가슴만 남고 / 그 모오든 쇠붙이는 가라"의 구절에서는 한반도의 모든 외세를 배제하고 순수한 한민족만이 살 수 있기를 염원한다. 다시 말하면 시인의 눈에는 한반도 한민족의 삶이 알맹이고 다른 것은 다 껍데기로 보이는 것이다.

신동엽과 같은 4·19혁명의 국가관 내지는 세계관은 갑자기 나타난 것이 아니라 동학혁명의 정신을 이어 받은 것이며, 동학혁명 역시 우발적으로 일어난 사건이 아니라 오랫동안 축적된 민중 정치관의 실현으로 봐야 할 것이다. 신동엽의 껍데기와 알맹이 논쟁은 단순히 정치적 구호가 아니라 한민족정신에 내재된 희망을 의미한다. 다시 말하면 "껍데기는 가라"는 구호는 4·19혁명 당시를 대변하는 구호가 아니라 앞으로 언제든지 들을 수 있는 구호다. 이 희망이 실현되지 못한 상태에서 6·10민주화운동이 일어났다고 생각할 수 있다.

폭력의 역사가 길면 가해자도 피해자가 된다는 것을 『누란』의 정보검사 김일강을 보면 쉽게 추측할 수 있다. 그는 가까이 보면 틀림없이 가해자다. 그러나 앞에서 언급한 대로 멀리 역사적 관점에서 보면, 그 역시 피해자로 보인다. 자유와 만주의 가치라는 민족 희망이 실현되지 않은 사회에서 성공한 정치는 없다. 모두 희생자로 남는다.

이것은 일제강점기 이광수의 정치철학을 상기하면 쉽게 이해할 수 있을 것이다. 그는 조국을 사랑했기 때문에 식민통치를 옹호했고, 동포를 사랑했기 때문에 부역을 독려했으며, 조선인들을 일본인처럼 일등 국민으로 만드는 것이 꿈이었기 때문에 내선일체를 주장했다고 고백한다.

> 이 몸을 던져서 한 사람이라도 동포의 희생을 덜고 터럭만치라도 닥쳐오는 민족의 고난을 늦출 수 있다면 무엇을 아끼랴.[26]

이광수는 1948년 7월 17일 헌법 공포식의 중계방송을 듣고 "사는 날까지 조국 찬양의 노래를 쓰고 독립국 자유민으로 눈을 감겠다"고 다짐하면서 눈물을 흘렸다고 한다.[27] 송건호는 이러한 태도를 이광수 개인의 눈물로 보지 않는다. 이 눈물은 "지나간 100년간 이 땅의 민중이 겪은 수없이 계속된 민족의 불행들이 가져다 준 민족의 눈물이라고 봐야 하지 않을까?"라고 자문한다. 최근 일제강점기의 정신 상태를 증언하는 글을 참조하면, 당시 많은 국민들이 이광수의 논리에 왜 동조했는지 추측할 수 있다.

「저도 반민족행위자였습니다」[28]에 의하면, 국가유공자 우수용 씨(86세, 경남 진주)는 조선인 징병1기로 폭약상자를 등에 메고 적군의 전차 밑으로 뛰어들어 자폭하는 훈련을 받았다. 3개월 후 해방이 되어 살아

돌아왔고, 6·25 한국전쟁 때 경찰전투요원으로 참전하여 지금은 국가유공자로 대우받으며 안락하게 살고 있다고 한다. 문제는 이것으로 끝나지 않는다. 당시 친구 탁경현 씨(경남 사천)는 가미카제 특공대로 오키나와 섬에 정박 중이던 미국 함대를 향해 돌진 자폭하여 생을 마감했다고 한다. 그 친구는 일본을 위해 목숨을 바친 반민족행위자가 되어 고향으로 돌아올 수 없는 외로운 넋이 됐다.

그들은 독립운동이라는 속삭임을 어렴풋이 듣기는 했지만, 시궁창에 살고 있는 소녀가 꿈속에서 신데렐라를 보는 것만큼이나 현실성이 없는 말이었다고 당시를 회상한다. 우수용 씨는 죽은 친구와 똑같은 마음과 처리로 징집됐고 일본을 위해 훈련을 받았지만, 그 친구는 친일이고 자신은 국가유공자로 대우받는 것은 모순이라고 주장한다. 왜냐하면 그는 조선인이 국방의무를 다하면 일본인과 똑같은 일등 국민의 대우를 받고 참정권이 보장된다고 하여 자랑스러운 마음으로 입대했다고 한다. 조선인이 일본인보다 더 용감한 기개를 가지고 있다는 것을 보여주고 싶었고, 후손은 더 이상 이등 국민으로 살지 않게 하겠다는 희망이 있었다고 한다.

지금 생각하면 어리석었지만, 자신의 세대에서 자신과 같은 생각으로부터 자유로운 사람은 없을 것이라고 믿는다고 한다. 그러면서 반민족행위자로 심판하고 단죄하려는 사람에게 좀 더 폭넓고 열린 마음으로 사리를 판단해주기를 바란다고 부탁한다. 다시 말하면 살아 돌아온 우수용 씨나 죽어서 빈민족행위자가 되어 고향에 못 돌아온 친구 탁경환 씨 모두 가해자 없는 피해자라는 것이다. 당시 그들에게 일본은 가해자로 인식되지 못했다.

김일강은 자신이 피해자인지도 모르면서 왜 젊은이를 고문으로 기절시키고 바지에 오물을 싸도록 고문하는가? 폭력의 긴 역사가 진행되는 과정에서 정의와 진리를 판단하는 양심이 파시즘에 오염됐기 때문이다. 형벌을 없애기 위해서 형벌을 쓴다고 『흑산』에서 관리가 말하는 것처럼 그는 젊은이의 고통을 덜어주기 위해서 고문을 한다. 고문을 빨리 끝내기 위한 수단이 바로 고문이다. 이러한 가치전도가 문화를 파괴하는 폭력이다.

이러한 가치전도의 사건은 수없이 많다. 박종철(1964~1987, 서울대 언어학과)도 고문을 받았다. 그러나 그는 영웅이 됐고, 허무성은 배신자·변절자·전향자로 낙인찍혀 정신적 죽음을 당했다. 박종철은 1987년 1월 14일 치안본부 대공수사단 남영동 분실 509호 조사실에서 사망했지만, 같은 해 6월 10일 민주의 광장에서 정신적으로 부활했다. 강민창 치안본부장이 "냉수를 몇 컵 마신 후 심문을 시작, 박종철 군의 친구 소재를 묻던 중 갑자기 '억' 소리를 지르면서 쓰러져 중앙대 부속 병원으로 옮겼으나, 12시경 사망했다"고 공식 발표하는 때가 박종철이 피해자가 되는 순간이었고, 고문한 수사경관 조한경과 강진규 등 2명도 함께 피해자가 되는 날이었다.

그렇게 박종철은 죽어서 부활했고, 허무성은 살아서 죽었다. 죽어서 부활하기 위해 고문을 견디어내는 자는 없다는 것을 김일강은 너무나 잘 알고 있었고, 허무성은 그것을 너무 몰랐다. 그는 민주화의 이름으로 무모하게 중심사회에 도전했다는 것을 고문을 받고 나서야 처음 알았고 자기 자신에게 분노 같은 것을 느꼈다. 폭력이라는 권력의 속성을 모르는 도전은 결국 무기력증만 남는다는 것을 알았다.

사학도 허무성은 도전・분노・무기력의 상관관계를 생각하면서 그 사이에서 서로 작용하는 하나의 역학을 생각해냈다. 분노는 허무성 자기 자신이 당한 고문에서 나온 것이 아니고, 이미 선친과 조부 더 거슬러 올라가 조상으로부터 유전 받은 것이라는 역사의식에서 나온 것으로 우리는 이해할 수 있다. 지금 그는 정보검사 김일강에게 고문당한 것이 아니라 조상으로부터 내려온 폭력의 유령과 싸웠다는 것을 깨달았다. 허무성은 그것을 알고 분노를 삭이면서 씁쓸한 입맛을 다셨다.

백범 김구 선생의 『백범일지』[29]에는 "양반의 낙원은 삼남이요, 상놈의 낙원은 서북이다. 그나마 내가 해서 상놈으로 난 것이 큰 행복이다. 만일 삼남 상놈이 됐다면 얼마나 불행했을까?" — 이렇게 양반의 폭력을 탄식한 기행문이 있다. 내용은 아주 단순하다. 밤이 저물었는데 양반이 사랑문 앞 말뚝에 상놈을 묶어 놓고 가혹한 형벌을 가하고 있었다. 양반이 정해놓은 품삯은 여자는 두 푼, 남자는 세 푼이었다. 남자는 서푼씩 정했는데 저 상놈은 한 푼 더 받았다는 것이다. 그 당시 주막에서 먹는 한 끼도 5, 6푼인데, '하루 품삯이 밥 한 끼 값도 안 되면 집안 식구들을 데리고 어찌 생활하겠소?'라고 백범 김구 선생이 양반에 물었다. 상놈의 집에 의식주가 풍족하게 되면 자연히 양반에게 공손치 못하게 될 것이기 때문에 그같이 품삯을 작정하여 주는 것이라고 양반이 대답했다.

이 사건은 신분 제도를 폐기한 1894년 갑오경장 이후의 일이다. 백범 김구 선생이 경험한 이 사건을 통하여 당시 양반은 전혀 갑오경장을 수용하지 않고 있다는 것을 확인할 수 있다. 이 폭력의 원형은 경제민주화를 주장하는 우리 시대까지 내려오고 있다는 것을 오늘날 문제가 되는 갑甲 · 을乙계약에서 엿볼 수 있다.[30] 유석재 기자의 분석에 의하면, 갑은 군림하고 을은 비위를 맞추는 갑을 문화는 개발경제 시대를 거치면서 나온 뿌리 깊은 병폐라고 한다. 그러나 『누란』, 『흑산』을 읽은 필자가 보기에, 10월유신 군부가 주도한 개발경제 시대가 만든 병폐가 아니라 세습된 폭력을 최대한 이용한 파콜로지 정치철학에 있다고 본다.

4. 폭력에 타협한 영혼의 고민

사학도 허무성이 고문에 굴복하여 은둔자의 길을 선택하기 이전 그 짧은 기간의 인생은 폭력에 굴복한 영혼의 비극을 상징적으로 설명한다. 그는 지하 고문실에서 나온 이후 역사의식도 잃고 인생의 길도 찾지 못했다. 파우스트가 악령 메피스토펠레스Mephistopheles에게 영혼을 팔았듯이 허무성은 자의반 타의반으로 김일강에게 회유되고 자신의 영혼을 빼앗겼다. 놀기만 하기에는 너무 늙었고, 아무런 소망 없이 살기에는 젊다고 생각하며, 산다는 것이 무거운 짐이라고 여기는 늙은 파우스트가 되고 말았다. 무기력증에 걸린 허무성은 그토록 증오하던 파콜로지를 숭배하는 권력의 품으로 끌려들어 갔다.

폭력은 바로 이점을 노린다. 순종하는 민중에게 파콜로지는 두려운 대상이기도 하고 자비의 존재이기도 하다. 허무성은 김일강의 추천으로 일본에 유학을 가서 일본 방위청 청사를 방문하고, 거기에 걸려 있는 미시마 유키오의 끔찍한 할복 장면 사진을 감상한다. 그리고 일본의 전체주의 정신 파시즘을 학습할 기회를 얻는다. 일본 유학은 폭력에 더 이상 저항할 수 없다는 허무주의 정신에서 나온 판단일 수도 있고, 전체주의에 의지하여 안도하고 싶은 자유로부터의 도피일 수도 있다. 프롬은 사람들이 나치즘과 같은 파시즘에 쉽게 동조하고 자유를 포기하는 이유에는 사회경제적 요인보다도 심리적 요인이 더 강하다고 보았다.[31]

> 무릎을 꿇은 자세로 침착하게 검은 양복 상의에서 흰 손수건을 꺼내고 단추를 풀고 나서 칼집에서 스르륵 능숙하게 흰빛 칼날을 뽑아 올렸고, 그리고는 칼끝 가까운 부분을 손수건으로 감싸 쥐고 칼끝으로 복부를 왼쪽 끝에서 오른쪽 끝까지 가르는 시늉을 했고, 다음 순간 벌떡 몸을 일으켜 칼날을 힘차게 수평으로 날리고는 마지막으로 칼날을 다시 거두어 칼집에 능숙하게 집어넣었다.[32]

이 장면은 전에 김일강이 말한 것과 비슷했다. 그는 피비린내를 내며 머리가 잘리는 장면을 상상하면서 헛구역질을 참을 수밖에 없었다. 닛폰도日本刀를 다루는 일본방위청 사무관 옆에서 연방 허리를 굽실거리며 "하이, 하이"를 연발하는 김일강에게서 한국의 파콜로지는 일본 파시즘의 아류라는 것을 알았다. 그리고 한・일 파시즘의 주종관계를 깨달았다. 김일강이 숭배하는 일본 관동군 장교, 일본명 다카키 마사오, 한국명 박정희의 근엄한 표정을 환상으로 볼 수 있었다.[33]

허무성은 무시무시한 분위기에서 파시즘 학습에 저항할 힘을 잃었다. 그동안 한국 대학에서 공부하고 생각한 모든 것을 다 잃은 것 같았다. 얻은 것이 있다면 대학원에 등록하고 일본현대사 세미나에서 한국 근・현대사를 다시 생각할 기회를 갖게 됐다는 것뿐이었다. 일본의 근대사 해석에 반감을 느꼈지만, 한국 사학자들이 일본 학자들의 근대사 왜곡조차도 모른다는 것에 처절히 좌절감을 느끼고 어떤 발언도 할 수 없었다.

오히려 일본의 역사 교육에 대한 호기심이 생겨서 보다 적극적으로 김일강이 추천한 파시즘의 세계로 깊숙이 발을 들여 놓고 싶어졌다. 그는 김일강이 일본으로 출장 올 때마다 만났다. 권력의 품에서는 과거 고문자와 피고문자의 관계도 없었다. 그를 만날 때마다 증오심과 분노심도 녹고 오히려 점점 더 안전함과 편안함에 알 수 없는 쾌감을 느꼈다. 이것이 바로 김일강에게 정신을 판 대가로 얻은 것들이라고 만족했다.

허무성은 4년 만에 박사학위를 취득했다. 그는 김일강의 추천으로 1994년 기독교 이념의 H대학 사학과 교수가 될 수 있었다. 이것도 영혼을 판 대가로 받은 것이다. 귀국해서 본 한국사회는 김영삼 문민정부가 출범했고, 적어도 겉으로는 6・10민주화운동이 실현된 분위기였다. 허무성 자신이 경험한 80년대의 대학생 고문은 자취도 없이 사라진 것처럼 보였다.

그는 귀국해서 낯선 새로운 사실을 발견했다. 정보검사 김일강이 문민정부를 세우는 데 크게 공헌했다는 인정을 받고 국회의원이 되어 음지에서 양지로 나와 활동하는 정치가로 변신했다. 놀라지 않을 수 없는 사실이었다. 그의 국회의원 당선은 고문의 범죄를 무죄로 증명한 것이며, 허무성과 같은 고문 피해자를 가해자 없는 피해자로 만드는 역사적 순간이기도 하다.

> 가해자는 무죄의 증거를 갖고 있지만, 피해자는 아무런 증거도 갖고 있지 않았다. 권력의 비호를 받는 그는 "비록 그들이 좌익사범들이었지만 고문을 가해본 적은 없다"고 자신의 결백을 강하게 주장했고, 그것만으로도 충분히 방어가 됐다. 그래서 그 사건의 피해자들은 허무성의 경우와 똑같이 '가해자 없는 피해자'들인 셈이다.[34]

김일강은 4선 이상의 의원이 많은데도 초선인 자기가 당내 최대계파의 2인자라고 뽐내고 있다. 초선인 김일강이 고문을 통해서 많은 정보를 가지고 있기 때문에 그들보다 더 막대한 권력을 가질 수 있다는 것에 허무성은 놀라지 않을 수 없었다. 그리고 더욱 그를 놀라게 한 것은 군부독재를 옹호한 세력이 산업화의 주역으로 여전히 권력을 장악한 실세이고, 4·19혁명과 6·10민주화운동은 그들 세력과 화해한 것처럼 행동하여 권력의 아류에 머물러 있다는 점이었다.

권력의 중심권에 있는 김일강은 이 화해의 의미를 누구보다도 잘 알고 있었다. 지금 정부 역시 무대 전면에 나선 얼굴만 바뀌었을 뿐, 여전히 친일파·해외파·건국파·5·16군사정변으로 이어지는 기득권 세력의 정권이라고, 국회의원 김일강은 사학박사 허무성에게 넌지시 알려 주었다. 어쨌든 6·10민주화운동 세력은 권력의 중심권에서 멀다는 것이다. 그는 과거 기득권 세력에 저항했던 경력이 오히려 현재의 출세에 힘이 된다는 것도 넌지시 암시했다.

그리고 출세를 위하여 대학에서 그것도 사학과에서 '박정희학 강좌'를 준비하라고 권유했다. 허무성은 과거 고문과 폭력을 앞세워 통치했던 파콜로지와 달리 현실에 맞는 세련된 한국식 파콜로지 강좌를 개설하라는 부탁을 받았다.

김일강의 한국식 파콜로지는 앞에서 언급한 대로 조선 후기의 노론, 일제감정기의 친일파, 미군정의 해외파, 부패한 이승만 8・15건국정부 그리고 5・16군사정변의 박정희 정부로 이어지는 권력보다 더 세련된 권력의 이념을 의미한다. 김일강은 파콜로지야 말로 한국의 정체성이라고 주장했다.

그중에서도 민생고를 시급히 해결하기 위하여 산업화를 성공적으로 이끈 박정희의 정치철학이 가장 한국적 파시즘에 적합하며, 국민이 기대하는 파시즘이라고 설명했다. 그리고 그 파시즘이야 말로 운동권 출신 허무성이 봉사할 이념이라고 설득했다. 이 봉사는 어떻게 가능할까? 폭력이라는 유령이 지배하는 사회에서는 아주 쉽고도 어려운 대답이라는 것을 『누란』은 자세히 보여준다.

5. 소설의 폭력은 현실이 아니고 현실성이다

지금까지 소설에 나오는 이야기를 현실과 역사에 대입하면서 이해했다. 정보검사가 정말 소설에서처럼 저질의 폭언을 함부로 막 할 수 있는가? 지성이 그것밖에 안 되는가? 그렇게 물으면 소설은 허위 날조라고 대답할 수밖에 없다. 소설을 가지고 현실을 날조할 수는 없다고 대답해야 할 것이다. 소설이 현실이라면 이전의 폭력을 없었던 일로 만들고 국회의원이 된 김일강은 역사의 죄인이다. 반대로 없었던 폭력을 현실인 양 글을 쓴 소설가는 선동가에 지나지 않는다. 이러한 논쟁은 현실과 현실성의 구별을 이해하지 못한 결과다. 소설의 특징을 알면 소설의 이야기를 가지고 왜 현실을 이야기하는지 쉽게 이해할 수 있다.

칸트의 예술 자율성 이론을 빌려오지 않더라도 소설을 소설로 읽는 것이 일반적 문예학 이론이다. 그렇다고 현실을 빼고 읽어야 한다는 말은 결코 아니다. 그것은 환상과 기적을 중요시한 낭만주의 관점으로 읽는 것에 지나지 않는다. 넓은 의미에서 거기에도 현실을 반성하는 목적이 있다고 말한다면, 더더욱 소설에서 현실을 빼고 읽을 수는 없다. 루카치는 『소설이론』에서 "별이 빛나는 창공을 보고 길의 지도를 읽을 수 있었던 시대는 얼마나 행복했던가?"라고 말하면서 낭만주의 사상가들이 꿈꾼 우주를 동경하고 폭력이 지배하는 현대사회를 비판했다. 그는 소설을 바로 그 고향을 찾아가는 자기반성으로 보았다. 현실에 대한 자기반성이 없다면, 아무리 별이 반짝거린다 해도 그 고향으로 가는 길은 찾을 수 없을 것이다. 예술은 자연의 모방이라는 아리스토텔레스의 모방론을 달리 언급하지 않더라도 발자크・플로베르의 사실주의, 졸라・하우프트만의 자연주의의 관점으로 소설을 읽어보면, 소설은 우리의 일상생활을 반영한 거울이다.

어떤 방법으로 읽든 국가정치폭력을 담은 『누란』과 『흑산』은 우리 시대의 정치문화와 그 현실을 바로 보여주는 사실주의(현실주의) 문학 작품이다. 그리고 자기반성을 통하여 인류의 꿈을 실현하고자 노력하는 낭만주의 작품으로도 읽을 수 있다. 한국 정치폭력의 현장을 소설에서 경험한다는 것은 폭력의 음모를 바로 보는 계기가 될 것이고, 음모 뒤에 숨겨진 계획Plan을 탐지하는 기회가 될 것이다. 그것을 알 때 바로 현실을 안다고 말할 수 있다. 『누란』과 『흑산』은 정치폭력의 음모와 계획을 폭로하는 데 결정적 역할을 한다. 그리고 시대와 환경을 뛰어넘어 자유・민주・공화의 가치를 반성하는 계기를 만들어준다. 더 나아가 별이 반짝이는 창공을 상실한 시대에 산다고 해도 자유세계와 소통하는 길을 모색할 수 있는 용기를 가슴 깊은 내면에서 일어나게 만들어준다.

그러나 여기서 소설의 한계를 언급하지 않을 수 없다. 예술이론에 의하면,[35] 언어의 한계이기도 하지만, 예술가(화가・문인)는 현실을 완전히 재현할 수도 없고 또 재현할 의도도 없다. 사실주의 작품이든 자연주의 작품이든 소설 세계는 작가가 만든 가상공간에 지나지 않는다. 이런 문제는 소설에만 있는 것은 아니다.

예를 들면 영화 〈부러진 화살〉(정지연 감독, 안성기・박원상・나영희・김지호 출연, 2012.1.18)의 주제는 김경호(전 성균관대 수학과 교수)의 석궁 사건이다. 사건의 발단은 1995년 대학수학능력 평가 수학문제에 대한 비판으로 시작한 교수 재임용 탈락에 있다. 이 문제는 김경호 교수가 정당한 재판을 요구하기 위하여 석궁으로 판사를 위협하는 데까지 발전했다. 영화의 주제는 석궁 사건이지, 교수의 재임용 소송의 핵심쟁점인 교육자 자질 문제가 아니다. 그러나 여론은 주변 사건을 종합해서

판사의 판결을 비판한다. 영화예술은 가·부, 진·위, 정의·불의에 대한 판결을 하지 않는다. 그것은 사법부 권한이다. 그런데도 담당 판사(이정렬)는 여론의 뭇매를 맞고 급기야 법을 어기면서까지 재판부 합의과정을 공개하여 징계를 받았으며 판사재임용 탈락의 위기에 몰렸다. 이렇게까지 비화된 원인은 예술과 현실을 혼돈한 여론 때문이다.[36]

다시 말하면 소설의 사건은 현실에서 일어난 사법적 사건과 동일하지 않다. 그리고 언어로 현실을 완전히 재현할 수 없다는 것은 동서고금에서 일치된 견해이다. 『도덕경道德經』은 도道라고 말하면 이미 도가 아니고道可道 非常道, 名可名 非常名, 『금강경金剛經』은 법法(진리)을 설명한다는 것은 설명할 법이 없다는 것을 말하는 것如來說具足色身 卽非具足色身이라고 하여 언어에 집착하는 것을 경계한다. 『장자莊子』가 말하기를 도道는 말을 떠난 것이다.[37] 그에게 말은 목적이 아니라 수단이다. 비트겐슈타인은 언어로 사물의 본질을 이해할 수 없다고 보고 언어사용을 일종의 게임으로 이해한다. 선학禪學에서 말하는 돈오점수頓悟漸修라는 말을 빌려오지 않더라도, 오히려 언어를 뺀 직관으로 사물의 본질과 현실을 이해하는 것이 더 정확할지도 모른다. 이처럼 언어의 한계는 분명하다.

물론 다른 견해도 있다. 인간이 언어를 지배하고 사용한다고 말하지만, 언어가 인간을 지배하고 인간의 행동을 규정한다고 볼 수도 있다. 기독교의 관점으로 보면, 태초에 말이 존재함으로써 만물이 탄생했다.[38] 성경Bible에 의하면 언어는 곧 신이다. 괴테도 그것을 믿고, 파우스트의 입을 빌려 무無에서 유有를 창조하는 「요한복음」의 언어를 다시 확인한다.[39] 고트프리트 벤은 신이 언어로 사물을 창조했듯이 언어로 아직 경험하지 못한 순수하고 완전한 미지의 세계를 창조할 수 있다고 믿었다. 그에게 언어는 몸 전체를 덮고 있는 하등동물의 섬모와 같은 것이며, 곤충의 더듬이에 비유된다. 벤은 그 섬모와 더듬이로 지금까지 경험해본 적이 없었던, 현실과 자아가 분리되지 않은 완전한 현실을 만날 수 있다고 주장했다.

김춘수는 바로 창조론적 언어철학을 시에 적용한 시인이다. 말(언어, 단어)로써 타자를 자기 것으로 만든다. 언어가 없다면, 꽃은 나의 꽃이 될 수 없다. 누구의 소유도 아니고 그냥 사물이거나 몸짓에 지나지 않는다. 사물은 이름을 부여 받을 때 비로소 독립된 하나의 존재가 되고 타자의 소유가 될 수 있다. 관계를 맺을 수 있는 것이다.

> 내가 그의 이름을 불러 주기 전에는
> 그는 다만
> 하나의 몸짓에 지나지 않았다.
>
> 내가 그의 이름을 불러 주었을 때
> 그는 나에게로 와서
> 꽃이 되었다.

이와 반대로 서정주는 언어를 상징물로 보고, 그것을 통하여 존재의 본질에 접근하려고 한다. 꽃은 언어로써 존재가 확인되고 소유의 대상이 될 수 있을지언정 본질을 드러내지 못한다고 생각한다. 서정주는 국화를 누님같이 생긴 꽃으로 비유하여 국화의 본질에 접근할 수 있도록 암시할 뿐, 그는 국화의 실체를 언어로써 정확하게 그릴 수는 없다고 본다. 언어와 실체는 일치하지 않는다.

> 그립고 아쉬움에 가슴 조이던
> 머언 먼 젊음의 뒤안길에서
> 인제는 돌아와 거울 앞에 선
> 내 누님같이 생긴 꽃이여

김춘수의 창조론적 언어관은 표현의 한계가 있다. 그의 언어는 사물의 현상을 언급할 뿐이다. 「요한복음」이 말하는 창조론적 언어로 인간을 보면, 하느님은 자신의 형상대로 인간을 만들었기 때문에 인간의 모형은 하느님이라는 것은 알 수 있지만 그 속성은 알 수 없다. 하느님은 공의의 하느님이고 사랑의 하느님이므로 인간도 그렇다고 말할 수는 있지만, 아직 인간의 속성을 완전히 파악한 인간은 없다. 서정주는 국화를 누님 같은 꽃으로 비유하여 국화의 본질을 암시한다. 『莊子』는 도道를 설명할 말이 없어 다른 사물을 붙여서, 다시 말하면 우언寓言으로 설명할 수밖에 없다고 말한다. 그가 도를 설명한 것의 열 개 중에 아홉 개가 우언이라고 한다.[40] 서정주의 언어는 이처럼 본질에 접근하고자 하는 하나의 방법이다.

카시러는 『인간론』에서 언어·예술·종교·역사와 같은 상징으로만 현실에 접근할 수 있다고 보았다. 딜타이는 직관에 의한 생명의 활력Vitalismm을 강조했는데, 그것은 현실의 본질을 인식하는 것과는 다른 문제다. 생철학은 인식론이 아니라 개인의 직접적 활동을 의미하므로,

직관에 의한 현실인식은 개인에 국한되고 상징을 통한 현실인식은 보편성에 가깝다. “나는 행복하다”는 말을 들었을 때 상대방 행복의 본질은 모른다. 다만 자신이 경험한 행복에 비교하여 말하는 사람의 행복을 유추할 뿐, 정확하게 알 수 없다. 언어를 신으로 보든 상징으로 이해하든 어떠한 언어관을 가지고 설명한다 하더라도 언어로써 현실을 직접 경험한다는 것은 불가능하다고 봐야 할 것이다.

파우스트가 신이 될 수 없었던 것처럼 철학자든 예술가든 신처럼 현실을 직접 완전히 이해하고 재현할 수는 없다. 그러나 인간은 도道라고 부르든 열반涅槃이라고 부르든 유토피아라고 부르든 신세계라고 부르든 완전한 상태·완전한 세계를 관념으로 가지고 있고 또 그 세계로 가는 길을 찾고 있다. 그 관념은 경험하기 이전의 선험적 체험이다. 루카치가 말한 대로 소설은 인류의 꿈을 그려내는 데 있어서 가장 좋은 형식이다. “소설이 곧 현실이다, 반대로 현실이 곧 소설이다”라는 등식은 성립되지 않지만, 현실이 없다면 소설은 쓰일 수 없고, 소설은 언어 건축물이므로 소설이 없다면 현실의 구조를 이해하는 데 많은 어려움을 겪을 것이다. 『반야심경 般若心經』은 색色(현실, 있음)이 없다면, 공空(無, 없음)이 있을 수 없다고 말한다. 반대로 공이 있음으로 색이 있다. 색과 공은 색즉시공色卽是空 공즉시색空卽是色의 관계에서만 성립된다고 말한다. 소설과 현실은 바로 이런 관계라고 봐야 할 것이다. 서사적 언어로 현실을 설명할 때에만 비로소 현실은 내가 참여하는 현실이 될 수 있을 것이다. 그런 의미에서 소설은 항상 현실에 참여한다고 말할 수 있다.

소설의 현실은 관념의 공간에 지나지 않는다. 거듭 언급하지만 언어 · 예술 · 종교 · 역사가 없다면, 현실은 그림자로 덮여 있을 것이다. 예술 · 종교 · 역사를 이해하는 데 직관은 절대적 요소다. 그러나 서사적 방법이 없이는 직관으로 인식한 것을 현실로 끌어낼 수 없다. 소설을 통하여 현실을 볼 때 그것은 밝은 공간으로 눈앞에 들어난다. 독자들이 문학(시 · 소설 · 희곡)의 세계가 비록 가상공간일지라도 현실과 상당 부분 일치한다고 믿게 되는 이유도 바로 그 때문일 것이다. 그 믿음을 우리는 현실성現實性, Realität이라고 말할 수 있다. 그런 믿음이 바로 문학의 예술성이며, 예술의 권력이고 영향력이다.

독자가 소설을 통하여 현실을 이해할 때 작가 책임의 한계를 말하지 않을 수 없다. 거울에 비친 자기 모습을 보고 자기 자신을 반성하듯이 소설의 현실을 이해하는 것은 독자의 몫이지 작가의 몫은 아니다. 현실을 자기 자신이 해석하고 책임질 때 의미와 가치가 있듯이 작가에게서 떠난 소설의 현실은 작가의 것이 아니라 독자의 것이다. 앞에서 언급한 대로 소설의 사건은 사법적 사건과 일치하지 않는다는 것에 유의해야 할 것이다.

그런데 소설에서 폭력을 왜 읽는가? 현실에서 일어날 수 있는 개연성蓋然性을 무시할 수 없기 때문이다. 『누란』의 정치폭력이 현실과 무관한 사건이라면, 선동소설이라고밖에 볼 수 없다. 그러나 이 폭력은 현실에서 얼마든지 찾아볼 수 있다.[41] 과거에도 있었고 현재에도 은밀하게 일어나고 있으며 미래에도 일어날 것이다. 하인리히 뵐의 『카타리나 블룸의 잃어버린 명예』에 나오는 언론폭력 역시 현실과 완전히 동떨어진 주제라면, 이 또한 선정적 소설에 지나지 않는다. 이 작품은 단순히 사건의 본질을 왜곡 · 호도한 언론을 비판한 소설이라기보다는 우리가 언론을 통하여 얼마나 왜곡된 현실에 살고 있는지, 그 점을 경고하는 소설로 읽어야 할 것이다. 개연성을 인정하고 소설의 폭력을 읽는다면, 우리가 참여하고 있는 현실을 바로 볼 수 있을 것이다.

6. 폭력의 유령에 사로잡힌 모습들

1) 대학 풍경

『누란』에서 독재 · 폭력 · 파콜로지는 민주주의를 인정하지 않는다는 의미에서 거의 동의어로 보인다. 파콜로지 이념은 정당의 강령과 같은 시민정치 이념이 아니라 권력의 외곽에서 은밀하게 시민을 세뇌하는 유령이다. 그것은 현실 정치에서 밖으로 들어낼 수 있는 이념도 아니기 때문에 그 이념을 채택한 정당은 하나도 없다. 그러나 그것은 어디에나 은밀하게 스며들어 갈 수 있고 시도 때도 없이 장소를 불문하고 나타난다. 그 이념을 극렬하게 반대한 허무성이 볼 때 90년대는 완전히 파콜로지에 물든 시대다. 그 유령은 대학문화 · 시민문화 · 소비문화에까지 깊숙이 침투하고 있었다.

김일강의 도움으로 H대학 사학과 교수가 된 허무성은 학생지도를 하면서 큰 혼란에 빠졌다. 90년대와 80년대를 비교하면, 칼로 무 잘라 놓은 듯이 달랐다. 10년밖에 안 된 시간의 차이가 상전벽해桑田碧海로 보였다. 그가 보기에 90년대는 마치 바흐만의 시 「광고」와 같은 소비 문화에 완전히 동화된 시대였다.

한데 우리는 어디로 갈 것인가
걱정을 말라 걱정을 말라니까
어두워지고 추워지면
걱정을 말라니까
한데
음악과 함께
우리는 무엇을 해야 할까
명랑하게 그리고 음악과 함께
그리고 생각해야 할까
명랑하게
어떤 종말을 면전에 두고
음악과 함께
그리고 우리는 어디로 가져갈까
가장 좋기는
우리들의 문제들과 그 모든 해들의 전율을
꿈의 세탁장으로 걱정 말라 걱정을 말라니까
한데 무엇이 일어날까
가장 좋기는
죽음의 적막이

다가오면[42]

시인 바흐만은 60년대 풍요에 도취한 서구사회를 보면서 “어두워지고 추워지면, 우리는 어디로 갈 것인가”, “종말을 면전에 두고 있다면, 우리는 어디로 갈 것인가”, “죽음의 장막이 다가 오면, 무엇이 일어날까”라는 인류의 본질적 질문을 한다. 그러나 소비문화에 물들어 있는 민중은 전혀 걱정할 필요가 없다는 광고에 세뇌되어 있다. 세상 사람들은 고급 오디오 소리를 들으면 명랑해지고, 더러운 것은 고급 세탁기에 넣으면 깨끗해진다고 믿는다. 명랑하고 유쾌한 것을 빼고 죽음·종말·위기와 같은 어두운 그림자는 생각하지 않는다.

허무성 교수는 소비문화[43]에 길들여진 90년대 학생과 이념을 강조하는 역사 강의는 무의미하다고 절망한다. 90년대는 80년대 민주투사로서 허무성 교수가 꿈꾸었던 희망과 너무 거리가 멀었다. 노동착취와 부당해고에 대한 비판의식보다는 공격적 경영에 더 관심이 많고, 동족이 동족을 먹어서 생기는 광우병을 판타지소설 정도로 듣는 학생들의 태도에 실망하지 않을 수 없었다. 그들은 대포를 앞세우고 침략했던 서구열강의 제국주의를 증오하면서도 텔레비전·세탁기·냉장고를 앞세우는 상업제국주의를 꿈꾼다. 대학경영자도 학생들 의식과 별로 다르지 않다. 역사를 영어로 강의하라는 총장의 충고를 받고 실망을 넘어 분노를 억제하기 어려울 지경에 도달한 적도 한두 번이 아니다. 하마터면 총장의 빰을 후려갈길 뻔했다.

80년대 민주화운동은 참으로 역설적이다. 오히려 김일강이 민주화의 옷을 걸치고 활보할 수 있는 시대를 만들어 주었다. 90년대 학생들은 미래사회를 위한 사회변혁보다는 지금 현재의 삶에 충실하려고 노력한다. 대학도 순수학문을 지향하는 문학 · 사학 · 철학 같은 학과는 구조조정의 대상이 되고, 더욱 실용주의 중심 학문으로 개편되어 갔다. 허무성 교수의 강의는 반시장주의 강의로 오해와 편견을 받지 않을 수 없었다. 인간이 텔레비전과 인터넷을 이용한다고 하지만, 실은 텔레비전과 컴퓨터의 마우스가 인간을 조종한다는 강의를 들어주는 학생은 거의 없었다. "인간은 기계에 의해 조종당하고 있다." "세상의 가치는 엔터테인먼트가 아니다." "멀지 않은 미래에 닥칠지도 모르는 큰 불행에 무감각한 태도로 살면 안 된다." — 이런 강의에 학생들은 마냥 깔깔대고 방방 뛰며 코웃음만 친다. 90년대는 허무성에게 정말 배신의 시대였다.

> 선생님은 왜 자꾸 우울하고 언짢은 얘기만 골라서 하세요? 지금은 선생님이 대학생이던 십오 년 전이 아니잖아요? 그때는 억압받고 우울한 시대였겠지만, 지금은 아니에요.[44]

허무성 교수는 입시 · 군복무 · 취직 · 결혼 등 사회적 문제를 정면으로 받아들여 맨 몸으로 극복하고자 노력하는 세대와 그러한 문제 때문에 섹스 상품에서 해방을 추구하는 세대는 화해하기 어렵다는 것을 깨달았다. 그는 점점 강의를 포기할 수밖에 없다는 절망감에 방황하기 시작했다. 청년실업 20%, 대기업 취직 5% 시대에 미치지 않은 것이 다행이라는 학생들의 야유에 마땅히 저항할 방법이 없었다. 꼴통으로 비난 받고, 메아리 없는 선동자로 매도되어도 그들을 설득시킬 능력이 없었다.

허무성 교수는 누가 뭐라 해도 대학은 학문하는 곳이라고 주장했다. 표절은 범죄행위이다. 더더욱 역사학도가 표절한다면, "역사왜곡을 누가 책임지겠는가?" 학생들의 반응은 냉랭했다. 그것은 교수의 양심일 뿐, 학생은 취직시험에 전혀 도움이 안 되기 때문에 역사적 양심에만 매달릴 수 없다고 주장한다.[45] 백화점 쇼핑몰 텔레비전 광고가 십대의 입맛에 맞춰져 있는 소비문화시대에 대해 주체성을 강조하는 허무성 교수의 강의는 글로벌 시대의 강의가 될 수 없고, 비판정신을 강조하고 저항정신을 역설하는 강의는 퇴물강의로 전락했다. 텔레비전과 싸우고 십대들의 입맛에 맞는 상품과 싸우라는 것은 반자본주의 발상이라고 오히려 학생들의 반대에 부딪치지 않을 수 없었다.

허무성 교수는 할리우드식 낙관주의로 경쾌하게 살고 싶어 하고 진지한 것·심각한 것을 싫어하며 순수한 것·우아한 것을 낯설어 하는 그들의 담론에 실망했다. 그리고 초라한 자신의 모습을 발견하고 자신이 한없이 작아지는 것을 느꼈다. 민주화운동이 한창이던 80년대는 텔레비전이 신파조의 눈물을 강요하더니, 이제는 웃음만 강요하는 상황에서 역사교육은 사치로 보였다. 이미 찬밥신세가 되어 버린 사학과를 두고 좋았던 옛날을 운운한다는 것은 "죽은 손자의 불알을 만지는 격"이라고 탄식이 저절로 나왔다.

> 아니 도대체 해방된 게 언젠데 아직도 친일과 타령입니까? 반세기 내내 그 타령만 할 겁니까? (…중략…) 포기할 줄도 알아야죠. (…중략…) 과거사에 발목 잡히면 전진할 수 없잖아요![46]

이것이 90년대 대학 분위기였다. 시간이 흐르고 세상은 변한 것만은 분명하지만, 누가 무엇을 위하여 변화를 주도하는지, 허무성 교수는 알 수 없었다. 교수(협의회)는 분명 아니다. 학생(회)도 아니다. 대학(당국)도 아니다. 학부모(기성회)도 아니다. 변화의 주체를 찾기 어려웠다. 결국 자신만 변하지 않고 다 변했다는 편견에 사로잡히지 않을 수 없었다. 학생들은 그의 느린 걸음걸이부터가 시대에 뒤떨어졌다고 불평했다. 허무성 교수는 그것을 인정하기도 어렵고, 그렇다고 글로벌 교수로 대우받지도 못하고, 자신의 정체성을 상실한 채 어정쩡한 상태로 강의실에 들어가고 나오는 타성에 젖은 교수로 전락했다.

2) 사회 풍경

변화의 주체가 누구인지 알 수 없는 것은 대학뿐만 아니라 일반 사회도 마찬가지였다. 허무성은 아침 산책이나 길에서 오가며 만나는 일반 시민들의 대화를 엿들을 때마다 90년대는 80년대와 다르다는 것을 느꼈지만, 누가 사회 변화의 주체인지 파악할 수 없었다. 그때마다 더욱 혼란스러웠을 뿐이다. 그러나 분명한 사실을 발견했다. 시민들의 말은 폭력과 파시즘이 동의어라는 것을 분명하게 들어낸다. 폭력은 파시즘으로 무장했고, 파시즘은 폭력의 정신적 지주라는 사실은 분명했다.

안마, 그게 신문이냐, 빼라지!

박 사장님, 왜 이러세요! 손을 놓고 얘기하세요!

잘못했다고 사과하기 전엔 안 돼!

내가 뭘 잘못했다고 사과해요?

그래, 그게 올바른 신문이냐고! 빨갱이 신문, 전라도 신문이지!

그럼, 그 신문을 읽어보셨겠네요?

(…중략…)

이 새끼가 정말 약 올리네!

새끼, 새끼, 하지 마세요! 어서 손 치세요!

이 빨갱이 새끼! 그냥 모가지를 확 빼불라! 이따위 놈들, 배때기 땃땃해서 헛소리하는 놈들 죄다 죽여야 해![47]

이러한 시민들의 대화는 "이 새꺄, 무릎 꿇어! / 기어! 개같이 기란 말이야!"와 별반 다르지 않다고 느꼈다. "이 빨갱이 새끼! 그냥 모가지를 확 빼불라! 이따위 놈들, 배때기 땃땃해서 헛소리하는 놈들 죄다 죽여야 해." ― 이러한 욕설은 주변에서 흔히 들을 수 있고, 신문에서 읽을 수 있는 일상 생활언어가 됐다. 파시즘으로 무장한 개발세력에 가담하지 않은 세력은 모두 "빨갱이 새끼"라는 사고방식은 오늘날까지 고정관념으로 이어져 내려오고 있다.[48] 허무성은 80년대에 가해자가 보수적이고 피해자가 진보적이라고 믿었는데, 가해자 없는 피해자의 입장에서 세상을 다시 보니, 90년대는 그와 반대로 가해자가 진보적이고 피해자가 보수적이었다. 시대는 변했고, 변한 시대에 민중은 알맞게 행동하는 것처럼 보였다.

그러나 허무성 교수가 본 변화된 90년대에는 철학이 없었다. 80년대와 90년대를 구분하는 것은 단순히 시간의 흐름을 구분하는 것이 아니다. 사학자가 볼 때 역사의식이 없는 시간은 무의미하다. 칸트가 『순수이성비판』에서 말한 대로 시간 그 자체는 정지나 다름없다. 시간은 변화 속에 있는 것이다. 역사철학으로 시간을 생각할 때 비로소 시간은 의미가 되고 운동이 되고 변화가 되는 것이다. 진・선・미가 없는 시간은 역사의식이라고 말할 수 없다.

90년대는 분명 80년대가 낳은 세대이다. 그럼에도 불구하고 정의・진리・명예・자유・민주・인권을 외치던 80년대 민주투사들은 90년대의 정치상황에서 별로 할 일이 없었다. 민주주의는 정보검사 김일강의 추종세력이 지키고 있고, 허무성의 민주세력은 빨갱이가 됐다. 그것도 배부른 빨갱이다. 김일강 추종세력은 정말 배고프면 민주니 개혁이니 하는 그런 헛소리를 하지 않을 것이라고 믿는다. 시민들도 그렇게 믿고 있다. 민주세력에게 밥을 준 것은 그래도 파콜로지 철학이 아닌가? 이러한 역설을 어떻게 이해해야 되는가? 그는 대답하고 설득할 논리와 역사의식이 없었다.

3) 가정 풍경

80년대 허무성의 운동권 동지였고 한때 PD로서 사회의 견인차 역할을 한다고 자부하던 아내 문정선도 어린 아이돌 가수나 개그맨을 VIP로 모시는 일에 실망하고 회사에 사표를 내지 않을 수 없었다. 그들은 90년대의 사회에 적응할 수 없는 낡은 세대들이다. 그들은 마치 일제강점기의 지식인들처럼 소외되어 두문불출 방구석에 처박혀서 뒹굴고 TV 앞에서 빈사상태로 소주나 마시며 나날을 보낸다. 그때 음울하게 떠오르는 것은 화가 에곤 실레였다.[49] 그들은 마치 이상李箱의 소설 「날개」의 주인공과 같은 인생이 됐다.

> 나는 삶의 의혹을 상실한 채 방에서 뒹굴며 지낸다. 아내는 외출을 자주 하며 아내가 나간 뒤, 나는 아내의 방에서 놀곤 한다. (…중략…) 나는 불현듯 겨드랑이가 가렵다. 아하, 그것은 내 인공의 날개가 돋았던 자국이다. (…중략…) 날개야 다시 다시 돋아라. 한 번 더 날자구나. 한 번만 더 날아 보자꾸나.[50]

허무성은 날 수 없다는 것을 너무 잘 알고 있었다. 철벽이라도 뚫을 것 같은 H대학 송난주 여교수의 발랄한 젊음, 그 젊음에 의지하면 대학에서 퇴출될 운명을 바꿀 수 있을까? 날개를 달 수 있을까? 그러나 그는 소설 「날개」의 주인공과 마찬가지로 자신도 날개를 달 수 없다는 것을 아내를 통해서 너무 잘 알고 있었다.

> 형이 테러 당하자 정신이 바짝 났어. (…중략…) 형한테 난 아무것도 아냐. (…중략…) 우린 둘 다 병자야. 같이 있으면 상처만 주게 돼 있어. (…중략…) 아냐, 우린 헤어져야 해. 난 인도에 갈 거야. 잠깐 다녀오는 게 아니라[51]

이 장면은 최인훈의 소설 『광장』에서 주인공 이명준이 3천 톤급 배를 타고 남도 북도 아닌 인도로 가던 중 바다로 뛰어들기 전에 중얼거리는 마지막 독백을 상기시킨다. 이명준은 1945년 해방에서부터 1950

년 6 · 25 한국전쟁을 거쳐 1953년 7월 27일 휴전까지 청년기에 기쁨을 느껴 본 것은 연인과 딸의 사랑밖에 없었다. 이념은 공개적 광장에 떠다니는 유령에 지나지 않았다. 그는 신의 은총보다 인간의 사랑이 더 큰 기쁨이며, 사랑이 없는 세계는 죽음에 지나지 않는다고 느꼈다. 이명준에게 죽음을 강요한 직접적 가해자는 없다. 있다면 그것은 일제강점기와 6 · 25 한국전쟁의 폭력이었을 것이다.

이처럼 가해자 없는 피해자는 좌 · 우 어느 길도 선택할 수 없고 역사의 주역에서 탈락한다. 현진건의 소설 「술 권하는 사회」의 남편으로 전락할 수밖에 없었다. 다른 점이 있다면, 『술 권하는 사회』에 나오는 남편은 1920년대 동경 유학생 지식인이고, 아내는 남편과 대화할 수 없는 무학자로서 서로 대화의 대상이 될 수 없었다는 것이다. 『누란』의 남편 허무성은 그 후 2세대가 지난 80년대 동경 유학생 지식인이고, 아내 문정선도 80년대 민주주의 운동의 동지이자 PD로서 남편에 버금가는 지식인이다. 그러나 남편과 아내는 상호 소통이 안 된다. 『술 권하는 사회』의 남편은 일제강점기에 친일파 세력으로 들어가지 못해서 사회와 교류할 창구를 잃었고 문화적 차이와 지식의 벽 때문에 가족과도 마음을 나눌 수 없었지만, 허무성의 경우는 그들과 달랐다. 그는 "민생고를 시급히 해결"하겠다는 공약을 가지고 권력을 장악한 세력과 공유할 수 있는 것이 하나도 없었기 때문에 소통의 창구를 잃었다.

4) 서울 풍경

서울만 보면 한국을 다 보았다고 말할 수 있을 정도로 서울은 한국의 거울이다. 서울을 정복하면 한국을 완전히 지배할 수 있다. 이 서울에서 김일강의 정치철학 파콜로지는 21세기에 활짝 꽃이 피었다. 80년대 태동기를 거쳐 90년대 소비문화의 정신적 지주가 됐다가 21세기에 세련된 모습으로 재탄생했다. 허무성은 또 다른 모습의 파시즘에 직면하고 전율을 느꼈다. 파콜로지 폭력은 이제 80년대처럼 정치권력에 제한된 이념이 아니라, 금융·기업·언론·지식사회(대학)·의료·유통 등 생활 전반에 뻗어 있는 권력이 됐다.[52]

새천년이 시작하면서 그가 몸담고 있는 대학도 시장논리에 의해서 움직였다. IMF 구제금융 사태 이후 인문교양이 비집고 들어갈 여지가 거의 없었다. 철학과 사학과 같이 돈만 들어가는 학과는 폐지하고 경영학과 같이 돈 생기는 학과의 정원을 늘리는 대학구조 조정에서 그의 입지는 더욱 좁아졌다. 대학에 영향력을 행사할 수 있는 교수는 학문과 거리가 먼 교수들이다. 허무성의 유일한 친구, 술과 곁들여 따라 붙는 여인 송난주 교수의 유혹은 그를 더욱 허무의 나락으로 빠져들게 만들었다.

> 허무성, 술 취한 네 모습을 보면 〈라스베가스를 떠나며〉의 니콜라스 케이지가 생각나. 알코올중독자의 그 슬픈 눈동자, 꼭 널 닮았어.[53]

송난주 여교수와 허무성 교수의 술버릇은 전혀 다른 기질에서 나왔다. 허무성의 것은 폭력이 지배하는 현실에 저항하다가 대항할 수 없는 무기력을 이기기 위한 술이었고, 송난주의 것은 돈과 시간을 즐기기 위한 신념상실의 술이었다. 이것은 처음부터 화학적 결합이 될 수 없는 관계다. 다만 한 가지 공통점이 있다면, 허무성은 무기력으로 많은 시간을 벌었고, 송난주는 돈으로 많은 시간을 얻었다는 것이다. 그러나 어쨌든 서로 시간이 많다는 점에서는 똑같다.

"허무성, 넌 말이야 내 떡이야, 언제 먹어도 내가 먹을 떡이니까, 그런 줄 알아, 알았지? 흣흐흐!"

"내참! 무슨 개풀 뜯어먹는 소리야!"[54]

허무성 교수는 2002년 황사가 하늘을 덮고 있을 때 서울의 운명을 예감했다. 서울은 겉으로 보기에는 사람들로 넘치고 들끓고 바쁘고 복잡하고 활기차다. 그러나 겉과 달리 속으로는 탐욕이라는 하나의 힘으로 움직이는 도시다. 그들은 조금 생각하고 많은 것을 얻으려고 노력한다. 이 도시는 「술 권하는 사회」의 남편, 『광장』의 이명준처럼 많이 생각하는 사람들을 받아주지 않는다. 서울은 전국을 다 집어 삼키고도 모자랄 것 같은 탐욕이 지배하는 곳으로, 겉으로 명랑하고 속으로 고독한 송난주 여교수가 살기에 적당한 도시로 보였다.

고비와 타클라마칸 사이에 있었던 고대왕국 누란樓欄을 삼켜버린 그 모래바람 황사가 바로 서울의 탐욕을 닮았다.[55] 허무성 교수는 황사에 갇힌 서울이 무서웠다. 매일 전해오는 구제역 뉴스가 황사 같았다. 그는 구제역으로 도살된 돼지에 대한 신문 기사를 읽을 때마다 지리산 산골마을에서 죽은 조부모, 삼촌을 연상하지 않을 수 없었다. 그들도 이 돼지처럼 도살됐을 것이다. 돼지의 죽음과 산골마을의 학살이 무엇이 다른가. 허무성은 교수의 신분을 완전히 상실하고, 술에 취해 평범한 술집에서 평범한 사람을 붙들고 돼지의 죽음과 인간의 죽음이 다르지 않다는 것을 설득하려고 노력한다. 무력한 언론을 비판하면 비판할수록 그 비판은 불평이 된다는 것도 모르고, 듣는 사람 없는 비판을 계속하면 삼류 교수가 된다는 것도 모르고 술에 취해 종종 많은 말을 했다.

그가 보기에 새천년의 서울은 정말 천박하다. 그는 새벽 산책길에 아내의 가출로 미친 남자를 만났고, 새벽부터 허무성에게 예수를 믿으라는 여자를 만났다. 아파트 벽에 성추행 당했다는 여인이 목격자를 찾는다는 광고문과 그것을 떼어내라는 주민들의 위협적 경고문을 읽었고, 굵은 쇠사슬을 양어깨에 메고 시지포스Sisyphos처럼 폐타이어를 힘겹게 끌며 뒷산을 오르는 청년을 보았다. 고요한 새벽 골목을 가득 메우는 청소년들의 저질스러운 대화를 매일 들어야한다.

> "씨바, 구겨버리고 싶어!"
>
> "찢어버리고 싶어"
>
> "너네는 진짜 웃겨!
>
> "너네들이 좆같은지 왜 몰라!"[56]

불량배 청소년들이 거칠게 서로 어깨를 부딪혀대다가 아예 차도 한가운데 멈춰 서서 더킹모션을 하고 갱스터 랩 동작으로 걸으면서 복싱 연습하는 거리, 교회십자가와 모텔의 붉은 네온 빛이 아스팔트 위에 피처럼 번져 있는 도시—이런 모습이 80년대 고문을 두려워하지 않고 타는 목마름으로 자유·민주·인권을 외치며 꿈꾼 세상은 정말 아니었다. 이러한 서울 모습이 "민생고를 시급히 해결하겠다"는 파콜로지 이념의 결과라면, 서울은 다수의 굶주린 야수가 소수의 배부른 야수를 바라보고 사는 도시로 보였다.

굶주린 야수는 배부른 야수에게 결코 저항하지 못한다. 그들은 자기보다 더 작고 약한 먹이를 찾아 헤맨다. 허무성은 술에 취해 귀가하던 밤 집 앞에서 이유도 없이 관자놀이 뼈가 함몰되고 갈비뼈 다섯 개가 부러질 정도로 심한 폭행(테러)을 당했다. 이 테러는 20여 년 전에 받은 가해자 없는 고문과 너무나 동일해서 그는 놀라지 않을 수 없었다. 경찰은 테러의 가해자를 찾을 수 없다고 대답했다. 오히려 반항하지 말고 고분고분했더라면 덜 다쳤을 것이라며, 폭력에 순종하는 것이 이익이라고 가르쳐주었다. 다시 한 번 가해자 없는 피해자가 되는 것을 확인하는 순간이었다.

허무성은 김일강이 가해자가 아니라고 다시 생각했다.[57] 그는 가해자의 복면을 쓰고 나타나는 허구에 지나지 않다고 믿을 수밖에 없었다. 심지어 조부모의 죽음에도 가해자는 없다고 보고 싶었다. 허무성은 서울을 움직이는 힘을 느끼면서 그렇게 생각했다. 그러나 확실한 것은 허무성과 조상 같은 피해자들은 붉은 피를 흘렸다는 사실이다. 허무성이 볼 때 여교수 송난주든 국회의원 김일강이든 대학생 제자들이든 시민이든—누구를 보아도 서울시민들은 파콜로지의 이념에 지배당하고 있었다. 서울은 꿈을 잃은 도시로 보였다. 그가 자주 찾아다니던 카페의 출렁거릴 정도로 젖가슴 큰 주인 미미의 금욕주의가 서울을 정화시키는 것 같다고 생각했다. 그녀는 신의 존재를 별로 믿지 않았지만, 타락한 도시를 떠나 정결과 청빈의 생활이 맘에 들어 수녀가 되겠다고 곧잘 말하곤 했다. 허무성은 그녀에게 딱 한 번 허락한 키스에서 오히려 더 인간적인 진실을 느꼈다.

7. 파콜로지와 민중은 허구이다

허무성 교수가 테러를 당한 후 예고 없이 국회의원 김일강이 그의 연구실 문을 열고 들어왔다. 그는 위로의 말을 짧게 한 다음 허무성이 구조조정의 대상이라고 귀띔해주면서 구제책으로 '박정희와 그의 시대'라는 강좌를 사학과에 신설하라고 다시 주문했다. 박정희 18년의 통치는 국민을 세뇌시키기에 충분한 시간이었고, 지금 국민은 그의 통치가 좋았다는 것을 새삼 깨닫고 있다며 허무성을 계속 설득했다.

그러나 허무성은 한때 민중주의자였지만 지금은 민중을 믿지 않으며, 80년대에 민중을 너무 신비화했던 것을 반성한다고, 김일강의 민중철학에 반대했다. 민중은 변덕스러운 군중이고 파시즘의 천박한 소비자일 뿐이라고 김일강의 민중철학을 반박했다. 허무성 교수의 민중관은 프랑스 혁명을 수용한 독일의 뷔히너가 말하는 것과 거의 동일할 정도로 변했다. 뷔히너는 『당통의 죽음』에서, 민중은 귀족처럼 보이는 한 젊은이를 "죽이느냐, 살리느냐" 하는 문제에 깊은 사색과 이성적 판단이 없다는 것을 보여준다. 젊은이가 생명을 잃는다는 것은 하느님과 우주를 잃는 절체절명의 문제다. 그러나 민중은 그의 죽음을 실존의 문제로 생각하지 않는다.[58] 이런 민중이 파콜로지의 이념을 받아들이면, 그들은 김일강에게는 현명하게 보일 것이고 허무성에게는 변덕으로 보일 것이다.

> 전 더 이상 민중을 믿지 않아요. (…중략…) 지금의 저 사람들은 민중이 아니에요. 민중이기는커녕 시민도 못되고 이리저리 몰려다니는 변덕스러운 군중이고 천박한 소비자일 뿐이죠. (…중략…) 박정희가 살았을 땐 우리가 선이고 박정희가 악이었는데, 박정희가 죽으니까 거꾸로 우리는 악이 되고 박정희는 선이 되어버렸습니다. 민중의 변덕이죠.[59]

허무성의 민중과 김일강의 민중 차이점은 분명하다. 우상을 그들의 기호에 따라 바꾸느냐 우상의 노예가 되느냐의 차이다. 서태지를 우상으로 여기는 대중은 서태지를 얼마든지 바꿀 수 있는데, 김일강의 우상은 그 우상의 노예가 된다. 그런 의미에서 오히려 김일강의 파콜로지 이념은 북한의 파시즘과 별반 다른 점이 없다고 반박했다. 그는 박정희 파콜로지 강의를 개설하라는 김일강에게 빈정거리듯이 북한에서 집단 스펙터클을 배워보라고 강력 추천했다. 그가 보기에 김일강의 파콜로지 정치철학은 김일성의 주체사상과 별반 다르지 않은 닮은 꼴이라고 항변했다.

파콜로지 이념은 본질이 없다. 그것은 허구이고 음모이고 거짓이라는 것이 대화 중에 김일강 입을 통해 자연스럽게 밝혀졌다. 그는 빨갱이가 없다면 만들어내어야 한다고 허무성에게 솔직하게 털어 놓았다. 그의 정치철학은 자기 자신의 생존을 위하여 빨갱이와 같은 실체 없는 가상의 적이 꼭 필요하다고 설명했다. 그중에서 민주화운동 세력과 노조가 가상의 적으로 가장 적합하다. 진보적 지식인들이 북한을 옹호하는 세력이 아니라는 것을 그도 잘 알고 있다. 그렇지만 그들을 좌파 종북주의자들이라고 선전할 수밖에 없다. 이유는 파콜로지 이념을 강화시킬 수 있는 방법으로 그보다 더 좋은 수단이 없기 때문이다. 소설에서 볼 수 있는 전략은 이 시대에도 횡행하고 있다는 것을 보도를 통하여 확인할 수 있다.[60]

김일강이 햇볕정책을 반대하는 이유도 민중이 파콜로지 이념을 이해하는 데 그것이 정신적 혼란을 가장 많이 주기 때문이다. 햇볕정책과 같은 이상주의는 그에게 선・악이라는 도덕적 판단 기준이 될 수 없다. 그는 용공조작이 민중의 정신건강에 필요한 정책이라고 주장한다.[61] 학교 폭력[62]을 예로 들면서 자신의 정치철학을 정당화한다. 그는 왕따를 만들고 용공을 조작하고 적대관계를 조성하는 것은 인간의 본성 중에 하나라고 본다. 민중은 공동의 적이 사라지고, 왕따를 잃어버리면 우울증에 걸린다고 주장한다. 이런 세계관・인생관이 바로 파콜로지 정치철학의 본질이다.[63]

『우리들의 일그러진 영웅』과 『우상의 눈물』의 주제는 단순히 작가의 개인적 체험이 아니라, 우리 시대가 공유하는 폭력의 체험을 대변한다는 것을 이 대목에서 확인할 수 있다. 학교폭력을 보는 김일강의 시각은 사회적 통념과 일맥상통했다. 최근 『한국일보』 기사에 의하면 학교폭력의 수단과 방법은 김일강의 파콜로지 영향권 밖이라고 보기 어려울 정도로 꼭 닮았다. 「땅에 파묻고 매달고…… 막장으로 가는 학교폭력」[64]에서는 "의자에 철사 줄로 묶기, 바닥을 기게 해 멍멍 짖도록 하기, 사타구니에 뜨거운 물 붓기 등 엽기 폭행을 102차례나 한 것으로 드러났다"고 하는데, 이 기사 내용과 『누란』의 고문 장면과 전혀 다른 점이 없다. 허무성이 당한 정치폭력이 있는 그대로 학교폭력으로 옮겨갔다고 말해도 과언이 아니다. 그런데도 학교・학부모・교육부는 책임을 오락게임・여가선용 부재・인성교육 부재로 돌린다. 김일강의 파콜로지도 폭력의 후유증을 염려하지 않고, 허무성의 민중 역시 알 수도 없고 알려고도 하지 않는다. 그들은 허구를 계속 꾸미고 있다.

8. 폭력은 언어를 오염시킨다

김일강의 파콜로지 정치철학은 언어를 오염시킨다. 대한민국이 수호해야 할 가치는 "자유민주의적 가치"라고 헌법 전문에 분명히 명시하고 있음에도 불구하고, 최창집 교수가 지적한 대로 이 "자유민주주의"라는 단어는 냉전 반공주의와 권위주의를 정당화하는 데 이용되어 기득권 보호 장치로 퇴색했다.[65] 자유경쟁은 약육강식으로 변질됐고, 우파는 파시즘으로, 좌파는 종북주의자로 의미가 바뀌었다. 한국역사박물관에 가보면, 1948년 대한민국 건국과 동시에 인민人民이라는 단어는 국민으로 바뀌면서 기피단어가 되고, 동무는 친구로 바뀌면서 일상 언어에서 멀어졌다. 겨우 어깨동무에 그 흔적이 남아 있을 뿐이다. 인민과 동무라는 단어는 사라진지 이미 오래됐다.

일본에서 유학한 허무성의 관점에서 볼 때 일본을 포함하여 세계의 파시즘은 민족주의적 개념인데도, 유독 한국식 파시즘은 파콜로지처럼 철저히 외세 지향적이다. 이렇게 오염된 언어생활에서 정상적 정치를 기대하기가 어렵다. 허무성이 보기에 김일강의 정치철학은 신념도 아니고 애국도 아니며, 학대를 통해서 쾌감을 느끼는 일종의 변태적 파시즘 같았다. 단 한 가지 의미가 있다면, 생존수단에 지나지 않았다는 것이다.

독일헌법 제1조 1항은 "인간의 품위Dignity of man, Menschenwürde는 훼손될 수 없다. 인간의 품위를 존중하고 보호하는 것이 모든 국가권력의 의무이다"로, 인권을 먼저 규정하여 모든 가치의 위에 두고 있다.[66] 『카타리나 블룸의 잃어버린 명예』는 언어를 오염시키는 언론폭력이 얼마나 인간의 품위와 존엄성을 추락시키고 파멸에 이르게 하는지 구체적으로 보여주는 작품이다. 이 작품은 평범하지만 성실한 한 여성이 언론에 의하여 어떻게 파멸하게 되는지 그 과정을 보고형식으로 독자에게 알려준다.

언론폭력은 교양인의 언어를 얼마나 오염시키고, 오염된 언어는 어떻게 다시 폭력을 재생산하는지 쉽게 상상할 수 있다. 예를 들면 언론이 사랑을 치정 사건으로 변질시키면,[67] 사랑의 본질은 관심 밖으로 밀려나고 추측만 난무하게 만든다. 카타리나 블룸은 절도와 탈영 혐의로 수배 받고 있는 루드비히 괴텐을 도피할 수 있도록 도와주었다. 그녀는 탈영병을 사랑한 것이 아니라 사랑하는 사람이 알고 보니 탈영병이었다. 그녀는 신고보다 사랑을 더 귀하게 여겼기에 그가 범죄자임에도 불구하고 사랑한 것이다.

언론은 이런 사랑을 무시하고 카타리나 블룸을 범죄자도 사랑하는 여자로 만들었다. 그녀는 당연히 명예와 품위를 잃을 수밖에 없고, 그녀의 사랑은 변태로 여겨질 수밖에 없다. 이런 기사는 현기영이 『누란』에서 언론이 썩어서 여론이 썩었다고 술친구에게 한탄하는 것과 일맥상통한다. 파콜로지 이념은 본질을 뒤로 보내고, 중요하지 않은 것을 앞으로 보내는 언론폭력과 언제든지 야합할 수 있는 준비가 되어 있다.

> "언론이 썩었으니 여론도 따라서 썩을 수밖에 없지!"
>
> "언론의 관심은 전혀 딴 곳에 있어. 어떤 여가수의 촬영 도중 바지가 찢어져 속옷이 보였는데, 그걸 어느 신문이 대서특필했지……" [68]

『카타리나 블룸의 잃어버린 명예』는 언론폭력이 오염된 언어를 양산한다는 것을 다음과 같이 구체적으로 제시하고 있다.

> 강도의 정부 카타리나 블룸이 신사들의 방문에 대한 진술을 거부하고 있다. 1년 반 전부터 수배 중이던 강도이자 살인자인 루드비히 괴텐은, 가정부 일을 하는 정부 카타리나 블룸이 그의 흔적을 없애고 도주를 눈감이 주지 않았더라면 어제 잡힐 수도 있었다. 경찰은 블룸이 오래전부터 이 음모에 연루되어 있었다고 추측한다.[69]

"강도의 정부情婦, Räuberliebchen"라는 굵직한 활자는 카타리나 블룸이 사랑을 빙자하여 범죄자와 불법적 거래를 한다는 인상을 주고, “남자 방문Herrenbesuch”이라는 단어는 난잡한 성관계를 연상하게 하고, “진술 거부”라는 말은 시민의 자격이 부족하다는 편견을 심어줄 것이다. 무죄의 원칙은 헌법이 보장하는 것이지만,[70] 신문 기사가 그런 원칙을 지킨다면 독자의 알 권리를 무시한다고 오히려 신문 기자가 비난 받을 것이다. 독자들이 먼저 그녀가 범죄자와 협력하고 있다는 확신을 심어주기 바라고, 사랑의 이야기보다 범죄의 이야기에 더 관심을 집중한다. 이와 같은 독자의 태도를 SNS의 역기능과 비교하면, 언론과 독자의 폭력 관계를 쉽게 추측할 수 있다.

카타리나 블룸은 그렇게 기사를 쓴 기자를 집으로 유혹하여 권총으로 쏘아 죽였다. 이 살인의 동기는 정의의 실현도 아니고 정당방어도 아니다. 그녀는 기자를 죽일 목적으로 권총을 샀다. 자기 집에서 기자와 인터뷰할 것을 약속한 것도 계획적이었다. 기자가 취재하기 위해 자기 집에 오면 틀림없이 취재 전에 성적 요구를 할 것을 알고 있었다. 기사의 단어 선택은 기자의 인격을 대변하고 있다는 것을 그녀는 직감으로 알고 있었다. 카타리나 블룸이 강도의 정부이고 남자를 자기 집으로 자주 불러들인다고 이미 신문에 암시했기 때문에, 기자는 자신이 그런 짓을 해도 당연히 그녀가 잘 받아 주리라 믿고 있다는 것을 그녀는 직감했다.

기자가 알고 있는 카타리나 블룸은 신문이 만든 여자이지, 본래 그녀가 아니다. “언론폭력이 바로 가해자 없는 피해자를 만든다”는 것을 모르는, 다시 말하면 폭력에 중독된 기자만 그것을 모른다. 신문 기자는 개인의 사생활을 보호할 의무가 있다는 것과 혐의자를 법정 판결에 앞서서 죄인으로 단정하는 것을 금지한 신문강령을 무시하고, 일방적이고 편파적이고 독자의 구미에 맞는 기사를 쓰는 데 너무 익숙해져 있다. 그 때문에 기자는 생명을 잃었고, 카타리나 블룸은 살인범이 되어 인간으로서 존엄성과 명예를 잃었다. 하인리히 뵐의 현대 작품과 고전주의 시대 괴테의 작품을 비교해 보면, 우리 시대의 언어가 얼마나 인간의 존엄성을 무시하고 있는지 쉽게 알 수 있다.

> 토아스 : 자, 그러면 물러가라!
>
> 이피게니에 : 그것으론 안 되옵니다. 대왕님! 축복의 말씀 한마디 없이. 불쾌감을 갖고서 작별하긴 싫소이다. 죄인처럼 저희들을 내어쫓지 마옵소서. 융숭한 빈객의 대우를 베풀어 주옵소서. 그러면 저희들은 영원히 인연을 끊고 작별하는 것이 안 되오리다. 소녀의 부친이 소녀에게는 값있고 진실했던 것 같이 대왕도 소녀에게 그같이 여겨질 것이오며 이와 같은 기억이 제 마음에 남아서 언제라도 잊히지 않을 거예요. 대왕님의 백성 중에 가장 천한 사람이라도 대왕님을 익혀 생각하올 그러한 목소리의 음색을 소녀의 귓속으로 들려 줄 것이오며 제 아무리 비천한 자에게서라도 대왕님의 의관을 보게만 되면 그이를 신과 같이 영접하겠나이다. 잠자리도 친히 마련하여 드릴 것이오며 의자를 권하여 그분을 난로가로 모시겠나이다. 그리고 대왕님과 대왕님의 운수만을 여쭈어 보겠사옵니다. 오, 신이시여, 대왕님이 행하시는 사업이 대왕님의 친절하신 은의에 합당한 보상을 내려 주사이다. 부니 안녕히 계시옵소서! 오오 저희들께 지체를 들리시와 작별의 아

리따운 한 말씀 남겨 주사이다! 그리 하오면 순풍은 돛을 띄워 작별하는 자의 눈에서는 방울 맺힌 눈물이 잔잔히 흘러내릴 것입니다. 부디 안녕히 계시옵소서! 그러면 이제 그 옛날 성스럽던 우정의 표시로써 오른손을 내어 주사이다.

토아스 : 안녕히 가시오![71]

"자 그러면 물러가라!So geht!"와 "안녕히 가시오!Lebt wohl!" 작별인사의 차이점에서 화자와 청자의 인격을 가늠할 수 있다. 인격이 전제되지 않는 작별인사는 지배자와 피지배자의 작별인사에 지나지 않는다. 이피게니아가 토아스 왕에게 청한 것은 주종관계의 작별인사가 아니다. 죄인처럼 끌려가는 것을 거부하고 귀한 손님에게 대하는 융숭한 빈객의 대우를 원한다. 그런 인사가 받아들여 질 때 인간의 존엄성은 한층 더 승화될 것이라고 믿었다. 작별한 다음에 어느 날 왕의 백성 중에서 가장 비천한 사람을 만나더라도 그에게서 왕의 의관의 빛을 볼 수 있다고 그녀는 확신했다. 항해 중에 난파를 당하여 그리스로 떠밀려온 사람이 비록 천한 사람일지라도 친히 잠자리를 마련해줄 수 있는 친절은 토아스 왕의 언어에서 나온다며 진실한 마음으로 인격을 존중하는 작별인사를 간청했고, 토아스 왕은 이피게니아의 간청을 받아주었다.

이것이 바로 괴테의 인문주의 정신이다. 그리스의 관점에서 보았을 때 타우리케의 토아스 왕은 미개한 나라의 왕이다. 이피게니아는 문명국 그리스의 미케네 왕국의 공주이다. 흔히 미개인은 조악하고 인격이 없는 인간이라고 보는 것이 문명인의 통념이다. 괴테는 이런 통념을 깨고 이피게니아의 입을 빌려 모든 인간은 똑같은 인격이 있다는 확신을 전하고 있다. "자 그러면 물러가라!So geht!"를 "안녕히 가시오!Lebt wohl!"로 대신하는 토아스 왕의 승화된 작별인사는 폭력을 잠재운다.

폭력은 사회의 권위와 요구에 따른다.[72] 독일이나 한국이나 폭력이 발생하는 원인은 동일할 것이다. 그러나 독일은 휴머니즘의 교양을 알고 있고, 문학과 예술이라는 폭력의 정화장치를 가지고 있다. 고급언어의 신문과 저급언어의 신문으로 구분되어 있다. 그와 달리 우리는 신문이 처음 대중화된 1920년대부터 언어폭력이 시작됐다는 것을 알고 보면 그동안 언론폭력의 폐해가 얼마나 심했는지 상상할 수 있고, 한마디로 언론이 파쿌로지 이념과 같은 파시즘의 시녀였다는 것을 알 수 있다. 더 나아가 우리 사회가 무의식 중에 폭력의 권위에 복종했고, 폭력을 요구했다는 것을 다음과 같은 기사를 다시 읽어보면 확인할 수 있다.

1924년 7월 17일 『동아일보』에 「본부 독살 미인 사형 불복—무식하고 얼굴 못난 남편을 없이 하던 터에 주먹밥과 엿에 쥐 잡는 약을 섞어 먹인 이십 세의 청춘 여자 김정필」[73]이라는, 함경북도 청진재판소에서 있었던 사건의 기사는 그녀가 미인이라는 이유로 세간의 주목을 받았다. 이 사건은 처음 단순한 치정살인 사건이었고 가정비극이었으며 타락녀墮落女에 대한 폭로성 기사였지만, 이서구의 증언에 의하면 "요새 같이 재판소 기사가 없을 때에 미인이나 만들어 놓고 울려 먹세 그려"라는 이 말로 마침내 평범한 살인녀 김정필이 그날 밤 신문부터 절세의 미인이 되고 말았다고 한다.[74]

살인범이 독살 미인이 되고, 공판이 열리는 날 미인을 보러 온 방청객들로 경성복심법원 대법정(고등법원)은 인산인해를 이뤘다. 미인에 대한 동정심을 억제하지 못하는 이들은 오히려 증인을 문초하라는 투서까지 보냈다고 한다.[75] 미인이라는 기사 하나가 살인녀를 천사로 만들었다. 카타리나 블룸과 김정필은 반대의 입장에 서 있지만, 명예를 잃든 얻든 사건의 본질은 언론에 의해서 선정적 사건으로 변질됐다는 것이다.

이보다 더 오염된 기사가 최근까지 보도됐다. 1988년 11월 26일 『동아일보』 사설을 다시 읽어보면, 오염된 언어가 얼마나 심각하게 국가안보 의식을 마비시키는지 확인할 수 있다. 청순한 인상, 가장된 듯한 참회, 푸릇한 회한—이러한 감상적이고 순진한 단어들이 테러범을 보고 기자(주필)의 입에서 나온다면, 때로는 다정하고 따듯한 마음으로 허무성을 대하는 김일강과 뭐가 다른가? 그 사설을 읽는 독자는 3류 소설보다 더 천박한 소설을 읽었다고 말하지 않을 수 없다.

> 김현희가 지닌, 젊음과 미모, 집단 살인범과는 거리가 먼 청순한 인상이 텔레비전을 통해 민중의 누선淚腺을 자극했다. 어떤 독두禿頭 독재자의 가장된 듯한 참회와는 또 다른, 푸릇한 회한에 알게 모르게 감정이입이 있었다.[76]

여기서 독두禿頭(대머리) 독재자는 북한 최고 책임자다. 그의 사주를 받은 폭파범에게 청순하다·예쁘다는 이유만으로 민중은 눈물을 흘리고 동정을 표시한다는 내용과 아직 범죄동기도 완전히 밝혀진 것도 아닌데 참회하는 모습을 보고 감정이입을 느낀다는 『동아일보』 사설은 1920년대의 지성과 다를 바가 없으며, 가해자 없는 피해자를 만드는 우리 시대의 폭력을 무지한 정치·언론문화가 그대로 대변한다고밖에 볼 수 없다.

신문대로라면 우리는 청순하고 예쁜 얼굴이 국가안보 의식보다 위에서 민중의 눈물샘을 자극하고 있는 시대에 살고 있다. 민중이 정말 1924년의 치정 사건과 1988년 테러 사건을 보고 눈물샘에 자극을 받았는지 누가 알 수 있는가! 안다면 신문사밖에 없을 것이다. 이런 신문의 편집 태도를 알고 나면, 하인리히 뵐이 『카타리나 블룸의 잃어버린 명예』에서 처음 신문편집 기본원칙을 왜 도입했는지 쉽게 이해할 수 있다.

김일강의 정치철학 파쿨로지도 민중의 눈물샘을 자극한다는 의미에서 미화된 예쁜 얼굴과 다를 바가 없다. 민중의 이름으로 미화된 허상이다. 파시즘과 신문은 그 허상을 민중에게 팔지 않으면 도청할 수도 없고 훔쳐 볼 수도 없어서 권력을 상실할 것이다. 그리고 많은 실업자가 발생할 것이다. 그들은 살기 위하여 시대와 장소를 초월하여 민중의 이름으로 끊임없이 허상을 재생산한다. 이것이 바로 폭력의 언론문화다.[77]

9. 폭력의 마약에 취한 군상들

폭력의 마약에 취한 사람들은 파우스트처럼 영혼을 빼앗긴 사람들보다 더 폭력적이다. 허무성은 폭력이라는 유령이 얼마나 민중을 흥분시키는지, 2002년 한일월드컵 응원단의 함성을 듣고 깨달았다. 자신이 몸 바쳐 헌신한 민주화운동의 함성을 비교해 보면서 자신의 함성과 응원단의 함성에 근본적으로 다른 점이 있다는 것을 발견했다. 붉은 악마의 함성은 쾌락의 외침이고, 민주화운동의 함성은 분노의 외침이었다. 수십만 명이 똑같은 태극기 문양으로 장식하고, 수십만 명이 똑같이 대한민국을 외치고, 수십만 명이 똑같이 Be the Reds(빨갱이가 되어라) 티셔츠를 입고 거리를 활보하는 것을 보고, 허무성은 신기한 것을 느꼈다. 무엇이 저렇게 일사분란하게 움직이게 할까! 파콜로지의 힘이 아니고는 불가능할 것 같았다. 파콜로지의 위력은 정말 위대하다고 인정했다.

허무성의 경험으로 빨갱이는 파콜로지에게 적인데, 수십만 군중이 가슴에 "Be the Reds(빨갱이가 되어라)"라는 로고를 달고 "필승 코리아"를 외치고 다니는 것이 참으로 이상하게 보였다. 신기하게도 그들은 다 파콜로지의 우군으로 보였다. 그들이야 말로 입으로는 다섯 박자 "대~한민국"을 외치지만, 공공연하게 가슴에 "빨갱이가 되어라"라고 쓰고 있지 않는가? 이것이야 말로 빨갱이의 은밀한 전략이 아니고 무엇이란 말인가! 그는 민중이 분명 폭력의 마약에 취해있다고 보았다. "필승 코리아"를 외치던 한 청년이 한국 팀이 먼저 한 골을 잃자, 그 원인이 자신 같은 재수 없는 놈이 보기 때문이라고 응원석을 나간다. 그 청년은 3년 연속 취직시험에 떨어진 패배자다. 그 청년의 생각은 필승 코리아를 위하여 자신 같은 패자는 죽어 마땅하다는 것이다.

그들은 모두 한 집단이 되어 똑같이 붉은 색으로 빨갱이Reds라는 단어를 가슴에 달고 다니는데, 그들은 어떻게 도로를 점령할 자유를 보장받았나? 그런 단어를 안 쓴 허무성은 종북주의자가 되어 바닥을 개처럼 기어야 했고, 가슴에다 커다랗게 쓰고 다니는 저 군중은 애국자가 된다는 것이 지나친 모순이 아닐 수 없었다. 허무성의 군중도 도로를 점령했고 저 군중도 그 도로를 점령하고 있는데, 왜 자신은 죽도록 매를 맞아야 됐나? 불공평하다고 느꼈지만, 저들도 지금 감시받을 것이라고 애써 자기 자신을 위로했다. 파콜로지는 80년대 자신이 외쳤던 함성이 필요한 것이 아니고 바로 저 붉은 악마와 같은 빨갱이의 함성이 필요한 것이라고 에둘러 생각하며, "Be the Reds(빨갱이가 되어라)"라는 로고를 달고 "필승 코리아"를 외치고 다니는 군중을 그는 애써 피했다.

허무성은 이러한 사회의 이중적 의식구조에 대하여 때때로 허무한 감정에 빠진다. 김일강에게 영혼을 팔아 교수가 됐다는 것에 양심의 가책을 느끼고 불안의 수렁에 깊숙이 빠져 들었다. 그리고 세상과 점점 더 멀어져가지 않을 수 없었다. 세상과 멀어지면서 세상을 더 넓게 바라볼 수 있었던 것이 다행이라면 다행이었다. 그는 파콜로지가 곳곳에 숨어 있다가 다양한 탈을 쓰고 나타나는 것을 보았다.

병원은 생명을 담보로 이용하는 권력이다.[78] 허무성은 대학 동창이며 6월항쟁 동지였던 친구 강한일의 아버지 문병을 갔다. 거기서 "의사는 자연사를 인정하지 않는다"는 새로운 사실을 알았다. 성性은 매력을 담보로 이용한다.[79] 페미니스트를 자처하는 여교수 송난주에 의하면, 섹시 모드는 허영이나 타락이 아니다. 그것은 배고프지 않아도 먹게 만들고, 내키지 않아도 성욕을 발동시키는 기업의 상품판매 전략이다. 종교(기독교)는 광신자를 담보로 이용한다.[80] 종말론자 이종구는 9·11사태는 아마겟돈의 불길한 전조라고 외친다. 그것은 하늘의 분노라고 하느님의 말씀을 전도한다. 백화점은 욕망을 담보로 이용하는 권력이다.[81] 폭력의 마약에 취한 사람들이 보기에 모든 것이 새것이므로 젊음이요 청춘이다. 낡음도 죽음도 없다. 언제나 죽음은 백화점 고객이 될 수 없는 가난뱅이들의 몫이다. 더욱 놀라운 것은 2002 한일 월드컵 붉은 악마가 외치는 "필승 코리아"도 애국심을 담보로 이용하는 권력이다.[82] 이것이 바로 파콜로지의 마력이었고, 오염된 언어의 유혹이었다. 그는 세상이 정말 무섭다고 느꼈다.

> 무서워요. 저 죽음을 피해 어딘가에 숨어버리고 싶어요. 파콜로지를 지지하면 안식을 얻을 수 있을까요? 저 집단, 저 군중 속에 숨으면 죽음이 날 찾지 못할까요? 집단 속에 있으면 불안, 공포가 사라질까요?[83]

그는 한때 고문을 마다하지 않고 민주화운동에 헌신할 정도로 신념이 굳었던 사학도였지만, 지금은 폭력의 마약에 취한 군상들 앞에서 갈 곳을 잃었다. 그는 역사를 담당하는 사학자로서의 자부심을 잃고 사회에 적응 못하는 소외자(왕따)가 됐으며 역사적 흐름도 이해 못하는 이방인이 됐다. 이것은 고문보다 더 견딜 수 없는 형벌로 그에게 다가왔다. 허무성은 소외감을 견디지 못하고 한때 김일강의 정치철학 파콜로지에 의지하거나 붉은 악마와 같은 거대한 집단에 들어가서 위안을 얻고 싶은 황당한 생각에 빠진 적도 없지 않았다. 자기 자신도 80년대 자유·민주·인권을 담보로 이용하면서 권력에의 의지에 눈이 멀지 않았는지 반성도 했다. 김일강의 철학이 맞는 것 같은 착각이 들기도 했다.

> 누가 고문자이고 누가 피고문자지? 우린 같은 사람이야. 샴쌍둥이, 운명적으로 한 사람이야. 제이치! 박정희 장군! 그분 안에서 우리는 하나야. 아,

그분이 죽은 게 아니라 어딘가에 살아 있는 듯이 느껴져! 그렇지 않고서야 이렇게 느낌이 생생하고 강렬할 수가 없어! 몸속에 그분이 느껴져![84]

섬뜩하게 들리는 위 인용문은 김일강이 허무성에게 '박정희학'을 개설하라는 압력을 주면서 설득한 말이다. 파시즘 철학에서는 고문자와 피고문자가 구분되지 않는다. 피고문자가 오히려 고문자보다 파시즘을 위하여 더 많은 일을 할 수 있다. 허무성의 80년대 운동권 동지였고 지금은 운동권 경력으로 국회의원이 된 한석민,[85] 최고 엘리트로 인정받는 S대 경제학과 이진수 교수를 예로 들 수 있다.[86]

이러한 현상을 최장집 교수는 이념이나 가치의 다원주의가 존재하지 않기 때문이라고 지적한다.[87] 진보이든 보수이든 자유주의에 관한 이념을 구체적으로 제시한 정당도 없고, 국가와 재벌이 연대하여 성장과 효율성이라는 하나의 가치를 주도했기 때문에 폭력의 실체를 이해하기가 어렵다는 것을 인정할 수 있다.

그러나 80년대 허무성의 민주화운동은 파시즘에 저항하는 이념으로 무장했다. 김일강이 몸속에서 생생하고 강렬하게 느낀다는 파콜로지의 실체는 과연 무엇인가? 왜 허무성 자기 자신에게는 그런 것이 느껴지지 않는가? 그는 깊은 사색을 하면서, 가해자 없는 피해자를 만드는 우리 시대의 정치철학 파콜로지는 마약이라고 결론짓고 혼미해진 정신을 가다듬을 수 있었다. 자유 · 민주 · 인권이 없는 곳에 무엇이 있단 말인가! 붉은 악마의 파도가 쓸고 지나간 뒤 무엇을 남길 것인가? 파콜로지의 광풍이 지나간 뒤 무엇이 남을 것인가? 그는 도로에 수북이 쌓여 바람에 흩날리는 휴지조각을 상상했다.

10. 나가며 – 폭력은 신명을 죽이지 못한다

필자는 현대소설에서 볼 수 있는 폭력의 장면, 예를 들면 "이 새꺄, 무릎 꿇어! / 기어! 개같이 기란 말이야!"라는 폭력을 동학혁명・갑오경장・친일파・상해임시정부헌법・4・19혁명・5・16군사정변・12・12사태・6・10민주화운동 등 역사적 사건과 비교하여 그러한 폭력이 단순히 우리 시대의 폭력이 아니라 유전된 폭력이라고 설명했다. 그 과정에서 4대 사회악(성폭력・가정폭력・학교폭력・불량식품)도 『누란』의 파콜로지에 응축된 폭력의 역사를 이해할 때 해결할 수 있다는 확신이 생겼다. 물론 소설은 사법적 현실을 말하는 예술이 아니라 현실성을 말하는 예술이다. 작가 현기영이 만든 신조어 『누란』의 파콜로지 이념이 현실이라면 그 이념을 받드는 조직은 사법적 대상이 되어야 할 것이다. 그 이념은 현실이 아니라 우리 역사의 폭력을 응축한 상징어다. 그래서 파콜로지 폭력은 현실성이 있다고 말하는 것이다.

파콜로지 폭력에서 그 폭력에 대항하는 독특한 한국적 태도를 하나 발견할 수 있었다. 『춘향전』, 『누란』, 『흑산』의 폭력이 아무리 가혹하다고 해도 민중의 신명을 죽이지는 못한다는 것이다. 바로 그 점이 한국소설과 서양소설이 다른 점이다. 동서양을 떠나 똑같이 폭력에 대응하는 방법은 아주 단순하다. 폭력을 폭력으로 대응하든지, 아니면 폭력에 순응하든지, 아니면 침묵하고 은둔자의 길로 들어가든지, 셋 중에 하나를 선택하면 된다. 하인리히 뵐은 『카타리나 블룸의 잃어버린 명예』에서 폭력의 실체를 권총으로 살해함으로써 폭력에 폭력으로 대응한다. 그와 반대로 현기영은『누란』에서 폭력을 외면하고 은둔자의 길을 선택한다.

이것은 문화적 차이에서 나온 태도라고 본다. 서양은 폭력의 실체가 분명하기 때문에 그에 대응하는 태도 또한 분명하다. 소포클레스의『오이디푸스 왕』, 셰익스피어의『햄릿』, 쉴러의『빌헬름 텔』에서처럼 주인공은 폭력에 저항하고 자기희생으로 폭력의 실체를 밝힐 수 있다. 이것은 서양문학의 전통이다. 이 전통에 따라 니체는 권력의 의지를 주장했고, 퐁티는 진보적 폭력이라는 이름으로 자본주의의 모순을 극복하기 위하여 구소련의 무산자계급(프로레타리아) 혁명을 옹호했으며, 사르트르는 현실참여를 주장했다.

국문학의 주인공은 서양문학의 주인공과는 많이 다르게 처신한다. 신경림의 시「농무農舞」를 보면, 농부들이 정의・진리・자유를 지키기 위하여 폭력에 저항하기보다는 신명나는 삶을 선택한다. 농촌은 산 구석에 처박힌 텅 빈 운동장 같고, 이런 곳에서 발버둥 친들 비료 값도 벌 수 없다는 것을 농부들은 잘 알고 있다. 자본은 모두 대도시로 모이고, 농촌은 소외당하고 완전히 피폐해졌다. 그래서 낙오된 농민은 의적 임꺽정이 되고 싶고 그를 관에 고발하고 배신한 서리가 되고 싶지만, 그보다 더 중요한 것은 신명을 잃지 않으려는 의지로 착취당하는 현실에 저항하는 것이다.

> 보름달은 밝아 어떤 녀석은
> 꺽정이처럼 울부짖고 또 어떤 녀석은
> 서림이처럼 해해대지만 이까짓
> 산 구석에 처박혀 발버둥친들 무엇하랴.

비료값도 안 나오는 농사 따위야
아예 여편네이게나 맡겨두고
쇠전을 거쳐 도수장 앞에 와 돌 때
우리는 점점 신명이 난다.
한 다리를들고 날라리를 불이거나,
고갯짓을 하고 어깨를 흔들이거나.

이 같은 저항의식으로, 『누란』의 주인공 허무성이 자신의 영혼을 지키기 위하여 대학에 사표를 내고 노숙자의 길을 선택했다 해서 소극적이고 패배주의적이라고 보기 어렵다. 그것이 가해자 없는 피해자를 만드는 우리 시대의 폭력에 저항할 수 있는 최선이라는 것을 본능적이고 역사적인 체험으로 알고 있다고 봐야 할 것이다. 물론 은둔자의 길은 비참하다. 그는 노숙자로 배회하다가 문래동 박정희 동상을 우연히 보았다. 그 얼굴을 보는 순간 좋은지 나쁜지 모르겠고, 선・악의 저편에서 있는 사람처럼 보였다. 허무성은 어떤 자극도 전혀 받지 못하고 모든 것을 다 포기한 패배자의 모습을 보여준다. 80년대 뜨거운 열정을 가지고 살았던 그는 한국을 지배하는 파콜로지의 파시즘에 더 이상 저항할 힘도 없고 기대어 의지할 만한 곳도 없는 거지가 됐다. 그가 갈 수 있는 곳이란 옛날 조부가 살다가 빨갱이로 몰려 처형당한 땅뿐이다.

그렇지만 허무성과 함께 민주화운동을 했던 한석민이 국회의원이 됐다고 해서 현실참여자라고 보기는 어렵다. 민주화의 길을 버리고 전향하여 최고 엘리트로 인정받아 S대 교수가 된 이진수도 성공한 학자라고 보기는 어렵다. 사립대학 경영자 가족이라고 해서 대학의 주인처럼 행사하고 겉으로 명랑한 척하지만 속으로 고독한 송난주 교수가 출세자는 아닐 것이다. 그들은 파콜로지의 이념에 순응한 엘리트들이지만, 파콜로지가 오로지 자기편만 받아들이는 아주 편협한 정치철학이라는 것을 누구보다 잘 알고 있고 허무성 같은 은둔자를 굴복시키지 못한다는 것도 알고 있을 것이다. 반대로 은둔자 허무성도 그들이 외적으로 화려하지만 내적으로는 마음 한 구석이 공허하다는 것을 본능적으로 알고 있을 것이다.

그러므로 허무성이 선택한 은둔자의 길이 패배자의 길이라고 보기 어렵다. 그가 그 길을 선택한 이유는, 가해자 없는 피해자를 만드는 폭력의 근원이 단순히 5・16군사정변 이후 군부독재를 숭배하는 파콜로지 정치이념은 아님을 몰랐다는 것이다. 동학혁명에서부터 6・10민주화운동을 거쳐 새천년 우리 시대에까지 내려오는 폭력에 뿌리를 둔 것이 바로 파콜로지의 파시즘이라는 것을 나중에 알았을 뿐이다. 『춘향전』에서 보듯이 폭력으로 쾌락을 추구하는 골 원님을 이 도령이 응징하는 구성과 장면은 국문학의 소설에서 흔치 않다. 『흥부전』에서처럼 대개는 가해자 없는 피해자로 남아서 한을 안고 순응하거나 덕으로 폭력을 수용한다. 이것이 바로 폭력을 인식하는 한국인의 정서라는 것을 부인하기 어렵다.

왜 그런 정서를 갖게 됐는가? 그것은 역사에서 찾을 수 있을 것 같다. 조선의 무수한 사화・옥사・환국도 가해자 없는 피해자만 만든 폭력에 지나지 않는다. 대표적으로 세조의 계유정난(1453) 책임자가 압구정 한명회인가? 기묘사화(1519)에서 조광조의 사사가 훈구파 남곤의 책임인가? 기축옥사(1589) 정여립 자결의 책임자가 서인 송강 정철인가?

기사환국(1689)에서 우암 송시열 사사의 책임자가 남인 수옹 목내선인가? — 사화에 희생된 그 많은 선비들은 가해자 없는 희생자로 서원에 배향되어 있는 것만 보아도,[88] 사화와 역모에 대한 이런 질문에 명쾌한 대답은 없다.

물론 동학혁명 이전의 폭력과 이후의 폭력은 엄연하게 구별되어야 할 것이다. 조선은 신분사회이고, 동학혁명 이후는 제도적으로 신분이 타파된 사회다. 1919년 상해임시정부헌법은 신체형(9조)과 고문을 금지했고, 1948년 건국헌법은 구체적으로 인권을 명시했다. 그럼에도 불구하고 『흑산』에서 읽었듯이 조선시대의 폭력이 정치 · 언론 · 자본의 탈을 쓰고 우리 시대까지 이어져 내려오고 있을 뿐이다.[89]

은둔자 허무성은 정치 · 언론 · 자본의 폭력이 자유 · 민주 · 인권을 완전히 장악한다고 믿지 않는 것 같다. 그것을 믿었다면 그런 길을 선택하지 않았을지도 모른다. "없다"는 믿음이 희망이다. 여기서 작가의 의도가 나타난다. 은둔자 허무성의 절망이 없었다면, 보통 사람은 언제 그 믿음을 생각하고 반성할 기회가 있었겠는가!

『누란』의 작가 현기영은 에필로그에서 "이 소설은 실패와 절망에 관한 기록이다"라고 한 마디로 요약했다.[90] 그러나 작가가 말하고자 하는 의도는, "철저한 절망은 오히려 희망을 말한다"는 의미일 것이다. 다시 말하면, 한국의 역사를 '달걀 쌓기累卵'로 봄으로써 황사바람에 묻힌 고대 왕국 '누란樓欄'이 되지 않겠다는 희망을 말하는 것 같다. "지리산으로 들어간다"는 말은 다시 폭력의 근원을 밝혀야 한다는 의지로 읽어야 할 것이다. 폭력은 인간의 생명을 위협하지만, 신명을 죽이지는 못한다는 믿음을 주고자 지리산으로 들어간다고 말했을 것이다.

4부

동물세계의 폭력

동물의 폭력을 바라보는 시각

동물 그리고 성폭력

동물의 폭력을 바라보는 시각

조경욱

1. 동물폭력의 다양성

우리 모두가 알고 있듯이 동물들 사이에도 인간사회 못지않게 폭력이 심하다. 폭력은 상대가 있는 상황에서 신체적 상해를 가하는 공격행위다. 동물들이 무리를 짓고 그 안에 조직이 만들어지면서 서열과 먹잇감에 대한 경쟁이나 교미상대·잠자리 획득을 위해 생길 수도 있고, 영역이나 새끼보호를 위해 발생할 수도 있으며, 다른 개체가 있다는 이유만으로도 일어나는 경우가 있다. 하지만 그 무리를 유지하고 조직의 지배적 서열을 지키는 데 있어 폭력만이 유일하고 절대적인 열쇠는 아닐 것이다. 수십 년 동안 아프리카에서 원숭이사회를 직접 관찰한 셜리 C. 스트럼Shirley C. Strum의 연구결과에 의하면, 폭력질서와 사회질서는 결코 동일하지 않으며 폭력서열이 가장 높고 힘이 센 수컷만이 조직의 서열 1순위라는 등호는 성립되지 않는다. 즉, 싸움을 잘하는 보스와 조직의 리더는 다르다는 것이다. 여기에는 자신의 유전자를 남기려는 수컷의 종족보존활동도 반드시 폭력으로만 좌지우지되지 않는다는 암묵적 뜻이 포함된다고 할 수 있다. 종마다 다양한 양상을 보이는 폭력의 모습을 몇몇 동물들의 예로 살펴보자.

2. 폭력의 모습들

1) 죽음마저 불사하는 짝짓기 경쟁

뿔 있는 수컷들끼리 대면했을 때 서로 뿔로 견주고 위협행동을 하지만 대부분 한쪽 또는 양쪽 모두가 중간에 멈추지, 결코 큰 싸움으로까지 번지지 않는다. 그러나 이 행동이 힘겨루기가 목적이 아닌 암컷을 두고 하는 경쟁이라면, 상황은 180도 달라져 뿔뿐만 아니라 온 몸을 부딪쳐가며 격한 싸움으로 이어진다. 이것은 자신만의 유전자를 남기기 위한 투쟁인 만큼 그 어떤 공격행동보다 치열할 수밖에 없다. 생식적으로 활동이 짧은 시점을 놓치지 않고 암컷에게 접근하여 교미의 성공까지 가기위해 반드시 치러야 할 필수요건인 셈이다. 대부분 수컷들은 암컷과는 달리 싸움을 유발하기 쉬운 성향을 가지고 있으며, 이런 성향은 주로 안드로겐 의존적androgen-dependent 행동에서 비롯된다고 말하기도 한다. 그러나 짝짓기를 위해 격렬히 싸우다 죽는다는 것, 아니 자신의 유전자를 후대에 남기기 위해 장렬히 전사한다는 것은 어쩌면 종족보존이 절체절명의 죽음마저도 불사해야한다는 강한 메시지가 수컷 유전자에 각인됐기 때문은 아닐까?

수사슴 중에는 뿔이나 다리가 부러지고 심지어는 한쪽 눈이 멀기도 한다. 한 개체군에서 우위를 차지하기 위해 벌어지는 싸움을 통해 성숙한 수컷의 20%가 목숨을 잃는다. 독일의 경우 매년 5%의 수사슴이 이런 싸움에서 죽는다. 또한 사향노루 수컷들은 서로를 향해 전력으로 돌진해서 상대의 머리를 들이받는 치열한 박치기 싸움을 벌인다. 앞머리의 구조가 강화됐음에도 불구하고 사향노루 수컷의 약 10%가 두개골 파열로 목숨을 잃는다.[1]

암컷을 차지하기 위한 기린의 목 겨루기
(© Villiers, Dreamstime.com)

기린의 목 겨루기necking

기다란 목과 느린 걸음으로 아프리카 초원을 누비는 신사적 이미지와 달리, 기린은 암컷을 차지하기 위한 싸움에 있어서 여느 맹수 못지않다. 긴 목을 무기처럼 휘두르며 상대를 공격한다고 해서 붙여진 이름이 '목 겨루기necking'로, 각각 어깨를 맞추고 마주보는 방향으로 선 두 마리의 기린이 큰 원을 그리며 목을 번갈아 부딪치는 기린만의 싸움기술이다. 이 싸움은 둘 중 어느 하나가 지쳐 쓰러질 때까지 지속되며, 심지어 목숨을 잃는 경우도 있다. 목이 길고 머리가 무거운 기린일수록 한 방에 강한 충격을 줄 수 있어 싸움의 승산이 높을 수 있다하니, 목이 길어 슬픈 짐승이 아닌 목이 길수록 짝짓기에 유리한 동물인 것이다. 이렇게 마지막 남은 피투성이의 승자만이 암컷을 얻을 수 있다.

북극곰

대부분 맹수들은 어릴 적부터 놀이play를 통해 사냥하는 법과 싸우는 기술을 배운다. 힘겨루기 같은 장난을 통해 근육을 강화하거나 경쟁상대의 힘을 가늠하게 하는 훈련을 하는데, 이렇게 배운 기술은 성인이 됐을 때 유효적절하게 사용한다. 다 큰 수컷 북극곰은 일어섰을 때 길이 3m, 몸무게 450kg까지 되며, 어려서부터 연마한 기술이 많고 힘이 강할수록 교미시기 동안 싸움에 유리하고 이긴 승자만이 암컷들을 차지하게 된다.

얼룩말

얼룩말은 여느 초식동물과는 달리 이빨로 상대의 목과 다리를 물어뜯고 싸우다가 강력한 뒷다리 두발차기 한 방으로 싸움을 끝낸다. 특히 뒷발차기는 사자나 표범, 치타와 같은 포식자를 따돌리거나 궁지에

강한 이빨과 앞발을 이용한 북극곰의 투쟁
(출처 : 위키피디아 ⓒ Brocken Inaglory)[2]

대부분의 포식자는 얼룩말의 뒷발차기 한 방이면 나가떨어진다.
(출처 : 서울어린이대공원)

몰려 도망칠 때 쓰기도 하는데, 이 한 방만으로 머리와 턱을 가격당한 포식자는 치명상을 입기도 한다. 한편, 수컷에게 가한 뒷발차기로 비운의 운명을 산 암컷 얼룩말도 있었다. 교미 상대인 수컷에게, 그것도 평생 배필로 같이 살아야 할 세 마리 수컷의 명줄을 모두 뒷발차기 한 방으로 차례대로 끊어놓은 사건이다.[3] 결국 새끼 한 마리 낳지 못하고 과부로 살다 생을 마감했다. 야생이었다면 꼭 맞는 배필을 구했을까? 아무리 성질 사납고 까다로운 암컷이기로서니 발차기 한 방으로 얼룩말의 대를 끊어놓다니……. 동물원 직원의 한숨 소리다.

임팔라

이들은 아프리카 포식자들의 눈을 피해 무리를 지으며 동고동락하기도 하지만 동족 간의 치열한 싸움을 벌이기도 한다. 특히 교미시기

수컷 임팔라의 결투. 뿔로 대결하는 모습은 교미시기에 흔히 볼 수 있는 장면이다.
(© Kentaylordesign, Dreamstime.com)

꼬리와 뒷발로 지탱한 채 두 앞발로만 싸운다.
(출처 : 서울어린이대공원)

에 수컷 간 싸움은 단순한 힘겨루기로 시작한 처음과는 달리 목숨을 건 싸움으로까지 발전하기도 한다. 오직 싸움의 승자만이 암컷을 거느리며 교미할 수 있는 권한이 있는 것이다.

캥거루

캥거루의 본 고장 호주에서도 캥거루가 양손에 권투용 글러브를 낀 채 싸우는 모습을 해학적으로 묘사하고 자주 등장시키며 브랜드화하기도 한다. 실제 이들이 싸우는 모습도 크게 다르지 않아서, 잘 발달된 뒷발과 긴 꼬리를 바닥에 지탱한 채 두 앞발로 상대를 밀치며 싸운다. 그러다 상황이 급박해지면 지탱했던 두 다리를 앞 점프해 상대를 차기도 한다.

교미 기회를 얻기 위해 수컷 코끼리바다표범의 치열한 결투
(출처 : 위키피디아 © Michael "Mike" L. Baird)[4]

코끼리바다표범

수컷 코끼리바다표범은 암컷보다 덩치가 훨씬 커 2배까지 차이가 나기도 한다. 이들은 거대한 암컷무리를 이끌며, 한 마리 수컷에 예속된 암컷 무리가 보통 서른 마리에서 무려 백 마리 이상인 경우도 있다. 이 엄청난 무리를 이끌어야 하는 만큼 경쟁에 이긴 수컷은 덩치가 크고 힘이 세며 강해야 한다. 오로지 소수의 승자만이 교미의 기회를 얻을 뿐 나머지 수컷들은 교미의 기회조차 얻지 못하고 다음해를 기약하기도 한다.

결투용으로 사용되는 수컷의 앞니와 송곳니는 각각 40cm, 50cm까지 자란다. 특히 아래 송곳니는 코끼리 엄니처럼 일생동안 자란다. (출처 : 위키피디아 ⓒ Nilsrinaldi)[5]

2) 영역 경쟁

하마

하마의 천성적으로 공격적인 기질과 코끼리 다음으로 큰 덩치는 악어 · 사자 · 점박이하이에나와 같은 포식자들조차 함부로 할 수 없는 두려운 존재감을 갖게 한다. 먹을 때를 제외하고 대부분을 물속에서 생활하고, 우세한 수컷은 자신만의 영역에 암컷과 새끼의 무리를 두고 있으며, 주변의 또 다른 세력과 대치하며 지낸다. 특히 꼬리로 배설물을 흩뿌려 영역표시를 하는 고약한 습성이 있다. 주변 세력과 영역다툼이 생기면 처음엔 입을 크게 벌리며 싸우다가 심할 때는 날카로운 앞니와 송곳니를 이용해 상대에게 큰 상처를 입힌다. 이 싸움의 결과로 죽기도 하나 힘겨루기 판정승으로 끝나는 게 보통이다.

3) 먹이 경쟁

먹잇감을 두고 발생하는 공격행동은 싸움의 상대가 같은 동물 종인지 다른 동물 종인지에 따라 행동양식이 다르다. 같은 동물 종 간에 일어나는 경우는 어느 정도 '억제된 물어뜯기'[6]와 같이 위협과 힘겨루기 정도에서 끝날 수 있는 행동이지만, 다른 동물 종 간, 즉 포식자가 피식자에게 하는 행동은 뿔 · 발톱 · 견치 등과 같이 사용되는 무기조차 달라지며 치명적 공격까지 갈 수 있다. 또한 먹잇감에 대한 상대의 갈망과 배고픔의 상태에 따라 달라 질 수 있어서, 굶주린 동물이 먹이를 쟁취하기 위해 다른 경쟁자보다 더 격렬하게 싸운다. 덜 배고픈 동물에

먹이를 다투는 독수리
(© 연합뉴스)

게 먹이경쟁은 한낱 놀이와 싸움의 중간 정도이고 먹이는 불요불급한 것인 반면, 굶주린 동물에게 먹이란 삶과 죽음의 경계사이를 가르는 중요한 것이기 때문이다.

4) 집단공격

꿀벌과 장수말벌 간 싸움

장수말벌 한 마리가 꿀벌 무리와 치열한 전투를 벌이고 있다. (ⓒ 영남일보)

무리를 이루고 군집 생활하는 동물의 경우 외부 침입자를 집단으로 공격하고 방어하기도 한다. 이미 각종 포털사이트 동영상과 동물다큐멘터리에서 여러 차례 방영됐듯이 수십만 마리의 꿀벌과 고작 몇 십 마리의 장수말벌의 싸움은 먹이갈취를 위한 싸움과 영역과 터 방어를 위한 싸움의 복합적 구도를 보여주고 있다. 벌 중에 가장 큰 장수말벌은 꿀벌보다 3배 이상 크며, 강한 독과 강력한 턱의 힘은 몇십 마리밖에 안 되는 숫자로 만 배가 넘는 꿀벌을 완전히 제압하고도 남는 위력이 있다. 이 싸움으로 이긴 장수말벌은 꿀벌의 애벌레를 잡아먹기도 하고 잘게 부수어 자신들의 애벌레 먹이로 제공하기도 한다.

5) 코끼리 탈출소동—공포에 의한 공격

동물원과 같이 제한된 공간 속 사육 환경에서 일어나는 공격행동 대부분은 원래의 습성 때문이기보다는 공포에 의한 방어적 공격행위로 발생하는 경우가 많다. 2005년 4월, 서울 한 복판의 코끼리 탈출소동은 당시 CNN과 같은 외국방송에서 보도될 만큼 전 세계적으로 이례적인 사건이었다. "갑자기 날아든 비둘기 떼로 퍼레이드 연습 중이던 코끼리 9마리들이 놀라서 어린이대공원 밖을 나가 인근 주택가로, 도로로, 식당으로 심지어 경찰서내로 난입해 벌어진 일"이었다. 상황이 종료되기까지 약 10시간여에 걸쳐 코끼리는 주택과 식당에 들어가 장독대며 대문이며 식당 집기를 부수고 사람을 쳤으며 멀리 도로에까지 나간 것인데, 이것을 두고 코끼리가 사납기 때문에 공격적 행동을 한 것이라고 하기에는 무리가 있다. 그 긴 시간을 지나가는 자동차도, 노점상도, 행인도 놀라울 정도로 잘 피해 다니며 사람도 고작 한 명만 쳤을까? 코끼리의 힘과 위력으로 봤을 때 진짜 공격할 의도가 있었다면 이 정도로 끝나지 않을 것임은 앞서 다른 동물의 경우와 비교해보면 알 수 있을 것이다. 여기에 사이렌 소리 요란한 경찰차와 소방차, 몰려든 인파가 두려움을 증폭시켰으리라. 두려움으로 인한 행동이다.

코끼리의 주택 침입
(출처 : 서울어린이대공원)

체포되어 다시 보금자리로
(출처 : 서울어린이대공원)

6) 코뿔소의 일관된 공격성

코뿔소 모자母子의 신상 털기 - 지독한 근시近視로 친구와 적 구별 불가?

코뿔소는 3.5톤을 넘는 거구로 종종 사자나 표범, 악어와 같은 맹수조차 함부로 덤벼들지 못하고, 야생에서 우세한 위치를 차지하기도 한다. 육중한 몸임에도 달리는 속도는 시속 50km가 넘고 시력이 나쁜 대신에 후각이 예민하고 매우 신경질적인 동물이라 자신에게 방해가 된다 싶으면 가차 없이 받아버리는 습성을 가지고 있다. 이런 난폭한 코뿔소의 행동에 대해 눈이 나빠 적과 친구를 구별하기 곤란하기 때문이라는 말도 있다. 일단 누군지 확인이 될 때까지 우선은 다짜고짜 돌진하고 본다는 것인데……. 이런 일이 하필 모자母子지간에 일어났으니, 국내 모 동물원에서 있었던 일이다.

멀리 해외서 코뿔소 모자 한 쌍이 수입되어 들여오는데, 큰 덩치와 1980년대 당시의 이동수단으로는 항만을 통해서 밖에 들여올 수 없어, 긴 여정 동안을 한 마리씩 동물케이지에 넣어 이동하게 됐다. 원래 동물들은 같은 종이라 하더라도 합사合舍해야 할 경우 일정기간의 안면 인식기간을 필요로 했다. 심지어 이성 간이라도 말이다. 마침 모자지간이니 각각의 케이지로 분리해서 이동했지만 같은 우리 내 합사는 크게 문제 삼지 않았다. 그러나 긴 여정이 이 둘을 생면부지의 관계로 만든 것일까? 드디어 동물원에 도착하여 같은 우리 속에 아무런 의심(?) 없이 합사를 단행했다. 그러나 눈앞에 보이는 장면은 마치 수컷 간 싸움을 불사하는 장면으로, 순식간에 서로 들이받으며 싸우고 있는 게 아닌가? 싸움을 말릴 틈도 없이 우왕좌왕한 사

저돌적인 코뿔소
(출처 : Rhino Rescue Center © Paolo Torchio)[7]

마치 총에 뿔난 코뿔소
(출처 : Rhino Rescue Center © Paolo Torchio)[8]

이, 수분의 시간이 흘렀고 뭔 일이 일어날 것만 같았던 싸움은 순식간에 뚝! 멈추고 말았다. 서로(?)를 알아본 것이다. 몹쓸 시력 덕에 어미, 자식도 못 알아본 이 동물의 행동거지에 대하여 코뿔소의 특성조차 잘 알 턱이 없는 당시로서는 불효자급 대표동물로 칭하고도 남았으리라.

이외에도 코뿔소의 예측 불가능한 행동은 아직도 지구 곳곳에서 일어나기도 한다. 야생지역에 생긴 도로 위를 달리는 차를 들이받는 사고나 잘 달리던 기차를 냅다 들이 받아 탈선 됐던 사고 등……. 아무튼, 코뿔소로서는 갈 길을 간 것뿐이다!

9) 호랑이 교미 후 폭력행동

단독생활하며 독립적으로 살아가는 호랑이는 오직 교미시기에만 암컷과 만날 뿐, 홀로 자신의 영역을 지키고 확장하기도 한다. 교미기가 아닌 경우에 영역 안에 들어오는 동물이 있다면 설사 이성 간이라 하더라고 위험을 각오해야 하며, 심하게 싸우고 내쫓기도 한다. 인간의 눈으로 보면 참으로 이기적이고 까칠하기 그지없는 동물이다. 일생을 통틀어 배우자와 함께 할 시간은 고작 3~6일 정도밖에 안 되기 때문에 짧고 굵은 교미행위로 수태를 가능하게 하며, 그마저도 이 기간이 지나면 언제 봤냐는 식으로 제 갈 길 가버리는 야속한 동물이 동물의 왕이라 칭하는 '호랑이'다.

1964년 창경원에서 일어났던 일이다. 호랑이의 강한 고립성으로 야생이 아닌 사육하에서 합사할 때 살상사고가 발생하기는 외국의 동물원에서도 가끔 있는 일이었지만, 짝짓기를 위한 암수 간 합사를 시도하다 죽기는 당시로선 국내에서 처음이었다.

벵가리(수컷)의 상대로는 금강호(암컷)를 선택했다. 암수를 철책을 사이에 두고 맞선을 보이기를 만 두 달, 충분히 낯을 익히고 금강호의 발정이 고조에 달하던 1964년 2월 27일, 합사를 감행했다. 그러나 순조롭기만을 바라던 기대는 순식간에 엄청난 사고로 무산되고 말았다. 벵가리는 금강호에게로 성큼 다가갔고 금강호도 꼬리를 비켜 수동 자세를 취한 데 까지는 좋았으나 이어서 교미동작을 취했는데, 어찌된 일인지 금강호가 몸을 젖혀 위를 보고 돌아눕는 바람에 튕겨진 앞발이 벵가리의 빰을 치는 꼴이 되고 말았다. 고조된 성적 흥분을 잡쳐 화가 난 벵가리는 금강호의 목통을 한입에 물고 놓아주지를 않았다. 금강호는 변변히 항거 못하고 약 30초 만에 전신의 힘이 빠진 듯 늘어지고 말았다. 벵가리는 물었던 목통을 놓고 이번에는 덜미를 돌려 물고 두어 번 뿌리쳐 흔들더니 문 채로 이리저리 끌며 배회했다. 가까스로 사체를 빼앗아 부검을 해보았더니 인후에는 정확히 네 개의 송곳니 구멍이 나 있고 두개골과 경추골은 완전히 단리斷離가 됐으며 더욱 끔찍한 것은 제 1, 2 경추골이 반쯤 으스러져 있었다.[9]

암컷 금강호의 작은 애교조차 수컷 벵가리는 성이 안 찼던 모양이다. 죽음에 이르는 폭력행사를 할 만큼 흥분을 가라앉히기가 힘들었던 것일까?

10) 기타

앞의 사례들 외에도 모성에 의한 공격행동이 있다. 특히 야생동물의 경우 사전의 어떠한 경고성 위협행동 없이 곧바로 치명적 행동으로 이어지는데, 그 행동 자체만으로 볼 땐 암컷을 두고 수컷 간 벌어지는 싸움과 유사하며, 이것은 수유로 인한 호르몬의 영향으로도 해석할 수 있다. 그 밖에 통증에 의한 공격·병적 공격·학습에 의한 공격행동 등이 있다.

2. 강한 자만이 살아남는다

1) 폭력적 수컷은 사회에서 인정받지 못하고 무리에서 쫓겨난다

사바나개코원숭이 사회

포유류 중 97% 이상이 일부다처제로, 수컷 한 마리가 수많은 암컷을 거느리는 구조를 가졌다. 대부분 수컷이 지배층을 이루고 암컷과 어린 개체들은 피지배층으로 성性적 군림을 당한다고 알려진 게 보통이었다. 그러나 사바나개코원숭이Savanna baboon 또는 Yellow baboon, *Papio cynocephalus* 사회의 실체가 밝혀지면서 그동안 남성들만의 공격적 원칙 주류를 무력화시켰다. 근육질에 공격적인 사바나개코원숭이의 외형과 무리의 외관적 구조만을 본다면 수컷을 중심으로 살아가는 형태라고 해도 의심의 여지는 없다. 그러나 수십 년을 직접 관찰하고 연구한 현장연구가 셜리 C. 스트럼Shirley C. Strum은 이 원숭이 사회에서 폭력질서와 사회질서는 결코 동일하지 않으며, 폭력으로 이룬 강한 힘과 공격성이 무리에 절대적 영향력을 주지 않는다는 것을 밝혀냈다. 즉, 무리 중에 폭력서열이 가장 높고 힘이 센 이기적 수컷은 최고 서열자가 될 수는 있지만 철저하게 따돌림당하는 반면, 의외로 공격성도 약하고 서열도 가장 낮은 수컷이 무리에서 대접받는 수컷이 된다는 것이다. 또한 따돌림당해 무리에서 적응하지 못하고 이 무리에서 저 무리로 전전하는 힘센 수컷은 시간이 지나면서 덜 공격적이고 더욱 이타적으로 변해간다는 것인데, 나이 들고 겨우 철이 들어서야 방랑 생활을 접고 무리에 정착하게 된다. 그렇지 않고서는 온전한 구성원이 될 수 없고 여기저기 떠돌아다니는 찬밥 신세를 면치 못한다는 것을 알고 있기 때문이다. 결국 수컷 원숭이에게 공격이라는 폭력성은 생존과 종족유지를 위한 필수요소가 아닌 단지 투쟁 자체에 불과할 뿐, 무리를 위한 어떠한 선의의 행동도 아니다. 이런 점에서 스트럼은 남존여비와 가부장적 선입견 속의 동물들 행동에 대한 불합리한 해석을 새롭게 조명하고 완전히 뒤바꿔놓았다.

"커다란 몸집이나 강한 힘과 체력이 수컷들에게 무슨 소용이 있겠는가? 그들은 끊임없이 낙원으로부터의 추방을 재연하고 있다. 다정하고 안전하며 익숙했던 모든 것, 다시 말해 사회적 친밀감과 연대, 친구, 경험과 지식 등을 뒤로 한 채 무리를 떠나 새로운 무리에서 완전히 다른 삶을 시작하는 일을 반복하고 있다. (…중략…) 수컷들은 엄청난 인내심으로 힘겨운 삶을

이른 아침 태양을 바라보며 볕을 쬐고 있는 개코원숭이
(출처 : 서울어린이대공원)

볕드는 곳에 모여 있는 개코원숭이 가족
(출처 : 서울어린이대공원)

개척하느라 평생 고생하지만, 단 한 번의 눈길, 단 한 번의 제스처나 웅얼거림으로 자신의 뜻을 관철할 수 있는, 집을 한 번도 떠나본 적이 없는 암컷들이 얻은 것만큼도 얻지 못한다. 수컷들이 불쌍하다." 셜리 스트럼은 이렇게 언급했다.[10]

2) 폭력은 수컷만의 전유물이 아니다

아마조네스 점박이하이에나

점박이하이에나Spotted hyena, *Crocuta crocuta*는 암컷을 중심으로 한 사회 구조를 가지고 있다. 암컷이 우두머리고 대부분 암컷들이 지위가 높은 엄격한 계급제도하에 있으므로, 알파(동물사회(무리)에서 가장 높은 계급과 서열이 있는 동물을 말한다) 암컷의 경우 발정기 때 여러 수컷들과 교미할 수 있는 특권이 있어 번식의 기회가 잦다. 암컷들의 전투력과 조직력은 수컷을 우두머리로 둔 다른 종의 동물만 못하지 않다. 보통 백 마리까지의 무리를 거느리기도 하며, 초대 우두머리인 알파 암컷의 후손들은 대를 이어 지배계급을 이루기까지 한다. 이렇게 암컷들이 지배계층이 될 수밖에 없었던 이유는 남성과 같은 형태의 성기를 가지고 있는 것, 즉 앞서서 안드로겐 의존적 행동에서 보이는 수컷의 과격한 행동이 이 동물에게 있어서 전혀 무관한 것은 아닐 것이다. 모든 포유동물은 각자 구별된 자신의 성性과 그에 맞는 생식기를 가지고 태어나지만, 점박이하이에나는 생식기를 보면 암컷인지 수컷인지 쉽게 구별이 안 되는 동물이다. 암수 모두 음경이 돌출되어 있는데다 발기까지 할 수 있으며, 덩치도 암컷이 수컷보다 크기 때문에 일반적인 겉모습만으로는 판단하기가 어렵다. 사실 암컷은 신체 내부에 자궁과 난소를 가지고 있음에도 외부 생식기는 수컷의 그것과 비슷한 '남성화된 성기'를

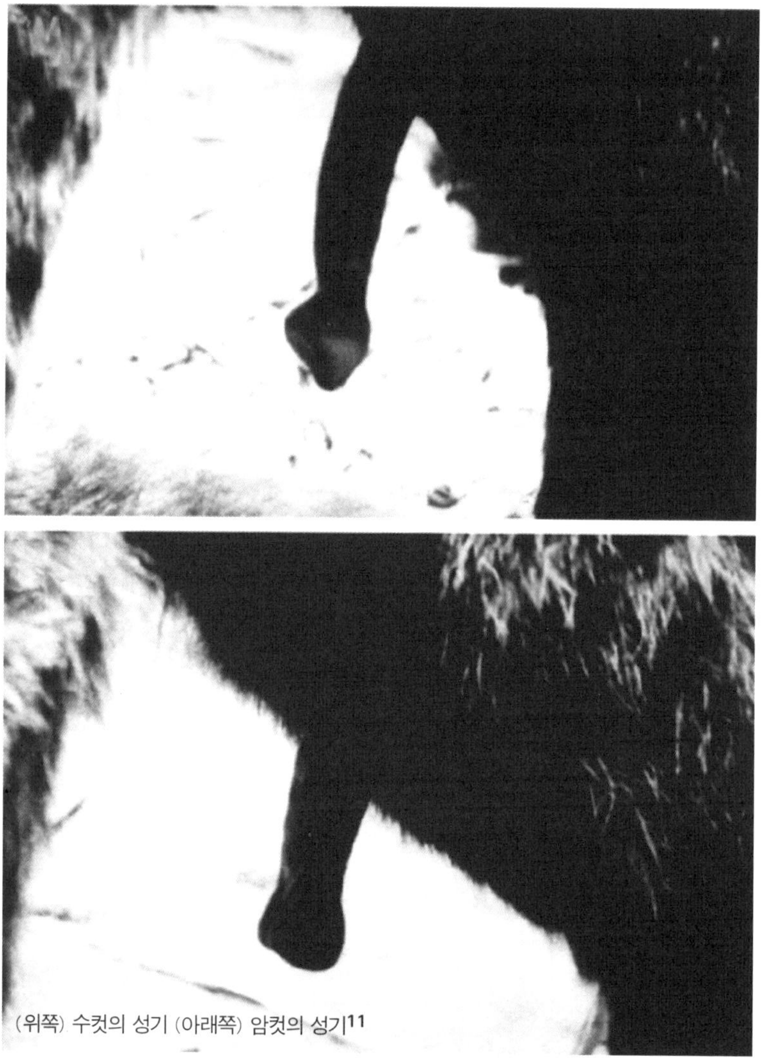

(위쪽) 수컷의 성기 (아래쪽) 암컷의 성기[11]

지녔다. 정확한 메커니즘이 밝혀지진 않았으나, 임신한 암컷이 다른 포유동물과는 달리 태반에서 테스토스테론을 태아에게 전달하고, 이로써 태아 스스로 생산해낼 수 있는 남성호르몬 양이 훨씬 넘게 되어 과량의 테스토스테론에 노출된 임신기간 동안 암컷이 될 태아에게까지 영향을 주어 남성적 생식기를 갖게 된 것이라 보고 있다.

3) 폭력이론 뒤집는 이타적 성공전략

보노보

적도 한가운데 위치한 아프리카 콩고 강 남쪽에는 약 1만 마리도 안 되는 '보노보'라는 동물이 살고 있다. 발견 당시 침팬지와 비슷한 외형 때문에 그 아종으로 분류되다가 나중에 별도의 독립된 종으로 재분류됐으며, 사회생활 패턴 역시 침팬지와는 아주 다르고 독특하다. 사회조직 내 서열은 존재하고 있으나 평등과 평화가 기본 원리로 유지되고 있고, 암컷을 중심으로 하는 모권제적 형태를 가지며, 수컷의 힘과 적자생존의 폭력에 의해서가 아닌 모성적 친밀감과 배려로 서로를 어루만지고 보듬는다. 대부분의 영장류 사회에서는 수컷이 무리를 지배하며, 무리 내 서열을 확고히 하고 독점하기 위해 새로 오른 우두머리 개체가 이전 수컷의 새끼들을 모두 죽여 버리는 '유아 살해'가 발생하기도 한다. 왜냐하면 어린 새끼를 돌보는 암컷이 어느 정도 시간이 지나야 다시 임신할 수 있는데, 이전 새끼를 죽임으로써 그 기간을 단축시킬 수 있기 때문이다. 반면 보노보 사회에서 이런 '유아 살해'는 찾아볼

싸움을 싫어하고 우애와 유대감이 돈독한 보노보
(출처 : 위키피디아 ⓒ Magnus Manske)[12]

수 없으며, 오히려 늙고 병든 개체를 돌보기도 하는 상호 친밀성의 이타적 생존전략을 가지고 있다. 동료를 도와 공동체를 지키는 것이 이기적 싸움과 경쟁에서 살아남는 것보다 결과적으로 유리하다는 것을 알기 때문일까? 굉장히 사회적이고 유대관계가 깊어 폭력으로 번지는 싸움은 거의 없으니 말이다.

3. 생존을 위하여

지구상에 살고 있는 수많은 종들이 아무 일도 없는 듯 살아가는 것처럼 보여도 그 안을 들여다보면 구성원 간 보이지 않는 규칙과 질서로 어울려 살아가고 있다. 그것들이 어쩔 수 없는 서로를 배척하고 싸우고 심지어 죽이는 일들이라 할지라도 말이다. 앞의 예를 통해서 본 동물들은 영역 확보를 위해, 짝짓기를 위해, 먹잇감을 위해 물고 뜯고 서로 깃털을 뽑아가며 싸우는 일련의 폭력적 행동을 하면서 살아간다. 얼핏 동물의 세계가 폭력으로 일궈진 사회로 비춰질 수도 있고, 약육강식에 의한 서열세우기 조직체가 아닌가 생각할 수도 있다. 그러나 굶주림을 해소하기 위해 혹은 자신의 유전자를 후대에 남기기 위해 경쟁해야 하는 상황에서 싸움과 투쟁이 결코 가식적 모습으로 보이지는 않을 것이다. 왜냐하면 그들 본 모습 그대로가 생존을 위한 양식이자 살아가는 방법이기 때문이다. 치명적이고 잔인한 것만 보고 판단하는 우를 버리고 그들의 삶을 좀 더 가까이 들여다볼 필요가 있다. 생존을 위해 자연스러운, 그것도 아주 치열한 삶을 살고 있는 생존의 세계를 말이다.

동물 그리고 성폭력

조연숙

아침에 눈을 뜨면 빌딩 사이로 고운 새소리가 들리기도 하고, 차들이 줄지어 다니는 아스팔트 한 편에도 이슬을 머금고 있는 꽃망울이 달린 작은 풀포기를 볼 수 있다. 이처럼 우리 주변은 생명을 가진 것들로 둘러싸여 있다. 겨울이 되면 땅 속으로 몸을 숨기거나 혹은 먼 곳으로 떠나기도 하고, 봄이 되면 다시 꽃을 피우고 열매를 맺거나 마음에 드는 짝을 찾아 새로운 생명을 만들고 이어간다. 당연한 이런 일들이 되풀이 되는 것이 성적 재생산sexual reproduction의 한 과정이며, 성sex에 관계된 것들은 생명의 순리에 따르는 자연스러운 것이다. 그러나 성범죄 소식을 접하게 되면 특히 여자 아이를 가진 부모는 더욱 마음을 졸이게 된다. 이처럼 상대가 원하지 않은데도 불구하고 강제로 행해지는 성폭력이 동물의 세계에서도 존재하는지, 있다면 어떤 형태이며 또 동물들은 왜 그런 강제적 방식을 취하는지 살펴보고자 한다. 이 글에서는 동물의 성적 결합만을 나타낼 때는 '교미'로, 더불어 지속적인 사회적 관계를 맺는 경우는 '짝짓기'로, 성에 관한 모든 강제적 행동을 '성폭력'으로, 동물의 신체에 직접적 상해를 입히는 행동을 '성폭행'으로 구분하여 사용하려고 한다.

1. 동물과 성폭력

1) 동물들에게도 성폭력이 있을까?

동물들에게도 성폭력이 존재한다. 동물의 세계에서는 암컷이 성적 접촉을 허락하지 않으면 안 된다고 생각하는 사람들이 많다. 우리 속담에 '열 번 찍어 안 넘어 가랴'라는 속담이 있다. 이 말의 쓰임은 포기하지 않고 노력을 하면 일이든 사랑이든 이루어진다는 뜻으로 종종 사용된다. 동물의 세계에도 이 속담을 적용할 수 있다. 그러나 수컷이 암컷에게 열 번씩이나 끈질기게 구애를 해서 마침내 성공한다는 감동적인 이야기가 아니다. 암컷이 허락을 하지 않으면 등짝을 열 번이라도 찍어서 하려던 일을 성공시키는 것이 수컷이며, 그것이 좀 더 쉬워지도록 수컷들은 변화되어 왔다.

동물의 강제 교미란, 대개의 경우 암컷이 원하지 않는데도 불구하고 수컷이 폭력・협박・희롱 등 여러 방법을 동원해서 결합하여 자신의 정자 또는 정포 등을 암컷에게 주입하는 것을 말한다. 이런 동물들의 행동은 종종 인간사회의 강간이나 성폭행에 비교되고 있다.

동물의 번식 측면에서 수컷과 암컷의 선택은 다르다. 일반적으로 수컷은 최대한 많은 새끼를 남기려하기 때문에 가능한 많은 횟수의 짝짓기를 하려고 하고, 암컷은 반대로 새끼를 돌봐야 하기 때문에 교미 기회가 줄어든다. 마치 경제 시장의 원리처럼 공급이 수요에 미치지 못하면 경쟁이 시작되고, 수컷이 경쟁에 적합한 몸을 만들게 될수록 좋은 유전자를 갖게 된다. 한편 암컷은 힘에 대항하는 측면에서는 불리해지지만 힘이 더 센 수컷, 즉 더 나은 유전자를 고를 수 있는 기회는 늘어나게 된다. 이렇게 경쟁이 치열해지면서 수컷은 점차 공격성을 띠게 되고 암컷은 강제 교미의 대상이 된다. 이와 같은 성폭력은 포유류・조류・곤충・물고기 등에서 관찰할 수 있다.

2) 다양한 동물들의 다양한 성폭력

구피*Poecilia reticulata*・병코돌고래*Tursiops aduncus*・북극곰・빨간점영원*Notophthalmus viridescens*등에서도 성폭력이 있는 것으로 보고됐다. 이들 수컷들은 강제 교미를 위해 신체에 직접적으로 상해를 입히는 대신 간접적 방법을 사용하기도 하는데, 그것은 바로 '위협'이다.

대부분 소금쟁이water strider 암컷은 생식기가 노출되어 있는데 반해 등빨간소금쟁이*Gerris gracilicornis* 암컷의 생식기에는 방패가 있다. 그렇기 때문에 등빨간소금쟁이 암컷이 생식기를 노출시키지 않으면 수컷이 교미를 하기가 어려워진다. 그렇다고 포기할 소금쟁이가 아니다. 수컷은 다른 동물을 끌어들여서라도 교미를 성공시키려 한다. 수컷들이 수면 위를 두드려 거품을 일으키면 포식자인 물고기의 주의를 끌게 되는데, 물고기와의 거리가 가까워질수록 암컷은 위기감을 느끼게 된다. 급기야 암컷은 잡아먹히지 않기 위해 수컷의 그런 행동을 그만두게 하려고 복종을 하고, 교미를 허락하게 된다.

다른 간접적 방법을 이용하는 동물은 붉은옆줄가터얼룩뱀*Thamnophis sirtalis parietalis*이다. 이 뱀은 스트레스를 받으면 꼬리 아래부터 근육을 수축시켜 물결치듯 움직이는 것으로 알려져 있는데, 수컷은 바로 이 점을 이용하여 암컷이 이렇게 움직이도록 유도한다. 그 이유는 다음과 같다. 몸을 꿈틀거리게 되면 밀려올라오는 근육에 의해 기관지 근처의 공기주머니가 눌려서 그 안의 공기가 암컷의 폐로 들어가게 된다. 그 때 폐는 산소가 거의 없는 공기 압박 때문에 자극을 받게 되고 암컷의 생식기로 통하는 총배설강[1] 입구가 순간적으로 열리게 된다. 바로 그 때 수컷은 자신의 교접기를 성공적으로 총배설강 안으로 밀어 넣을 수 있게 된다.

다람쥐원숭이Squirrel monkey와 바바리마카크Barbary macaque는 다른 영장보다 성폭력이 더 많은 것으로 알려져 있는데, 암컷을 향해 나뭇가지를 무섭게 마구 흔들어대며 위협하기도 한다. 이러한 위협이나 협박 같은 방법 이외에 많은 종류의 수컷들은 간단하게 '손으로 잡기' 또는 씨름 기술과 비슷한 '다리걸기'를 사용해서 암컷을 쉽게 제압하기도 한다. 양서류 가운데 도롱뇽은 체외수정을 하는데, 암컷과 수컷이 총배설강을 가까이하고 암컷이 알을 낳으면 수컷이 즉시 정액을 뿌리는 방식인 포접을 하게 된다. 이때 암컷이 원하지 않아 도망가려고 하면 수컷은 암컷의 골반부위를 뒷다리로 걸어 움직이지 못하게 하고 강제 포접을 한다. 또한 개구리의 수컷은 대뇌를 제거하더라도 포옹반사에 의해 포접한다고 한다.

강제 교미를 성공시키기 위해 물리적 방법이 아닌 자신의 분비물을 최음제처럼 사용하여 목적을 달성하기도 한다. 또 다른 양서류인 붉은 점영원*Notophthalmus viridescens*은 교미하는 동안에 암컷의 등에 호르몬을 분비하여 바르는데, 이 호르몬 덕분에 수컷과의 교미를 더 많이 받아들이게 되며 수컷이 낳은 정자를 포함한 정포를 몸속으로 받아들이게 된다. 더스키 샐러맨더도 수컷이 암컷을 물면 분비액이 나와서 수컷에게 고분고분해진다. 따라서 수컷들은 암컷과의 교미 시간을 늘리거나, 다른 수컷들을 만나지 못하도록 방해 할 수도 있다.

조류 수컷들은 대부분 외부 생식기를 갖고 있지 않기 때문에 구애를 허락한 암컷이 얌전히 앉아있어야 등에 올라갈 수 있고, 그 다음에는 균형을 잡아야 총배설강을 통해 정액을 전달하는 '배설강 키스cloacal kiss'가 가능해진다. 따라서 암컷이 거절하면 교미가 성사되기가 어렵다. 하지만 오리류Anatidae 수컷은 음경을 갖고 있기 때문에 구애를 하지 않아도 강제적 교미가 가능하다. 뿐만 아니라 때로는 음경 자체가 공격 무기가 되기도 한다.

씨앗딱정벌레*Coleoptera Bruchidae*의 뾰족한 수컷 생식기는 암컷의 저항을 제지하거나 도망가지 못하게 하고 정액을 암컷에게 전달한다. 더구나 암컷에게 상처를 입혀 다른 수컷과 다시 교미를 하기 어렵게 만든다. 또 개미파리Sepsid fly는 마치 로데오를 하듯이 격렬하게 반항하는 암컷의 등에 올라타고는 앞다리가 변형되어 툭 튀어나온 돌기모양의 큐티클로 고정시킨다.

암컷을 꼼작 못하게 하는 또 다른 장치는 '매듭 잠금'이다. 개나 여우 등의 동물은 음경 부분의 귀두망울이 암컷의 생식기 안에서 크게 부풀어져 꽉 잠긴 상태가 되기 때문에 교미 중일 때는 물론 끝나고 나도 암컷은 한동안 달아날 수가 없게 된다. 또 돼지의 음경은 코르크 병따개와 비슷한 모양으로 전진은 쉬어도 후진은 어렵다. 따라서 암컷은 교미 중간에 도망갈 수가 없을 뿐만 아니라 움직일수록 생식기 내부에 상처가 생길 수 있다.

가축들도 심각한 스트레스 환경에 놓이면 동족을 살해하는 일이 일어난다. 특히 닭들이 매우 열악한 사육환경에 놓이는 경우에 이런 일들이 많이 벌어질 수 있다. 양계장 안에서만 사육되는 육계용 또는 산란용 닭들은 좁은 공간에서 스트레스를 가급적 받지 않도록 개량되어 왔다. 자동화 관리 체제 속의 닭들에게는 다른 개체와의 상호 작용에 대한 자극이 없으므로 어떤 상황에 대처할 필요가 없다. 그러나 제한적이지만 땅을 나누어 가져야하고 상대를 골라 짝짓기를 하는 비교적 자유롭게 사는 닭들에게서는 '공격성'과 '성폭력'을 관찰할 수 있다.

어느 날 마당에 풀어놓고 키우던 닭이 엉덩이 부분이 피가 잔뜩 묻은 채 뻥 뚫려 죽어있거나, 하얗고 예쁜 토끼가 새끼를 낳았는데 느닷없이 새끼는 온데간데없고 여기저기 붉은 살점이 붙은 껍질들이 널브러져 있는 것을 발견했을 때 사람들은 경악하게 된다. 이처럼 닭이 다른 닭을 쪼아 먹고, 토끼가 자신의 새끼를 잡아먹는 이야기는 잘 알려져 있는데, 이것을 '캐니벌리즘cannibalism(동종 간 살육)'이라고 한다. 이와 같은 캐니벌리즘은 육식동물과 초식동물 모두에게 관찰되는데, 그 여러 가지 원인 중에는 교미를 위해 젖먹이 새끼를 죽이는 경우도 있다.

이유는 암컷이 새끼를 낳고 돌보는 기간 동안은 교미가 가능하지 않기 때문에 이 기간을 단축시키기 위해 저질러지는 것으로 알려져 있다.

폭력적 행동은 호수나 바다에서도 볼 수 있다. 수오리들은 집단으로 강제교미를 하려고 암오리를 습격하여 추락시키기 때문에 그 과정 중에 암컷이 물에 빠져 죽기도 한다. 때로는 야생 집오리도 공격하기 때문에 잡종이 태어나기도 한다. 귀엽고 앙증맞아 보이는 해달도 수컷이 무력으로 암컷에게 강제 교미를 시도한다. 암컷의 털가죽은 물속에서 미끄럽기 때문에 수컷은 암컷의 코를 물거나 발톱으로 꽉 잡아서 암컷을 피투성이로 만들기고 하고, 암컷의 상태는 아랑곳하지 않고 강제 교미에만 열중하다가 암컷을 익사시키기도 하며, 다른 암컷을 낚아채기 전까지 그 시체를 끌고 다니기도 한다. 병코돌고래도 같은 종의 새끼를 죽이거나 성폭행을 일삼기도 하고, 고래류 중에서 덩치가 가장 큰 긴수염고래나 혹등고래들 사이에서도 성폭력이 일어난다고 알려져 있다. 고래는 사냥을 할 때 무리를 이루어 협동을 하는데, 교미를 시도할 때도 무리로 달려드는 습성이 있어 번식 철이 되면 여러 마리 수컷들이 암컷고래에게 접근해서 집중적으로 번갈아 가면서 짝짓기를 시도한다. 아직 수컷을 받아들일 생각이 없는 암컷고래는 배를 하늘로 향하고 드러눕지만 수컷들은 강제로 뒤집어 기어코 목적을 달성하려 한다. 이제 막 어른이 되어 경험이 없는 암컷이라면 원하지 않는 수컷을 피할 요령이 부족하기 때문에 이 과정에서 암컷이 더러 희생을 당하기도 한다. 뿐만 아니라 고래와 생활을 해본 적이 있는 사람들은 수컷 고래는 마음이 동하면 물건이든 사람이든 주저하거나 망설임 없이 곧장 들이댄다고 한다.

인간과 유전관계가 가까운 영장류에서도 암컷에 대한 성폭력이 존재한다. 구대륙원숭이·신대륙원숭이·히말라야원숭이 등 특히 무리생활을 하는 영장류는 암컷과 교미를 하려고 새끼를 죽이는 일도 서슴지 않는다. 대개는 한 마리 수컷에 의해 저질러지기도 하지만, 다람쥐원숭이나 침팬지 같은 종류는 집단으로 몰려와서 새끼들을 죽이고 성폭행을 하기고 한다. 야생 오랑우탄도 암컷에게 폭력을 행사한다고 알려져 있는데, 독립생활을 하는 탓에 성폭력을 당하는 암컷을 도와줄 다른 오랑우탄이 주변에 없다. 이와 비슷한 일은 동물원에서도 관찰된다. 동물원에서 혼자 지낸 지 오래 된 수컷 오랑우탄의 짝을 어렵게 찾아 얼굴을 익힐 수 있도록 자주 접촉을 시킨 후 신방을 차려 준 적이 있었다. 담당자들은 얼마 후면 아기 오랑우탄을 보게 되리라는 기대에 부풀었지만 결과는 정반대였다. 탐색 시간이 지나자 수컷 오랑우탄은 암컷에게 폭력을 휘두르기 시작했고 암컷은 도망 다니느라 바빴다. 암컷은 공포에 질려 별다른 저항을 하지 못했고 자칫하면 생명을 잃을 위험에 빠졌다. 멀리서 지켜보던 담당자들은 서둘러 다른 방에 갈라놓았다. 그러한 시도를 몇 번 더했지만 암컷을 두들겨 패거나 물어뜯기 때문에 결국 오랑우탄 가족 만들기는 허망하게 끝이 났다. 이렇게 하는 이유는 암컷을 고분고분하게 만들어 지속적으로 복종시키려는 의도라고 한다. 이처럼 오랑우탄의 상당수는 폭력적이다.

성폭력은 흔히 수컷에서 관찰되지만 암컷에게서도 볼 수 있다. 암컷 사바나개코원숭이*P. cynocephalus*는 마음에 들지 않는 암컷을 집단으로 괴롭혀서 배란이 불가하게 만든다. 이처럼 다른 암컷에 대한 폭력 이외에 교미하는 수컷을 먹어버리는 경우도 있다. 암컷 메뚜기*Decticus albi-*

*frons*는 수컷을 발랑 뉘어놓고 끌어안은 채 풍부한 단백질섭취의 목적으로 정액을 먹어버린다. 몇 종류의 암컷 개똥벌레는 다른 종이 내는 신호로 반짝거리면서 그 종의 수컷을 유인한 후 먹이로 섭취한다. 암컷 등에모기는 수컷에게 소화효소를 찔러 넣기 때문에 교미가 끝날 즈음에 수컷이 액체처럼 부드러워지면 암컷은 그것을 빨아먹고 수컷은 껍질만 남는다. 암컷 검은과부거미도 이런 동종포식sexual cannibalism을 하는 것으로 잘 알려져 있는데, 잔인해 보이는 이런 과정을 통해 수컷을 영양분으로 섭취한 암컷이 낳은 알은 부화 성공확률이 높아지는 것으로 보고된 바 있다.

2. 동물들의 성SEX

성의 분화가 시작됐고 동물들의 성이 결정되면서 둘로 나뉘고 다시 합해야 생명이 태어난다. 그런 과정 중에 나타나는 강제성을 띤 행동들이 성폭력이다. 성이 분리되지 않았다면 성폭력이란 단어가 존재하지 않았을 것이다. 이러한 동물들의 행동과 성의 기원은 무엇인지 여러 분야에서 연구가 이루어지고 있다.

1) 나누기가 시작되고 복잡해진 더하기

생명과학자뿐만 아니라 많은 행동학자, 진화심리학자들은 성의 기원을 연구하면서 하나에서 나뉘고 다시 더하기를 해야 하는 복잡함을 감수하고 얻는 이익이 무엇인지 고민해 왔다. '스스로 복제하는 무성 생식 방법은 유성생식보다 훨씬 빨리 많은 수의 후손을 퍼뜨릴 수 있는데도 불구하고 수많은 생물 종이 유성생식을 하고 있는 이유는 무엇이며 암컷과 수컷은 왜 따로 존재하는가?' 1982년 캐나다의 진화생물학자 벨Graham Bell은 이것을 생물학 문제의 여왕으로 꼽았다.

성의 분화는 손상된 유전자를 복구하기 위해서 또는 유익하지 않은 돌연변이를 제거하기 위한 것이라고 주장돼왔다. 생태학자들은 다양한 자손을 낳으면 이 중 일부는 새로운 환경에서 큰 성공을 거둘 수 있다는 '복권 추첨 모델lottery model'을 제시했고, 주위 환경이 이미 부모와 유사한 개체들로 포화 상태라면 이들과 약간 다른 유전자를 보유하는 편이 유리하다는 '뒤엉킨 강둑tangled bank' 이론도 있다. 하지만 요즘 받아들여지고 있는 것은 기생생물과 숙주가 끊임없이 경쟁을 하며 각기 진화한다는 '붉은 여왕Red Queen's Hypothesis' 이론이다. 개체의 생존과 번식에 가장 큰 영향을 미치는 것은 외부 환경보다는 기생충이나 박테리아, 바이러스 같은 기생생물이라는 것이다. 후손이 태어날 수 있었던 것은 부모가 기생생물과의 싸움에서 살아남은 덕분인데, 기생생물 또한 숙주의 방어체계를 뚫을 수 있도록 진화하기 때문에 후손은 부모와 약간 다른 유전자를 지니는 편이 유리하다.

루이스 캐롤의 『거울 나라의 엘리스』에서 엘리스가 아무리 뛰어도 뒤처지자 붉은 여왕이 말했다. "그 속도로는 아무것도 따라잡을 수 없다. 최소한 그것의 두 배로 뛰어야 비슷해진다." 붉은 여왕의 세계는 주변 경치가 움직이기 때문에 제자리에 머물기 위해서는 같이 움직여야 한다. 더구나 조금이라도 앞으로 나가기 위해서는 더 빨리 달려야 하는 것이다. 진화생물학자 리 밴 베일런Leigh Van Valen에 의해 알려진 붉은 여왕 가설은 주변 자연환경이나 경쟁 대상이 매우 빠른 속도로 변화하기 때문에 어떤 생물이 진화를 하게 되더라도 상대적으로 적자생존에 뒤처지게 되며, 자연계의 진화경쟁에선 어느 한쪽이 일방적 승리를 거두지 못한다는 것을 의미한다. 이런 가설이 실험을 통해 확인됐다.

유성생식과 무성생식이 모두 가능한 예쁜꼬마선충*Caenorhabditis elegans*을 세균과 함께 30세대 동안 기른 실험을 통해 유기체들이 유전자를 섞어 새로운 유전자 조합을 만들어 기생생물보다 우위를 차지할 수 있다는 것이다. 이 실험에 사용된 박테리아는 흙이나 물 등 환경에 널리 분포하는 세라티아 마르세센스*Serratia marcescens*균속으로, 1세대 상태로 냉장 보관됐던 것과 여러 세대에 걸쳐 그 예쁜꼬마선충에게 기생하면서 진화한 것들이었다. 그 결과 세균이 대를 이어 배양될수록 감염력도 강해졌지만 유성생식을 하는 예쁜꼬마선충들은 자기복제를 하는 것들에 비해 기생생물을 퇴치하는 능력이 월등하다고 밝혀졌다. 즉, 무성생식만 하도록 유전자를 조작한 집단은 모두 죽었고 유성생식만 하도록 조작한 집단은 살아남았다. 이렇게 숙주와 기생생물 개체군이 함께 진화한다는 사실이 확인됐다. 즉 기생생물에 대항하기 위해 선택한 방법이 유성생식이라는 것이다. 유성생식이 여러 모로 불편하고 복잡하고 불리함에도 불구하고 다른 개체와 유전자를 섞는 편이 유기체에는 이롭다. 그러면 세균은 다시금 그것에 대항하여 종의 보존을 위한 방법을 또 모색할 것이다.

세균, 박테리아bacteria라는 말은 '한 개의 생물single organism'이란 뜻을 가지고 있다. 세균은 종류도 모양도 살아가는 방식도 매우 다양하다. 그러면 세균은 어떻게 짝을 짓는가? 그것은 형질도입transduction이라는 방식이다. 박테리오파지bacteriophage는 세균 안에서 증식하면서 그 세균을 파괴시키기도 하지만 일종의 '세균 중매쟁이'기도 하다. 세균 안에서만 자기복제를 하는 박테리오파지는 세균의 세포질에서 DNA를 갖고 나와 다른 세균에게 전달하는 방식을 사용한다.

또 하나의 방식은 형질전환transformation으로 세균 스스로가 죽은 세균에서 DNA를 이용하여 새로운 DNA를 합성하는 것인데, 그로 인해 항생제에 대한 내성을 갖는 세균이 생기기도 한다.

세균의 '성생활'인 접합conjugation은 일시적으로 인접한 두 개의 세균 세포 사이에서 유전물질이 직접 전달되는 현상으로, 두 마리 세균이 만나 작은 실모양의 돌기pilus를 상대의 세포막에 꽂아 염색체와 플라스미드를 고스란히 전달한다.

이처럼 세균이 어떠한 방식을 취하든 동물의 암수가 다른 개체가 만나 DNA를 반씩 나누는 일과 유전적으로는 같다. 그럴수록 인간은 세균을 퇴치하기 위한 방법을 개발하고, 세균은 그에 대응하기 위해 다양한 방식으로 돌연변이를 감행하면서 그들의 종을 유지한다. 세균은 지구상 최초의 생명체로서 인간보다 오랫동안 더 많은 생물체의 공격을 피하거나 때로는 타협하고 안주하면서 지구에서 살아남는 방법을 터득한 노련한 경험자다. 그들 보다 늦게 지구상에 나타난 동물들은 그에 대응하기 위해 언제라도 암컷이 수컷이 되거나 수컷이 암컷이 되는 성전환이 일어나기도 한다. 이처럼 세균을 포함한 모든 기생생물에게 대항하기 위해 찾은 방법이 바로 성의 기원이라고 알려져 있다.

2) 성선택과 성전환

자연선택이란 어떤 주어진 환경에서 개체가 잘 살아남을 수 있는지 선택하는 것인데 성선택은 자연선택과 밀접하게 연관된다. 생물은 진화하면서 난자와 정자의 크기가 차이가 나기 시작했고 이형집합anisogamy이라는 한 유형을 이루게 됐다. 암컷은 큰 난자를 적게 생산하는 반면, 수컷은 작은 정자를 많이 생산하게 됐다. 포유류로 진화하면서는 암컷에게 요구되는 양육의 노력과 투자도 비중이 늘어났는데, 임신기간이나 수유기간 중에 드는 기회비용은 모두 암컷의 몫이고 짝짓기가 가능한 암컷도 수컷에 비해 턱없이 적다. 그런 암컷은 임신했거나 수유 중이거나 임신이 불가능하며, 특히 영장류 같은 경우는 암컷에게 폐경기가 있어 짝짓기 제한이 일어나기 때문에 성 간 선택intersexual selection의 압력은 보통 수컷에게 작용하게 된다. 즉, 암컷이 마음에 드는 수컷을 고를 권리를 갖게 되는 것이다. 그리고 수컷은 짝짓기 기회가 많을수록 자신의 유전자를 퍼뜨리는 데에 유리하기 때문에 더 많은 암컷과 교미하기 위해 경쟁하고, 어떤 종의 암컷들은 더 많은 새로운 수컷을 찾기도 한다. 이것이 일반적인 포유류에서의 성선택 양상이다. 그러나 일부 다른 동물의 성선택은 좀 더 시간이 지나 환경에 맞게 성이 전환되기도 한다.

성전환Sex Change은 환경 혹은 인공학적 영향에 따라 생물이 태어날 때와 다른 성별로 바뀌는 것을 말한다. 육상 척추동물 중에서는 자연적으로 성전환이 보고된 바가 거의 없고 어류의 경우는 산호초에 사는 것을 중심으로 많은 종들이 성전환을 하는 것으로 알려져 있지만, 연골 어류[2]에서는 보고된 바가 없으며 성전환을 하는 것으로 알려져 있는 종은 대부분 경골어류[3]다. 이는 연골어류가 모두 체내 수정을 하며 암수 생식기의 구조가 크게 다르기 때문에 성전환을 할 경우 드는 에너지가 많기 때문으로 추측되고 있다.

바다냄새가 진하게 풍기는 항구에 가면 길가 좌판이 싱싱한 오징어 · 새우 · 놀래기 등으로 푸짐하게 차 있는 것을 볼 수 있다. 이것들은 우리에게 익숙한 먹을거리들이지만 자연적으로 성이 뒤바뀌기기도 하는 대표적 성전환 수생동물들이다. 또 파충류나 어류의 성을 결정하는 데 일반적으로 온도가 중요하다고 알려져 있다. 예를 들어 바다거북은 섭씨 30~35도에서 부화하면 암컷이 되고, 20~22도에서 부화하면 모두 수컷이 된다. 두 온도 사이에서는 암수가 모두 태어난다. 하지만 어떤 종류에서는 몸의 크기가 성을 결정하기도 한다. 영국 에든버러대의 진화생물학자 데이비드 앨솝David J. Allsop 박사팀은 2003년 과학전문지 『네이처』에서 연체동물 · 갑각류 · 어류 등 수생동물 121종을 조사한 결과 이들이 몸 최대 크기의 72%까지 자라면 성이 전환된다는 '72% 법칙'을 주장했다. 물고기 한 마리가 일생 동안 암수 역할을 동시에 수행하는 것으로, 조사 대상 동물의 90% 이상에서 이 같은 현상이 나타나지만 구체적으로 어떤 메커니즘 때문에 성전환이 일어나는지는 확실치 않다고 말했다.[4] 일반적으로 암수의 성이 모두 있는 암수한몸의 경우에 발생한다.

암수한몸의 영어표기는 헤마프로디트hermaphrodite다. 그 어원은 그리스 신 헤르메스와 아프로디테사이에 태어난 아들로, 양성을 지닌 헤르마프로디토스Hermaphroditos에서 비롯됐다. 암수한몸이란 남성과 여성의 생식기관을 모두 가지고 있는 상태로서, 대부분의 무척추동물에서 볼 수 있다. 예를 들어 달팽이는 평소에는 암수한몸으로 살다가 번식기가 되면 각각 서로 암수 역할을 맡는다. 암수한몸은 크게 순차적 성전환, 동시적 성전환, 가성반음양증으로 나눌 수 있다. 순차적 암수동물은 암컷이나 수컷으로 태어나 살다가 나중에 다른 성으로 변하는 것을 말하는데, 완전히 기능적인 생식선을 지니고 있다. 암컷에서 수컷으로 바뀌거나 수컷에서 암컷으로 또는 양방향으로 암수전환을 하는 경우도 있지만 대개의 경우는 한 번의 성전환이 이루어진다.

순차적 암수한몸 형태의 암수 전환은 경골어류, 몇 종류의 해파리, 고둥과 같은 복족류에서 볼 수 있다. 이렇게 전환을 하는 이유는 짝짓기가 가능한 적정 크기로 성장한 경우 성을 전환하는 것이 생태학적 행동 또는 생명의 진화적 입장에서의 장점인 것으로 설명된다.

2003년 개봉했다가 2013년 3D로 다시 돌아온 영화 〈니모를 찾아서〉에는 암수전환의 생물학적 배경이 있다. 어느 날 크라운피쉬 '멀린'은 상어의 습격을 받게 되고, 부화 중인 알들과 아내 '코럴'이 죽게 된다. 하지만 가까스로 상처를 입은 채 남겨진 알 하나를 아빠 '멀린'이 보살펴서 기적적으로 부화한 것이 바로 한쪽 지느러미가 손상되어 태어난

'니모'라는 물고기다. 즉 아빠가 엄마의 역할을 한 것이다. 영화에서 보듯이 크라운피쉬crownfish는 암컷이 떠나게 되면 수컷이 암컷으로 성전환을 하는 대표적 동물이다. 낚시꾼들은 크기가 더 큰 암컷을 낚는 것을 좋아하기 때문에 낚시가 빈번해질수록 암컷의 숫자도 줄게 된다. 따라서 이러한 '낚시질 압박fishing pressure' 역시 다수의 수컷이 암컷으로 전환하는 한 요인이 될 수 있다. 반대로 암컷이 수컷이 되는 경우도 있다. 크라운피쉬처럼 산호 주위에 사는 놀래기wrasses 역시 특징적 생존 방식으로 살아가고 있다.

놀래기는 미정형단계initial phase와 정형단계terminal phase, 즉 두 가지 형태 수컷이 있는데, 미정형단계의 개체는 영역을 가지고 있지 않고 수컷처럼 보이지 않는데다 오히려 암컷을 모방하는 것으로 보인다. 정형단계의 개체는 영역을 가지고 있으며 뚜렷하게 밝은색을 띤다. 모든 개체는 암컷이나 미정형단계의 수컷으로 태어나서, 무리 내에서 우월한 수컷이 죽거나 사라지면 그중 우월한 암컷이나 미정형단계의 수컷이 그 자리를 대신한다.

이제까지 살펴 본 크라운피쉬나 놀래기는 수컷이 암컷이 되거나 암컷이 수컷이 되는 한방향성 성전환만을 하는 것이 아닌 양방향성 성전환, 즉 암컷이 됐다가 수컷이 되는 동물이다. 물론 이것은 한 개체에 암수 두 종류의 생식소가 있어야 가능하다. 이렇게 성이 바뀌는 경우는 그들의 사회에서 서열이 바뀌게 되면 태어난 성이 있음에도 불구하고 지위에 따르는 성전환이 일어나게 되는 것인데, 그 원리는 단순하다. 푸른줄고비blue banded goby는 복종적 태도를 취하게 되면 수컷으로 바뀌고 우월하거나 복종하지 않는 태도를 보이면 암컷으로 바뀐다.

성체에게 암수 생식기관이 동시에 존재하는 동시적 암수한몸은 대개 자가수정은 일어나지 않는다. 달팽이류는 가장 널리 퍼져있는 동시적 암수한몸으로, 이른 봄과 늦가을에 번식을 한다. 정자 및 성매개성 물질은 두 개체 사이에 있는 정포를 통해서 교환하고 저정낭에 보관한다. 정자를 교환한 후에 임신기간이 지나면 수정된 알을 낳고 부화를 하게 된다. 바나나달팽이Banana slug도 다양한 유전자 결합을 위해서는 다른 개체와의 암수결합이 생물학적으로 바람직하지만, 짝을 구하지 못하면 자가수정을 한다. 바다민달팽이*Chromodoris reticulata*는 짝짓기 하는 동안 서로 딱 들러붙게 되는데, 떨어지는 것이 힘들어지면 치설[5]을 이용하여 수컷 생식기를 물어뜯는다. 이것은 관찰 결과 24시간 후에 재생이 가능한 것으로 보고됐으며, 탈락시키는 이유는 다른 유전자와의 혼입을 방지하기 위한 것으로 추정하고 있다. 햄릿Hamlets이라는 물고기는 짝짓기를 쉽게 들키지는 않지만 자가수정은 하지 않으며, 서로 암수 역할을 바꾸면서 짝짓기를 여러 번 하는 것으로 관찰된다. 지렁이도 그런 종류 중의 하나이며 난소와 정소를 한 몸에 지니고 있음에도 자가수정보다는 다른 개체와의 짝짓기를 하고 알을 낳는다.

포유류는 대개의 경우 주위 환경이나 조건에 의해 성이 바뀌지 않고 선택된 성으로 살아간다. 이때 암컷 유지에 필수적인 유전자가 밝혀진데 이어 최근 수컷으로 일생동안 살 수 있도록 만드는 유전자가 밝혀졌다고 한다. 포유류의 태아에서 난소 또는 정소를 생성하는 생식소에 유전자Dmrt1가 있어서 다 자란 수컷의 정소로부터 이 유전자를 제거하면 난소처럼 변화한다. 즉 배아에서 성별이 결정 나도 끝이 아니고 수컷 세포도 변할 수 있다. 따라서 포유류가 자연적 성전환이 되지 않고

성이 유지되는 것은 성을 결정짓는 유전자들이 포유류의 일생 동안 계속해서 성별을 유지하도록 활발히 활동하고 있기 때문이라고 한다.

애초에 모든 생명체가 각기 다른 성을 가진 개체로 분리되지 않고 이분법이나 출아법 등의 증식방법으로만 개체수를 늘렸다면, 짝을 찾아 헤매는 일도 생기지 않았을 것이다. 최근 한 방송 프로그램에서 어떤 연예인 부부 중 남편이 아내에게 "암수한몸이 되어 단세포로 영원히 살자"라는 편지를 썼다고 해서 사람들의 눈길을 끈 일이 있다. 사랑하면 떨어지기 싫고, 언제나 함께 있고 싶은 사람을 만난다는 것은 멋진 일이다. 하지만 그렇게 변신이 가능하다 하더라도 암수한몸은 많은 경우에서 다른 상대를 찾아 짝짓기를 하며, 단세포가 된다하더라도 언젠가는 두 몸이 되어 헤어지는 것이 생물학적 인연이다.

3) 조건 있는 사랑

일반적으로, 동물의 암컷은 수컷보다 짝을 구하는 데 더 까다로운 기준을 적용한다. 자식을 기를 때 암컷이 더 많은 노력과 시간을 기울이기 때문이다. 박새는 우리나라 전역에 서식하는 텃새로 둥지의 좋고 나쁨을 따지며, 수컷 박새는 자기영역을 지키는 데 목숨을 거는 동물로 잘 알려져 있다. 인적이 드물고 강이 멀지 않으며 숲이 무성한 최고의 장소를 발견하면 수컷들은 적극적으로 경쟁을 한다. 그런 곳을 확보하지 못하면 심지어 환풍기든 벽돌 속이든 어디에고 집을 짓는다. 이처럼 수컷이 영역 확보에 병적으로 집착하는 것은 암컷의 눈높이에 맞추기 위한 노력으로 보인다. 푸른박새의 경우에는 암컷이 수컷을 고를 때 화려한 깃털과 노랫소리를 기준으로 판단한다. 일반적으로 좋은 외모와 아름다운 노랫소리를 가진 수컷이 더 건강한 자식을 낳을 가능성이 높은 것으로 여겨진다. 여름 철새인 암컷 쇠제비갈매기Little Tern는 수컷을 고를 때 사냥 능력을 본다. 따로 먹이를 저장할 수 없기 때문에 사냥 능력을 따지게 된다. 그래서 짝짓기 철이 되면 수컷 쇠제비갈매기들은 갓 잡아온 새우와 물고기 등을 건네며 구애를 하는데, 더러는 하루 종일 먹이를 잡아 바치기도 한다. 수컷 호반새kingfisher는 호숫가 둥지에서 가만히 먹잇감이 튀어 오르는 것을 지켜보다가 부리로 낚아채서 사냥한 개구리나 가재, 작은 물고기 등을 나뭇가지에 세게 쳐서 기절시킨 뒤 암컷에게 내민다. 이처럼 노동 능력이나 사냥 능력 또는 좋은 둥지를 가진 수컷이 선택될 확률이 높다.

조건을 따지는 것은 암컷뿐만이 아니다. 수컷도 암컷의 외모와 좋은 둥지를 가졌는지 따진다. 새들이 둥지를 짓는 방식은 모두 다르다. 푸른박새의 경우 암컷이 먼저 둥지를 짓는다. 이것은 둥지의 상태가 암컷의 상태를 알려준다는 것을 의미한다. 멋진 둥지는 암컷의 능력을 나타내는 신호라고 한다. 또한 크고 잘 꾸며놓은 둥지를 가진 암컷이 육아를 더 열심히 하는 수컷을 만날 수 있다는 연구결과가 나왔다. 서로 다른 크기와 향을 가진 둥지를 만들고 푸른박새들이 짝을 짓게 한 후 위협에 대한 수컷들의 반응을 측정한 결과, 더 크고 좋은 둥지의 수컷들이 자식들을 보호하기 위해 더 큰 노력을 기울였다는 것이다.

새들은 대개의 경우 암컷의 선택받기 위해 수컷이 더 화려하고 예쁜 색을 지니고 있다고 알려졌다. 그러나 암컷들이 아름다운 모습을 유지하도록 진화한 것은 수컷들의 직접적 선택의 결과로 보인다. 일부일처제 습성을 갖고 있는 큰박새great tit는 암수가 모두 몸 색깔이 선명한 밝은색이다. 가슴의 줄무늬와 볼의 색이 다른 어미 새 두 마리의 새끼를 바꿔 기르게 해 생물학적 어미 새와 실제로 양육을 한 어미 새의 외모 차이가 새끼 새의 성장과 어떤 연관이 있는지 관찰했다. 그 결과 어미의 가슴에 난 검은 줄무늬와 뺨에 있는 흰 반점이 크고 뚜렷할수록 생후 2주 된 새끼의 건강도 양호했고, 색깔 고운 어미의 새끼는 생후 2주 만에 몸무게와 면역력이 그렇지 않은 어미의 새끼보다 좋은 것으로 나타났다. 어미의 아름다운 외모가 유전적 우월성을 나타내고 입양된 새끼도 건강이 좋은 것으로 나타나 양육의 영향도 어느 정도 있는 것으로 알려졌다. 친모든 양모든 뺨의 무늬가 완벽한 경우 새끼의 면역력이 강한 것으로 나타나 면역력이 태생과 양육 모두에 영향을 받는 것으로 보인다. 이에 반해 새끼의 몸무게는 오직 친모의 몸 크기하고만 직접 관련이 있을 뿐 어미의 외모와는 관련이 없는 것으로 밝혀졌다. 이 연구를 진행한 레메스Remeš 박사는 "크고 건강한 아기 새를 낳는 것은 종족을 번식하는 데 매우 중요하며, 짝짓기 시기가 되면 화려한 외모를 가진 암컷 새가 수컷 새들의 많은 구애를 받는 이유가 바로 이 때문이다"라고 했다. 이처럼 외모가 번식의 적합성을 나타내도록 진화한 것은 크고 건강한 새끼가 어른이 될 때까지 살아남을 확률이 크므로 개체의 번식 성공에 중요하기 때문이다. 따라서 새들이 어떤 대상과 짝짓기를 해야 최상의 새끼를 얻을 수 있을지 구별하는 데 이런 장식적 요소가 유용한 것이라 할 수 있다.

3. 동물들의 이유 있는 바람

“우리 두 사람은 기쁠 때나 슬플 때나 죽음이 갈라놓을 때까지 서로 한 사람만을 사랑하겠습니다.” 이것은 사람들이 결혼을 할 때 주로 약속하는 말이다. 혼인서약을 하진 않지만 동물들도 오로지 자기 짝만을 아끼고 보살피는 경우가 많다. 하지만 새끼의 양육과 둥지 보호 등을 위해 지속적 관계를 맺은 짝이 있는데도 불구하고 다른 상대와 관계를 맺기도 한다. ‘바람을 피우다’의 사전 풀이는 “(사람이)한 이성에 만족하지 아니하고, 몰래 다른 이성과 관계를 갖다”다. 동물들도 사전적 의미와 비슷한 바람을 피운다. 그 상대가 일회적 교미가 목적인 경우도 있지만 제2, 제3의 둥지에 딴 살림을 차려놓고 드나들기도 한다. 이처럼 바람을 피운다는 것은 일정한 짝과 지속적 관계가 있는 동물에게서만 사용될 수 있는 말이다.

동물의 세계에서 백조 같은 조류들이 일부일처 관계를 유지한다고 알려진 적이 있지만 현재는 별도의 짝과도 관계를 맺는 것으로 밝혀졌다. 사회적 일부일처 형태를 취하고 있는 동물의 약 90%는 개별적 다부다처의 짝 관계를 맺고 있다. 수오리도 암오리가 부화에 들어가면 다른 암컷을 찾아다닌다.

꿩이나 극락조 그리고 사자는 암컷보다 수컷이 더 화려하고 멋진데, 이런 수컷들은 아버지가 돼도 새끼나 암컷을 돌보는 데 관심이 없다. 오히려 새로운 다른 암컷에게 우아한 몸짓을 하며 관심을 둔다. 반대로 도요새나 타조와 유사한 날지 못하는 새 화식조는 암컷이 수컷보다 아름답다. 그리고 이 암컷들은 알을 낳고 다른 수컷을 찾아 떠난다. 남겨진 수컷은 알을 품고 있어야 한다. 외모에 있어서 암컷과 수컷의 차이가 크지 않은 종류들은 번갈아 새끼를 보호하거나 분업을 해서 양육을 한다. 즉 일부일처 방식을 택한다. 이런 일은 인공 사육하는 경우에도 관찰된다. 일부일처하면 쉽게 떠오르는 동물이 펭귄이다. 아빠가 알을 품기도 하기 때문에 가정을 아주 열심히 돌보는 아빠의 상징을 소위 '펭귄 아빠'라고 하기도 한다. 그러나 멀리 야생으로 가지 않고 수족관동물원에 가서 펭귄을 주의 깊게 본다면 바람피우는 수컷은 물론 바람을 피우는 암컷도 발견할 수 있다. 이 같은 행동은 일부일처 방식이나 양육 의무가 비교적 클 때 나타나는 현상일 수 있다.

침팬지는 인간과 유전자 가장 많이 일치하는 동물이다. 따라서 침팬지의 행동 연구 결과를 사람과 비교하기도 한다. 무리 생활을 하는 침팬지는 우두머리가 자리를 비운 사이에 서열이 낮은 침팬지가 알파수컷α-male[6]의 암컷을 넘보는데, 상대가 동의하면 교미가 가능하고 교미 중에 걸리지만 않으면 아무런 일 없는 듯이 딴청을 피우고 어물거리면서 그냥 넘어갈 수도 있다. 물론 걸리게 되면 가혹한 응징이 뒤따르게 된다. 이처럼 동물들의 짝 관계는 인간사회와 유사한 점도 있지만 꼭 같다고 수 없고 명확하게 분류하기 어렵다.

1) 일부일처

암컷과 수컷이 일대일로 대응되는 짝 관계를 나타낸다. 일회혼 혹은 단혼이라고도 하는데 완전한 일부일처, 사회적 일부일처, 성적 일부일처, 그리고 한 마리 수컷의 알만 낳는 유전적 일부일처로 나누기도 한다. 한 마리의 수컷과 한 마리 암컷이 양성생식의 상대로서 서로의 짝 관계를 유지하는 기간은 동물의 종류에 따라 다르며, 한 번식기 중에 두 번 이상 상대를 바꾸거나 같은 짝과 계속해서 관계를 유지하기도 한다. 즉 짝을 바꾸기 전까지 일편단심이란 뜻이며, 그러다 마음이 바뀌면 돌아서는데 그때도 역시 하나의 짝을 유지하는 관계다.

동물들의 짝 관계는 교미를 한 후 사회적 구속력을 지니고 있지 않지만 암수 결속력의 지속 시간은 그들의 사회적 관계와 지위에 영향을 받는다. 동물에게 일부일처의 의미는 성적으로도, 사회적으로도 한 마리와 짝을 이루는 것이다. 이런 형태는 새끼에게 줄 먹이를 구하기 어렵거나, 새끼가 성장하는 데 비교적 많은 시간이 필요한 명금류 등에게 관찰된다. 이는 부모가 협동해서 부화를 시키거나 먹이를 구해 주어야 번식과 양육에 유리하기 때문이다. 번식철뿐 아니라 일부일처 관계가 여러 해에 걸쳐 유지되는 경우는 알바트로스 등의 바다새나 두루미 · 고니 · 독수리처럼 비교적 몸집이 크고 수명이 긴 새들에게서 볼 수 있다. 그러나 이러한 일부일처제는 포유류에서는 드물며 전체의 3% 정도다. 포유류의 일부일처 예로는 코요테 · 일부 몽구스 · 비버 등의 설치류가 있다. 하지만 일부일처의 양상을 띠는 것으로 알려진 동물들 중에는 짝이 아닌 다른 암컷과도 교미를 하지만 먹이를 잡아서는 원래 짝에게 물어다 주는 것들도 있다. 이런 현상은 조류의 90% 이상이 해당하는 데 바람을 피우는 수컷이 더 많은 새끼를 보는 것으로 알려져 있다.

유럽박새인 푸른박새Blue tit는 우리나라 박새와 모습은 비슷하나 조금 더 덩치가 크다. 이들은 해안 습지 근처의 잡목 숲에 광범위한 군집을 이루며 살고 있는데, 번식기가 되면 암수가 짝을 이뤄 작은 둥지를 틀고 한 번에 열다섯 개 내외의 알을 낳는다고 한다. 암컷이 알을 품고 부화시켜 새끼를 기르는 동안 수컷이 부지런히 자기 짝과 새끼를 보살피느라 한 눈을 팔지 않는다는 것은 아니다. 자기 둥지에서 어느 정도 떨어진 이웃의 다른 암컷과 바람을 피우게 되면 다시 살림을 차린다. 이러한 딴 살림이 하나로만 끝나지 않을 수 있다. 그리고 살림을 차린 순서대로 부양을 한다. 따라서 맨 마지막 살림집에는 가장 적게 먹이를 물어다 줄 수밖에 없다. 당연히 가장 잘 자라는 것은 첫 번째 둥지 새끼들이지만 한 살림만 차린 수컷에 비해 새끼 수가 많다는 장점이 있다. 그러면 암컷은 바람을 피우지 않을까? 연구 자료에 의하면 짝을 이루고 수컷으로부터 보호와 부양받고 있는 암컷 둥지의 새끼 가운데 약 50~68%가 다른 수컷의 새끼로 조사됐다.

암수 상대를 고정하는 일부일처 같은 배타적 짝짓기가 오히려 종족 번식의 측면에서 개체 수 증가의 기회가 적어져 손해인 것에도 불구하고, 일부 포유동물이 일부일처 방식을 취하는 이유는 상대에 대한 사랑이 아니라 새끼 보호나 성적 경쟁 회피를 위한 수단이기 때문이다. 영장류들의 독점적 짝짓기와 관련된 사회 집단적 습성이 생기기 전에는 수컷들이 새끼들을 죽이는 비율이 높다는 것을 관찰했다. 반면 독점적 짝짓기가 발전된 영장류에서는 새끼 살해가 낮은 것으로 드러났다. 즉 영장류는 수유 기간이 길기 때문에, 아버지 수컷이 호시탐탐 자신의 새끼를 기르고 있는 암컷을 넘보는 다른 수컷들을 막아주지 않는다면 그 수컷들이 새끼를 죽일 수 있다. 영장류 중 25% 정도는 사회집단적 차원에서 독점적(혹은 배타적) 짝짓기, 즉 일부일처의 형태를 취하며, 긴팔원숭이는 대개 독점적 짝짓기를 하는 반면에 침팬지는 그에 비해 자유로운 짝짓기를 한다. 다른 포유류 이천 여 종을 대상으로 한 조사에서도 배타적 짝짓기가 수컷들의 성적 경쟁 회피 수단이며, 포유류의 약 9%가 그 집단 내에서 인정받는 짝짓기, 즉 독점적 짝짓기를 하고 있다는 것이다.

사회 집단적 차원의 독점적 짝짓기는 혼자 행동하는 암컷에게서 흔히 나타난다. 질 좋은 과일이나 먹이는 흔하지 않아 이곳저곳으로 찾아다녀야하고, 어렵게 찾은 먹을거리를 독점하기 위해 암컷들은 광범위하게 흩어지게 된다. 이런 상황 때문에 수컷은 암컷과 만날 확률이 낮은데다 다른 수컷을 막기 위해 독점적 짝짓기를 한다는 주장이 있다. 즉 의처증과 유사하게 다른 수컷들 때문에 자기 암컷과 붙어있게 되는데, 그런 종의 수컷들은 암컷 한 마리 이상을 지켜내기는 어렵다고 한다.

암수의 육체적 차이가 적은 종일수록 독점적 짝짓기를 하며 수명도 비슷한데, 인류는 육체적 차이가 크기 때문에 동물분류학상 인류를 독점적 짝짓기를 하는 종으로 규정할 수 없다고 알려졌다. 뿐만 아니라 인간사회에서는 중혼bigamy을 범죄로 규정하는 곳이 대부분일 것 같지만 실제로는 그렇지 않다. 여러 명의 아내를 두는 것을 법적으로 허용하는 집단이 적지 않다는 것이다. 인종분포도Ethnographic Atlas에 있는 1,231개 집단을 확인해 본 바에 의하면 단혼은 186개로 약 15%에 해당하며, 일처다부제 4개를 제외한 나머지는 어떤 방식이든 일부다처의 형태로 조사됐다.

동물들에서 관찰되는 이러한 편중적 짝짓기의 이유가 인간사회의 일부일처를 설명할 수는 없기 때문에 일부일처제가 인간사회의 공통된 사회적 행위가 아니라고 할 수 있다고 한다. 이처럼 동물의 세계에서 관찰되는 일부일처 짝 관계는 언제 어디서나 오로지 한 상대와 모든 것을 공유하고 독점하는 것과 때로는 거리가 있어 보인다. 그럼에도 불구하고 진정한 일부일처 짝 관계를 유지하는 동물이 있다. 2012년 오하이오 주립대학의 세실리아 A. 헤네시Cecilia A. Hennessy 등은 북미 도시 지역에서 코요테가 왕성하게 번식하고 안정적 기반을 유지하는 이유가 '100% 일부일처' 짝 관계에 있다고 『동물학 저널*Journal of Mammalogy*』에 발표했다. 지난 6년간 시카고 일대에 서식하는 코요테 236마리의 유전자 표본을 분석한 결과 다른 상대와 짝짓기를 하지 않고 짝이 살아있는 동안 서로 떠나지 않으며, 수컷들은 암컷에게 다른 수컷이 접근하지 못하게 부지런히 지키면서 암컷의 발정기에는 먹이 찾기, 영역 표시 등 모든 활동을 부부가 함께하는 것으로 나타났다고 한다.

2) 일부다처

처음부터 하나가 아닌 둘 이상의 동물과 짝 관계를 맺는 다혼Polygamy 동물들도 있다. 암수 어느 쪽이든 일대다 또는 다대일로 대응되는 짝 관계는 인간사회의 결혼 용어로 분류하자면 복혼·중혼·집단혼이라 할 수 있는데, 다혼은 암컷 수컷 모두 여럿이 한꺼번에 만나는 다대다 대응 짝 관계다.

포유류는 조류에 비해 비교적 긴 임신기간과 수유기간 동안 암컷이 새끼를 돌보아야 하지만 직접적으로 육아를 책임지지 않는 수컷은 다른 암컷을 만날 수 있는 기회를 갖게 된다. 그 결과 일부다처 같은 형태로 변화한 것으로 생각되기도 한다. 이러한 형태는 포유류의 약 90%에서 관찰되는데, 코끼리물범·물개·바다사자 등의 해양 포유류는 한 마리의 수컷과 많은 암컷으로 구성된 집단인 하렘harem을 형성하고 우위에 있는 알파수컷이 대부분의 암컷을 독점하는 현상도 잘 알려져 있다. 그 무리에서 태어난 수컷이 자라서 활동이 왕성해지는 시기가 오면 쫓겨나거나, 죽임을 당하거나, 그렇지 않으면 스스로 그 무리를 떠나 새로운 무리에 들어가서 다른 젊은 수컷과 경쟁을 해야 하고, 때로는 그전 알파수컷의 새끼를 기르고 있는 암컷을 차지하기 위해서 그 새끼를 죽이기도 한다. 이런 현상은 사자·하마 등에서 관찰된다. 뿐만 아니라 바분원숭이baboon이나 야생말은 암컷을 괴롭혀서 유산을 유도하기도 하고, 쥐와 같은 설치류들은 페로몬을 분비하여 최근에 수정된 알이 착상하는 것을 방해하기도 한다.

조류에서 일부다처의 형식을 보이는 것은 전체의 5% 이하라고 하며, 개비warbler·굴뚝새wren 등이 있다. 흰등굴뚝새와 노란어깨찌르레기붙이류를 연구한 결과, 일부다처제는 수컷들이 차지하는 환경에 대한 세력권이 질적으로 큰 차이가 있는 경우에 나타난다고 생각하고 오리앤스G.H.Orians 등은 다음과 같은 가설을 주장했다. 즉 짝을 이룰 상대의 선택권이 암컷에게 있다고 가정했을 경우, 수컷들의 세력권 사이에 질적 차이가 있다면 이미 다른 암컷과 짝 관계가 있지만 좋은 세력권을 가진 수컷을 선택하여 일부다처가 되거나, 짝은 없으나 좋지 않은 세력권을 가진 수컷을 선택하여 일부일처가 되어야 하는 입장에 놓이게 된다. 만약 세력권이 좋은 수컷의 두 번째 짝이 되는 경우 수컷에 의한 보호나 새끼양육에 대한 도움은 그렇지 않은 수컷에 비해 그다지 기대할 수 없다. 그러므로 암컷의 선택은 양편의 세력권이 질적으로 어느 정도의 차이가 있는가에 따라 정해진다는 것이다. 한편으로 이 가설은 수컷에 대한 암컷의 선택이 세력권의 질적 문제보다는 새끼에게 좋은 유전자를 전달하기 위한 수컷의 질적 문제로 다루어야 한다는 주장이 있기도 하다. 그런 가설에 대해 알리는 없겠지만, 일부일처 형태의 박새, 검은등할미새도 때로는 일부다처의 방식을 취하는 것으로 보고되고 있다.

3) 일처다부

한 짝짓기 철에 한 마리의 암컷이 두 마리 이상의 수컷들과 짝 관계인 경우도 있다. 하지만 일처다부 형태는 매우 적으며 자주 관찰되는 경우라도 일부 도요새류 등에서 알려져 있을 뿐인데, 이것들도 대부분 한 마리의 암컷이 잇달아서 짝을 바꾸는 연속적 일처다부 형태다. 구애행동에서 암컷이 주도적 역할을 하며 수컷보다 더 화려하고 두드러진 행동을 보인다. 남아메리카 메추라기 일종의 암컷은 한 계절에 몇 무리의 알을 낳는데, 각 무리의 알을 낳을 때마다 상대하는 수컷이 다르다. 암컷은 알을 낳을 때마다 알을 수컷에게 맡기고 다른 수컷을 찾아 떠나며 남아 있는 수컷은 알을 돌보고 갓 나온 새끼를 키워야 한다.

타스마니아 암탉은 동시에 두 마리의 수컷을 거느리는데, 한 마리의 수컷과 지낼 경우보다 많은 수의 새끼를 키울 수 있기 때문이다. 암컷 물꿩은 가시연잎 위나 수초 위에 엉성한 둥지를 마련하고 4개의 흑갈색 알을 낳기만 할 뿐, 포란에서 양육까지 모든 육아는 수컷 몫으로 알려져 있다. 이러한 조류들이 일처다부로 진화하게 된 원인은 생태환경에 의한 것으로 추정된다. 툰드라나 습지에서 서식하는 새들의 경우 번식기간이 매우 짧으며 먹이도 한꺼번에 생기기 때문에 새끼의 양육을 모두 수컷에게 맡긴다면 일처다부제는 번식력을 최대한으로 높일 수 있는 아주 효과적인 방법이 될 것으로 보고됐다. 최근 경남 창녕 우포늪에 아열대 희귀종 물꿩이 번식해 둥지를 틀었는데, 네 마리의 수컷이 포란한 것으로 추정되며 그중 세 마리는 새끼를 부화해 기르고 있는 것이 발견되기도 해 눈길을 끌고 있다고 한다.

4) 다부다처

이런 관계는 암컷과 수컷이 다대다 대응 방식의 짝짓기를 한다. 영장류에서 침팬지와 보노보Bonobos는 암컷들과 수컷들이 무리를 이루고 살면서 한 마리의 암컷이 다수의 수컷과 관계를 맺거나 한 마리의 수컷이 여러 마리의 암컷과 관계를 맺는다. 특히 보노보에서는 이러한 관계를 통해 사회적 갈등을 경감시킨다. 또한 고환의 크기는 종종 짝짓기 체계를 반영하기도 하는데, 특히 다부다처 관계에서 여러 암컷과 짝을 맺어야 하는 수컷일수록 경쟁력을 높이기 위해 정자 생산을 많이

하여 암컷에게 더 많은 정자를 전달할 수 있다는 이점 때문에 고환이 커지는 경향이 있는 것으로 알려져 있다.

4. 인간적 동물

1) 동물에게는 성폭력이 있을까?

"옆 집 강아지는 너무 폭력적이에요!"

"우리 고양이가 다른 고양이에게 성폭행을 당했어요!"

"짐승 같은 인간"

"개만도 못하다"

국어사전에서 폭력이란 남을 거칠고 사납게 제압할 때에 쓰는, 주먹이나 발 또는 몽둥이 따위의 수단이나 힘을 뜻하며 넓은 뜻으로는 무기로 억누르는 힘을 이르기도 한다. 그중에서도 성폭력은 성적 행위로 남에게 육체적 손상 및 정신적・심리적 압박을 주는 물리적 강제력을 일컫는다. 또한 공격성은 넓은 의미에서 강제적이고 호전적이며 공격적인 성향이나 행동으로, 어떤 관계 또는 자극에 의해 발생될 수 있다. 좁은 의미로 사회학이나 행동학에서의 공격성은 해를 끼치려 하거나 우월성을 확보하려는 것이다.

생물학적 측면에서 공격행동은 호르몬 분비와 흥분 및 본능에 의해서 유발되는데, 심리학적으로는 사람에게 혐오스러운 자극을 고의적으로 하는 행동을 일반적으로 공격이라고 하며, 그중에서 신체적 공격 행위 등 직접적 물리적 강제력을 폭력이라 일컫는다.

성폭력에 관한 이야기를 할 때 자주 등장하는 '짐승'·'개'·'동물'·'버러지'란 단어들은 동물들의 단편적 부분만을 인간이 편의적으로 사용하여 동물을 하나의 생명체로 인식하기보다 비하시키는 경향을 담고 있다. 오히려 오래 전부터 사람이 동물을 대상으로 저지르는 수간zooerastia을 포함한 여러 형태의 성폭행이 존재해 왔다. 심지어 동물병원에서 진료를 하다보면 암컷 동물의 생식기에서 부러진 면봉이나 볼펜 스프링, 부러진 나무젓가락이 발견되기도 한다. 그런데 이런 행동을 하는 사람들을 특정 동물 혹은 짐승에 빗대 말하는 것이 타당한지 때론 너무도 동물의 본성과 다르게 무심코 사용되고 있다.

동물의 본능에 관계된 여러 행동은 인간의 입장에서 관찰되고 인간에 의해 적용되어 왔다. 인간사회에서의 성폭력은 성적 행위로 남에게 육체적 손상 및 정신적·심리적 압박을 주는 물리적 강제력을 일컫는다. 여기에는 '고의로 한다'는 '의도성' 및 '피해자가 싫어할 것'이라는 '예측성'의 2가지 인지적 요소가 포함된다고 한다. 그렇다면 앞서 살펴본 동물들의 강제 교미 행위에도 의도성과 예측성이라는 요소가 포함됐다고 할 수 있는지 동물들에게 인간사회와 같은 성폭력이 존재한다고 해도 되는 것인지 돌아보게 된다.

2) 인간적 동물

"그 아이는 양보심이 많아요."

"얘는 질투가 심해요."

"우리 애는 요즘 우울해요."

이것은 다름 아닌 동물의 상태나 성격에 대한 대화 중 일부다. 게다가 호칭도 사람에게 붙이는 인칭대명사를 주로 사용한다. 동물을 키우거나 보살피는 사람들의 대부분은 아마 고개를 끄덕이며 공감할 것이다. 동물과 사람의 거리가 그만큼 가깝다는 것이다. 뿐만 아니라 비록 사람의 주관적 관찰이라 할지라도 반려동물이나 동물원 동물을 치료하는 수의사에게는 질병의 진단이나 치료 방향을 결정하고 예후를 추정하는 데 없어서는 안 되는 매우 중요한 정보다. 하지만 이러한 것들은 동물 전문가가 아니어도 동물을 키우게 되면 저절로 느끼게 되는 것이다. 이처럼 동물들도 사람처럼 감정이 있고 개체에 따른 특징적 성향이 있으며 필요한 경우 양보할 줄도 아는 그들 방식의 윤리심도 있다. 사람들이 동물들에 대해 지속적 관심과 흥미를 느끼는 여러 가지 이유 중 하나는 아직도 알려지지 않은 그들만의 세계 때문이기도 하지만 동물에게서 인간적 모습을 발견하기 때문이다.

사람과 오랜 시간을 함께 해온 동물은 바로 '개'다. 개는 사람에게 여러 가지 것들을 제공하고 있다. 집을 지키는 일, 다른 가축을 지키는 일을 하고, 인명을 구조하거나 몸이 불편한 사람을 도와주기도 하며, 반려동물로서 가족의 일원으로 대접받기도 한다. 그러면 단지 사람에게 익숙해졌다는 이유만으로 그런 행동을 하게 된 것일까?

반려동물로서 개 한 마리를 몇 해 키우다가 다른 품종 다른 어미에게서 태어난 강아지를 한 마리 더 키우게 되는 경우가 있다. 그러면 나이를 더 먹은 개는 자기 영역으로 들어온 어린 개에게 거리감을 두고 탐색을 한다. 하지만 범 무서운 줄 모르는 하룻강아지는 무작정 놀자고 달려들고 귀찮게 한다. 심지어 작은 이빨로 물기도 한다. 물론 같이 놀자고 하는 것이지만 다 큰 개는 어떤 반응을 보일까? 개의 성격이나 기질에 따라 다르지만 위협만 줄 뿐 힘주어 무는 경우는 거의 없다. 게다가 사람 손에 길들여진 작은사랑앵무새와 잘 놀다가 새에게 입을 대기도 하지만 단순한 놀이로서 침만 묻힐 뿐 상처가 나도록 물지 않는다. 한 TV 프로그램에서 소개된 적이 있던 사례 중에서 어린 암탉을 괴롭히는 수탉을 번번이 쫓아가서 날갯죽지에 상처가 나지 않도록 주인에게 물어다 주는 개 '까미'가 있다. 까미의 행동은 암탉의 보호를 위한 것이기 때문에 수탉에게 불필요한 과잉 공격을 하지 않는다.

그러면 집이 아닌 곳에서 우연히 만나게 되면 어떤 행동을 하게 될까? 어느 가정집에서 키우던 긴꼬리원숭이가 동네 고양이를 귀찮아하거나 쫓아 버리지 않고 등에 업고 다니거나, 동물원에서 원숭이가 염소 등에 업혀 다니는 모습 역시 TV에서 소개된 적이 있다. 이런 모습들이 방송되면 사람들이 가진 동물에 대한 생각, 즉 무조건 공격을 할 것이라는 예상과 빗나가는 점이 시청자들을 웃게 할 것이라고 제작진이 생각했을 것이며 실제로도 그런 광경을 본 사람들은 재미있어 한다.

일반적으로 야생에서는 동물 종이 다른 경우에 서로 만나더라도 먹이사슬 관계가 있거나 특별한 경우를 제외하고는 무조건 싸움을 벌이는 일이 흔하지 않다. 동물의 공격성이 무차별적이 아니라는 것은 동물 종이 다른 동물원 동물에서도 볼 수 있다.

몇 년 전 태국의 한 동물원에서 비슷한 시기에 호랑이와 돼지가 새끼를 낳았다. 동물원 측은 이것을 '재미있는 것'으로 만들어 관람객들에게 공개했다. 그것은 돼지 새끼 네 마리에게 호랑이 무늬 옷을 입혀 호랑이 젖을 물린 것이다. 두 동물의 일반적 특성으로 보면 당연히 새끼 돼지는 '호랑이 밥'일 수밖에 없다. 또한 동물의 안전과 보호를 생각한다면 그런 시도는 상상도 못할 일이다. 관람객들은 놀랍고 재미있어 하면서 조금은 불안한 눈치였다. 오후 세 시경 엄마 호랑이는 돼지 새끼에게 젖을 물린 채 낮잠을 자고 있었다. 그곳을 지키는 담당자는 없었다. 이런 일이 가능한 이유는 무엇일까? 이러한 인위적 설정이 옳고 그름을 판단하기 이전에, 동물원 측에서는 동물에게도 약자를 특별한 목적이나 이유 없이 해치지 않는 따뜻한 본능과 그 엄마 호랑이의 성향을 잘 파악하고 관람객 유치에 이용한 것이다. 이런 유사한 상황은 야생에서도 볼 수 있다. 리키온이라는 아프리카 들개는 암컷들이 주도권을 가지고 하렘을 형성하며 살아가는데, 고아를 입양하여 대모가 되기도 한다. 이러한 육아 형태는 다른 동물에게서도 흔하게 관찰된다. 즉 남의 새끼를 입양하거나 돌보는 일은 사람들만의 일은 아닌 것이다. 뿐만 아니라 암수가 짝을 이루는 데 있어서도 힘만을 사용하지 않는다. 개코원숭이는 수컷이 크고 힘이 세지만 공격적 수컷은 무리에 아무런 영향력이 없다. 이것은 폭력적 수컷으로부터 암컷과 어린 새끼를 보호하려는 원리로서 오히려 배척과 공격을 당하게 된다. 따라서 폭력성이 적은 수컷이 가장 인기가 있다.

비교행동학자 로렌츠Konrad Zacharias Lorenz는 "동물은 태어날 때부터 공격 기구를 가진다"고 말하며, 동물과 인간 모두에서 동족의 성원들에게 행하는 투쟁본능이 있는데, 이 공격적 에너지가 여러 가지 형태의 행동을 통해 규칙적으로 발산되지 않으면 그것이 누적되어 적절한 환경적 자극이 없을 때에도 표현된다고 보았다. 그러나 대부분의 동물이 동종에 대해서는 공격을 억제하는 힘을 가지고 있는 것에 비해 인간에게는 그러한 힘이 약하다고 한다. 그러면 도롱뇽은 다른 낯선 도롱뇽을 만나면 어떻게 할까?

근처에서 본 적이 없는 낯선 녀석에게는 영역을 빼앗기지 않으려고 콧잔등을 공격해서 물어버린다. 도롱뇽은 후각기관이 절대적으로 중요할 뿐만 아니라 다시 자라지 않기 때문에, 상처 입은 도롱뇽은 자기 영역을 찾아 돌아갈 수 없거나 먹이를 찾지 못하는 치명적 손상을 입게 된다. 하지만 더러 본 일이 있어 낯익은 이웃 도롱뇽이 자기 영역을 지나가면 위협만 하거나 꼬리를 문다. 몸통 가까이 있는 데까지 물리지만 않으면 꼬리는 다시 자라기 때문에 그다지 치명적이지 않다. 영역이 서로 이웃한 두 동물은 서로 덜 공격적인데 비해, 멀리 떨어져서 잘 모르는 개체나 일정한 영역이 없이 떠돌아다니는 개체에게는 적극적으로 공격을 하는 것을 '친애하는 적에 대한 가설dear enemy hypothesis'이라고 불리는데, 새·포유류·파충류뿐만 아니라 무척추동물인 농게fiddler crab에서도 관찰된다. 이것을 통해 얻는 이익은 서로 방어 측면에서 에너지와 시간을 절약하는 효과가 있다. 이처럼 동물들도 가급적이면 공격을 최우선의 방법으로 택하지 않는다.

짝을 찾기 위한 동물들의 행동에서도 신사적인 면을 엿볼 수 있다.

구애란 동물행동학 연구사전에 의하면 좁은 의미로는 교미를 유발하거나 유발할 수 있는 모든 행동, 넓은 의미로는 짝의 형성과 결속에 도움이 되는 행위들로 암컷과 수컷을 결합시키며 두려움과 공격성을 진정시키고 결국 교미할 마음이 들게 하는 것이다. 그 예로 케냐의 개코원숭이에서 상냥한 모습을 지으며 천천히 접근하는 수컷의 짝짓기 성공률이 89%에 이르며, 난폭한 수컷은 겨우 25%만이 성공한다. 즉, 평화를 사랑하지 않는 수컷은 발붙일 곳이 없으며 이 원숭이 사회에서 공격성이란 단지 파괴적 형태일 뿐이다. 많은 종류의 동물들은 구애라는 과정을 통해 좀 더 사이좋은 짝의 관계를 형성하려하고, 그런 동물에게서는 성에 관련된 폭력성을 관찰하기가 쉽지 않다.

3) 동물과 사람

어떤 사람들은 "사람과 동물은 다를 게 없다" 또 어떤 사람들은 "사람과 동물이 같을 수 없다"고 말한다. 그러면 어떤 점이 같은 것이고 어떤 점이 다른 것인지 생각해보자.

자연선택이라는 의미에서 공격성이란 생존과 환경에 적응하기 위한 폭력을 포함하여 이야기한다. 이것은 먹이를 찾기 위한 공격, 포식자에 대한 방어 등 대부분 목적이 분명한 경우다. 동물에게 있어 다른 종 사이에서의 포식 행동이나 방어 행동은 같은 의미의 공격성이라고 여기지 않는다. 예를 들어 고양이가 먹잇감인 쥐를 쫓고 있을 때는 시상하부의 활성부위는 공격성 반응에 의한 것이라기보다 배가 고팠을 때의 반응과 유사하다고 주장하는 사람들도 있다. 하지만 집단으로부터 축출이나 상해, 죽음을 뛰어넘는 대가로 얻는 지위나 영역, 자기 또는 친족 보호가 있는 경우에는 동종이나 하위 계열과 경쟁이 있을 수 있다. 그러나 사람에게서 살인을 포함하는 어떤 경우에는 선택적 폭력일지라도 왜 그런 행동을 했으며, 그 행동에 대해 어떤 대가가 있었는지 종종 모호한 경우가 있다고 한다.

일반적으로는 상동의 측면 즉, 기원과 상태가 유사한 모델 동물에서의 실험결과가 대부분 사람의 반응을 예견하는 데 기초적 자료로 받아들이게 된다. 이러한 예는 원숭이에게서 항생제를 이용한 세균감염 또는 고혈압 억제 효과에 관한 것을 들 수 있다. 그러나 육체적 장애 질환이 아닌 정신적 장애 질환인 경우에는 동종의 모델을 찾기 어려울 뿐만 아니라, 있다고 가정한다해도 정신적 상태의 발단이 같은지 알 수 없다. 지난 몇 십 년 동안 사람의 질병 치료 약물의 특성을 연구하면서 그에 대응되는 행동을 보이는 다양한 질환 모델 동물들이 사용되어 왔다. 그러나 치료 대상이 정신적 질병을 가지고 있다면, 새로운 약물의 잠재적 치료 효과를 예측하게 하는 모델 동물을 통해 얻은 결과의 가치는 종종 상당히 제한적이거나 오히려 의심스러울 수 있다. 즉 정신적 문제와 행동적 문제는 동물의 결과를 사람에게 직접 대입하는 것이 쉬운 일이 아니다. 더구나 사람과 접촉이 많은 동물, 또는 축산 등 생산성 목적의 동물, 야생동물 등에서 관찰되는 행동학적 의미를 모든 동물에게 그대로 가져다 쓴다는 것 자체가 시작부터 어떠한 오류를 만들어 낼 수도 있다.

동물들의 짝짓기는 진정한 본능으로서 강화되거나 파괴될 때도 언제나 감정적으로 대응하며, 각각의 동물들은 타고난 유전자가 이기적인 이익을 볼 때만 몰아적으로 행동한다고 한다. 폭력과 폭력성이 같다고 말할 수 없듯이 동물에게서 벌어지는 성에 관련된 폭력성을 사람들의 용어인 성폭력 또는 성폭행이라는 단어를 그대로 가져다 사용할 수 있는지 의문점이 생긴다. 동물은 결코 '무례한 짐승' 같지 않다는 것이다. 어떤 사람들은 수컷 영양이나 호랑이의 짝짓기 싸움을 예로 끌어들여 인간사회에서 벌어지는 갖가지 폭력적 상황에 대해서 동물적 본능이라는 말로 합리화하려한다. 특히 인간의 공격성과 폭력에 대해서는 동물들의 행동학적 이유에 근거를 두려고 한다. 하지만 인간의 삶과 그 동물들의 삶은 같다고 할 수 없고, 동물의 세계에 단순한 약육강식만이 존재하는 것은 아니다. 공격성은 생존과 종의 유지를 위한 투쟁에서 긍정적 기능을 한다고 알려졌지만, 그들이 지금까지 존속하는 데는 뛰어난 공격 능력 덕분이 아니라 타협과 협동과 화해의 이타적 전략이 어우러져 있기 때문이라고 할 수 있다.

어떤 대상이든 강제로 저질러지는 성적 행동이 비록 고의성이나 예측성이 없고 자연선택이라는 이유로 이해한다해도 그것이 동물이라서 달라지는 것은 아니다. 피해자는 피해자일 뿐이다. 또한 이제까지 소개된 동물 성폭력의 예를 사람의 성폭력과 같은 선상에서 적용시킨다면 동물과 인간의 차이는 무엇일지 다시금 생각하게 한다.

평화주의자 하인리히 뵐 – 전쟁과 폭력에 대한 저항, 그리고 자유와 평화에 대한 갈망

1 이 글은 필자가 기존에 출간한 논문들을 새로운 주제에 걸맞게 정리하고 보완하여 작성한 것이다.

폭력과 그 대안 – 하인리히 뵐 작품을 중심으로

1 이 글은 「하인리히 뵐 작품에 나타나는 폭력의 여러 양상」(『독일어문학』 63집, 한국독일어문학회, 2013.12)을 수정・보완한 것이며, 학회의 동의하에 이 책에 수록했다.

2 Heinrich Böll : Frankfurter Vorlesungen, 4. Aufl., Köln 1977, S. 7.

3 Viktor Böll und Markus Schäfer (Hg.) : Fortschreibung. Bibliographie zum Werk Heinrich Bölls, 1. Aufl., Köln 1997, S. 10.

4 독일문학 연구 확장발전기(1980~1995)로 볼 수 있는 기간에 뵐(6.2%)은 카프카(24.3%), 토마스 만(10%), 괴테(7.7%)에 이어 4번째로 많이 연구된 소설 작가로 기록된다. 이 기간 석박사논문 주제로는 2위(7.2%)를 차지했다. 변혁기(1996~2008)에는 카프카(9.7%), 헤세(9.2%)에 이어 3위(8.6%)를 기록했고, 석박사논문 주제로는 1위(7.1%)를 차지했다. 정인모, 「한국에서의 독일소설 연구」, 한국독어독문학회 엮음, 『한국독어독문학 50년』, 알음, 2008, 75~85쪽 참조.

5 이를 테면 안야 마리아 리히터의 "Das Studium der Stille"(Lang, 2010)는 뵐과 슈트라우스, 한트케, 로트만에 나타난 종교문제를 다루고 있으며, 게오르크 랑엔호르스트의 "30 Jahre Nobelpreis Heinrich Böll"(Münster, 2012)이나 율리아 리츠의 "Das Evangelium Jesu Christi als Maxime"(Berlin, 2011)도 종교문제를 다루고 있다. 특히 리츠는 뵐이 30년대에 쓴 초기작 『사랑 없는 십자가』, 『크리스토프 샹크외르크의 자가당착』, 『교회 언저리에서』에 나타난 종교문제를 다루고 있다.

6 Herbert Hoven (Hg.) : Die Hoffnung ist wie ein wildes Tier. Briefwechsel zwischen Heinrich

Böll und Ernst-Adolf Kunz 1945~1953, Köln 1994, S. 143.
7 Bernhard Sowinski : Heinrich Böll, Stuttgart 1993, S. 5.
8 Ebd., S. 34.
9 J. H. Reid : Ein Zeuge seiner Zeit, 1. Aufl., München 1991, S. 53.
10 Heinrich Böll : Der blasse Hund, 1. Aufl., Köln 1995, S. 71.
11 Werner Bellmann : Das literarische Schaffen Heinrich Bölls in den ersten Nachkriegsjahren, in : Das Werk Heinrich Bölls, hg. Werner Bellmann, Opladen 1995, S. 22.
12 J. H. Reid : "Mein eigentliches Gebiet...", Heinrich Bölls Kriegsliteratur, in : Von Böll bis Buchheim : Deutsches Kriegsprosa nach 1945, hg. v. Hans Wagener Amsterdam : Atlanta, GA 1997, S. 94.
13 Wilhelm Johannes Schwarz : Der Erzähler Heinrich Böll, 3. Aufl., Bern 1973, S. 13.
14 Heinrich Böll : Und sagte kein einziges Wort, 2. Aufl., München 1980, S. 17.
15 Heinrich Böll : Ansichten eines Clowns, 28. Aufl., Köln Berlin, 1981, S. 75.
16 Ebd., S. 89.
17 Herbert Falken : Predigt an die Gemeinde in Schevenhütte anläβlich der kirchlichen Bestattung Heinrich Bölls, in : 30 Jahre Nobelpreis Heinrich Böll, hg. v. Georg Langenhorst, Münster 2012, S. 59.
18 Hans Gerd Rötzer : Schiller, Krünitz und *Der Verbrecher aus verlorener Ehre*, WW 2/2011, S. 207.
19 H. Böll : Die verlorene Ehre der Katharina Blum, 16. Aufl., München, 1981, S. 27.
20 Ebd.
21 Ebd., S. 11.
22 슬라보예 지젝, 이현우 외 옮김, 『폭력이란 무엇인가』, 난장이, 2011, 124쪽.
23 김종갑 외, 『폭력의 얼굴들』, 쿠북, 2013, 65쪽.
24 H. Böll : Fürsorgliche Belagerung, Köln 1979, S. 34・179.
25 Norman Ächtler : Das Lager als Paradigma der Moderne. Der Kriegsgefangenendiskurs in der westdeutschen Nachkriegsliteratur, DVjs 87. Jg., 2 (2013), S. 264.
26 Sicherheitsgeschädigt. Ein Gespräche mit Robert Stauff über *Fürsorgliche Belagerung* in der Deutschen Welle am 7. 11. 1979, in : Materialien zu Interpretation von H. Bölls *Fürsorgliche Belagerung*, Köln 1981, S. 28.
27 Hennig Falkenstein : Heinrich Böll, Berlin 1987, S. 61.
28 Heinrich Herlyn : Heinrich Böll als utopischer Schriftsteller, Frankfurt am Main 1996, S. 36.
29 Heinrich Böll : Gruppenbild mit Dame, 9. Aufl., München 1981, S. 32.
30 Ebd., S. 359.
31 Jochen Vogt : Gruppenbild mit Dame, in : Interpretation Heinrich Böll, hg. v. Werner Bellmann, Stuttgart 2000, S. 243~244.
32 H. L. Arnold : Die westdeutsche Literatur 1945 bis 1990, Göttingen 1995, S. 49.
33 J. H. Reid : Heinrich Böll. Ein Zeuge seiner Zeit, München 1991, S. 198.
34 G. Wallraff : Kein Abschied von H. Böll. S. 67.

35 Erich Kock : Heinrich Böll : Persönliche Erinnerungen an eine Freundschaft, in : 30 Jahre Nobelpreis Heinrich Böll, hg. v. Georg Langenhorst, Münster 2012, S. 44. 뵐과 22년 지기인 코크Kock는 그의 비서로 7년간 일한 바 있다.

36 Im Gespräch : Böll mit H. L. Arnold, München 1971, S. 34.

37 Gerrit-Jan Berendse : Schreiben im Terrordrom, München 2005, S. 147.

38 Gisela Holfter : Deutsche Literatur weltweit? Die Rezeption Heinrich Bölls und seine Werke, in : Cosmopolitans in the Modern World, hg. v. Suzanne Kirbright, München 2000, S. 192.

39 로제 다둔, 최윤주 옮김, 『폭력』, 동문선, 2006, 10쪽.

40 Marcel Reich-Raniki : Mehr als ein Dichter. Über Heinrich Böll, Köln 1986, S. 11.

저항하라, 그러나 희망을 가져라, 세상은 살 만하다 - 하인리히 뵐

1 이 글은 「폭력에 맞선 폭력대응은 타당한가? – 하인리히 뵐의 『카타리나 블룸의 잃어버린 명예』」(『외국어로서의 독일어』 30집, 한국독일어교육학회, 2012.6)를 수정 · 보완한 것이다.

2 오제명 외, 『68 세계를 바꾼 문화혁명 – 프랑스 · 독일을 중심으로』, 도서출판 길, 2006.

3 위의 책.

4 Der Spiegel, Nr. 34, 1974, S. 7.

5 뵐은 이 장면에 당시 경찰이 적군파와 그 지인들을 수색하는 방법을 차용했다. 뵐도 가택수색을 당했고, 그의 아들 집은 가택수색이 있기도 전에 『빌트』가 이를 보도했다.

6 때문에 뵐은 주로 "민족의 양심", "국가의 교육자"라고 평가됐다. 예술적으로 뛰어난 작가보다는 인간 뵐에게 초점을 맞춘 이러한 평가에 뵐은 매우 씁쓸해하고 불만을 토로하기도 했다.

법 – 폭력 – 정의 - 발터 벤야민과 자크 데리다에 기대어

1 이 글은 「무한한 정의 – 발터 벤야민과 자크 데리다의 법이해」(『독일언어문학』 51집, 독일언어문학연구회, 2011.3)를 수정 · 보완한 것이다.

2 Walter Benjamin, Zur Kritik der Gewalt, GS II/1, Frankfurt/M. 1977, S. 179~203. 'Zur Kritik der Gewalt'의 'Gewalt'는 중요한 외국어 개념이 대개 그러하듯이, 여러 가지의 함의 — 힘 · 권력 · 무력 · 강제력 등의 뜻을 갖고 있다. 가장 좋은 것은 물론 하나의 일관된, 그러면서도 풍요로운 함의를 가진 단어를 정하는 것일 터이다. 거의 모든 논문에서 Gewalt는 '폭력'으로 번역되고 있지만, 나의 생각으로는 '강제력'이 더 정확하지 않을까 싶다. 왜냐하면, 벤야민의 맥락에서 Gewalt란 '도의적 상황에 개입할 수 있는 구속적 힘'을 뜻하지, 처음부터 '폭력'이라는 부정적 의미를 띠지 않기 때문이다.(Ebd., S. 191 참조) 따라서 이 강제력은 그 자체로 적법일 수도 있고 불법일 수도 있다. 국가가 국민으로부터 위

임받은 강제력인 이른바 '공권력'은 중성적이고, 따라서 양날의 칼이다.
물론 이 글이 전체적으로 법(률)의 부당한 근거와 그 양의성을 밝히고 있는 만큼 '폭력'으로 번역하는 것이 완전히 틀렸다고 말할 수는 없다. 그러나 'Gewalt'의 의미를 중성적으로 다루는 것이 글의 전체 논지를 균형적으로 다루기 위해 더 바람직해 보인다. 예를 들어, 'Rechtsgewalt'(Ebd., S. 196), 'reinen göttlichen Gewalt'(Ebd., S. 203)를 '법폭력'이나 '순수한 신적 폭력'으로 번역한다면, 그 의미가 이해되기 어렵다. 그럴 경우 법에 처음부터 폭력을 전제하거나, 신적인 것에 폭력을 전제해야 하기 때문이다. 그러나 '신적 폭력'이라는 것이 있는가? 있다면 그것은 또 어떻게 '순수할' 수 있는가? 혹은 다음과 같은 문장 — "Sie(Die Gewalt — 필자) ist nicht eigentlich zerstörend"(Ebd., S. 197)를 "폭력은 원래 폭력적이지 않다"로 번역할 수는 없다. 파업권Streikrecht 역시 "일정한 목적을 관철시키기 위한 '강제력'의 사용권리이지 '폭력'의 사용권리가 아니다.(Ebd., S. 184) 벤야민의 문제의식은 단순히 국가권력의 신화적 허위적 성격을 폭로하는 데 그치는 것이 아니라 법적 정당성의 결정불가능성 문제로까지 이어지고, 이 법적 정당성의 결정불가능성은 곧 언어적 진위의 결정불가능성에 닿아있는 것이기도 하다. 그리하여 법적 정당성은 도덕적 언어적 재현적 인식론적 문제와 결부되는 것이다.

3 「강제력 비판」의 모든 논의는 줄이자면 세 부분으로 고찰할 수 있다. 첫째, 수단으로서의 강제력. 이것은 통상 법철학에서 다루어지듯이 목적과 수단의 틀 안에서 법 강제력의 두 기능 — 제정적 기능과 유지적 기능을 다룬다.(Ebd., S. 179~190) 둘째, 강제력이 없는, 따라서 '순수한' 수단. 이 주제에 대한 논의는 법철학적 담론적 차원을 넘어선다.(Ebd., S. 190~195) 셋째, 다른 종류의 강제력. 여기에서는 신화적 강제력과 신적 강제력을 다룬다. 법 강제력은 신화적 강제력이라고 배척되는 반면에, 신적 강제력은 순수한 혁명적 힘의 표현으로 간주된다.(Ebd., S. 196~203) 여기에 대해서는 Burkhardt Lindner, "Derrida, Benjamin, Holocaust. Zur Dekonstruktion der "Kritik der Gewalt", in K. Garber u. L. Rehm (hrsg.), *global benjamin 1, 2, 3*, München 1992, S. 1693 참고.

4 Axel Honneth, "Zur Kritik der Gewalt", in : Burkhardt Lindner (Hg.), *Benjamin Handbuch*, Stuttgart 2006, S. 194.

5 Jacques Derrida, *Gesetzeskraft. Der 'mythische Grund der Autorität'*, Frankfurt/M. 1991. 이 책은 2부로 나눠져 있는데, 첫 번째 부분은 1989년 10월 카르도소 로스쿨이 개최한 콜로키움인 '해체주의와 정의의 가능성'에서 발표됐고, 두 번째 부분은 1990년 4월 솔 프리드랜드Saul Friedlander가 개최한 캘리포니아 대학 콜로키움인 '나치즘와 '최종해결' – 재현의 한계를 시험하며'에서 발표됐다. 이 독일어판 번역본의 뒷장에는 『프랑크푸르트 알게마이네 차이퉁FAZ』의 서평 한 구절 — "자크 데리다는 법철학을 다시 독일관념주의 수준으로 끌어올렸다"는 문장이 적혀 있다. 독일관념론이 인류지성사의 근대적 정점이라면, 이 같은 논평은 한 저서가 받을 수 있는 최고의 찬사가 아닐 수 없다. 그만큼 그의 저작은 문제적으로 보인다.

6 Ebd., S. 29.

7 Ebd., S. 48.

8 Ebd., S. 28.

9 데리다는 "해체가 정의이고", "정의는 불가능한 것의 한 경험"이라고 적는다.(Ebd., S. 30 · 33 · 69) 이렇게 적을 때, 그는 '해체주의Dekonstruktion'라고 부르는 것 자체보다 더 정의롭고 더 적당한 그 어떤 것도 알지 못하는 것처럼 보인다.(Ebd., S. 42f.) 사실 이런 해체주의적 독법은 그 자체로 린트너가 지적했듯이, 경외할 만한 칸트적 비판전통에 상응하는 것처럼 보인다.(Burkhardt Lindner, "Derrida, Benjamin, Holocaust. Zur Dekonstruktion der "Kritik der Gewalt", a. a. O., S. 1701) 왜냐하면 데리다는 법이 아니라 정의-정당성-옳음의 가능성을 타진하면서, 이렇게 타진하는 자신의 해석적 시각과 이런 시각 아래 쓰이는 이 글 자체가 정의롭기를 바라기 때문이다. 데리다의 정의란 법의 정의라기보다는 해석과 해체적 글쓰기의 정의에 가깝다. 그런 점에서 그의 해체적 독법은 윤리적 수행성을 구현하고 있다고 말할 수 있다.

10 Jacques Derrida, *Gesetzeskraft*. a. a. O., S. 76.

11 Ebd., S. 75.

12 아직도 규정되지 않은, 그리하여 앞으로 규정되어야 하고, 그래서 도래하고 존재해야 할 것으로서의 법 앞에 우리 모두는 서 있다. 카프카-법-데리다의 관계에 대해서는 문광훈, 「법 앞의 물음 – 데리다의 카프카 읽기로부터」, 『카프카 연구』 8집, 한국카프카학회, 2000, 87~121쪽 참조.

13 Jacques Derrida, *Gesetzeskraft*. a. a. O., S. 44f.

14 Ebd., S. 56.

15 Ebd., S. 57.

16 Ebd., S. 58f.

17 여기에서 나아가 데리다는 벤야민의 개인사와 시대사를 이루는 여러 가지 사건들과 이런 사건들 사이의 모호한 관계(가령 유대인의 '최종해결'(대량절멸)을 결의하는 반제Wannsee 회담이 1942년에 일어났고, 벤야민은 1940년 프랑스-스페인 국경에서 자살하는 것 같은)에도 불구하고, 「강제력 비판」을 썼던 1921년에 그가 이미 이런 '최종해결'의 가능성을 염두에 두고 있었다는 가설을 가질 만하다고 여긴다.(Ebd., S. 63) 그러나 이것이 얼마나 사실에 가까운 것인지는 자료를 통해 좀 더 엄정하게 검토해 봐야 한다. 예를 들어 나치가 사용한 치명적 가스나 이들이 세운 시체소각장을 "정당하고 강제적인 신적 분노의 해명하기 힘든 기호"로 그가 해석하는 것은,(Ebd., S. 124) 린트너가 지적한 대로 벤야민은 갖지 않았을 "매우 무책임하고 경악할 만한" 해석이라고 볼 수도 있다. (Burkhardt Lindner, "Derrida, Benjamin, Holocaust. Zur Dekonstruktion der "Kritik der Gewalt", a. a. O., S. 1722)

그러나 이와는 별개로 데리다의 해석적 개입이 이미 윤리실천적으로 구성되어 있다는 것 또한 사실일 것이다. 문헌적 고찰만큼이나 중요한 것은 기존과는 다른 해석적 개입의 가능성이고, 이 해석적 가능성에서 열리는 어떤 윤리적 실천의 가능성이다. 『법의 힘』을 마무리하면서 데리다가 "이 모든 담론과 가장 끔찍한 일 사이에 자리하는 있을 수 있는 공모관계를 우리가 생각하고 인식하고 상상하고 형식화하고 판단해야 한다"고 쓸 때,(Ebd., S. 124f.) 그의 글쓰기를 추동하는 것은 이 같은 책임성 — 모든 담론의 있을 수 있는 악과의 공모 관계적 가능성에 대한 자의식으로 이해된다. 악에 대한 경계가 아니라면 글은, 해석은, 사유와 이해는 과연 무엇에다 쓸 것인가?

18 주지하다시피 '소송Prozess'이란 곧 '과정'이기도 하다. 그리하여 옳음을 위한 항소의 과정은 삶 자체의 과정이고, 이 과정은 생애가 계속되는 한 이어진다. 이 지속성 혹은 무한성에서 법과 정의는 어떤 다른 질서를 희구한다. 그런 의미에서 소송이란 근본적으로 '다른 소송'이고, 정의란 곧 '다른 정의'다. 여기에 대해서는 문광훈, 「다른 소송—바이스와 카프카의 법해석」, 『현대비평과 이론』 통권 31호, 한신문화사, 2009 봄여름, 114~170쪽 참조.

19 Jacques Derrida, *Gesetzeskraft.* a. a. O., S. 40f.

20 Ebd., S. 83; Walter Benjamin, Zur Kritik der Gewalt, a. a. O., S. 188. 데리다는 이렇게 적고 있다. "이 썩은 것, 벌레 먹거나 부패한 것은 이미 법에 유죄판결을 내리거나 법을 파괴한다. 법은 유죄판결을 받았고, 폐허가 되었으며, 폐허처럼 무너져 잔해가 되었다." Jacques Derrida, *Gesetzeskraft.* a. a. O., S. 84.

21 Ebd., S. 84.

22 Ebd., S. 42・78.

23 Walter Benjamin, Zur Kritik der Gewalt, a. a. O., S. 189.

24 Jacques Derrida, *Gesetzeskraft.* a. a. O., S. 92.

25 Ebd. S. 33.

서약과 '동지애–공포' - 사르트르의 사유를 중심으로

1 이 글은 「서약이란 무엇인가—사르트르의 사유를 중심으로」(『인문학연구』 15집, 인천대학교 인문학연구소, 2011)를 수정・보완한 것이며, 연구소의 동의하에 이 책에 수록했다.

2 이 개념에 '맹세'・'맹서'・'선서' 등을 모두 포함시킨다.

3 최근 국내에서 많이 논의되고 있는 아감벤G. Agamben의 『언어의 축성—서약의 고고학*Le Sacrement du langage : Archéologie du serment*』(Vrin, coll. Bibliothèque des Textes Philosophiques, 2009)과 드브레R. Debray의 『형제애의 계기*Le Moment fraternité*』(Gallimard, coll. Folio/Essais, 2010), 그리고 아탈리J. Attali의 『형제애—새로운 유토피아*Fraternités : Une Nouvelle utopie*』(Fayard, 1999. 이 저서는 『합리적인 미치광이』(이세욱 옮김, 중앙M&B, 2001)라는 제목으로 번역됐다)에서 이 문제를 집중적으로 거론하고 있다. 다만 종교적 측면에서의 서약, 서원 등에 대해서는 많은 연구 성과가 축적되어 있다.

4 J.-P. Sartre, "Autoportrait à soixante-dix ans" *Situations, X*, Gallimard, 1976, p.175.

5 최근 『존재와 무』에서도 인간의 사회적 측면 역시 연구 대상이 되고 있다는 주장이 있으나(Arnaud Tomès, "Le problème de la commaunauté", *Etudes sartriennes*, no 9, 2004, pp.93~111 참조), 이런 시도는 사르트르의 의도와는 어느 정도 거리가 있어 보인다.

6 1943년에 출간된 『존재와 무』의 부제가 '현상학적 존재론 시론essai d'ontologie phénoménologique'이라는 사실을 떠올리자.

7 J.-P. Sartre, *La Nausée* in *Œuvres romanesques*, Gallimard, coll. Bibliothèque de la Pléiade, 1981, p.1.(이하에서 이 작품집은 OR로 약기)

8 S. de Beauvoir, *La Force des choses*, Gallimard, coll. Page blanche, 1963, p.127.

9 J.-P. Sartre, *Critique de la raison dialectique*(précédé de *Questions de méthode*), t, I : *Théorie des ensembles pratiques*, Gallimard, coll. Bibliothèque de philosophie, 1960, p.135.(이하 이 저서는 CRD I로 약기)

10 *Ibid.*, p.180.

11 *Ibid.*, p.14. "종합적 인간학anthropologie synthétique"이라고도 한다.

12 *Ibid.*, p.521 *sqq.*

13 CRD I의 상당 부분이 이 두 집단의 설명에 할애되고 있다.

14 *Ibid.*, p.364 *sqq.*

15 '이타성'은 사전적으로 "다른 것이나 구별되는 것의 특징" 또는 "문화적, 종교적 차이 속에서 이루어지는 타자에 대한 인정"으로 정의된다.

16 J.-P. Sartre, *L'Etre et le néant*, Gallimard, coll. Bibliothèque de la philosophie, 1943, pp.653~654.(이하에서 EN으로 약기)

17 *Ibid.*, p.717.

18 *Ibid.*, p.708.

19 CRD I, p.194.

20 *Ibid.*, p.195.

21 *Ibid.*, p.77.

22 *Ibid.*, p.194.

23 *Ibid.*, p.236; J.-P. Sartre, *Cahiers pour une morale*, Gallimard, coll. Bibliothèque de philosophie, 1983, p.33.

24 CRD I, p.243.

25 *Ibid.*, p.247.

26 *Ibid.*, p.235.

27 *Ibid.*, p.262.

28 *Ibid.*, pp.236 · 317.

29 *Ibid.*, p.367.

30 사르트르 사유, 특히 전기 사유에서 "잉여존재l'être de trop"는 아주 중요한 의미를 가진 개념이다. 이는 도스토예프스키의 뒤를 이어 사르트르가 자신의 사유의 출발점으로 '신의 부재'를 내세우고 있는 결과 도출되는 개념이다. 하지만 사르트르의 후기 사유에서 볼 수 있는 이 '잉여존재' 개념은 전기 사유에서와는 달리 형이상학적이고 존재론적인 의미를 담고 있지 않다.

31 CRD I, p.300.

32 *Ibid.*, p.296.

33 이와 관련해서 사르트르의 『존재와 무』와 『변증법적 이성비판』 사이에 "인식론적 단절rupture épistémologique"이 있는가의 문제에서 우리는 그렇지 않다는 입장을 견지하고 있

다는 점을 지적하자.

34 EN, p.678.

35 *Ibid.*, p.679.

36 *Ibid.*, p.678.

37 CRD I, p.307.

38 *Ibid.*, p.316.

39 *Ibid.*, p.318.

40 *Ibid.*, p.319.

41 *Idem.*

42 *Ibid.*, pp.436 · 454.

43 *Ibid.*, pp.422~423.

44 실제로 『변증법적 이성비판』에서 '집렬체'와 '융화집단'의 논의는 '집렬체' 상태에 있는 '계급'이 이 계급을 억압하는 다른 계급과의 투쟁에서 하나로 뭉쳐 '융화집단' 상태로 이행하는가에 대한 논의라고 해도 무방할 것이다.

45 사르트르는 자신의 후기 사유에서 프랑스 대혁명에 커다란 의미를 부여하고 있다. 사르트르와 프랑스 대혁명과의 관계에 대한 의미는 특히 Hadi Rizk, "La Révolution française et la *Critique de la raison dialectique*", *Etudes sartriennes*, no 11, Ousia, 2006 참조. 어떤 의미에서 이 발표의 주제인 '서약'은 프랑스 대혁명을 거치면서 프랑스의 국시國是가 된 '자유Liberté, 평등Egalité, 박애Fraternité'의 의미와도 무관하지 않다고 할 수 있다. 프랑스 대혁명과 박애에 대해서는 아탈리의 『합리적인 미치광이』, 139~145쪽 참조.

46 CRD I, p.495.

47 *Ibid.*, p.502.

48 *Ibid.*, p.495.

49 *Ibid.*, p.461.

50 *Ibid.*, p.513.

51 *Ibid.*, p.516.

52 *Ibid.*, p.521.

53 *Ibid.*, p.519.

54 *Ibid.*, p.572.

55 *Ibid.*, p.519.

56 *Ibid.*, p.502.

57 『존재와 무』에서도 인간이 스스로 타자와의 관계 정립에서 자신의 자유를 제한하는 경우가 없지 않다. "마조히즘masochisme"이 거기에 해당한다. 사르트르에 의하면 이 마조히즘의 관계는 내가 내 스스로 자유를 포기하고 타자에의 자유에 그려진 나의 모습을 그대로 내게로 동화시키려는 관계로 정의된다. 하지만 이 관계는 실패로 끝날 수밖에 없다. 왜냐하면 나는 타자의 자유에 그려진 나의 모습을 내 것으로 동화시키기 위해서 내 자신이 자유여야 하기 때문이다.

58 *Ibid.*, p.529.

59 *Ibid.*, pp.537~538. 이 개념은 "동지애-폭력", "형제애-공포", "형제애-폭력" 등으로 옮길 수 있으나 『변증법적 이성비판』을 번역하면서 한국사르트르연구모임Groupe Coréen d'Etudes Sartriennes(GCES)에서 "동지애-공포"로 옮기기로 결정한 바 있다.

60 *Ibid.*, p.535.

61 이와 같은 시각에서 보면 사르트르가 그 필요성을 강조하는 '공포' 폭력의 사용은 R. 지라르Girard가 주장하는 최소한의 폭력으로 최대의 폭력을 미연에 방지하는 장치와 유사하다고 할 수 있겠다. R. Girard, *La Violence et le sacré, Grasset*, 1972, p.25 참조.

62 "조직화된 집단"에 대한 논의는 CRD I, pp.542~670 참조.

63 *Ibid.*, p.553 *sqq.*

64 형제애 또는 동지애 개념을 논하면서 아탈리 역시 '축구팀'의 예를 들고 있는데, 그의 논의는 이 개념이 갖는 긍정적 측면에만 국한되고 있다고 할 수 있다. 자크 아탈리, 『합리적인 미치광이』, 244쪽 참조.

65 "제도화된 집단"에 대한 논의는 CRD I, pp.670~738 참조.

66 *Ibid.*, p.760.

67 가령 극작품 〈더러운 손*Les Mains sales*〉, 〈무덤 없는 주검*Morts sans sépulture*〉, 시나리오 〈톱니바퀴*L'Engrenage*〉 등이 그것이다.

68 물론 사르트르가 4부작으로 기획했던 『자유의 길』은 제1부 『철들 무렵*L'Age de raison*』, 제2부 『유예*Le Sursis*』, 제3부 『상심*La Mort dans l'âme*』, 제4부 『야릇한 우정*Drôle d'amitié*』으로 간행됐다. 하지만 사르트르는 『자유의 길』의 마지막 작품은 「마지막 기회」가 될 것이라고 밝힌 바 있다. OR, p.1344 참조.

69 J.-P. Sartre, *La Mort dans l'âme*, *Ibid.*, p.1915.

70 마르셀Marcelle은 『자유의 길』 제1부인 『철들 무렵』에서부터 등장하는 인물로 마티외의 애인이다.

71 보부아르와의 '계약결혼' 제1조건이 바로 이것이다.

72 J.-P. Sartre, *La Dernière chance*, *Ibid.*, p.1648.

73 J.-P. Sartre, *La Dernière chance*, *Ibid.*, p.1649.

74 Pilippe Cabesten, *Dictionnaire Sartre*, Ellipses, 2009, p.162.

폭력의 심리적 메커니즘
- 데니스 간젤의 영화 〈디 벨레〉(2008)를 중심으로

1 이 글은 「데니스 간젤의 영화 〈디 벨레〉(2008)에 나타난 폭력」(『독일문학』 제126집, 한국독어독문학회, 2013)을 수정・보완한 것이며, 학회의 동의하에 이 책에 수록했다.

2 Ellenrieder, Kathleen : Lektüreschlüssel für Schüler : Morton Rhue, The Wave, Stuttgart 2004, S. 6 참조.

3 Ebd., S. 54ff. 참조

4 Ebd., S. 54 참조.

5 Exklusiv-Interview mit Regisseur Dennis Gansel zu "Die Welle", http://www.bildungscent.de (검색일 : 2013.2.1) 참조.

6 Die Welle, Deutschland 2007/2008, Spielfilm, "Die Welt schaut auf deutsche Filme", http://www.filmportal.de/node/124745/material/563616 (검색일 : 2013.3.1) 존슨은 모든 류가 집필한 소설에는 사실과 다른 이야기들이 많이 삽입되어 소설을 싫어한다고 말한다.

7 이 영화를 소개하는 기사나 칼럼은 많이 발표됐지만 학술적 논문은 독일에서 발표되지 않았다. 한국에서는 실제 사건과 소설, 영화의 내러티브를 비교하고 전체주의 집단 안에서 개인의 변화를 다룬 「영화 〈디 벨레Die Welle〉에 나타난 전체주의와 개인」이란 논문이 발표됐지만 영화에 나타난 폭력의 문제에 초점을 맞추지는 않았다.

8 프로이트 이론은 곽정연, 「정신분석학과 문화분석 – 낯선 것에 대한 공격적 태도를 중심으로」, 『독일문학』 제93집, 한국독어독문학회, 2005, 267쪽 이하의 내용 일부를 수정・보완하여 인용했다.

9 Freud, Sigmund : Massenpsychologie und Ich-Analyse, in : Studienausgabe, Bd. 9. Fragen der Gesellschaft, Ursprünge der Religion, Frankfurt a. M. 1993, S. 97 참조.

10 Freud, Sigmund : Das Unbehagen in der Kultur, in : Studienausgabe, Bd. 9. Fragen der Gesellschaft, Ursprünge der Religion, S. 232ff. 참조.

11 Ebd., S. 232 참조.

12 Gansel, Dennis : Die Welle, DVD, München 2008에서 대사가 시작되는 시간을 이 글에서 인용되는 대사의 원문 뒤에 기입했다.

13 Freud, Sigmund : Massenpsychologie und Ich-Analyse, in : Studienausgabe, Bd. 9. Fragen der Gesellschaft, Ursprünge der Religion, S. 97 참조.

14 Ebd., S. 98 참조.

15 Ebd., S. 100 참조.

16 Ebd., S. 120 참조.

17 Fromm, Erich : Anatomie der menschlichen Destruktivität, Hamburg 1997, S. 229 참조.

18 Freud, Sigmund : Massenpsychologie und Ich-Analyse, in : Studienausgabe, Bd. 9. Fragen der Gesellschaft, Ursprünge der Religion, S. 86ff. 참조.

19 곽정연, 「정신분석학과 문화분석 – 낯선 것에 대한 공격적 태도를 중심으로」, 『독일문학』 제93집, 한국독어독문학회, 2005, 270쪽 참조.

20 Fromm, Erich : Anatomie der menschlichen Destruktivität, S. 228 참조.

21 Ebd., S. 228 참조.

22 Freud, Sigmund : Das Unbehagen in der Kultur, in : Studienausgabe, Bd. 9. Fragen der Gesellschaft, Ursprünge der Religion, S. 251 참조. 프롬은 프로이트가 말하는 거세공포보다 사회적으로 고립되고 집단으로부터 추방당하는 것이 인간에게 무엇보다 두려운 일이라고 한다. 에리히 프롬, 최혁순 옮김, 『프로이트와 정신분석』, 홍신문화사 1994, 238쪽 참조.

23 곽정연, 「정신분석학과 문화분석 – 낯선 것에 대한 공격적 태도를 중심으로」, 271쪽 참조.

24 죽음충동에 관한 이론은 곽정연, 「죽음충동이론에 입각한 영화분석 – 파티 아킨의 〈미

치고 싶을 때Gegen die Wand〉를 중심으로」, 『독일문학』 제105집, 한국독어독문학회, 2008, 216쪽 이하의 내용 일부를 수정・보완하여 인용했다.

25 조시 코언, 최창호 옮김, 『How to read 프로이트』, 웅진씽크빅, 2007, 286쪽.

26 Freud, Sigmund : Das Unbehagen in der Kultur, in : Studienausgabe, Bd. 9. Fragen der Gesellschaft, Ursprünge der Religion, S. 255 참조.

27 곽정연, 「정신분석학에 입각한 행복에 관한 연구」, 『하인리히 뵐』 제11집, 2011, 99쪽 참조.

28 위의 글.

29 곽정연, 「정신분석학과 문화분석－낯선 것에 대한 공격적 태도를 중심으로」, 271쪽 참조.

30 Freud, Sigmund : Die Zukunft einer Illusion, in : Studienausgabe, Bd. 9. Fragen der Gesellschaft, Ursprünge der Religion, S. 147 참조. 이러한 현상의 예로서 프롬은 히틀러를 지지했던 계급과 미국 남부에서 인종적 우월감을 보였던 핵심이 하층 중산계급이었다는 것을 지적한다. Vgl. Fromm, Erich : Die Seele des Menschen, Ihre Fähigkeit zum Guten und zum Bösen, München 2003, S. 84.

31 Vgl. Freud, Sigmund : Massenpsychologie und Ich-Analyse, in : Studienausgabe, Bd. 9. Fragen der Gesellschaft, Ursprünge der Religion, S. 90f.

32 실제 실험은 5일째 되는 날 중단되고 실험이 끝난 후에 모두 이 사실에 대해 침묵하면서 부끄러운 경험을 억압한다. 영화에서는 극적 효과를 살리기 위해 비극적 결말로 각색했다.

33 Vgl. Conrad, Vera (Hg.) : Die Welle, Materialien für den Unterricht, München 2008, S. 8.

34 승화에 관한 이론은 곽정연, 「정신분석학에 입각한 행복에 관한 연구」, 『하인리히 뵐』 제11집, 2011, 100쪽 이하의 내용의 일부를 수정・보완하여 인용했다.

35 Vgl. Sigmund Freud, Studienausgabe Bd. 9, Die 'kulturelle' Sexualmoral und die moderne Nervosität, S. 18.

36 Vgl. Heinz Hartmann, Ich-Psychologie, Studien zur psychoanalytischen Theorie, Stuttgart 1964, S.12, S.133

37 곽정연, 「정신분석학과 문화분석－낯선 것에 대한 공격적 태도를 중심으로」, 272쪽.

38 허버트 마르쿠제, 김인환 옮김, 『에로스와 문명－프로이트 이론의 철학적 연구』, 나남출판, 1999, 204쪽 이하 참조.

39 제이 그린버그・스테반 밋첼, 이재훈 옮김, 『정신분석학적 대상관계이론』, 한국심리치료연구소, 1999, 421쪽 참조.

40 이러한 심미적 태도의 예로서 마르쿠제는 상상력 속의 이미지인 오르페우스와 나르시스를 든다. 노래를 통해 자연과 인간을 화해시켜 죽음과 파괴를 정복하는 오르페우스와, 아름다움을 동경하고 찬미하며 명상적 삶을 사는 나르시스는 통상적 에로스를 거부하고 에로스를 모든 대상으로 확대하여 진정으로 만족시키면서 아름다운 삶을 영위한다. 마르쿠제는 오르페우스와 나르시스를 억압 없는 기쁨과 만족의 대변자로 내세우면서 이 둘 속에서 삶충동과 죽음충동의 화해의 가능성을 본다. 곽정연, 「정신분석학과 문화분석－낯선 것에 대한 공격적 태도를 중심으로」, 273쪽.

41 위의 글.

42 Vgl. Marcuse, Herbert : Nachgelassene Schriften. Band 2 : Kunst und Befreiung. Lüneburg 2000,

S. 29.

43 Interview mit Regisseur Dennis Gansel, "An den psychologischen Mechanismen hat sich nichts geändert", http://www.abendblatt.de/kultur-live/article523858/ An-den-psychologischen-Mechanismen-hat-sich-nichts-geaendert.html (검색일 : 2013.2.1)

44 Vgl. Conrad, Vera (Hg.) : Die Welle, Materialien für den Unterricht, S. 9.

45 유정아, 「독재정치는 역사에서나 있을 수 있는 일? 이래도?—'리뷰' 데니스 간젤 감독의 〈디 벨레〉」, http://www.ohmynews.com/NWS_Web/View/at_pg.aspx?CNTN_CD=A0001846418

대도시 두 남자의 이유 없는 결투 - 〈도시의 정글 속〉과 〈파이트 클럽〉

1 이 글은 「〈도시의 정글 속〉과 〈파이트 클럽〉에서 두 남자의 이유 없는 폭력」(『독일문학』 제127집, 한국독어독문학회, 2013)을 수정·보완한 것이며, 학회의 동의하에 이 책에 수록했다.

2 Jonathan Friedman, "Globalization, Dis-integration, Re-organization : The Transformations of Violence", Jonathan Friedman(ed.), *Globalization, the State and Violence*, Altamira Press, 2003 참조.

3 Hans Magnus Enzensberger : Aussichten auf den Bürgerkrieg, 1993, S. 27.

4 호모 사케르home sacer는 직역하면 '성스러운 인간the sacred man'으로, 아감벤은 호모 사케르를 '벌거벗은 생명'으로 해석한다. 즉 아감벤은 이 용어의 종교적 뉘앙스를 넘어서 죽여도 처벌받지 않는 사회적으로 무화된 존재로서 호모 사케르가 노출되어 있는 폭력에 대한 논의를 정치적 차원에서 전개하고 있다. 조르조 아감벤, 박진우 옮김, 『호모 사케르』, 새물결, 2008 참조.

5 Bertolt Brecht : Bertolt Brecht Werke. Groβe kommentierte Berliner und Frankfurter Ausgabe. Hg. v. Werner Hecht u.a., Berlin; Weimar; Frankfurt a.M. 1988ff. Bd. 23, S. 242. 이하 GBA 권, 쪽수로 표기한다.

6 〈도시의 정글 속〉의 번역은 베르톨트 브레히트, 정초왕 옮김, 『도시의 정글 속에서』, 성균관대 출판부, 1999을 참고하여 수정·보완했다. GBA 1, 438.

7 슬라보예 지젝, 이현우 외 옮김, 『폭력이란 무엇인가?』, 난장이, 2012, 41쪽. 현대의 과잉폭력으로서 발리바르가 말하는 초객관적 폭력이나 앞서 언급한 프리드먼의 수직적 분극화에 의한 폭력은 동기 없는 폭력에 원인을 제공하는 사회구조적 폭력으로 이해할 수 있다.

8 GBA 1, 464.

9 GBA 1, 439.

10 GBA 1, 44.

11 GBA 1, 441.

12 GBA 1, 445.

13 GBA 1, 446.

14 Claudia Benthien : Haut. Literaturgeschichte-Körperbilder-Grenzdiskurse, S. 114.

15 Ebd. S. 7.

16 사카이 다카시, 김은주 옮김, 『폭력의 철학』, 산눈, 2006, 147쪽에서 재인용.

17 슬라보예 지젝, 앞의 책, 119쪽 참조.

18 GBA 1, 448.

19 GBA 24, 27.

20 René Girard, Patrick Gregory(tr.), *Violence and the Sacred*, Baltimore : The Johnes Hopkins University Press, 1972, p.2 참조.

21 르네 지라르, 김치수·송의경 옮김, 『낭만적 거짓과 소설적 진실』, 한길사, 2002, 41쪽 이하 참조.

22 위의 책, 31쪽 참조.

23 Jan Knopf : Brecht Handbuch 1, S. 122 참조.

24 GBA 1, 466f.

25 René Girard, *Violence and the Sacred*, p.148 참조.

26 GBA 1, 490.

27 GBA 26, 245.

28 GBA 1, 490.

29 GBA 1, 462.

30 GBA 1, 451.

31 GBA 1, 491.

32 GBA 1, 449.

33 René Girard, Yvonne Freccero(tr.), *Deceit, Desire and the Novel : Self and Other in Literary Structure*, Baltimore and London : The Johns Hopkins University Press, 1961, p.83 참조.

34 René Girard, *Violence and the Sacred*, p.78.

35 GBA 1, 492f.

36 GBA 1, 497.

37 Frank Raudszus : Viel Lärm um Brecht. Bertolt Brechts "Im Dickicht der Städte" an der Berliner Volksbühne. In : www.egotrip.de/ theater/ 0506/0506-dickicht.html.

38 GBA 1, 491.

39 척 팔라닉, 최필원 옮김, 『파이트클럽』, 랜덤하우스코리아, 2008, 21쪽. 이후 『파이트클럽』, 쪽수로 표기한다. 작품 분석은 데이비드 핀처의 영화 〈파이트 클럽〉를 주 대상으로 하고 필요에 따라 팔라닉의 소설 『파이트 클럽』을 인용한다.

40 『파이트 클럽』, 52.

41 〈파이트 클럽〉

42 S. Žižek, *The Ticklish Subject*, London : Verso, 1999, p.373.

43 장 보드리야르, 배영달 옮김, 『보드리야르의 문화읽기』, 백의, 1998, 15쪽.

44 René Girard, *Violence and the Sacred*, p.153.

45 『파이트 클럽』, 64.

46 질 들뢰즈 · 펠릭스 가타리, 김재인 옮김, 『천 개의 고원－자본주의와 분열증』 2, 새물결, 2003, 321쪽 이하; 이진경, 『노마디즘』 I, 휴머니스트, 2002, 506쪽 이하 참조.

47 Theodor W. Adorno : Ästhetische Theorie, suhrkamp taschenbuch wissenschaft, 1977, S. 120.

48 『파이트 클럽』, 58.

49 Bülent Diken · Carsten B. Laustsen, "Enjoy your Fight!", *Cultural Values*, Vol. 6, NO. 4, 2002, p.358 참조.

50 E. Jenkins, "Extreme Sport. An Interview with Thrill-Seeking Noverlist Chuck Palahniuk", http://www.vilagevoice.com/issues/9941/jenkins.php.

51 『파이트클럽』, 65.

52 『파이트 클럽』, 216 이하.

53 Theodor W. Adorno : a.a.O., S. 120.

54 슬라보예 지젝, 앞의 책, 59쪽.

55 『파이트 클럽』, 162.

56 Michael Kimmel, *The Gendered Society*, New York : Oxford UP, 2000, pp. 93~94.

57 『파이트 클럽』, 218.

58 René Girard, *Violence and the Sacred*, p.165 참조.

59 GBA 1, 450.

60 Frank Raudszus : Viel Lärm um Brecht. Bertolt Brechts "Im Dickicht der Städte" an der Berliner Volksbühne. In : www.egotrip.de/ theater/ 0506/0506-dickicht.html.

61 『파이트 클럽』, 84.

62 『파이트 클럽』, 89.

63 Bülent Diken / Carsten B. Laustsen : a.a.O., S. 354 참조.

64 G. Deleuze and F. Guattari, *A Thousand Plateaus. Capitalism and Schizophrenia II*, Minneapolis and London : University of Minnesota Press, 2007, p.220.

65 『파이트 클럽』, 268.

가해자 없는 피해자의 관점으로 소설 속의 폭력 읽기

1 이 글은 「현기영의 『누란』과 하인리히 뵐의 『카타리나 블룸의 잃어버린 명예』에서 본 가해자 없는 피해자를 만드는 우리 시대의 폭력」(『하인리히 뵐』 제11집, 한국하인리히 뵐학회, 2011)을 수정 · 보완한 것이며, 학회의 동의하에 이 책에 수록했다.

2 『조선일보』, 2012.2.1 사설 인용.

3 김남권 기자, 「제567돌 한글날 경축식 경축사서 제안」, 『연합뉴스』, 2013.10.9 : 정홍원 국무총리는 9일 청소년의 비속어 사용, 언어폭력 등이 사회문제가 되고 있는 데 대해 "범국민적 언어순화 운동이 필요하다"고 밝혔다. "우리는 일상생활을 통해 무분별한 비속어와 저속어는 물론, 심지어 언어폭력까지 난무하는 것을 볼 수 있다"며 이같이 말했다. 특히 정 총리는 "때로는 무차별적인 폭력적 언어가 고귀한 생명까지 위협하는 경우도 있다.

특히 자라나는 청소년들에게 언어에 의한 가해행위는 물리적 폭력에 못지않은 큰 상처가 될 수도 있다"며 이를 바로잡기 위한 범국민적 언어순화운동의 필요성을 제기했다.

4 김훈, 『흑산』, 학고재, 2012, 219쪽.

5 슬라보예 지젝, 이현우 외 옮김, 『폭력이란 무엇인가』, 난장이, 2011, 25쪽.

6 로제 다둔, 최윤주 옮김, 『폭력』, 동문선, 2006, 10쪽.

7 김홍중, 『마음의 사회학』, 문학동네, 2010, 450~451쪽.

8 김구, 도진순 풀어씀, 『백범일지』, 돌베개, 2002, 90쪽.

9 오승용, 「국가폭력과 가족의 피해—'인혁당 재건위' 사건을 중심으로」, 『담론 201』 제10권 4호, 한국현대사회연구소, 2008 참조.

10 이성재(건국대통령 이승만 박사 기념사업회 이사), 「4·19, 그리고 이승만」, 『조선일보』, 2013.4.19, A33면.

11 대구공업고등학교 동창회 홈페이지, 2013.5.8.

12 김훈, 『흑산』, 77쪽.

13 송성욱 풀어옮김·백범영 그림, 『춘향전』, 민음사, 2012, 115~117쪽.

14 현기형, 『누란』, 창비, 2009, 21쪽.

15 『누란』의 파콜로지는 신조어로서 이 단어의 설명은 없다. 필자는 박정희 + 사이컬러지(심리학)의 합성어로 이해했다. 박정희의 통치술을 심리학적으로 이해하자는 취지로 만든 신조어라고 생각한다.

16 이태경, 「'칼럼' 이근안은 어떻게 버젓이 목사가 됐나—고문이 아니라 신문? 하나의 예수이라고?」, 『미디어오늘』, 2011.12.31(http://www.mediatoday.co.kr) : 김근태 민주통합당 상임고문의 죽음 원인은 1985년 고문 후유증이라고 한다. 당시 고문자는 현재 이근안 목사였다. 그는 징역 7년의 형기를 마치고 출소해 2008년 10월부터 대한예수교 장로회 합동개혁총회에서 목사 임명을 받고 활동했다.

17 『한국일보』, 2013.5.1, 8면.

18 李建昌, 李德一·李俊寧 풀어옮김, 『党議通略』, 자유문고, 1998, 7·73쪽.

19 대한제국 헌법(1899)은 절대 왕정체제를 도입하여 왕권의 전제화를 꾀했고, 국왕 황제는 입법 사법 행정을 독점하여 무한 불가침의 군권을 가지고 있다고 규정했다.

20 대한민국임시헌장(헌법)

제 1 조. 대한민국은 민주공화제로 한다.

제 2 조. 대한민국은 임시정부가 임시의정원의 결의에 의하여 이를 통치한다.

제 3 조. 대한민국 인민은 남녀, 귀천 및 빈부의 계급이 없고 일체 평등하다.

제 4 조. 대한민국 인민은 종교, 언론, 저작, 출판, 결사, 집회, 통신, 주소이전, 신체 및 소유의 자유를 향유한다.

제 5 조. 대한민국 인민으로 공민 자격이 있는 자는 선거권 및 피선거권을 가진다.

제 6 조. 대한민국 인민은 교육, 납세 및 병역의 의무를 가진다.

제 7 조. 대한민국은 신의 의사에 의하여 건국한 정신을 세계에 발휘하며, 인류의 문화 및 평화에 공헌하기 위하여 국제 연맹에 가입한다.

제 8 조. 구황실을 우대한다.

제 9 조. 생명형 · 신체형 및 공창제를 전폐한다.
제 10 조. 임시정부는 국토 회복 후 만 1년에 국회를 소집한다.

21 5 · 16혁명공약
①반공을 국시의 제일의로 삼고 지금까지 구호에만 그쳤던 반공체제를 재정비 강화한다.
② 유엔 헌장을 준수하고 국제 협약을 충실히 이행할 것이며 미국을 위시한 자유우방국가와의 유대를 더욱 공고히 한다.
③이 나라 사회의 모든 부패와 구악을 일소하고 퇴폐한 국민도의와 민족정기를 바로 잡기 위해 참신한 기풍을 진작시킨다.
④ 절망과 기아선상에서 허덕이는 민생고를 시급히 해결하고 국가 재건에 총력을 경주한다.
⑤민족적 숙원인 국토통일을 위해 공산주의에 대결할 수 있는 실력배양에 전력 집중한다.
⑥ 이와 같은 우리의 과업이 성취되면 참신하고 양심적인 정치인들에게 정권을 이양하고 군 본연의 임무에 복귀한다.

22 송성욱 풀어옮김 · 백범영 그림, 『춘향전』, 민음사, 2012, 242~243쪽.

23 박찬승, 『마을로 간 한국전쟁』, 돌베게, 2010. 이 책의 내용은 『한국일보』, 2010.6.29, 30면에 자세히 요약되어 있다. 이 책은 한국전쟁을 통하여 당시 남북의 권력 투쟁뿐만 아니라 식민지 시대로 거슬러 올라가 조선시대의 사회까지 알 수 있다고 한다.

24 申東曄, 『申東曄全集』, 創作과批評社, 1975, 67쪽.

25 林熒沢 · 崔元植 엮음, 『韓国近代文学史論』, 한길사, 1982, 34 · 143쪽. 동학정신은 중국의 톈진조약(1860)에 크게 위기감을 느끼고 동양정신을 수호하려는 의도와 애국애민정신의 발로라고 본다.

26 宋建鎬, 「春園 李光洙論 親日의 논리」, 위의 책, 639쪽 재인용.

27 위의 책, 643쪽 재인용. 7월 17일 헌법 공포식
중계방송 듣고 흘린 감격의 눈물로 먹을 갈아
사는 날까지 조국 찬양의 노래를 쓰련다.
그리고 독립국 자유민으로 눈 감으련다.

28 우수용, 「저도 반민족행위자였습니다」, 『조선일보』, 2010.1.6.

29 김구, 『백범일지』, 돌베개, 2002, 148쪽.

30 『조선일보』, 2013.4.30 : '甲질'에 치떨고 '乙死조약' 한탄 (…중략…) 乙의 삶은 고통 그 자체

31 에릭 프롬, 李克燦 訳, 『自由로부터의 逃避』, 民衆書館, 1968, 237쪽.

32 『누란』, 41~42쪽.

33 『누란』, 41~42 · 161쪽.

34 『누란』, 52쪽.

35 볼프강 카이저, 金潤涉 옮김, 『言語芸術作品論』, 대방출판사, 1982, 542 · 554쪽.

36 강병태, 「'지평선' 이정렬 판사의 정성」, 『한국일보』, 2012.2.3, 34면; 어수웅, 「'조선데스크' '부러진 화살'의 부메랑」, 『조선일보』, 2012.2.3, A30면 참조.

37 『莊子』 제26장 「外物編」 : 말을 잊어버리는 사람을 만나 도를 담론하고 싶으나 그런 사람이 유감스럽게도 없다.

38 「요한복음」 1장 1~3절 : ① 태초에 말씀이 계시니라 이 말씀이 하나님과 함께 계셨으니 이 말씀은 곧 하나님이시니라In the beginning was the Word, and the Word was with God, and the Word was God. ② 그가 태초에 하나님과 함께 계셨고The same was in the beginning with God ③ 만물이 그로 말미암아 지은바 됐으니 지은 것이 하나도 그가 없이는 된 것이 없느니라All things were made bu him; and without him was not any thing made that was made.

39 J. W. von Goethe : Faust, 1221~1237행 참조. 파우스트는 신약성경the new testament의 말씀을 독일어로 의미Sinn라고 번역하다가 만족하지 못하고 힘Kraft으로 번역해 봐도 만족하지 못하고 기쁜 마음으로 "태초에 행동Tat이 있었다"고 번역해보지만 만족하지 못하고, 애꿎게 옆에 있는 삽살개Pudel만 탓한다.

40 『莊子』 제27장 「寓言編」 : 현묘한 도는 말을 떠난 것인데 말이 아니면 사람에게 비유할 수 없음으로 부득이 다른 인물을 들추어 뜻을 표시하는 방법을 우언이라고 한다.

41 이태경, 「'칼럼' 이근안은 어떻게 버젓이 목사가 됐나─고문이 아니라 신문? 하나의 예수이라고?」, 『미디어오늘』, 2011.12.31(http://mediatoday.co.kr).

42 李東昇 訳, 『二十世紀独逸詩』 II(探求新書 178), 探求堂, 1981, 208쪽.

43 『누란』, 74쪽.

44 『누란』, 82쪽.

45 『누란』, 65~66쪽.

46 『누란』, 82쪽.

47 『누란』, 89~90쪽.

48 김윤덕, 「'윤창중 사건'의 불편한 진실」, 『조선일보』, 2013.5.16, A34면 : 성희롱 사건이 종북주의자들의 음모라며 가해자를 두둔하는 사람들이 있고; 임철순, 「어이없는 '윤창중 구하기'」, 『한국일보』, 2013.5.17, 26면 : 윤창중에게 살의를 품은 일단의 세력이 있다. 박 대통령 방미를 기해 기획이 실행됐다. 이번 일은 반공보수우파 논객인 윤창중과 좌익 이남기(홍보수석)가 벌인 이념전쟁이다. (…중략…) 윤창중은 정권 내에 깊숙이 뿌리박은 좌익들에 의해 제거된 것이다; 『한국일보』, 2013.5.18 사설 : 민족문제연구소의 다큐멘터리 〈백년전쟁〉이 한국현대사를 '친일파와의 전쟁의 역사'로 잇따라 비틀어 논란을 부른 마당에 몇몇 종합편성(종편) 채널이 5·18광주민주화운동의 실체가 '북한에서 남파된 특수부대에 의한 게릴라전'이라는 주장을 그대로 내보냈다.

49 『누란』, 94쪽. 에곤 실레Egon Shiele(1890~1918)의 〈등을 뒤로 기댄 여인〉(1915)과 비교 : 에곤 실레는 표현주의 아르누보 화가이며, 독일 유겐트스틸 운동과 구스타프 클림트에게 영향을 받았다. 실레는 성性과 죽음에서 인간의 진실을 보았고, 그것을 표현하는 것이 그의 그림이다. 특히 여인과 소녀들을 모델로 한 누드화는 자극적 에로티시즘으로 많은 논란을 일으켰지만, 그의 누드화는 바로 인간의 진실을 표현한 것들이다.

50 이상, 「날개」, 『三省版 韓国現代文学全集』 13, 三省出版社, 1979, 130쪽.

51 『누란』, 163쪽; 최인훈, 「광장」, 『현대한국문학전집』, 신구문화사, 1967, 127쪽 : 실패한 광구를 버리고 새 굴을 뚫는다? 인간은 불굴의 생활욕을 가져야 한다? 아니다. 아니지. 인간에게 중요한 건 한 가지뿐. 인간은 정직해야지. 초라한 내 청춘에 '신'도 '사상'도 주지 않던 '기쁨'을 준 그녀들에게 정직해야지.

52 「고추장・벽지・백신까지 가격 조작・공룡탐욕 도를 넘었다」, 『한국일보』, 2012.2.17, 5면 기사에 의하면, 재벌들의 담합은 공공재부터 말단소비재에 이르기까지 종류를 가리지 않는다. 지난해 적발된 담합 품목에는 청소년들이 주 고객인 온라인 음악, 주부들이 찾는 고추장이나 벽지는 물론, 경찰서에서 구매한 교통단속 카메라까지 온갖 제품이 다 망라됐다. 특히 국민 건강과 직결되는 독감예방에까지 뻗힌 탐욕의 손길은 재벌들이 과연 사회적 책임을 고려하고 있는지를 의심케 한다.

53 『누란』, 106쪽.

54 『누란』, 108쪽.

55 『누란』, 110쪽.

56 『누란』, 150쪽.

57 『누란』, 161쪽.

58 뷔히너, 임호일 옮김, 『당통의 죽음』, 한마당, 1987, 60쪽.

시민 3 : 단지 밧줄로 목을 한 번 감으면 끝나는데 뭘 그러냐! 한 순간이면 된다구, 우린 너희들보다 훨씬 자비로운 사람들이야. 우리는 일생동안 죽도록 일만 하지. 말하자면 60년 동안을 줄에 목매달려 허우적거린단 말이야. 하지만 그놈의 줄을 끊어버릴 날도 멀지 않았어. 매달아!

젊은이 : 맘대로들 하시구려. 하지만 날 매달았다고 세상이 금방 밝아지지는 않을 거요!

둘러선 사람들 : 맞았어, 맞아!

몇몇 소리 : 그 사람 풀어줘.(젊은이 달아난다.)

59 『누란』, 173~174쪽.

60 지호일 기자, 「원세훈, 촛불집회 트라우마로 선거 때마다 야당 비방 행위」, 『국민일보』, 2013.6.14 : 국가정보원의 정치・선거개입 의혹을 수사한 검찰은 원세훈 전 국정원장이 2008년의 광우병 촛불집회 사태의 트라우마로 인해 종북좌파 세력에 대한 대응을 지시했고, 이후 각종 선거 때마다 국정원이 조직적으로 야당 비방 행위를 했다고 결론 내렸다. 정부 정책에 반대하는 야당, 시민단체, 노동조합 등을 모두 종북좌파로 규정하고 재임 기간 내내 이들의 제도권 진입을 차단하려 했다는 것이다. 서울중앙지검 특별수사팀(팀장 윤석열)은 14일 수사 결과를 발표하며 "원 전 원장은 세종시, 4대강 사업, FTA, 제주 해군기지 등 국정 현안에 반대하거나 비협조적인 사람과 단체를 모두 종북세력으로 보는 그릇된 인식하에 국정원 직무범위를 이탈해 불법적 지시를 수시로 했다"고 밝혔다.

61 『누란』, 181쪽.

62 김동국 기자, 「피해학생 "학교는 약자 착취하는 계급사회" 李 대통령 "학교장 감추기 급급이 지경까지"」, 『한국일보』, 2012.1.31, 7면 : 1월 30일 안양시 소재 학교폭력 치유상담기관인 위센터Wee Center에서 이명박 대통령, 이주호 교육과학기술부 장관, 학교 폭력 피해・가해학생, 학부모, 상담교사가 한자리에 모였다. 이 모임에서 나온 이야기 중에 가장 섬뜩한 말은 "학교 폭력은 일진, 평범한 학생, 찐따(바보)로 이루어진 계급문화"에서 일어난다는 것이다.

63 『누란』, 177쪽.

64 「땅에 파묻고 매달고…… 막장으로 가는 학교폭력」, 『한국일보』, 2012.2.17, 10면.

65 「‘100℃ 인터뷰’ 최장집 교수 “현장 탐방을 하다 보니 안철수 현상 이해돼…… 올해 선거는 ‘분배’ 문제가 최대 이슈 될 것”」, 『한국일보』, 2012.1.26, 24면 참조.

66 김희열, 「언론의 폭력성과 개인의 명예」, 『독일문학』 제71권, 1999, 260쪽 재인용.

67 하인리히 뵐, 김연수 옮김, 「10년 후 하인리히 뵐 후기」, 『카타리나 블룸의 잃어버린 명예』, 민음사, 2008, 149~150쪽.

68 『누란』, 138쪽.

69 『카타리나 블룸의 잃어버린 명예』, 38쪽.

70 대한민국헌법 제27조 4항 : 형사피고인은 유죄의 판결이 확정될 때가지는 무죄로 추정된다.

71 괴테, 『이피게니아』 괴에테 文学全集 1권, 徽文出版社, 1968, 439~440쪽.

72 사순옥, 『하인리히 뵐 삶과 문학』, 건국대 출판부, 1995, 66쪽.

73 이영아, 『예쁜 여자 만들기』, 푸른역사, 2011, 226쪽.

74 위의 책, 233쪽. 어느 유명 여가수가 촬영 도중 바지가 찢어져 속옷이 보였는데, 그것을 신문은 독자의 알 권리를 위하여 대서특필로 다루었다. 작가는 이것이 바로 한국 언론의 현실이라고 본다.

75 위의 책, 231쪽에서 재인용. 『시대일보』, 1924.10.3 : 사형이냐 무죄냐, 김정필의 공판은 십 일에 열려, 그날은 방청권까지 사용—60명이 사형하라 진정했다고 한다.

76 「김현희가 가는 길」, 위의 책, 250쪽에서 재인용.

77 『누란』, 177쪽.

78 『누란』, 231쪽.

79 『누란』, 255쪽.

80 『누란』, 204・293・297쪽.

81 『누란』, 262~263쪽.

82 『누란』, 274쪽.

83 『누란』, 209쪽.

84 『누란』, 214쪽.

85 『누란』, 87쪽.

86 『누란』, 187쪽.

87 『한국일보』, 2012.2.17, 10면.

88 이상해 글, 안장현 사진, 『書院』, 열화당, 1998 참조.

89 『누란』, 281쪽.

90 『누란』, 299쪽.

동물의 폭력을 바라보는 시각

1 존 스파크스, 김동광・황현숙 옮김, 『동물의 사생활』, 까치, 2000, 20~21쪽.

2 http://en.wikipedia.org/wiki/File:Polar_Bears_Play_fight.JPG

3 http://news.heraldcorp.com/view.php?ud=20111207000738&md=20120317052538_AT (검색일 : 2013.9.20)

4 http://en.wikipedia.org/wiki/File : Elephant_seals_fighting.jpg

5 http://en.wikipedia.org/wiki/File : Hippo_fight.jpg

6 벤저민 L. 하트, 신태균 옮김, 『동물행동학』, 제주대 출판부, 2001, 41쪽.

7 http://www.rhinoresourcecenter.com/images/Rhino-attack-by-Paolo-Torchio_i1365518064.php?type=all_images&sort_order=desc&sort_key=added

8 http://www.rhinoresourcecenter.com/images/An-angry-black-rhinoceros-by-P-Torchio_i1365517218.php?type=all_images&sort_order=desc&sort_key=added

9 오창영, 『한국동물원 80년사 — 창경원 편』, 서울특별시, 1993, 301~302쪽.

10 비투스 B. 드뢰셔, 이영희 옮김, 『휴머니즘의 동물학』, 이마고, 2003, 32~33쪽.

11 Stephen E. Glickman · Gerald R. Cunha · Christine M. Drea · Alan J. Conley · Ned J. Place, "Mammalian sexual differentiation : lessons from the spotted hyena", *TRENDS in Endocrinology and Metabolism*, Vol.17, No.9, sciencedirect, 2006, p.350.

12 http://en.wikipedia.org/wiki/File : Bonobo_group_hug.jpg

동물 그리고 성폭력

1 장관 · 비뇨기관 · 생식관 등이 공동으로 열려 있는 곳으로 파충류, 양서류, 조류 등에서 볼 수 있다.

2 연골성 골격을 가진 어류로서 상어 · 홍어 · 은상어 · 가오리가 있다.

3 골격이 단단하며 대부분의 물고기가 여기에 속하며 부레나 폐가 있다.

4 Changing sex at the same relative body size : Similar forces may select for gender switching across taxa in all animals with this facility.

5 조개 같은 부족류를 제외한 연체동물의 입속에 있는 줄 모양의 혀. 키틴질의 작은 이가 늘어서 있어 먹이를 잡는 역할을 한다.

6 수컷의 우두머리, 그다음 서열은 베타 수컷β-male으로 불린다.

폭력과 그 대안

1. 1차 문헌

Heinrich, Böll : Wanderer, kommst du nach Spa…, 23. Aufl., Köln 1968.
___________ : Frankfurter Vorlesungen, 4. Aufl., Köln 1977.
___________ : Fürsorgliche Belagerung, Köln 1979.
___________ : Und sagte kein einziges Wort, 2. Aufl., München 1980.
___________ : Ansichten eines Clowns, 28. Aufl., Köln Berlin, 1981.
___________ : Die verlorene Ehre der Katharina Blum, 16. Aufl., München, 1981.
___________ : Der blasse Hund, 1. Aufl., Köln 1995.

2. 2차 문헌

김종갑 외, 『폭력의 얼굴들』, 쿠북, 2013.
정인모, 『하인리히 뵐의 문학세계』, 부산대 출판부, 2007.

다둔, 로제, 최윤주 옮김, 『폭력』, 동문선, 2006.
지젝, 슬라보예, 이현우 외 옮김, 『폭력이란 무엇인가』, 난장이, 2011.

Ächtler, Norman : Das Lager als Paradigma der Moderne. Der Kriegsgefangenendiskurs in der westdeutschen Nachkriegsliteratur, DVjs 87. Jg., 2 (2013).
Arnold, H. L. : Die westdeutsche Literatur 1945 bis 1990, Göttingen 1995.
Bellmann, Werner (Hg.) : Das Werk Heinrich Bölls, Opladen 1995.
Berendse, Gerrit-Jan : Schreiben im Terrordrom, München 2005.

Bernath, Árpád : Der struktuelle Ort des Themas 'Gewalt' in Bölls Erzählungen *Die verlorene Ehre der Katharina Blum* und *Ende einer Dienstfahrt*, in : Weltbürger-Textwelten, hg. v. Leslie Bodi, Frankfurt am Main 1995.
Böll, Viktor und Schäfer, Markus (Hg.) : Fortschreibung. Bibliographie zum Werk Heinrich Bölls, 1. Aufl., Köln 1997.
Herlyn, Heinrich : Heinrich Böll als utopischer Schriftsteller, Frankfurt am Main 1996.
Holfter, Gisela : Deutsche Literatur weltweit? Die Rezeption Heinrich Bölls und seine Werke, in : Cosmopolitans in the Modern World, hg. v. Suzanne Kirbright, München 2000.
Hoven, Herbert (Hg.) : Die Hoffnung ist wie ein wildes Tier. Briefwechsel zwischen Heinrich Böll und Ernst-Adolf Kunz 1945~1953, Köln 1994.
Langenhorst, Georg : 30 Jahre Nobelpreis Heinrich Böll, Münster 2012.
Litz, Julia : Das Evangelium Jesu Christi als Maxime, Berlin 2011.
Piel, Benjamin: Terror-Böll, München 2009.
Reid, J. H. : "Mein eigentliches Gebiet...". Heinrich Bölls Kriegsliteratur, in : Von Böll bis Buchheim : Deutsches Kriegsprosa nach 1945, hg. v. Hans Wagener, Amsterdam-Atlanta, GA 1997.
Richter, Anja Maria : Das Studium der Stille, Lang 2010.
Rötzer, Hans Gerd : Schiller, Krünitz und Der Verbrecher aus verlorener Ehre, WW 2/2011.
Sinka, Margit M. : Heinrich Böll's *Die verlorene Ehre der Katharina Blum* als Novelle, Colloquia germanica 4. 1981.
Sowinski, Bernhard : Heinrich Böll, Stuttgart 1993.
Vogt, Jochen : Gruppenbild mit Dame, in : Interpretation Heinrich Böll, hg. v. Werner Bellmann, Stuttgart 2000.
Materialien zu Interpretation von H. Bölls *Fürsorgliche Belagerung*, Köln 1981.

저항하라, 그러나 희망을 가져라, 세상은 살 만하다

1. 하인리히 뵐의 작품

Werke. Romane und Erzählungen, Bd. I-IV (=WI-IV), Frankfurt a. Main/Wien 1987.

Essayistische Schriften und Reden, Bd. 1-3 (=ESR 1-3), Köln 1979/80.
Drei Tage im März. Ein Gespräch zwischen Heinrich Böll und Christian Linder, Köln 1975.
Neue politische und literarische Schriften, Köln 1973.
Interviews I, Köln 1978,
Feinbild und Frieden, München 1987.
Gespräch mit S. Lenz. In : Siegfried Lenz : Über Phantasie, München 1986,
Im Gespäch. Heinrich Böll mit H. L. Arnold, München 1971.
Ich bin ein Anarchist, In : Stern, 31 (1985).
Ich bin kein Repräsentant. In : die horen 4 (1980).
Ansichten eines Autors. Menschen, Dinge und Verhältnisse im Blickfeld von Heinrich Böll. Abschrift im Heinrich-Böll-Archiv der Stadt, Köln.
Ders./Vormweg, Heinrich : Weil die Stadt so fremd geworden ist. Bornheim-Merten 1985.
Was ist Heimat? Diskussion mit Heinrich Böll. In : Alexander Mitscherlich/Gert Kalow (Hg.) Hauptworte-Hauptsachen, München 1971.

2. 그 외 문헌

사지원,「폭력에 맞선 폭력대응은 타당한가?－하인리히 뵐의『카타리나 블룸의 잃어버린 명예』,『외국어로서의 독일어』30집, 한국독일어교육학회, 2012.6.
_____,「독일의 신 사회운동이 녹색정치의 녹색당이 되기까지－창당과정과 영향 및 의미를 중심으로」,『헤세연구』제25집, 한국헤세학회, 2011.6.
_____,「하인리히 뵐이 추구하는 대안사회」,『카프카연구』29집, 한국카프카학회, 2013.6.
사순옥,『하인리히 뵐－삶과 문학』, 건국대 출판부, 1995.
오제명 외,『68 세계를 바꾼 문화혁명－프랑스 · 독일을 중심으로』, 도서출판 길, 2006.
이관우,「뵐의『카타리나 블룸의 잃어버린 명예』에 나타난 신문폭력의 문제」,『독일어문학』16집, 독일언어문학연구회, 2001.

Balzer, Bernd, Das literarische Werk, München 1997.
__________, Einfach leben-einfach leben. In : Bernd Balzer/Norbert Honsza (Hg.) :

Heinrich Böll-Dissident der Wohlstandsgesellschft, Wroclaw 1990.
Beth, Hann : Rufmord und Mord : die publizistische Dimension der Gewalt. In : Ders (Hg.) : Heinrich Böll, Regensburg 1975.
Fromm, Erich : Gesamtausgabe, Bd. VIII, Psychoanalyse, Stuttgart 1980.
Reid, R. H. : Heinrich Böll, München 1990.
Rudolph, Ekkerhard : Protokoll zur Person, München 1971.
Stolz, Wolfgang : Der Begriff der Schuld im Werk von Heinrich Böll, Frankfurt a. Main 2009.
Vogt, Jochen : Heinrich Böll, München 1978.
Schlotmann Karsten : Recht und Gerechtigkeit im Werk Heinrich Bölls. Baden-Baden 2008.
Der Spiegel, Nr. 34, 1974.
Jeziorjowski, K : Die verlorene Ehre der Katharina Blum oder : wie Gewalt entstehen und wohin sie führen kann. In : Werner Bellmann (Hg.) : Heinrich Böll, Stuttgart 2000.
Bildzeitung, Nr. 32, 07.Feb.1974.
Tolmein, Oliver : RAF-das war für uns Befreiung, Hamburg 1999.

서약과 '동지애-공포'

Agamben G., *Le Sacrement du langage. Archéologie du serment*, Vrin, coll. Bibliothèque des Textes Philosophiques, 2009.
Attali, J., *Fraternités. Une Nouvelle utopie*, Fayard, 1999(이세욱 옮김, 『합리적인 미치광이』, 중앙M&B, 2001).
Beauvoir, S. de, *La Force des choses*, Gallimard, coll. Page blanche, 1963.
Cabestan, Phillipe, *Dictionnaire Sartre*, Ellipses, 2009.
Debray, R., *Le Moment fraternité*, Gallimard, coll. Folio/Essais, 2010.
Girard, R., *La Violence et le sacré*, Grasset, 1972.
Rizk, Hadi, "La Révolution française et la *Critique de la raison dialectique*", *Etudes sartriennes*, 2006, no 11, Ousia.
Sartre, J.-P., *L'Etre et le néant : Essai d'ontologie phénoménologique*, Gallimard, coll. Bibliothèque

de la philosophie, 1943.

________, *Critique de la raison dialectique*(précédé de *Questions de méthode*), t, I : *Théorie des ensembles pratiques*, Gallimard, coll. Bibliothèque de philosophie, 1960.

________, "Autoportrait à soixante-dix ans" in *Situations, X*, Gallimard, 1976.

________, *Œuvres romanesques*, Gallimard, coll. Bibliothèque de la Pléiade, 1981.

________, *Cahiers pour une morale*, Gallimard, coll. Bibbliothèque de philosophie, 1983.

Tomès, Arnaud, "Le problème de la *commaunauté*", *Etudes sartriennes*, no 9, 2004.

폭력의 심리적 메커니즘

1. 1차 문헌

Gansel, Dennis · Thorwarth, Peter : Die Welle, Drehbuch, Berlin 2007.

Gansel, Dennis : Die Welle, DVD, München 2008.

2. 2차 문헌

곽정연, 「정신분석학과 문화분석－낯선 것에 대한 공격적 태도를 중심으로」, 『독일문학』 제93집, 한국독어독문학회, 2005.

______, 「죽음충동이론에 입각한 영화분석－파티 아킨의 〈미치고 싶을 때Gegen die Wand〉를 중심으로」, 『독일문학』 제105집, 한국독어독문학회, 2008.

______, 「정신분석학에 입각한 행복에 관한 연구」, 『하인리히 뵐』 제11집, 한국하인리히뵐학회, 2011.

______, 「데니스 간젤의 영화 〈디 벨레〉(2008)에 나타난 폭력」, 『독일문학』 제126집, 한국독어독문학회, 2013.

김명희, 「〈디 벨레Die Welle〉에 나타난 전체주의와 개인」, 『독일언어문학』 제58집, 독일언어문학연구회, 2012.

유정아, 「독재정치는 역사에서나 있을 수 있는 일? 이래도?－'리뷰' 데니스 간젤 감독의 〈디 벨레〉」, http://www.ohmynews.com/NWS_Web/View/at_pg.aspx?CNTN_CD=A0001846418 (2003.3.15)

그린버그, 제이 · 밋첼, 스테반, 이재훈 옮김, 『정신분석학적 대상관계이론』, 한국심리치료연구소, 1999.

마르쿠제, 허버트, 김인환 옮김, 『에로스와 문명－프로이트 이론의 철학적 연구』, 나남출판, 1999.

코언, 조시, 최창호 옮김, 『How to read 프로이트』, 웅진씽크빅 2007.

프롬, 에리히, 최혁순 옮김, 『프로이트와 정신분석』, 홍신문화사 1994.

Berger, Ina : Materialien zur Unterrichtspraxis, Materialien zu Morton Rhue : Die Welle, Ravensburg 2009.

Conrad, Vera (Hg.) : Die Welle, Materialien für den Unterricht, München 2008.

Die Welle, Deutschland 2007/2008, Spielfilm, "Die Welt schaut auf deutsche Filme", http://www.filmportal.de/node/124745/material/563616 (2013.3.1)

Ellenrieder, Kathleen : Lektüreschlüssel für Schüler : Morton Rhue, The Wave, Stuttgart 2004.

Exklusiv-Interview mit Regisseur Dennis Gansel zu "Die Welle", http://www.bildungscent.de (2013.2.1)

Freud, Sigmund : Studienausgabe, Bd. 9. Fragen der Gesellschaft, Ursprünge der Religion, Frankfurt a. M. 1993.

Freund, Winfried : Textanalyse und Interpretation zu Morton Rhue *Die Welle*, Hollfeld 2012.

Fromm, Erich : Anatomie der menschlichen Destruktivität, Hamburg 1997.

___________ : Die Seele des Menschen, Ihre Fähigkeit zum Guten und zum Bösen, München 2003.

Hartmann, Heinz : Ich-Psychologie. Studien zur psychoanalytischen Theorie. Stuttgart 1964.

Interview mit Regisseur Dennis Gansel, "An den psychologischen Mechanismen hat sich nichts geändert", http://www.abendblatt.de/kultur-live/article523858/An-den- psychologischen-Mechanismen-hat-sich-nichts-geaendert.html (2013.2.1)

Marcuse, Herbert : Nachgelassene Schriften. Band 2 : Kunst und Befreiung. Lüneburg 2000.

대도시 두 남자의 이유 없는 결투

이진경, 『노마디즘』 I, 휴머니스트, 2008.

아감벤, 조르조, 박진우 옮김, 『호모 사케르』, 새물결, 2008.
보드리야르, 장, 배영달 옮김, 『보드리야르의 문화읽기』, 백의, 1998.
브레히트, 베르톨트, 정초왕 옮김, 『도시의 정글 속에서』, 성균관대 출판부, 1999.
지젝, 슬라보예, 이현우 외 옮김, 『폭력이란 무엇인가?』, 난장이, 2012.

Adorno, Theodor W. : Ästhetische Theorie, suhrkamp taschenbuch wissenschaft, 1977.
Bahr, Gisela E. : Und niemals wird eine Verständigung sein : Im Dickicht der Städte, in : Hinderer, Walter(hrsg.) : Brechts Dramen, Philipp Reclam jun. Stuttgart, 1984.
Benthien, Claudia : Haut. Literaturgeschichte-Körperbilder-Grenzdiskurse, Rowohlt Taschenbuch Verlag, Reinbeck bei Hamburg, 2001.
Brecht, Bertolt : Im Dickicht der Städte, in : Bertolt Brecht Werke. Groβe Kommentierte Berliner und Frankfurter Ausgabe. Hg. v. Werner Hecht u.a., Suhrkamp Verlag, Berlin/ Weimar/ Frankfurt a.M. 1988ff. Bd. 1.
Brecht, Bertolt : Bertolt Brecht Werke. Groβe Kommentierte Berliner und Frankfurter Ausgabe. Hg. v. Werner Hecht u.a., Suhrkamp Verlag, Berlin/ Weimar/ Frankfurt a.M. 1988ff., Bd. 23, Bd. 26.
Deleuze, G. and Guattari, F., *A Thousand Plateaus. Capitalism and Schizophrenia II*, Minneapolis and London : University of Minnesota Press, 2007(김재인 옮김, 『천 개의 고원－자본주의와 분열증 2』, 새물결, 2003).
Diken, Bülent · Laustsen, Carsten B., "Enjoy your Fight!", *Cultural Values*, Vol. 6, NO. 4, 2002.
Enzensberger, Hans Magnus : Aussichten auf den Bürgerkrieg, 1993.
Friedman, Jonathan, "Globalization, Dis-integration, Re-organization : The Transformations of Violence", Jonathan Friedman(ed.), *Globalization, the State and Violence*, Altamira Press, 2003.
Girard, René, Patrick Gregory(tr.), *Violence and the Sacred*, Baltimore : The Johnes Hopkins University Press, 1972.

Girard, René, Yvonne Freccero(tr.), *Deceit, Desire and the Novel : Self and Other in Literary Structure*, Baltimore and London : The Johns Hopkins University Press, 1961,(김치수・송의경 옮김, 『낭만적 거짓과 소설적 진실』, 한길사 2002).

Jenkins, E., "Extreme Sport. An Interview with Thrill-Seeking Noverlist Chuck Palahniuk", http://www.vilagevoice.com/issues/9941/jenkins.php.

Kimmel, Michael, *The Gendered Society*, New York : Oxford UP, 2000.

Knopf, Jan : Brecht Handbuch in fünf Bänden, Stuttgart, J.B. Metzler 2001～2003, Bd.1.

Palahniuk, C., *Fight Club*, London : Vintage, 1996(최필원 옮김, 『파이트클럽』, 랜덤하우스코리아, 2008).

Raudszus, Frank : Viel Lärm um Brecht. Bertolt Brechts "Im Dickicht der Städte" an der Berliner Volksbühne. In : www.egotrip.de/theater/0506/0506-dickicht.html.

Žižek, Slavoj, *The Ticklish Subject*, London : Verso, 1999.

Fincher, David, 〈Fight Club〉, 1999.

가해자 없는 피해자의 관점으로 소설 속의 폭력 읽기

1. 1차 문헌

김 훈, 『흑산』, 학고재, 2012.

송성욱 풀어옮김・백범영 그림, 『춘향전』, 민음사, 2012.

이 상, 「날개」, 『三省版 韓國現代文學全集』 13, 三省出版社, 1979.

최인훈, 「광장」, 『현대한국문학전집』, 신구문화사, 1967.

현기영, 『누란』, 창비, 2009.

괴테, 요한 볼프강 폰, 이인웅 옮김, 『파우스트』, 문학동네, 2006.

__________, 『이피게니아』 괴에테 文學全集 1권, 徽文出版社, 1968.

뷔히너, 게오르그, 임호일 옮김, 『당통의 죽음』, 한마당, 1987.

Böll, Heinlich : Die verlorene Ehre der Katharina Blum, München, 1997(김연수 옮김, 『카타리나 블룸의 잃어버린 명예』, 민음사, 2009).

2. 2차 문헌

김 구, 도진순 풀어씀, 『백범일지』, 돌베개, 2002.

김인수, 『獨逸 虛無主義 文學』, 강원대 출판부, 1999.

김학성, 『헌법학이론』, 박영사, 2011.

김희열, 「언론의 폭력성과 개인의 명예」, 『독일문학』 제71권, 한국독어독문학회, 1999.

박찬승, 『마을로 간 한국전쟁』, 돌베게, 2010.

사순옥, 『하인리히 뵐 삶과 문학』, 건국대 출판부, 1995.

宋建鎬, 「春園 李光洙論 親日의 논리」, 林熒澤・崔元植 엮음, 『韓國近代文學史論』, 한길사 1982.

申東曄, 『申東曄全集』, 創作과批評社, 1975.

李建昌, 李德一・李俊寧 풀어옮김, 『黨議通略』, 자유문고, 1998.

李東昇 옮김, 『二十世紀獨逸詩』 II, 探求新書 178, 1981

이상해 (글), 안장현 (사진), 『書院』, 열화당, 1998

이영아, 『예쁜 여자 만들기』, 푸른역사, 2011.

林熒澤・崔元植 엮음, 『韓國近代文學史論』, 한길사, 1982.

다둔, 로제, 최윤주 옮김, 『폭력』, 동문선, 2006.

쉬한, 숀, 조준상 옮김, 『우리 시대의 아나키즘』, 필맥, 2003.

지젝, 슬라보예, 이한우・김희진・정일권 옮김, 『폭력이란 무엇인가』, 난장이, 2011.

카이저, 볼프강, 金潤涉 옮김, 『言語藝術作品論』, 대방출판사, 1982.

프롬, 에릭, 李克燦 옮김, 『自由로부터의 逃避』, 民衆書館, 1968.

Linder, Christian : Böll, rowohlt, dnb 109, 1978.

우수용, 「저도 반민족행위자였습니다」, 『조선일보』, 2010.1.6.

이태경, 「'칼럼' 이근안은 어떻게 버젓이 목사가 되었나—고문이 아니라 신문? 하나의 예수이라고?」, 『미디어오늘』, 2011.12.31(http://www.mediatoday.co.kr)

「'100°C 인터뷰' 최장집 교수 "현장 탐방을 하다보니 안철수 현상 이해돼…… 올해 선거는 '분배' 문제가 최대 이슈 될 것"」, 『한국일보』, 2012.1.26.

「고추장・벽지・백신까지 가격 조작・공룡탐욕 도를 넘었다」, 『한국일보』, 2012.2.17.

『한국일보』, 2012.1.31・2012.2.17.

영화 〈부러진 화살〉 (정지연 감독, 안성기 · 박원상 · 나영희 · 김지호 출연, 2012.1.18).
네이버 백과사전(자료).

동물의 폭력을 바라보는 시각

1. 문헌

오창영, 『한국동물원 80년사－창경원 편』, 서울특별시, 1993.
도킨스, 리처드, 홍영남 · 이상임 옮김, 『이기적 유전자』, 을유문화사, 2011.
듀가킨, 리 알랭, 유정칠 외 옮김, 『동물행동학』, 범문에듀케이션, 2012.
드뢰셔, 비투스 B., 이영희 옮김, 『휴머니즘의 동물학』, 이마고, 2003.
스파크스, 존, 김동광 · 황현숙 옮김, 『동물의 사생활』, 까치, 2000.
퀴젱, 미셸, 이병훈 옮김, 『동물행동학』, 아카데미서적, 2001.
하트, 벤자민 L., 신태균 옮김, 『동물행동학』, 제주대 출판부, 2001.
「남편 셋 뒷발로 차 죽인 '팜므파탈' 얼룩말 사망」, 『헤럴드경제』, 2011.12.7(http://news.heraldcorp.com/view.php?ud=20111207000738&md=20120317052538_AT 검색일 : 2013.9.20).

2. 그림

http://en.wikipedia.org/wiki/File : Bonobo_group_hug.jpg
http://en.wikipedia.org/wiki/File : Elephant_seals_fighting.jpg
http://en.wikipedia.org/wiki/File : Hippo_fight.jpg
http://en.wikipedia.org/wiki/File : Polar_Bears_Play_fight.JPG
http://www.rhinoresourcecenter.com/images/An-angry-black-rhinoceros-by-P-Torchio_i1365517218.php?type=all_images&sort_order=desc&sort_key=added
http://www.rhinoresourcecenter.com/images/Rhino-attack-by-Paolo-Torchio_i1365518064.php?type=all_images&sort_order=desc&sort_key=added

Gage, M. J. G., Parker, G. a, Nylin, S. and Wiklund, C. : Sexual lection and speciation in mammals, butterflies and spiders. Proceedings. Biological sciences, 2002.

Hamilton, William J. · Tilson, Ronald L. and Frank, Lawrence G., "Sexual Monomorphism in Spotted Hyenas, *Crocuta crocuta*", *Ethology* 71(1), 1986.

Harrison, M. E. · Chivers D. J., "The orangutan mating system and the unflanged male : A product of increased food stress during the late Miocene and Pliocene?", *Journal of Human Evolution* 52(3), 2007.

Hennessy, Cecilia A. · Dubach, Jean and Gehrt, Stanley D., "Long-term pair bonding and genetic evidence for monogamy among urban coyotes(*Canis latrans*)", *Journal of Mammalogy* 93(3), 2012.

Matson, Clinton K. · Murphy, Mark W. · Sarver, Aaron L. · Griswold, Michael D. · Bardwell, Vivian J. and Zarkower, David, "DMRT1 prevents female reprogramming in the postnatal mammalian testis", *Nature*, Vol. 476, 2011.

McCalla, Grant S. · Shields, Nancy, "Examining the evidence from small-scale societies and early prehistory and implications for modern theories of aggression and violence", *Aggression and Violent Behavior* 13 (1) 2008.

Oliver, Beren · Young, Larry J., " Animal models of aggression", *Neuropsychopharmacology : The Fifth Generation of Progress* Chap.118, American College of Neuropsychopharmacology, 2002.

Opie, Christopher · Atkinson, Quentin D. · Dunbar, Robin I. M. and Shultzd, Susanne, "Male infanticide leads to social monogamy in primates", *Proceedings of the National Academy of Sciences*, vol. 110 no. 33, 2013.

Remeš, Vladimír and Matysioková, "Beata, More ornamented females produce higher-quality offspring in a socially monogamous bird : an experimental study in the great tit (*Parus major*)", *Frontiers in Zoology*, 2013.

______________________________, "More ornamented females produce higher-quality experimental study in the great tit (*Parus major*), *Frontiers in Zoology*, vol.10, 2013.

Rodgers, E. W. · Early, R. L. · M. S. Grober, "Social status determines sexual phenotype in the bi-directional sex changing bluebanded goby *Lythrypnus dalli*", *Journal of Fish*

Biology 70(6), 2007.

Sekizawa, Ayami · Seki, Satoko · Tokuzato, Masakazu · Shiga, Sakiko and Nakashima, asuhiro, "Disposable penis and its replenishment in a simultaneous hermaphrodite", *Biol. Lett.*, vol. 9 no. 2, 2013.

Smuts, Barbara B., "Male Aggression and Sexual Coercion of Females in Nonhuman Primates and Other Mammals : Evidence and Theoretical Implications", *Advances in the Study of Behavior*, Vol. 22, 1993.

Stamos, David N., *Evolution and the Big Questions : Sex, Race, Religion, and Other Matters*, John Wiley & Sons, 2011.

Stumpf, R.M. · Boesch, C., "Male aggression and sexual coercion in wild West African chimpanzees, *Pan troglodytes verus*", *Animal Behaviour* 79, 2010.

Zhang, Shichang · Kuntner, Matjaz and Li, Daiqin, "Mate binding : male adaptation to sexual conflict in the golden orb-web spider(Nephilidae : *Nephila pilipes*)", *Animal Behaviour* 82, 2011.

남상호, 『한국의 곤충』, 교학사, 2000.

드뢰셔, 비투스 B., 이영희 옮김, 『휴머니즘의 동물학』, 이마고, 2003.

미어슈, 마하엘, 조경수 옮김, 『동물들의 기이한 성생활』, 도서출판 성우, 2008.

밀러, 앨렌 S. · 가나자와 사토시, 박완신 옮김, 『처음 읽는 진화심리학』, 웅진씽크빅, 2012.

에비스, 존 C., 이영완 옮김, 『유전자의 변신 이야기』, 뜨인돌, 2004.

홈스, 한나, 박종성 옮김, 『인간생태보고서－먹고, 싸우고, 사랑하는 일에 관한 동물학적 관찰기』, 웅진씽크빅, 2010.

http://n.ccdailynews.com/sub_read.html?uid=253416&section=sc9

http://www.saylor.org/site/wp-content/uploads/2010/11/PSYCH101-Wiki-Agression.pdf

https://www.sciencenews.org/article/evolution-mammalian-monogamy-remains-mysterious

곽정연 郭禎姸 Goak, Jeang-Yean

서울여자대학교 독어독문학과를 조기 졸업하고, 독일 트리어 대학교에서 독어학 분야 논문으로 석사학위와 미디어커뮤니케이션학 수료증을 취득했다. 독일 프랑크푸르트 요한 볼프강 대학교에서 독일 관념주의 철학과 정신분석학에 입각해 독일 낭만주의 문학을 연구하여 박사학위를 취득했다. 귀국 후 정신분석학과 탈식민주의 이론을 바탕으로 문학비평・매체 연구・문화분석에 매진하고 있다. 이와 관련된 다수의 논문과 『정신분석－정신분석학과 문학비평』 등의 저서를 집필했다. 호프만의 『브람빌라 공주』를 번역하여 한독문학번역연구소가 수여하는 번역상을 수상했다. 현재 덕성여자대학교 독어독문학과 교수로 재직하고 있다.

김이섭 金利燮 Kim, Lee-Seob

연세대학교 문과대학 독어독문학과를 졸업하고, 독일 하이델베르크 대학에서 수학했다. 그리고 노벨문학상 수상작가인 하인리히 뵐에 관한 논문으로 독일 자르브뤼켄 대학에서 박사학위를 취득했다. 아산사회복지장학재단과 독일 하인리히 뵐 장학재단의 장학생을 거쳐 한국연구재단의 박사후 과정을 마쳤다. 오랫동안 연세대학교에서 문학과 문화를 강의했고, 지금은 명지대학교에서 소통에 관한 강의를 하고 있다. 20여 권의 저・역서와 70여 편의 연구논문을 집필했다. 현재 한국하인리히뵐학회 부회장, 한국투명성기구 정책위원, 공익제보자모임 운영위원, 좋은사법세상 이사를 맡고 있다. 2013년 학문연구에 정진하고 인재양성에 헌신한 업적을 인정받아 '대한민국 미래경영대상', '한국을 이끄는 혁신리더', '올해의 신한국인 대상' 등 다수의 대상을 수상했다.

김인수金寅洙 Kim, Inn Su

고려대학교 독어독문학과를 졸업하고, 현대 독일시문학·고트프리트 벤 Gottfried Benn을 연구하여 동대학원에서 박사학위를 받았다. 현재 강원대학교 독어독문학과 교수로 재직하며 독일시문학 독문학사 문학이론을 강의하고 있고, 한국하인리히뵐학회장을 맡고 있다. 강원대학교 평의원회의장, 인문과학연구소장, 전국국공립대학교수협의회 부회장을 역임했다. 저서로는 『독일 허무주의 문학』(1999)이 있다.

문광훈文光勳 Moon, Gwang Hun

고려대학교 독문과와 동 대학원 졸업 후, 독일 프랑크푸르트 대학에서 박사학위를 받았다. 현재 충북대 독문학과 교수로 재직하고 있다. 세 가지 방향, 즉 독일문학과 비평, 한국문학과 문화 그리고 예술론과 미학 분야에서 글을 쓰고 있다. 지금까지 13권의 책을 썼고, 3권의 번역서를 냈다. 그중에는 김우창론·김수영론·장정일론·한국 현대소설론·페터 바이스론 등이 있다. 곧 벤야민론이 출간된다.

변광배邊光培 Byun, Kwang-Bai

한국외국어대학교 불어과, 동 대학원 불어불문학과를 졸업하고 프랑스 몽펠리에III 대학에서 사르트르 연구로 문학박사학위를 받았다. 『존재와 무-자유를 향한 실존적 탐색』, 『제2의 성-여성학 백과사전』 등 다수의 저서가 있으며, 『레비나스 평전』, 『사르트르 평전』, 『변증법적 이성비판』 등 다수의 역서가 있다. 한국외국어대학교 불어과 대우교수를 역임하고, 현재 같은 대학에서 외래교수로 재직하면서 프랑스인문학연구모임 '시지프'를 이끌고 있다.

사지원史智媛 Sa, Ji Won

독일정부('하인리히 뵐 재단')의 지원을 받아 독일 레겐스부르크 대학교에서 '하인리히 뵐 문학연구'로 박사학위를 받았다. 현재 건국대학교 교수로 재직중이며, 한국하인리히뵐학회의 부회장과 생명의 숲 국민운동본부 이사를 맡고 있다. 생태·여성·문화가 주요 연구 분야다. 『하인리히 뵐-삶과 문학』, 『하인리히 뵐의 저항과 희망의 미학』, 『생태정신의 녹색사회-독일』,

『독일문학과 독일문화읽기』, 『유로 · 게르만 · 독일의 문화나들이』(공저) 등 다수의 저서와 『여인과 군상』, 『9시 반의 당구』, 『열차는 정확했다』, 『제국의 종말과 지성의 탄생』(공역) 등 다수의 역서 및 논문이 있다.

이은희 李銀姬 Lee, Eun-Hee

고려대학교 독어독문학과를 졸업하고 동 대학원에서 석사 및 독어독문학 문학박사학위를 받았다. 독일 뮌스터 대학에서 수학했으며, 현대 고려대학교와 강원대학교에서 독어독문학을 가르치고 있다. 논문으로는 "Eine Untersuchung des Theaters B. Brechts aus dem Blickwinkel der Theatersemiotik(연극기호학의 관점에서 본 베르톨트 브레히트 연극 연구)", 이외에 브레히트 초기 연극과 포스트브레히트 연극, 포스트드라마 연극에 대한 글들이 있다. 옮긴 책으로는 『내 인생을 바꿔준 괴테의 말 한마디』, 『임멘 호수』, 『백마의 기사』, 『서푼짜리 오페라』 등이 있다.

정인모 鄭仁模 Jeong, In Mo

부산대학교 독어교육과를 졸업하고 서강대학교에서 독어독문과 박사학위를 받았다. 독일 칼스루에 대학교와 쾰른 대학교에서 수학했으며, 한국하인리히뵐학회 회장을 역임했다. 현재 부산대학교 독어교육과 교수로 재직 중이며, 사범대학 학장직을 맡고 있다. 지은 책으로는 『하인리히 뵐의 문학세계』, 『독일문학의 이해』, 『독일문학 감상』 등이 있고, 옮긴 책으로는 『신독일문학사』(공역), 『공간, 장소, 경계』(공역), 『창백한 개』, 『침묵의 거리』 등이 있으며, 최근 『헤세는 이렇게 말했다』를 편역했다.

조경욱 趙卿旭 Cho, Kyung Uk

건국대학교 수의과와 동 대학원 졸업하고 수의학 박사학위를 받았다. 현재 서울어린이대공원 수의사이며, 건국대학교 수의과대학에서 강의를 하고 있다.

조연숙 趙蓮淑 Cho, Yun Sook

건국대학교 수의과대학 및 동 대학원을 졸업하고 수의병리학박사학위를 받았다. SBS 〈TV 동물농장〉 및 〈꾸러기 탐구생활〉 자문을 맡은 바 있다. 현재 야생 및 동물원 동물 병리진단 및 치료 담당 프리랜서 수의사이자 스누피 동물병원 원장이며, 건국대학교 수의과대학 겸임교수다. 주요 논문으로는 "Aerobic bacteria from oral cavities and cloaca of snakes in a petting zoo", "Identification of bacteria from the oral cavity and cloaca of snakes imported from Vietnam", "Canine distemper virus infection in fennec fox (Vulpes zerda)"가 있으며, 그 외 '오랑우탄의 림프종에 관한 보고서', 'Reptile Virus in Korea'를 발표 예정이다.